建行大学
CCB University

大型商业银行综合管理丛书

大型商业银行风险管理

主　　编　王祖继
副主编　许一鸣
编　　委　（按姓氏笔画排序）
王　丰　王　文　王泽元　邓艾兵　卢　娜
吕春亮　吕梦菲　刘亚娥　刘海龙　刘　翔
关云涛　杨　光　杨　军　肖爱萍　何　祎
宋子鹏　张山林　张志博　陈　天　黄名剑
常亦非　阎　妍　韩　文　程　建　程建伟
谢　芃　谢晓雪　雷　羽　臧慧业
学术顾问　陈忠阳

西南财经大学出版社
四川·成都

图书在版编目(CIP)数据

大型商业银行风险管理/王祖继主编.—成都:西南财经大学出版社,
2020.9(2022.11重印)
ISBN 978-7-5504-4320-4

Ⅰ.①大… Ⅱ.①王… Ⅲ.①商业银行—风险管理—研究—中国
Ⅳ.①F832.332

中国版本图书馆CIP数据核字(2020)第006042号

大型商业银行风险管理

Daxing Shangye Yinhang Fengxian Guanli

主 编 王祖继

副主编 许一鸣

责任编辑:李晓嵩

封面设计:墨创文化

责任印制:朱曼丽

出版发行	西南财经大学出版社(四川省成都市光华村街55号)
网 址	http://cbs.swufe.edu.cn
电子邮件	bookcj@swufe.edu.cn
邮政编码	610074
电 话	028-87353785
照 排	四川胜翔数码印务设计有限公司
印 刷	四川五洲彩印有限责任公司
成品尺寸	185mm×260mm
印 张	24.75
字 数	525千字
版 次	2020年9月第1版
印 次	2022年11月第3次印刷
印 数	4001—6000册
书 号	ISBN 978-7-5504-4320-4
定 价	75.00元

总序

近二十年来，我国各类商业银行都在不断探索自己的管理方式。它们结合市场需要，借鉴他山之石，进行了丰富多彩的实践。总结提炼大型商业银行综合管理理论与经验，为行业内高级管理人员培训和高等教育经济、金融学科教学与科研提供一套参考用书，是我们编写本套丛书的初衷。

大型商业银行综合管理是个多重分类和相互交叉的复杂体系。根据组织层次和业务分工的不同，大型商业银行综合管理可分为层级管理与条线管理；从直接服务客户到支持保障服务的不同，大型商业银行综合管理可分为前、中、后台管理。这里说的综合管理是指总行层面不同专业领域的系统性管理，主要包括资产负债统筹、风险管理、财务管理、运营组织、人力资源管理、科技应用、公司治理等。本套丛书的内容目前只涉及资产负债管理、风险管理、科技应用以及公司治理四个方面。

立足业务实践，着眼经营管理，总结提炼一般原理和经验，是本套丛书力图表现的特点。

实际怎么做和应当怎样做往往相距甚远。我们相信行之有效的惯例、日积月累的经验，对保证银行健康运行是至关重要和弥足珍贵的。突出实践性和可操作性、回答和解决大型商业银行综合管理的基本问题，是本套丛书写作的基本出发点。本套丛书的作者都是具有长期实践经验，并在各管理岗位上承担重要职责的职业经理人。书中引用的案例是实例，引用的数据来源于实际工作积累。可以说所有内容，除了一些基本原理和监管规定外，都是现实管理和操作实践的概述或总结。

管理寓于流程和方法之中。讲流程、讲方法是为了展示管理意图如何落地，让管理思想见血见肉见骨架。资产负债管理的重点不是资产负债部门日常要关心的流动性储备、净利息收益水平、计划实施进度等，而是要通过重点业务的精心规划和资源的合理配置，通过长期流动性安排、资本规划和量价平衡等手段，不断提升业务发展与市场竞争能力，使全局发展更加协调，让长远发展更加稳健。风险管理不仅要关注当期风险指标，依靠风险计量技术，做到精准预判，更重要的是要与银行战略实施、业务发展、绩效考核紧密结合，积极主动管理风险，以促进价值创造。科技应用是技术问题，更是管理问题。对外建立开放共享的合作竞争方式，对内遵循企业级系统架构建设原则，建立统一的客户视图与规范的业务流程，解决不同层级，部门，前、中、后台，母子公司的协同等，都不是纯粹的技术或业务问题。公司治理是维护相关者利益的系列制度安排。一个好的公司治理框架和运行体系，包括决策、监督和激励约束等机制建设，一定会致力于调动管理者积极性，提升企业家境界，创造企业价值，推动社会进步。

各家商业银行都有自己的发展历史和特有的企业文化，但作为同一业态，无疑也具有一定的同质性，具有同样需要遵循的原

理或可借鉴的经验。在写作过程中，我们希望归纳出一些理论性、规律性的东西。例如，以下结论和判断，应该是不乏普适性的：资产负债管理的基本宗旨是各项业务发展与各种约束条件的综合平衡，计划管理、内外部定价、资金统筹、资本规划是综合平衡的中枢；资本充足率（CAR）、资产回报率（ROA）、权益回报率（ROE）、风险调整资本收益率（RORAC）行业最优是资产负债管理的追求与评价标准；资产负债总量与结构、重定价缺口、流动性缺口是资产负债管理的日常观察参数。风险是银行盈利的来源。在一个市场不充分、信用体系不健全、业务种类多样的环境中如何经营风险？这既要依靠计量模型与技术，也要依靠各级职业经理人的作为；既要长期注意自身管理实践的积累，也要借鉴国内外同行的经验。银行是天然的数据信息公司。金融科技的本质是信息技术驱动的金融创新。以开放共赢的理念，利用信息平台将金融服务嵌入客户的生产、生活场景，融入生态；与更多、更广的第三方合作，提供更多、更好的超越银行功能的服务，是金融科技的发展趋势，也是大型商业银行转型发展的方向。作为社会经济制度的一部分，大型商业银行公司治理没有统一的最佳模式，它需要与社会环境、法律体系和自身的历史特点相适应。

我们知道，任何领域都存在着一些似是而非的观点，存在着需要不断探索的问题，大型商业银行综合管理也不例外。备付率越低越好、净利息收益率（NIM）越高越好吗？资本回报要优、资本充足率要高、资本债发行要少，是“不可能三角”吗？内部价格转移能兼顾价格公允、引导业务发展、集中管理银行账户利率风险吗？全面主动的风险管理体系怎么建设？不同类别的风险如何进行差异化管理？金融科技创新能产生飞轮效应吗？企业级系统与部门化管理如何协调？稳定的系统和管理与速变的技术和需求如何衔接？安全顺利地迁移数据有什么秘诀？如何平衡股东与其他相关者的利益关系？诸如此类的问题在本套丛书中都有讨论或答案。

用通俗的语言系统地介绍大型商业银行综合管理且不失学术水准，不是一件易事。尽管我们做了最大的努力，但书中一定还有许多需要完善和改进的地方，我们真诚希望得到读者的批评与谅解。

编者

2020 年 1 月

前言

本书是大型商业银行综合管理丛书之一。总体来看，本书有以下两个特点：

一是理论与实践并重。本书定位于商业银行中高级管理人员业务培训与高校学生学习参考，在内容的编排上注重风险管理理论的梳理和完善，更注重风险管理实践的总结和提炼。本书从厘清风险定义入手，详细阐述风险特性，立足重大经济金融事件、重要科学与理论发展、管理工具和技术应用三条脉络，梳理风险管理框架及其演进。同时，本书总结了大型商业银行长期的风险管理实践，如风险偏好的形成与传导机制、风险文化建设的价值所在、对不同风险的计量与管理、组合风险管理实践等。

二是传承与创新并重。本书对已有的研究成果加以梳理和借鉴，使之更加系统和完整，概念更加清晰。例如，本书梳理了巴塞尔银行监管委员会发布的一系列协议的主要内容，分析其对银行风险管理的影响和意义。同时，本书也进行了一系列的探索和创新。例如，风险双重特性的阐述；根据实质性内涵，重新定义操作风险，引入运营风险的提法；完整系统地介绍风险管理体系及构成要素，特别是风险偏好和风险文化；针对信贷业务，贷前、贷中、贷后等全流程，详细介绍风险管控重点；阐述信贷结构调整、风险分类以及拨备管理对于银行资产质量的重要作用；针对交易与投资业务的风险管理，阐述关键风险点，建立与其风险特征相契合的风险管理模式；等等。

本书由王祖继任主编，许一鸣任副主编，负责大纲审定及全书审校，杨军负责总体审稿，卢娜负责全书统稿，邓艾兵、臧慧业、张山林审核了第五章中的相关内容。第一、二章由程建编写；第三章由卢娜编写；第四章第一节由刘海龙编写，第二、三、五节由程建伟编写，第四节由谢晓雪、常亦非编写；第五章由何祎、吕梦菲、刘翔、阎妍、杨光、陈天、王文、王泽元、张山林、张志博、黄名剑、韩文、刘亚娥、宋子鹏、王丰、吕春亮、肖爱萍、关云涛、谢芃、雷羽编写；第六章由程建伟编写；第七章由刘海龙编写；第八章由卢娜、程建编写。中国人民大学陈忠阳教授担任本书的学术顾问。同时，感谢建行大学校委会办公室教学运行处作为牵头单位积极统筹、组织、协调并推进丛书的编写工作。

本书的编写者都是长期从事风险管理实务工作的专业人士，很多成果都离不开其所在团队的集体智慧与贡献，在此一并致谢！由于学识有限，书中难免存在错误与缺陷，加之风险管理是一个开放的体系，其本身也在不断发展变化中，不妥之处敬请读者批评指正。

编者

2020 年 1 月

目录 CONTENTS

第一章

风险管理理论与实践回顾

本章提要

本章阐述风险的定义，辨析风险与不确定性、波动性、损失、危险以及信息不对称等概念；探析风险管理的起源与基本逻辑，通过重大经济金融事件、重要科学理论以及管理工具的发展阐述风险管理框架、技术与实践的演变。

学习目标

了解风险的定义与相关概念，掌握风险的特性及分类；理解风险管理的基本逻辑，认识风险管理框架的变革与发展；了解中国大型商业银行风险管理的发展历程。

第一节 风险的定义与特性

一、风险的定义

关于“风险”一词的由来，一种普遍的说法是源于远古时期的打鱼捕捞活动。渔民在长期的捕捞实践中，深深体会到“风”给出海打鱼带来的无法预测、无法确定的危险，“风”即意味着“险”，因此有了“风险”一词。另一种比较权威的说法是源于意大利语的“risque”一词。在早期的运用中，该词也被理解为客观的危险，体现为自然现象或航海遇到礁石、风暴等事件。中文“风险”一词最早的记载是《明史》的“漕舟失泊，屡遭风险”，这与意大利语“risque”的含义有相当高的契合度。由此可见，现代汉语中的“风险”很可能是一个舶来词。

无论“风险”一词由何而来，其基本的含义都有“未来损失或结果的不确定性”，现代社会对风险的定义都是在此基础上的延伸。《牛津英语大词典》对风险（risk）的定义是：损失、伤害或不利情况的可能性，或者受此可能性影响的机会或情形。国际标准化组织于2009年对风险的定义是：目的与结果之间的不确定性，包括正负两个方面的影响。这两个定义侧重对“损失”的描述。夏普（William F. Sharpe）和马科维茨（Harry M. Markowitz）等将风险定义为证券资产的各种可能收益率的变动程度。奈特（Frank H. Knight）认为风险是可测定的不确定性；威廉姆斯（C. Arthur

Williams, Jr.）等将风险定义为给定情况下和特定时间内，可能发生的结果之间的差异。如果只有一个结果，则差异为零，风险为零；如果有多种结果，则有风险，且结果的差异越大，风险越大。这三个定义侧重于对“不确定性”的统计描述。

纵观国内外与风险相关的学科，如金融学、投资学、银行管理、保险学、审计内控等，大多在承认风险缺乏统一定义之后提出各自的风险定义版本，从不同的角度揭示了风险的本质和内在特性。目前，国内外金融理论界对风险的定义主要有以下三类：

（1）风险是损失发生的可能性，或者可能发生的损失。这是除保险学和审计内控等学科领域外，最为传统和流行的风险定义版本，也是被业界广泛接受的版本，和人们的常识更加契合。因此，即便是现代的风险管理理论和方法，如风险价值（Value at Risk，VaR）和经济资本，也都必须与该定义相适应和相衔接，才具有更好的实用性和可操作性，便于落实和推广。

（2）风险是结果对期望的偏离，是收益的波动性。波动性是金融学尤其是投资学和金融工程学等学科领域中广泛使用的风险定义版本，当然也是现代风险管理最重要的风险定义版本，表现在风险的双重性界定和对盈利可能性的覆盖上，这是现代风险计量的基础，也是银行业对风险进行主动承担和主动管理的意义所在。

（3）风险是结果的不确定性，是一种变化。不确定性是指不能够量化（明确其概率分布）的情形。在很多教科书中，不确定性被用于定义风险，是风险的代名词。不确定性作为风险的定义相比于前面两类定义而言更加抽象，更加强调风险世界的变化特性。这类风险定义多见于微观经济学与宏观经济学教材。

结合国内外对风险的研究及商业银行的经营管理实践，风险可以定义为未来产生损失或收益的可能性或不确定性。风险既是损失的原因，也是盈利的来源。众所周知，商业银行是经营风险的金融机构，风险是其利润的重要来源和赖以生存、发展的重要基础，因此风险管理在整个商业银行的经营管理活动中占据重要地位，风险管理能力成为商业银行的核心竞争能力，成为稳健经营和创新发展的基本保障。

二、风险的概念辨析

（一）风险与不确定性

风险与不确定性的关系是金融理论界关于风险概念界定的争论焦点之一。夏普（William F. Sharpe）等人在《投资学》一书中认为，风险就是一种不确定性，与不确定性没有本质的区别。持有这种观点的人将不确定性直观地理解为事件发生的最终结果存在多种可能状态，风险等同于不确定性即将风险等同于变化。根据能否在事前估计事件最终结果的可能状态的数量和可能程度，不确定性可以分为可衡量的不确定性和不可衡量的不确定性。托马斯和莫瑞斯（Christopher R. Thomas & S. Charles Maurice）在《管理经济学》一书中认为，尽管风险与不确定性有着密切的联系，但两者有着本质的区别，不能将两者简单地混为一谈。风险是指决策者面临的一种状态，即能够事先知道事件最终可能呈现的可能状态，并且可以根据经验知识或历史数据，比较准确地预知每种可能状态发生的概率分布。然而，在不确定性的状态下，决策者是不能预知事件发生最终结果的可能状态及其概率分布的。根据这种观点，风险和不确定性的根本区别在于决策者是否能预知事件发生最终结果的概率分布。

尽管许多教科书都不明确区分风险和不确定性这两个概念，甚至将不确定性作为风险的代名词互换使用，但是将两者进行区分仍然具有非常重要的管理意义，对政策制定者尤为重要。相对于风险而言，由于投资者或经济主体对不确定性具有更大的厌恶，而且缺乏可以信赖的管理方法和工具，无法开展类似风险管理中的预期损失和非预期损失管理，投资者通常选择消极和保守的不承担策略，这对以主动管理风险赢得可持续发展为最终目标的管理者而言是非常不利的。

（二）风险与波动性

在投资风险分析中，风险通常被定义为风险因子的波动性，如利率风险、汇率风险和股票价格风险等，都是利率、汇率、股票价格等市场变量围绕某一数值（期望值）上下波动造成的。描述变量波动的数理统计方法是变量的期望值和方差（或标准差）。其中，期望值表示变量波动变化的集中趋势和平均水平，而方差则表示变量变化的离散趋势，即风险水平。用方差或标准差来度量风险水平的高低成为风险衡量的一种基本方法。将风险解释为结果对期望的偏离，是用波动性来解释风险的典型代表。这一观点通常被面临各种易于量化的市场风险的证券投资者采用。近些年，随着风险量化方法在信用风险和运营风险管理领域的延伸与发展，方差和期望的统计方法也越来越多地被用于描述和解释信用风险与运营风险。以波动性来定义和计量风险，代表着人们的风险理念和风险管理理念发生了很大的变化。在波动性定义下，风险既有下侧风险（downside risk），也有上侧风险（upside risk）；既有坏风险（bad risk），也有好风险（good risk）；既是损失的可能，也是盈利的可能。这充分反映了风险既是损失的来源，也是盈利的来源。与传统的单侧风险定义相比，双侧风险定义更有利于全面主动的风险管理。同时，明确风险的盈利可能性为风险定价、经济资本配置和经风险调整的业绩衡量等现代风险管理实践提供了理论前提。

（三）风险与损失

风险与损失是有着密切联系的，传统的风险定义为损失的可能，或者可能的损失。尽管风险与损失有密切的联系，但风险只是损失的可能，或者说潜在的损失，并不等于损失本身，两者有着本质区别。可以说，损失本质上是一个偏于事后的概念，反映的是风险事件发生后的状况；而风险却是一个明确的事前概念，反映的是损失发生前的事物发展状态，具体包括损失和盈利发生的概率与规模的大小。因此，在风险事件实际发生以前，风险就已经产生或存在了，而此时损失并没有发生，只是具有潜在损失的可能性。一旦损失实际产生，风险就不存在了，因为不确定性已转化为确定性。因此，严格来讲，损失和风险是事物发展的两种状态，不能并存。

（四）风险与危险

风险与危险这两个概念既相互联系又相互区别。在日常生活中，风险和危险两个词的互换比较常见，但在保险学和风险管理中，将风险简单地解释为危险是不恰当的，两者也不能随便互换。根据前述分析，风险是指结果的不确定性或损失发生的可能性。危险一般是指使损失事件更易于发生或损失事件一旦发生会使得损失更加严重，通常用英文“danger”或“hazard”来表示。例如，夜间在没有路灯的街道行走容易遭到抢劫，遭到抢劫的可能性被称为风险，这种风险无论街道上有没有路灯都存在，只是风险程度不同，而没有路灯则是危险，有了这个危险，就加大了抢劫事件发生的可能性。可见，危险是影响风险的一种环境性因素，是导致风险水平上升的原因。风险和危险具有因果关系，危险是因，风险是果，将两者混为一谈是因果不分的表现。

区别风险和危险的意义在于找到风险的原因，有利于风险管理。既然危险是影响风险的环境性因素，是导致风险水平上升的原因，那么通过控制和消除这些危险因素就可以降低风险水平。在前面的例子中，给街道装上路灯，相应的危险就被消除了，从而降低了风险水平。在金融风险管理中，一种重要的危险已经引起了广泛的注意，这就是通常被译为“道德风险”的“Moral Hazard”。通过上述的分析我们容易看出这一译法并不恰当，应该译为“道德危险”。

（五）风险与信息不对称

信息经济学认为，在经济运行中的任何一项交易，如果交易双方拥有的与该项交易有关的信息是不对称的，就会引起逆向选择和道德危险。从风险管理逻辑看，信息不对称导致逆向选择和道德危险，进而导致风险。商业银行在经营活动中的逆向选择和道德危险是导致风险形成的重要原因。以商业银行信贷经营为例，一方面，借款人对其自身及贷款项目的相关信息掌握得较多，而商业银行则可能缺乏了解，会为提高收益率倾向于提高利率水平，导致低风险的借款人因融资成本过高而退出市场，逆向选择由此产生，贷款的平均风险随之加大。另一方面，企业在贷款使用过程中，由于商业银行对贷款资金的实际使用状况、投资项目的风险和收益等信息的掌握处于劣势，借款企业可能产生机会主义动机，隐匿资金真实用途，从事高风险经营活动以博取高额收益，从而加大信贷资产损失发生的可能性，出现道德危险问题。因此，相应的风险管理路径应该是通过管理努力减少信息不对称或通过激励机制控制信息不对称，降低道德危险，进而降低风险。逆向选择和道德危险是保险业和银行业面临的重大问题之一，尤其是在我国经济体制转型时期，我国商业银行面临的信用风险，在很大程度上是由于道德危险引起的。

三、风险的特性

（一）内生性与外生性

传统的计划经济体制试图通过固定价格制度、经济和社会发展计划以及企业归国家所有等手段来消除本国国民经济体系内部可能产生的不确定性，从而使得计划经济体制本质上表现出排斥风险的制度特性。至少从理论上看，风险不应该是计划经济体系的内在要素，风险主要是来自经济体系之外，如自然灾害、战争、政治变动以及外国经济波动或冲击。因此，在计划经济体制下，风险被视为外生的，是符合计划经济基本理论的。相比之下，市场经济体制更加强调风险是内生的，是市场经济本身具有的基本要素和特性。经济活动尤其是金融机构的活动，本质上都是以风险换收益的行为。市场经济体制下风险的内生性表现在两个重要的方面：一是风险是市场经济体系的内在要素和特性，是不可避免的；二是内生的风险是相互影响的，这不仅表现在经济体系参与主体之间风险的相互传递和相互影响，而且也表现在经济主体（如金融机构和一般企业）的风险决策与投融资决策也是相互联系和相互影响的。

（二）事前性与事后性

从前面的风险定义以及风险与损失的概念辨析中，我们可以清楚地看到，风险只能是事前的，即损失发生以前的状态，这也是风险与损失在概念上的本质区别。然而，在现实中，将风险与损失混淆的现象十分常见，如用风险资产来替代不良资产，用风险机构指代已经遭受严重损失的危机机构，用风险处置来表示对不良资产的剥离或对危机机构的救助等，其中一个原因是对风险的事前性认识不深刻，另一个原因是看待风险的视角不确定。例如，金融机构的不良资产，强调的是资产的不良特性，即损失特性。不良资产是过去的风险、现在的损失，但从整个金融机构角度来看，对不良资产的管理是防止金融机构陷入清偿危机的重要措施，不良资产相对于还没有发生的金融机构危机仍然表现出事前性的风险特性。同理，对损失严重的金融危机机构的救助，包括注资、剥离损失、债务重组等，从金融危机机构自身来看，本质上是对损失进行处置和管理，而非防患于未然的风险管理。但从整个金融体系的角度来看，对个别机构的损失处置是管控整个金融体系的风险、防止危机传染的重要风险管理措施。

（三）双向性与单向性

如前文所述，传统的风险概念强调对损失和不利事件的关注，风险被定义为损失或不利状态发生的可能性，而盈利或有利状态发生的可能性则没有被包含在其中。因此，传统的风险概念是仅仅关注“坏风险（bad risk）”的单向风险概念。相反，现代的风险概念以波动性定义为代表，强调的是风险变量作为随机变量对期望值水平的偏离程度，而这种偏离既包括变量低于期望水平的波动（可以被视为不利变化或相反），也包括变量高于平均水平的波动（可以被视为有利变化或相反）。因此，现代的风险概念是既关注“坏风险”，又关注“好风险（good risk）”的双向风险概念。这种双向风险概念主要反映在以标准差或方差来计量波动性的风险计量方法中。

在风险管理实践中，双向风险概念具有重要的意义并得到越来越广泛的应用，最突出的表现就是基于双向风险概念的方差和标准差已经成为风险计量和分析中最基本的指标。由于双向风险概念不仅将损失与风险联系起来，同时也将盈利与风险联系起来，这既有利于将盈利创造者和盈利部门纳入风险管理的视野和范围，做到真正的全面风险管理，也有利于建立具有现代管理意义的经风险调整后的业绩衡量（Risk-Adjusted Performance Measurement，RAPM）体系。相比之下，单向风险概念仅仅强调损失与风险的联系，因而割裂了盈利与风险的内在联系，容易导致消极的风险规避，不利于积极主动的风险管理。双向风险概念的另外一个好处是便于对风险进行客观的衡量，从而有利于风险的市场定价和交易转让。在以风险换收益的市场交易中，一方的损失往往就是另一方的盈利，双向风险概念更加适应市场交易的公平和客观原则。

（四）对称性与非对称性

从单项资产或单笔业务看，风险的分布可以是对称性的，也可以是非对称性的。一般而言，市场风险，尤其是股票市场风险和外汇市场风险，其分布通常被认为是对称性的，有关金融产品市场风险计量和定价模型也采用正态分布的假设，如 VaR 模型中常用的参数法。然而对于信用风险和运营风险，不对称的损失分布通常被认为是这两类风险的重要特性之一。正因为这种非对称性的风险特性，正态分布和参数法被认为难以适用于信用和运营风险计量分析，而通常以历史模拟法和蒙特卡洛模拟法代之。从投资组合角度看，尤其是由大量独立的产品和业务构成的投资组合，由于大数定律的作用，尽管单个产品和业务的风险分布可能是非对称和非正态的，但是整个组合的损失分布却可以趋于对称和近似正态分布的。因此，可以说风险从总体上呈现出对称的特性。

风险的对称性不仅对计量分析很重要，而且对商业银行风险管理的实践也具有重要的指导意义。一是要注意盈利的风险特性。在投资高风险业务以追求高额盈利的过程中，商业银行必须要有风险对称性意识，以防止因追求超额利润而陷入超额损失，尤其是超过资本金的损失。二是要坚持理性经营。在没有充分竞争的市场上，赔小钱赚大钱的投资机会的确是可能存在的，但这种投资机会随着投资资金的不断进入和市场竞争的不断加剧，其投资的风险分布很快会对称起来。因此，在有效的金融市场中追求赔小钱赚大钱的投资策略是不现实的，尤其是对运作资金规模巨大的商业银行而言更是如此，赌博或投机是致命的隐患。三是要注重组合管理。一般而言，非对称的风险较对称的风险更加难以计量和管理，因此利用组合管理将非对称的风险转化为对称的风险是降低管理难度的有效方法。在实践中，银行信贷业务就是最典型的例子。从单笔信贷业务看，贷款风险是典型的经常挣小钱（利息）有时赔大钱（本金）的非对称的风险业务，但是在大量的贷款业务中，尤其是从整个银行的贷款组合角度看，风险分布的对称性大大增强。此外，在大数定律的作用下，单笔业务中很难预期的损失被转化为组合投资中的预期损失，从而将难度较高的非预期损失管理转化为难度较低的预期损失管理。

（五）主观性与客观性

从本质上讲，风险是客观的，投资和金融活动中风险的客观存在已经是人们的普遍共识。在金融市场中，尤其是在金融衍生产品和保险产品交易市场中，风险的计量、定价和交易转让都是以风险的客观存在为前提和基础的。认识风险客观性的关键在于认识风险来源的客观性，风险客观性是业务和经营环境本身具有的一种客观特性。商业银行经营管理过程中存在的不确定因素和信息不对称的情况决定了商业银行存在风险的必然性。作为现代金融市场中融资最普遍、最基础的中介机构，商业银行赖以生存的基础是社会信用，商业银行通过这种信用体系维系参与融资活动的各个经济主体。而参与融资活动的经济主体面临的环境并不完全一致，从而造成了这些经济参与主体行为的不确定性，进而导致商业银行面临的风险是客观的、必然的。因此，从这种意义上说，对风险本身的管理是困难的，商业银行风险管理的实质并不是对风险本身的管理，而是采用风险规避、对冲和转移等手段管理金融机构对各种风险要素的暴露，或者通过风险定价获得对风险暴露的补偿和回报。

对风险的看法同时也存在很强的主观性，对于同样的产品和业务，有的投资者认为风险很大，有的投资者却认为风险不大，对风险认识的主观性是显而易见的。风险的主观视角是从风险承担者的视角看遭受损失的可能性，这种风险随风险承担者拥有的信息、风险管理能力以及风险偏好等因素的变化而变化。以滑雪的风险为例，初级、中级和高级滑雪道的风险程度本身是客观的，但是滑雪道对于不同滑雪者的风险是受到滑雪者自身的因素影响的。因此，对滑雪道风险的看法具有主观性，艺高胆大的高手认为中级滑雪道的风险很小，但滑雪新手却认为风险很大。

（六）风险与预期收益的平衡性

风险与预期收益的平衡性是风险的基本特性之一，即所谓的高风险高收益、低风险低收益投资规律。1964 年，夏普（William F. Sharpe）在马科维茨（Harry M. Markowitz）资产组合管理理论的基础上提出资本资产定价模型（CAPM），该模型首次对资本资产定价给予了理论说明。现代投资理论认为，风险和预期收益是任何投资和金融产品最基本的两个特性，风险和收益的这种关系对于现代风险管理理论和实践都具有重要的意义，主要表现在三个方面：一是决定了风险收益平衡选择是金融交易和风险管理行为的基本特征，主要表现为对风险溢价的追求。二是这种平衡性表明在有效的金融市场上，只有承担风险才能获得收益，风险是金融机构的唯一利润来源。三是决定了以追求盈利为基本使命的金融机构的经营本质在于承担风险、管理风险，并在该过程中获取风险溢价，实现盈利。

四、风险的分类

（一）根据风险的来源进行分类

根据风险的来源不同，商业银行的风险可以分为经济风险、政治风险、社会风险、自然风险和技术风险。经济风险是指市场供求关系、经济贸易条件等因素变化，带来经济价值损失的风险；政治风险是指战争、内乱、出口管制等政治原因，使债权人可能遭受损失的风险；社会风险是指盗窃、抢劫、玩忽职守以及故意破坏等社会行为，造成的财产损失或人身伤害的风险；自然风险是指地震、海啸和火灾等自然灾害导致的风险；技术风险是指伴随着科学技术的发展、生产方式的改变而产生的威胁人们生产与生活的风险。

（二）根据风险的性质进行分类

根据风险的性质不同，商业银行的风险可以分为投机风险和纯粹风险。投机风险是指可能产生收益或会造成损失的风险。这种风险能导致三种结果，即获得收益、没有损失、遭受损失。例如，在证券市场或外汇市场进行投资活动时面对的收益具有不确定性，就是投机风险。投机风险的发生常常与投机决策密切相关，同时也与社会经济环境的变化紧密相连。纯粹风险是指可能造成损失的风险。这种风险能导致两种结果，即没有损失、遭受损失。因此，纯粹风险只存在受损的可能性，而没有获利的机会。自然灾害以及意外事故，都属于纯粹风险，如疾病、火灾、交通事故以及失窃等。

（三）根据风险的驱动因素进行分类

根据风险的驱动因素不同，商业银行的风险可以分为信用风险、市场风险、流动性风险、运营风险（operational risk，国内一般将其翻译为操作风险）、国别风险、银行账簿利率风险、声誉风险、战略风险、信息科技风险以及其他风险等。

信用风险又称违约风险，是指借款人、证券发行人或交易对方因种种原因，不愿或无力履行合同条件而构成违约，致使银行、投资者或交易对方遭受损失的可能性。

市场风险是指商业银行的表内、表外头寸因市场价格变动而受到损失的风险。市场风险又包括一般市场风险和特定风险。

流动性风险是指商业银行无法以合理成本及时获得充足资金用于偿付到期债务、履行其他支付义务和开展正常业务的风险。

运营风险是指由不完善或有问题的内部程序、人员及系统或外部事件造成损失的风险，包括法律风险，但不包括战略风险和声誉风险。需要重点强调的是，从运营风险的定义来看，其涵盖范围是相当广的，国内在翻译监管文件及国外书籍时通常将其译为操作风险，这很容易让人误解成一线柜员的操作失误，从而影响了人们正确地理解和管理这类风险。

国别风险是指由于某一国家或地区的经济、政治、社会变化及事件导致该国家或地区的借款人或债务人没有能力或者拒绝偿付金融机构的债务，或者使金融机构在该国家或地区的商业存在遭受损失，或者使金融机构遭受其他损失的风险。

银行账簿利率风险是指利率水平、期限结构等不利变动导致银行账簿经济价值和整体收益遭受损失的风险，主要包括缺口风险、基准风险和期权性风险。银行账簿记录的是商业银行未划入交易账簿的相关表内和表外业务。

声誉风险是指由商业银行经营、管理及其他行为或突发事件导致媒体关注或形成负面报道，可能对商业银行形象、声誉、品牌价值造成负面影响或损害的风险。

战略风险是指商业银行经营策略不当或外部经营环境变化而导致的风险。

信息科技风险是指信息科技在商业银行运用过程中，由于自然因素、人为因素、技术漏洞和管理缺陷产生的操作、法律和声誉等风险。

以上九大类风险主要是依据 2016 年银监会发布的《银行业金融机构全

面风险管理指引》中的分类。国内外学者在研究中、银行同业在实践中也会将信息科技风险归于运营风险范畴，将国别风险归于信用风险范畴。而且，在商业银行风险管理实务中，除了以上风险外，还有一些其他风险的提法。例如，集中度风险、模型风险、合规风险、洗钱风险、行为风险、估值风险等。严格来讲，这些风险更多是属于某一业务领域或某一业务流程中的风险，根据其驱动因素可以将其归到上面提到的风险类型中。

（四）根据风险所处的内外部环境进行分类

根据风险所处的内外部环境不同，商业银行的风险可以分为信用风险、市场风险、声誉风险和运营风险。其中，信用风险是因为客户因素产生的风险，市场风险是由于外部市场变化形成的风险，声誉风险是由于商业银行处在社会之中而面临的风险，这三者都是由外部因素产生的风险；而运营风险属于银行自身在管理过程中产生的风险，因此属于内部因素产生的风险。

针对风险的分类，人们各有各的理解，各有各的道理，并没有一个统一标准。从银行风险管理的实践角度来看，特别是目前商业银行对自身管理过程中产生的风险普遍缺乏重视，有的领域虽然引起重视但缺乏成熟有效的管理手段，这样的分类更有利于商业银行在风险管理体系建设中找准重点、找对方向、苦练内功。当然，运营风险的内涵将变得十分丰富，商业银行在实践中完全可以根据自身的管理需要进行细分和专业化管理。

小知识

“Operational risk”为什么要翻译成运营风险?

操作风险是由英文“operational risk”翻译而来的，但中文的“操作”一词并不能很好地对应由不完善或有问题的内部程序、人员、系统或外部事件造成损失的风险。可以说运营一家企业，但不能说操作一家企业。在美国反虚假财务报告委员会下属的发起人委员会（COSO）内部控制体系中，“operational”的词根“operation”被译为“运营”的意思，同时会计学里面所讲的“operation cost”也指的是运营成本而不是操作成本。从管理学的分支——运营管理学来看，教材都将“operational management”翻译成运营管理而非操作管理。在中国银行业协会推出的陀螺评价体系中，运营管理能力和“operational management”相对应。因此，不管是从单词本身的含义看，还是从COSO内部控制体系以及管理学的角度看，将“operational risk”翻译成“运营风险”更适合商业银行业务发展和风险管理的需要。

第二节　风险管理理论与框架发展

一、风险管理的起源与定义

（一）风险管理的起源

“风险”一词与早期航海过程中的风暴、触礁等遇险经历直接相关。为应对航海中可能遇到的危险并分担损失，保险作为最古老的风险管理手段，极大地促进了全球航运与贸易的发展和繁荣。随着经济的发展和社会的进步，在相当长的时间里，保险范围也逐步由航运业扩展到不动产及动产管理、金融交易以及个人生活等社会活动的各个领域，人们主要通过保险的方法来管理风险。

风险的存在是保险得以产生、存在和发展的客观原因与条件，并成为保险经营的对象。保险行为是将分散的不确定性集中起来，转变为大致的确定性以分摊损失。根据“大数法则”①，同质保险标的越多，实际损失结果会越接近预期损失结果。根据这一法则，保险公司可做到收取的保费与损失赔偿及其他费用开支基本平衡。这一法则成为保险学和保险业存在与发展的基石。

虽然风险管理起源于保险行业，但是商业银行在长期的发展历程中，风险管理内涵和手段获得了极大的丰富，风险管理水平也取得了长足的进步。当前银行业的风险管理实践已经领先于保险业，逐步建立了一套相对成熟的风险管理体系。

（二）风险管理的基本逻辑

从保险的出现及发展可以看出风险管理的基本逻辑和含义。风险管理不是消除风险，而是通过一系列的机制、工具和流程以及资源配置等措施，最小化风险事件发生的可能性或损失，或者最大化实现收益的过程。克里斯蒂（James C. Cristy）认为，风险管理是企业组织为控制偶然损失的风险，以保全获利能力和资产安全所做的一切努力。罗森布朗（Jerry S. Rosenbloom）将风险管理定义为处理纯粹风险和决定最佳管理技术的一种方法。威廉姆斯和汉斯（C. Arthur Williams Jr & Richard M. Heins）则指出，风险管理是通

---

① “大数法则”是概率论中一个重要法则，它揭示了这样一个规律：大量的、在一定条件下重复出现的随机现象将呈现出一定的规律性或稳定性。例如，我们知道掷一枚质量分布均匀的硬币，其正面向上的概率为0.5，但如果做50次实验，正面向上的次数很可能与期望值25次相左。换句话说，对该实验进行统计得出的频率（正面向上的次数除以实验次数）与客观的概率之间可能有较大的差距。但做一万次或更多次实验，其统计频率与客观概率相差将很小。由于“大数法则”的作用，大量随机因素的总体作用必然导致某种不依赖于个别随机事件的结果。

过对风险的识别、衡量和控制，以最低的成本使风险所致的各种损失降到最低限度的管理方法。风险管理的基本逻辑有以下四种：

从流程来看，风险管理一般包括识别、评估、计量、监测、控制、报告、评价等环节，这在后续的第四章至第六章中将针对不同风险、不同业务予以详细阐述。

从方法来看，风险管理大概分为四类：风险自担、风险分散、风险转移和风险规避。风险自担指通过定价、拨备等方式承担经营活动中的风险损失的方法；风险分散是指避免业务或资金的过度集中，即“不要把所有鸡蛋放在一个篮子里”，以减少可能遭受的巨额损失；风险转移是指用担保或保险等方式把自己承担的信用风险转嫁给第三者；风险规避是指拒绝或退出某一业务或市场，以避免承担该业务或市场具有的风险。风险自担和风险分散偏重于商业银行整体业务的风险管理，都是以一定规模的资产作为管理对象，属于宏观（组合）风险管理的范畴。风险转移与风险规避偏重于具体贷款风险的管理，更多属于微观风险管理的范畴。

从价值创造来看，风险管理融入价值创造过程。商业银行在具体业务中，主要是通过风险调整资本回报率（RAROC）来进行投资和风险决策，提升风险收益价值。RAROC 已成为国际主要银行管理风险的核心工具，在银行的整体发展中发挥着重要作用。RAROC 的广泛运用表明，银行应以风险调整后的收益作为经营的中心和追求的最终目标，因为风险调整后的收益才是银行的实际收益，才是商业银行稳健持续发展的保障。商业银行要想有效提升 RAROC，就必须不断优化风险管理机制，在这个过程中也相应地提升了商业银行的价值。

从风险偏好来看，风险偏好的确定可以看成银行风险管理的起点，这意味着明确了银行的基本风险管理战略，体现为在主动承担一定风险的前提下更好地支持业务发展。作为风险管理的战略核心，风险偏好将通过资本规划、资源配置、风险政策、风险限额、管理工具、绩效考核等一系列载体加以传导，形成一个有机整体，真正将风险管理与业务发展统一在一起。可以说，风险偏好的确定与传导机制的构建既是全面主动管理风险的内在要求，也是风险管理融入和实现战略目标的关键所在，是银行风险管理体系建设的重中之重。

综上所述，前两种风险管理逻辑更侧重风险管理本身，后两种风险管理逻辑则是将风险管理与战略目标、业务发展和价值创造紧密结合起来，更有助于阐释风险管理的目标和意义。

（三）对风险管理的基本认识

1. 风险是可以管理的

风险是客观存在的，并且具有不确定性，但在一定程度上是可以被识别与管理的。风险可以在发生之前进行识别和预测。例如，观察风险事件发生的频率及样本数据，能够建立损失分布，对不确定性进行测度并进行损失可能性预测。商业银行通过采取积极的策略方法和丰富的管理工具，能在一定的范围内规避风险、分散风险，降低风险发生的可能性。从这个角度来看，银行的风险是可以管理的。

2. 风险是收益的对价

金融产品在金融市场上具有高风险、高收益的特征，风险又是盈利的来源，那么以风险换收益是否意味着只要承担了相应的风险，相应的收益也就随之而来了呢？答案显然是否定的。如前文所述，以风险换收益的行为本质上是以承担风险来追求更高风险溢价的投资行为，而不是不顾可能性的大小追求极端收益的赌博行为。赌博可以依赖运气，等待极端收益（意外）到来，但风险溢价的实现却要人们付出努力，并遵循风险管理的科学规律。内部控制、风险对冲、风险定价补偿和经济资本配置等风险管理技术都是需要人们付出很大努力才能够掌握和有效实施的，全面、系统和科学的风险管理才是实现以风险换收益的可靠途径。

3. 计量是风险管理的基础

风险计量的发展伴随着整个现代金融发展的历程。从国内外商业银行风险管理的发展路径来看，风险计量的发展经历了从定性到定量、从经验到技术的过程。风险计量已经成为现代商业银行风险管理的基本依据。20 世纪 50 年代，马科维茨（Markowitz，1952）以组合管理理论为基础，采用收益率标准差进行风险计量，为风险分散化管理提供了基本框架。在此基础上发展起来的资产定价理论（Sharpe，1964；Ross，1976）以及布莱克-斯科尔斯（Black-Scholes）期权定价模型，有效推进了以交易和组合管理为目的的风险定价及管理实践。20 世纪 90 年代，摩根大通银行（J. P. Morgan）率先将 VaR 模型应用于不同业务和风险类别的统一风险计量，能够捕捉风险因子之间的相关性和动态性。VaR 模型得到了广泛的应用，并被巴塞尔委员会用作计量市场风险资本要求的公式。21 世纪初，巴塞尔委员会采用渐近单风险因子模型（Asymptotic Single Risk Factor，ASRF）作为信用风险内部评级法资本要求的计算公式，允许商业银行使用内部估计的风险参数计算信用风险资本要求，进一步推动了客户评级模型、经济资本配置及压力测试等风险量化工具在商业银行经营管理活动中的应用，丰富了商业银行积极主动的全面风险管理实践。

4. 风险管理是银行的核心竞争力

商业银行的本质是经营风险的金融机构。商业银行能够在预先设定的边界内主动管理风险，从而能更好地服务实体经济，并保持自身的稳健经营和创新发展，这种风险管理能力就是商业银行的核心竞争力。商业银行单纯地规避甚至拒绝风险，会导致业务发展停滞、丧失竞争力而被淘汰；片面追求业务发展规模、速度和短期效益，不考虑潜在风险及其风险承受能力，很难保证商业银行的持续经营。风险管理对商业银行核心竞争力建设的作用机理可以从三个方面来理解。一是影响商业银行的经营效益。商业银行以承担风险为对价来获取收益，但在实际情况中高风险并不必然带来高收益，低风险也未必就是低收益，关键在于不同商业银行风险选择能力的差异。风险选择能力强的商业银行，相对于同业平均水平来说，可以做到低风险高收益，获得超额回报；反之，风险选择能力差的商业银行，很可能出现高风险低收益的情况，收益无法覆盖风险，盈利能力受损。二是影响商业银行的资本实力和资本回报水平。资本作为抵御风险损失的最后屏障，是商业银行的信用基石，也是维持市场信心、日常运营和合规监管的基本要求。随着资本约束的加强，资本实力和资本回报水平成为商业银行竞争力的综合体现。通过风险管理优化风险加权资产结构，整合风险与绩效管理框架，使用先进的经济资本对风险调整绩效考核关键指标进行计量，商业银行能够有效增强资本实力以及提升资本回报水平。三是影响商业银行的持续经营能力。商业银行做出特定的风险选择，客观上决定了其风险敞口与风险轮廓（Risk Profile），锁定了风险经营的路径，进而决定了其经营基础是否稳固，是否能够经受市场波动的冲击等，这在历次金融危机中得到了印证。

二、风险管理框架发展与变革

20 世纪之前的商业银行主要以货币经营业务为主①，在经历多次经济危机或金融危机的冲击后，中央银行的职能逐步分离②。20 世纪 30 年代的大萧条直接催生了分业监管体制③，重塑了商业银行的经营模式，对国际商业银行体系的经营实践产生了重要影响。伴随着经济、金融、监管以及技术等方面的发展变化，商业银行风险管理框架不断健全和完善，从早期的信贷风险管理逐步转向市场风险管理，并过渡到统一的资本约束体系，再到当前全

---

① 货币经营业务包括支付、兑换、为政府筹资以及发行货币等，承担着部分中央银行的职能，与现代商业银行经营范围有较大差异。

② 1844 年英格兰银行根据新银行法（《皮尔条例》）改组，分设发行部和银行部，后逐步放弃商业银行业务，成为中央银行，标志着现代中央银行体系开始逐步形成。

③ 1907 年美国银行危机推动设立了美国联邦储备系统（FED），1929—1933 年的大萧条催生了联邦存款保险公司（FDIC）。

面风险管理框架的形成。风险管理的构成要素、工具手段经过多次危机和风险事件的检验而不断完善，这既是商业银行持续经营的内在需要，也是金融稳定和经济稳健发展的客观要求。

（一）重大经济金融事件推动了风险管理框架的演变

1. 布雷顿森林（Bretton Woods）体系解体将传统风险管理从信贷业务扩展到金融市场业务

国际金融体系的演变会直接影响商业银行的风险状况和风险水平，从而不断推动风险管理体系的发展和衍变。20 世纪 70 年代以前，国际汇率处于布雷顿森林体系下，同时存款利率受到管制，商业银行的风险主要体现在资产管理方面，重点是信贷资产的管理，其中的关键又在于客户风险的识别和评估。这一时期，围绕客户风险评价和评估，商业银行总结归纳了不同的评估方法，例如“5C”要素分析法和“5P”要素分析法等，从不同角度对客户的还款意愿和还款能力进行识别，但主要依靠信贷审批人员的专业经验进行判断。随着二战后西方各国经济的恢复和国际贸易的增长，商业银行的跨国业务不断增长；同时为扩大资金来源，满足流动性需要并避开金融监管限制，商业银行通过全球资本市场进行投资交易和金融创新的活动越来越频繁。在美国贸易赤字不断扩大的情况下，布雷顿森林体系难以为继，国际汇率、利率波动对商业银行经营安全的威胁越来越大。

小知识

“5C”要素分析法与“5P”要素分析法

“5C”要素分析法主要集中于从借款人的道德品质（character）、还款能力（capacity）、资本实力（capital）、担保（collateral）和经营环境条件（condition）五个方面进行全面的定性分析，以判别借款人的还款意愿和还款能力。“5P”要素分析法，即个人因素（personal）、借款目的（purpose）、偿还（payment）、保障（protection）和前景（perspective）。

20 世纪 70 年代，随着布雷顿森林体系的崩溃以及石油危机的发生，国际汇率、利率波动不断加大，传统的信贷风险管理难以保证商业银行经营的安全性、流动性和盈利性的要求。在这种情况下，针对汇率、利率、股价和商品价格波动等各类市场风险的管理成为银行的当务之急。商业银行通过期权、期货等金融衍生工具对价格风险进行对冲，剥离和降低业务中不愿意承担的风险并锁定利润，以增强经营的稳定性。随着银行业国际竞争的加剧，特别是金融自由化、全球化浪潮和金融创新的迅猛发展，商业银行面临的风险呈现多样化、复杂化、全球化的趋势。20 世纪 70 年代赫斯塔特（Herstatt）等商业银行的破产，对国际金融体系的稳定产生了重大影响，这直接促成了巴塞尔银行监管委员会（以下简称巴塞尔委员会）的成立，加强对跨国银行的统一监管成为国际社会的共识，西方各国开始酝酿出台商业银行风险管理和监管的国际标准与框架。

2. 拉丁美洲债务危机与全球银行业竞争不平衡使得银行的统一监管十分必要

20 世纪 80 年代，欧美发达国家的银行业在拉丁美洲债务危机中遭受重大损失，商业银行不得不大量计提贷款损失准备金以应付坏账，造成资本充足率下降，影响了银行体系的稳定性。此外，欧洲美元市场的持续发展推动了商业银行跨境资金支付业务的急剧增加，商业银行的经营风险开始由国内向国际溢出。与此同时，资本充足率要求较低的日本跨国商业银行能够大量扩张资产，对欧美跨国商业银行形成巨大的竞争压力。在这种形势下，对跨国商业银行的监管仅靠一国监管当局显然无法达成，这在客观上要求国际社会按照统一的标准进行国际监管协调。

1987 年 12 月 10 日，国际清算银行（BIS）在瑞士巴塞尔召开了十国集团①以及卢森堡和瑞士在内的 12 国中央银行行长会议，通过了具有里程碑意义的《巴塞尔资本协议》（以下简称《巴塞尔协议 I》），全称为《统一资本计量和资本标准的国际协议》（*International Convergence of Capital Measurement and Capital Standards*）。该协议有两个最重要的目的：一是通过制定商业银行资本与加权风险资产比率，规定计算方法和计算标准，以保障国际商业银行体系健康稳定运行；二是制定统一的资本监管标准，以消除国际金融市场上各国商业银行之间的不平等竞争，协议对商业银行的资本充足率、资本结构、各类资产的风险权重等做了统一规定。

3. 美国安然公司破产事件使得企业的全面风险管理进入管理视野

美国安然公司曾被《财富》杂志评为美国最具创新精神的公司，但因财务作假，2001 年以资产总额 498 亿美元创下了美国历史上最大宗的公司破产案纪录。安然公司破产事件发生后，美国社会对企业制度进行了深刻反思，剖析事件发生的深层次原因，主要包括股票期权制激励了造假动机、公司独立董事形同虚设、公司审计委未发挥应有作用、企业内部控制机制存在重大缺陷等。尽管 1992 年 COSO② 就组织研究并推出了第一份企业内部控制

---

① 十国集团包括美国、英国、法国、联邦德国、意大利、日本、荷兰、比利时、加拿大和瑞典。

② COSO 指美国反虚假财务报告委员会下属的发起人委员会（The Committee of Sponsoring Organizations of the Treadway Commission，COSO）。2001 年 12 月 2 日，美国最大的能源公司——安然公司因财务造假宣告破产，使得商业银行内部控制受到高度关注。COSO 的文件中将内部控制的目标定义为：为提高经营活动的效果和效率、确保财务报告的可靠性、促使与可适用的法律相符合提供一种合理的保证。

框架报告，但在安然公司破产事件发生后，美国各方对企业内部控制的讨论日益激烈，完善内部控制体系的呼声也越来越高。2004 年，COSO 的《企业风险管理框架》正式发布，将内部控制与企业风险管理相结合，提出了一个更广泛的风险管理框架。该框架指明了一个各类企业通用的风险管理方案，同样适用于商业银行，其提出的风险管理要素与流程安排为商业银行完善内部控制架构和风险管理体系奠定了重要基础。

4. 2008 年全球金融危机进一步强化并完善了全面风险管理框架

2008 年全球金融危机后，国际监管机构充分吸取危机的深刻教训，按照简单性、可比性和一致性的基本原则，对 2004 年巴塞尔委员会发布的《巴塞尔协议Ⅱ》进行了全面修订和补充，形成了资本、流动性和系统重要性金融机构等宏微观审慎监管框架，即 2010 年出台的《巴塞尔协议Ⅲ》①，全面强化了商业银行的全面风险管理要求。一是改革合格监管资本认定标准，强化损失吸收能力；二是修订风险加权资产计算规则，通过底线及方法的调整来强化资本计量的审慎性；三是单独设立流动性国际监管框架，强化流动性风险管理要求；四是对系统重要性金融机构的附加要求，提出更高的风险管理期望，强化维护金融稳定的宏观审慎要求。此外，《巴塞尔协议Ⅲ》对商业银行的风险治理、管理流程以及数据信息技术等方面都提出了更高的要求，进一步强化了风险管理的全面性和主动性要求。

与此同时，COSO 也开始重新审视和思考内部控制框架的局限性，于 2014 年开始着手修订《企业风险管理框架》。经过多轮征求意见和修改，COSO 于 2017 年发布新版《企业风险管理框架》，着力增强风险管理与企业绩效的协同关系，体现了企业利益相关方对风险管理价值创造的关注，对当前及未来银行业的风险管理实践具有重要的指导意义。

（二）重要科学与理论发展促进了风险管理技术的进步

1. 经济与金融理论模型的突破推动风险管理由定性转向定量

20 世纪 50 年代，马科维茨（Harry M. Markowitz）在《金融杂志》上发表了论文《资产组合的选择》（*Portfolio Selection*），首次用统计学中的期望值来度量收益，用方差来度量风险，为分析和研究金融风险提供了定量化思路。20 世纪 60 年代至 70 年代，在这一理论的基础上，夏普（William Sharpe）等人提出了资本资产定价模型理论（Capital Asset Pricing Model，CAPM），为风险定价提供了理论基础。布莱克—斯科尔斯（Black-Scholes）模型成功地解决了期权定价问题，加快了金融衍生工具市场的发展，为商业银行转移和对冲市场风险提供了方法和手段。默顿（Merton）基于期权定价模型构建了公司违约概率度量模型，推动了信用风险量化实践。20 世纪 80 年代至 90 年代，风险量化理论得到快速发展，摩根大通银行提出风险价值

① 2017 年巴塞尔委员会发布了《巴塞尔协议Ⅲ》的最终框架。

(VaR)理论，能够对金融市场交易业务的风险进行统一度量。在此基础上，信用计量模型（Credit Metrics）、信用风险度量 KMV 模型、信贷风险附加模型（Credit Risk +）和信用组合观点模型（Credit Portfolio View，CPV）等信用风险量化理论开始出现，对企业的违约风险及损失建立了完整的预测理论架构，进一步支持了商业银行风险量化能力的快速提升。21 世纪以来，结合风险量化理论及商业银行实践情况，巴塞尔委员会提出渐近单风险因子模型（ASRF）框架，建立了监管资本计量规则体系，将风险量化结果与资本要求紧密挂钩，进一步推动了商业银行的风险管理量化实践。

2. 统计分析技术应用发展提升了风险计量的精度

统计理论及技术的发展为数据定量分析及理论建模提供了基础保障，对商业银行风险计量能力的提升起到重要的促进作用。判别分析（Discriminant Analysis，DA）是根据观察的历史样本的统计数字特征，对客观事物进行分类的方法。该方法在 20 世纪 40 年代首先用于消费信贷的核准分析，并逐步在企业财务风险预测方面得到广泛应用。20 世纪 60 年代，线性规划出现，大量学者通过研究改良并将其用于信用评分卡的设计方面。逻辑回归（Logistic）模型在 20 世纪 70 年代开始用于消费信用评分模型，其经过不断的优化改进，已经成为目前使用最广泛的模型之一。作为一种非参数方法，近邻法（Nearest-neighbor）在 20 世纪 70 年代开始应用于信用评分中。借助于现代计算机技术，分类树（Classification Tree）、递归算法（Recursive Partitioning Algorithms，RPA）、人工神经网络（Artificial Neural Network，ANN），在 20 世纪 80 年代开始应用于企业信用风险分析中，在破产预测、信用分析、保险以及透支等方面得到日益深入的应用。

3. 信息技术的进步带动了风险管控效率的显著提升

信息技术的进步和广泛应用对经济社会的发展产生了深刻的影响，也为商业银行风险管理能力的提升创造了有利的条件，极大地提高了风险计量与管控的效率。早在 20 世纪 60 年代，欧美国家就开始将计算机技术广泛用于银行业，开启了商业银行管理信息化的进程。这一阶段，商业银行主要通过计算机辅助开展支付结算及核算等银行业务，多采用以大型主机为中心的批量处理方式，数据处理及操作成本较高，难以在风险管理领域实现普遍应用。20 世纪 70 年代到 80 年代，随着晶体管集成电路的发明和互联网技术的出现，信息技术开始向国际银行业迅速渗透，商业银行开始运用计算机网络技术实现内部业务的联机处理，并实现与客户的联网交易。这一时期，得益于制造成本及使用成本的下降，计算机技术在风险建模、监测报告等方面得到不断应用，但受限于数据存储技术，风险管理主要以财务数据及交易数据等结构化数据为主，风险管控的全面性和准确性受到一定影响。20 世纪 90 年代以来，信息技术领域的摩尔定律使得互联网科技呈现爆发式增长态势。得益于芯片、存储设备及通信设施制造成本的快速下降以及操作系统和数据库技术的普遍应用，全球经济逐步进入数字化和移动互联时代，原先对硬件及技术依赖较强的分类树、人工神经网络等工具得以广泛应用。同时，随着大数据、云计算技术的出现，文本、图片、语音和视频等非结构化数据在风险管理领域开始得到应用，大大提升了风险管理的全面性和时效性，尤其是人工智能技术的快速演进和迭代，将进一步提升风险管理的主动性和智能化水平。

（三）管理工具的发展丰富了全面主动风险管理实践

风险管理框架及技术的演变和发展，进一步丰富了商业银行风险管理的工具和手段，从而推动了商业银行风险管理实践从单一风险管理转向组合风险管理，从被动承担风险转向主动管理风险，风险管理的全面性和主动性不断提升。

1. 评级与限额等计量工具强化了对信用风险等单一风险的管理

在商业银行发展早期，资产主要以信贷为主，客户违约风险的管理就成为重中之重。信用评级①以及信用评分卡工具的出现，使得商业银行能够对客户违约风险进行预测，并通过限额等计量工具对各项业务的风险总量进行管控，以确保风险的可控性。随着金融市场交易业务的增加及经营规模的扩大，市场风险及运营风险等严重威胁商业银行的稳健运营。风险价值、关键风险指标②等工具的出现，使得商业银行对市场风险和运营风险的管控更为精准和规范。大量管理工具与手段的运用提升了商业银行风险管理的精细化水平，强化了精准营销与客户准入、信贷政策制定、授信审批、信贷授权、产品定价、信贷资产风险分类以及损失准备计提等关键流程环节管控的有效性，为组合风险管理的实施打下了基础。

2. 经济资本等组合计量工具推动了组合风险管理实践

不同风险之间可能存在内在的相互关联关系。例如，有的市场风险是由交易对手的信用风险引起的，而有的信用风险则是由市场风险引发的。考虑风险之间的相关性，只对各类单一风险管理到位并不能完全避免银行破产。银行逐渐需要新的手段和方法来准确识别、定量计量、统筹管理银行的组合风险。随着风险量化技术的发展和进步，经济资本技术能够对信用风险、市场风险、运营风险等风险类别进行统一计量和加总，有利于商业银行对总体风险水平的把控。一方面，经济资本的应用促使商业银行从客户、行业等多个维度优化资产组合结构，降低集中度风险；另一方面，经济资本与资本预算和配置相衔接，将资源最大限度地运用于资本回报高的业务领域，从而提高银行整体资产组合的盈利能力和抗风险能力。经济资本管理实践也反映了商业银行风险管理理念的变化。风险管理不只是控制风险，如果一项业务的

① 信用评级指对客户因偿债能力变化而可能导致的违约风险进行分析、评价和预测，以确定信用等级的过程。

② 关键风险指标（KRI）是运营风险管理的工具之一，指对业务活动和控制环境的风险变化情况进行日常监控的指标体系。关键风险指标通过反映系统、过程、产品、人员等信息的变化情况，从而对风险预警、日常监控具有重要作用。

收益能够覆盖风险，那么银行就可能承担这一风险以获取相应的回报，同时应考虑资本占用的成本。风险调整资本回报率（RAROC）和经济增加值（EVA）等经济资本工具强化了风险、收益与资本相匹配的经营发展模式，推动银行更加积极地进行组合风险管理实践。

3. 风险偏好等手段和工具进一步强化主动风险管理要求

纵观2008年全球金融危机，包括商业银行在内的许多金融机构身陷困境乃至破产，这些金融机构风险管理制度规范、全面且技术先进，但在经营过程中脱实向虚、杠杆率居高不下导致风险失控和危机蔓延，这充分说明风险偏好及选择超出了商业银行、投资银行、保险公司等金融机构的风险承受能力（也超出了监管机构的监督能力）。风险偏好与商业银行总体发展战略紧密相连，体现了商业银行的战略选择、价值导向和业务取舍，从而决定了商业银行总体风险的基本走向。金融危机后，风险偏好管理在银行业普遍得到强化，银行业正在不断探索完善“制定业务发展战略→确定风险偏好→确定目标风险轮廓→制定风险政策和限额→依据重大业务变化调整业务发展战略”传导实施机制，促进业务的持续与稳健发展。金融危机也凸显出极端风险对商业银行持续经营的致命性影响，进一步推进了压力测试工具在商业银行风险管理中的应用。商业银行通过考虑外部宏观经济和经营环境的冲击，检验和发现内部经营管理环节中的主要风险点和薄弱环节。对某些资产组合的风险因子进行压力情景模拟，可以预先评估在极端不利情况下的损失情况，有助于提前对业务结构和资产组合进行调整，从而增强风险管理的前瞻性和主动性。

第三节 中国大型商业银行风险管理实践历程

中国经济体制改革大潮是中国金融改革的大背景。从1979年开始，在邓小平同志提出的“要把银行真正办成银行”的指引下，中国的金融体系，如银行业金融机构，尤其是国有商业银行掀起了波澜壮阔的改革大幕。伴随着这一过程，中国大型银行的风险管理实践从无到有，不断发展。

一、专业银行阶段（1984—1995年）

1984年，中国工商银行从中国人民银行分离，标志着中央银行与四大专业银行并存的金融体系最终形成。此时，我国的货币化程度还不高，市场经济体系尚不健全，经济运行机制以计划经济为主，市场调节为辅，生产要素的配置以指令性计划为主。四大专业银行为国家所有，国有金融资产的所有权包括占有权、支配与使用权、收益与享用权，全部由国家控制。国家对专业银行实施利润上缴与亏损补贴的政策，统收统支式的办法体现其所有权主体的基本职能。专业银行受制于所有权主体的宏观决策，内部制衡机制完全由行政关系维系，信贷资产的运营服从于计划调节的需要。1987 年，交通银行重新组建，随后，10 家全国性股份制商业银行陆续设立，我国银行体制就此告别“大一统”时代，银行业的竞争主体更加多元化。1994 年，三家政策性银行成立，实现政策性金融与商业性金融分离。这时处于经济体制转轨初期，国有企业占据主导地位，贷款规模受到控制，利率、汇率实行管制，经营损失由国家兜底。可以看出，在专业银行阶段，大型银行还没有进行真正意义上的风险管理。

二、商业银行阶段（1995—2001 年）

1995 年，《中华人民共和国商业银行法》颁布，对商业银行的性质、业务范围、设立条件、业务运作等方面做出了法律上的规定，确立了四大专业银行的国有独资商业银行的地位，提出了效益性、安全性、流动性的经营目标和自主经营、自担风险、自负盈亏、自我约束的管理原则，确立了我国现阶段银行、证券、保险实行分业经营、分业管理的金融体制。1997 年，亚洲金融危机引发国家对金融安全的高度关注，我国首次召开全国金融工作会议，陆续出台注资一系列国有商业银行等改革措施，全面推动国有大型银行向商业银行转制。在此期间，国有大型商业银行开始统一实施法人管理制度，初步探索审贷分离、资产质量分类以及专门设立风险管理部门等措施，风险管理实践正式启动。

一是从加强信贷管理、控制风险的角度出发，建立了以贷款“三查”（贷前调查、贷中审查和贷后检查）为核心的信贷业务流程，实行审贷分离和集体审议。其中，中国建设银行建立专职贷款审批人制度，更强调专业化、职业化和独立性。

二是按流程改造信贷组织体系，初步实现了从职能分工向流程导向的转变，分别设公司业务、信贷评估、信贷风险管理等专业管理部门，将信贷风险管理从业务营销中分离出来，进一步加强信贷风险控制的能力。

三是按照中国人民银行有关贷款五级分类的要求，大型商业银行在严格执行信贷资产分类要求的同时，根据自身实践进一步细分分类标准，实现精细化管理，提升风险管理水平。例如，中国工商银行和中国建设银行实施贷款十二级分类制度。

三、股改上市阶段（2001—2008 年）

2001 年年底，我国加入世界贸易组织，大型商业银行开始启动股改上市。2003 年年底，中国银行、中国建设银行率先进行股份制改革试点。通过中央汇金投资有限责任公司注资、组建资产管理公司以及引进战略投资者完成重组和股份制改造，中国建设银行、中国银行和中国工商银行相继完成上市，中国农业银行在2008年年底也完成股份制改造，并于2010年上市。这一阶段，国有大型商业银行基本搭建了相对完善的风险管理体系，风险管理实践也逐渐全面展开。

（一）建立较为完善的风险治理架构

各大型商业银行的董事会下设了风险管理委员会（中国银行称风险政策委员会）和审计委员会（中国银行称稽核委员会）负责风险管理，执行内控稽核职能。风险管理委员会负责组织拟订和审议银行的风险偏好，审批风险管理战略和政策，监督风险敞口，监控风险管理政策执行情况，评估内部控制系统的有效性。审计委员会领导独立的内部审计系统。此外，中国建设银行建立了风险垂直管理体系，通过“首席风险官—风险总监—风险主管”三级架构进一步加强风险的集中统一管理。

（二）初步搭建各类风险管理体系

在信用风险方面，中国工商银行和中国建设银行设立了专门的信贷审批部门，中国银行和交通银行的风险管理部承担了信贷审批职能。另外，中国工商银行设有专门部门进行行业、区域信贷政策研究，中国银行更为注重贷后专业化管理，中国建设银行较为强调政策制定与执行监督的分离。各商业银行流动性和市场风险管理体制相似，通常都是由资产负债委员会负责流动性管理，风险管理委员会制定市场风险管理政策，并由资金交易部门执行。内部控制和运营风险管理涵盖范围广，大型商业银行多采取行长领导下的专业委员会指导、业务部门在各自范围内开展内部控制和运营风险管理、全行设立牵头协调部门的组织体制。

（三）探索应用各类风险管理工具

从风险管理工具看，中国建设银行的经济资本管理计量水平略为领先，中国工商银行和交通银行在利用信贷政策指导信贷投向方面积累了丰富的经验，中国银行和中国建设银行开始考虑将风险限额纳入信贷组合管理，中国银行授权权限最为集中，交通银行和中国银行采取客户和债项二维评级系统，中国工商银行采用十二级信用评级制度和十二级分类制度，中国建设银行采用十九级信用评级制度和十二级分类制度，中国建设银行的专职审批人体制和一级审批模式保证了决策效率和质量。在贷款审批方面，中国银行具有审批集中化和作业电子化的优势；在风险监控方面，中国建设银行的特色是平行作业机制，交通银行的特色是风险监察名单制度，技术优势是实现跟踪管理电子化。

（四）强化风险管理信息系统建设

中国工商银行先后开发和推广了信贷管理系统，特别关注客户信息系统和个人信贷管理系统用于全行的风险管理。中国银行先后部署和开发了信贷管理信息系统和资产质量监控系统，用于监控全行（境内）公司贷款。信贷管理信息系统能够展现客户、贷款协议、风险分类以及账务处理的信息，为信贷及相关分析提供数据来源，是全行贷款组合管理、风险监控以及风险预警系统的基础。中国建设银行陆续开发和使用信贷管理信息系统、信用风险评级预警系统，收集和维护全行贷款、公司客户以及固定资产贷款项目信息，并使用全行信贷组合违约数据和其他信息生成风险预警信号，提示客户经理对客户进行营销和贷后管理，风险管理部门依托系统进行监测、预警和分析。

四、实施巴塞尔协议阶段（2008—2015年）

2007年2月，中国银监会发布了《中国银行业实施新资本协议指导意见》（以下简称《指导意见》），确定了实施《巴塞尔协议Ⅱ》（《新资本协议》）的目标、指导原则、实施范围、实施方法以及时间表，构建了当时我国商业银行资本监管制度的总体框架，标志着中国银行业实施《巴塞尔协议Ⅱ》的准备工作正式启动。大型商业银行以此为契机，经过多年的努力，基本建立了覆盖各类风险的治理架构，形成了以风险偏好为核心的政策制度体系，完善了风险识别、评估、计量、监测、报告以及控制的工作流程，构建了企业级的数据仓库及信息技术系统，将风险、资本与收益相平衡的管理理念渗透到经营活动中，有效促进了大型商业银行的稳健经营和创新发展。

（一）培育稳健的风险文化

五家大型商业银行（中国工商银行、中国建设银行、中国农业银行、中国银行、交通银行）开始逐步培育合规、严谨、稳健的风险文化。一是通过归纳和提炼风险理念，形成清晰的文字以便宣传理解，如了解客户、理解市场、全员参与、抓住关键。二是通过建设“三道防线”强化制衡理念。前台经营部门承担相关业务风险管理的第一责任，中台风险管理部门承担完善政策制度、监测分析以及报告职能，后台审计及纪检部门负责对风险管控体系进行再监督、评价和责任追究。三是通过制定明确的风险偏好，包括但不限于资本、收益、特定风险类型等定量指标及定性描述，坚守理性、稳健、审慎的原则，引导商业银行平衡处理风险与收益的关系。四是完善风险考核机制，将风险管理政策制度的执行情况以及系统运行情况纳入综合评价体系，通过将风险调整资本回报率及经济增加值与薪酬绩效挂钩，强化各级机构和全体员工的风险意识。

（二）强化风险偏好管理

各大型商业银行董事会定期审议并通过风险偏好陈述书，设定银行风险管控目标，从定量和定性的角度划定经营管理的风险边界和要求，高级管理层负责执行和组织落实。在总行管理层面，管理层组织总行各风险管理部门和业务条线将风险偏好的定量和定性要求进行分解，转化为具体的信贷和资本政策、风险限额、审批与定价指引以及考核方案等，提出明确要求；在分支机构层面，其通过业务政策，如客户准入底线、信用评级以及风险定价等规则，进一步细化分解，体现在具体的客户及交易管理上，将风险偏好转化为具体的业务选择标准和风险管理要求。

（三）细化风险管理制度

各大型商业银行进一步完善了各类风险管理政策和制度体系，明确了各类风险的相关治理要求和职责分工。同时，制定了办法、指引以及操作规则，依托计量模型或管理程序来监测和报告风险，并开发和建设相应的信息技术系统功能。例如，以市场风险为例，各大型商业银行政策和制度体系通常覆盖市场风险组织管理、账户划分、风险价值计量、压力测试、估值、新产品审批、模型验证以及限额管理等各个层面。各大型商业银行还设立了形式多样的报告与限额指标监控规则，并建立了市场风险数据集市及功能丰富的信息技术系统，对有关应急预案和报告流程也进行了规定。此外，各大型商业银行通过出台全面的风险管理制度，明确各类风险管理的具体分工和综合协调、报告等事项，确保集团风险管控的统一性和协调性。

（四）健全覆盖各类风险的计量管理体系

各大型商业银行充分挖掘自身的数据，借鉴行业领先的风险计量技术方法，建成了较为完善的风险计量管理体系。在信用风险方面，各大型商业银行根据客户特点建立了集团公司客户、机构客户、个人客户、地方政府与主权国家等多个客户信用评级模型，分别建立了 12~19 级不等的信用等级，以提升客户风险细分能力；通过开发和使用信用评分卡，提升了信贷业务的市场响应能力和工作效率，如客户信用卡额度调整时间从原来的 2~3 个工作日缩短到 10 分钟。

在市场风险方面，各大型商业银行通过系统整合各类交易数据，建立了基于 VaR 模型的计量管理体系，由系统自动计算限额指标并进行实时监控，自动生成报表和报告。新产品审批从事后管控过渡到事前评估，风险管理的主动性和及时性得到加强。

在运营风险方面，各大型商业银行建立了“三道防线”的管理体系，完成了商业银行操作风险监管资本计量标准法的制定和信息技术功能的实现。自行开发的管理信息系统能够持续开展损失数据收集、风险自评估以及关键风险指标监控等应用工作，有效促进了相关业务流程、制度和系统的健全和优化。

此外，各大型商业银行结合国际最佳实践并根据监管要求，建立健全了内部资本充足评估程序（ICAAP）管理政策体系，进一步完善了银行账簿利率风险、流动性风险、战略风险等管理体系，优化开发了相应的管理信息系统，强化了风险管理与资本管理的动态衔接机制，增强了资本管理的风险敏感性。

（五）构建集中统一的信息技术（IT）系统管理体系

各大型商业银行在多年内部数据完整积累的基础上建立统一的数据平台，开展新一代 IT 系统建设，建设全集团统一的 IT 系统架构，实现了对信用风险、市场风险、运营风险、流动性风险、汇率风险、利率风险等各类风险的模型化计量和管理，支持对公信贷、个人信贷、信用卡、金融市场、客户关系管理、综合定价管理的内部评级、抵质押、准备金计提、估值及风险敞口的计量等操作，能够实现不同组合层面的经济资本和压力测试的在线测算，有效支持单一客户的风险视图，提升风险管控的及时性。同时，各大型商业银行构建了涵盖信息科技管理、开发、运行维护等各项活动的信息科技风险管理架构，建立了灾备中心并制定了业务连续性预案，经营管理和风险管控的信息化水平逐步与全球接轨。

五、系统重要性银行阶段（2015 年至今）

随着中国经济的全球化发展步入快车道，2010 年中国跃居全球第二大经济体。大型商业银行的国际化发展如火如荼，从全国性商业银行逐步转变为全球性的金融集团，在全球金融体系中的影响力与日俱增。2011 年，中国银行进入全球系统重要性银行（G-SIBs）① 名单，2013—2015 年，中国工商银行、中国农业银行、中国建设银行相继进入全球系统重要性银行名单，中国大型商业银行开始接受更加严格的国际监管。2015 年以来，在中国经济进入新常态，经济增长动能转换、经济结构转型升级的过程中，大型商业银行的风险管理逐步从"被动控"向"主动管"转变，全面主动的风险管理实践得到丰富和完善。

（一）积极提升全球监管合规能力

面对更加严格的全球系统重要性银行审慎监管要求，大型商业银行参照国际同业实践，积极落实并有序推进达标工作。一是健全达标合规管理机制，增加董事会的全球合规职责，如部分地区（欧美地区）的风险管理职责。二是完善全球系统重要性银行管理制度，明确资本、流动性、恢复与处置计划、《有效风险数据加总与风险报告原则》达标等事项的职责分工，规定危机管理与报告流程，强化危机应对机制。三是开展恢复与处置计划编制，定期进行更新，并接受危机管理小组（Crisis Management Group，CMG）的审议。四是定期接受监管机构的可处置性评估。五是改进大额风险暴露管控体系，制定大额风险暴露计量标准及系统开发需求，满足监管报送及限额控制要求。六是制订《有效风险数据加总与风险报告原则》达标整改方案，有序提升跨客户、跨业务、跨产品和跨机构的风险暴露数据加总能力，增强风险管理的精准性和及时性。七是接受全球经营所在地区监管机构的联席会议监管，回应各国监管部门关注的问题并积极反馈经营诉求，积极提升全球监管合规能力。

---

① 2008 年全球金融危机后，识别并加强系统重要性金融机构的监管成为国际共识。从 2011 年起，金融稳定理事会定期发布全球系统重要性银行（Global Systemically Important Banks，G-SIBs）名单，并实行更加严格的监管标准，降低 G-SIBs"大而不能倒"的道德危险，强化可处置性以维护金融体系稳定。

（二）持续加强资本与流动性管理

全球系统重要性银行面临更高的附加资本要求，对流动性管理的监管期望也更高。大型商业银行未雨绸缪，通过多种手段和方式加强资本与流动性管理。一是持续保持资本充足和提高流动性水平，与最低总资本和流动性要求保持充足的缓冲区间，增强风险损失抵御能力并强化市场信心。二是采取多种途径改善资本结构，在通过留存利润、增发股票充实核心一级资本的同时，探索发行优先股、永续债补充一级资本，并通过发行可减记次级债补充二级资本，打造层次丰富的资本结构。三是加强日间流动性管理及系统支持能力，提升大额资金支付监测预报能力，增强管理精细化。四是强化监管资本占用管理，通过经济资本占用与风险加权资产回报考核等多种方式，提升资本使用效率和资本集约经营水平。

（三）增强风险管理的全面性和主动性

大型商业银行面临的风险更加多元化和复杂化，强化全面主动的风险管理成为稳健经营的内在要求。一是进一步强化风险管理的党委主体责任，细化各级党委的风险管理职责、工作内容以及报告路线，强化风险管理的约束力。二是强化风险偏好传导机制建设，对风险偏好内容层层分解至境内外分支机构，并对子公司风险偏好编制与报送进行规范，定期评估风险偏好落实情况，强化集团风险管控的统一性和有效性。三是重点推进境外机构风险管理体系建设，建立国别风险管理政策及限额体系，设立海外授信审批中心及资金交易平台，以适应全球化风险管理的需要。四是开发海外客户评级模型，统一集团风险计量标准，实施经济资本计量与考核评价，增强全集团的精细化管理能力。五是建立风险预警体系，整合内部各类业务、风险管理及审计信息，引入征信、海关、税务、工商等外部数据，开发预警信息平台并制定预警核实办法，提升风险响应速度与处置能力。六是进一步改进压力测试方法，参考美联储推出的综合资本评估与评审（Comprehensive Capital Analysis and Review，CCAR）监管改革计划的要求，细化压力情景设置并改进模型方法，实现分季度结果预测，增强对极端事件的预测和防控能力。

（四）大力加强金融科技的应用力度

随着人工智能、区块链、云计算、大数据等金融科技的突破式发展，大型商业银行也着力应用金融科技完善风险管理体系。一是持续将制度、流程、授权和限额等风险管理的关键环节嵌入业务流程系统，支持客户实现风险筛查及欺诈识别，增强风险控制的主动性和精准性。二是整合内外部数据，主动挖掘和应用大数据，实现录入财务报表自动识别及核实，改善风险计量模型的表现。三是探索使用文本、图片以及视频等非结构化数据建立识别监测规则的方法，提高对声誉风险、员工行为风险等风险的管控效率。四是构建企业级的风险预警与管理平台，运用人工智能技术实现数据分析及捕捉风险变化趋势，精准推送营销信息，全面提升风险管理的智能化水平。

本章小结

清晰地理解风险的双向性，即风险是一个中性词汇，它既是损失的原因，也是盈利的来源，这是商业银行进行全面主动风险管理的前提和基础。在日常生活中，人们通常更倾向于将风险理解为损失的可能性，但专业研究领域以及金融机构风险管理实践领域则需要有专业的理解。

不可否认，重大历史事件和危机事件的发生极大地推动了商业银行风险管理理论和实践的演进。正是在对这些事件深刻反思的基础上，商业银行风险管理的指导思想、理论框架、管理工具和手段才得到不断的丰富和完善。

中国大型商业银行风险管理的历史并不长，但发展速度很快，股改上市可以说是一个重要分界点。自此以后，中国大型商业银行充分借鉴国际同业先进管理实践，结合国情和自身特色逐步发展并形成一套比较完整的商业银行风险管理体系，极大地提升了整个中国银行业的风险管理能力和市场竞争能力，并跻身世界先进银行之列，接受更为严格的监管。

第二章

巴塞尔协议与银行风险管理

本章提要

本章详细介绍《巴塞尔协议Ⅰ》《巴塞尔协议Ⅱ》和《巴塞尔协议Ⅲ》的要点及其对商业银行风险管理实践的重要影响；分析阐述《巴塞尔协议Ⅰ》《巴塞尔协议Ⅱ》和《巴塞尔协议Ⅲ》之间的联系与区别，并介绍中国的监管规则体系及大型商业银行的实施情况。

学习目标

了解巴塞尔协议产生的背景、演进与变革重点，理解它们之间的区别与联系；掌握资本监管的理念；掌握三大支柱的内容要点，理解全面风险管理的要求；掌握资本、流动性、系统重要性银行以及大额风险暴露等要点，理解以资本为核心的多维监管要求；熟悉中国监管机构关于巴塞尔协议实施的监管标准。

第一节　巴塞尔协议概述

一、《巴塞尔协议Ⅰ》是以资本为标准的统一监管规则

1933 年以后，全球银行业在“分业经营、分业监管”的框架下基本保持平稳运行。随着二战后全球经济的恢复和发展，贸易金融领域的新变化和新问题不断出现，分业监管面临新的问题和挑战。《布雷顿森林协议》确立了以美元为核心的国际货币体系①，促进了各国贸易的恢复和增长，也带动了商业银行跨国业务的发展。资金跨国流动产生了结算风险，汇率风险也成为一类新的风险形态。跨国银行的经营风险加大，国际金融体系的不稳定性增加。20 世纪 70 年代，联邦德国的赫斯塔特（Herstatt）银行和美国的富兰

① 布雷顿森林体系规定：由美元来充当国际货币，美元和黄金挂钩，各国政府可以按 1 盎司（约合 28.35 克）黄金相当于 35 美元的价格向美国兑换黄金，其他国家的货币通过一个固定的比价与美元挂钩，各国政府有义务维持固定的汇率水平，波动范围应该控制在 1%以内，否则必须对外汇市场进行干预。布雷顿森林体系对整个世界的金融格局产生了深刻的影响，促成了 20 世纪五六十年代世界经济的繁荣。然而由于朝鲜战争、越南战争导致财政赤字扩大，美国黄金储备不断减少，再加上两次石油危机引发的通货膨胀，美元汇率遭受了巨大的冲击。同时，随着欧洲的复兴和日本的崛起，美国由贸易顺差逐渐转为逆差，造成美国资金大量外流，无法继续维持美元汇率的稳定，尼克松政府于 1971 年 8 月 15 日宣布美元与黄金脱钩，布雷顿森林体系崩溃。

克林（Franklin）国民银行的破产，令分业监管制度出现了动摇。结算风险也称“赫斯塔特”风险，是因赫斯塔特银行在汇兑交易中未能按时结算陷入破产而得名的。美国的富兰克林国民银行曾是金融创新的佼佼者，银行信用卡、汽车银行、储蓄债券（大额存单的前身）等都出于其手，但其由于在外汇市场上的巨额损失导致资本不足，引发市场挤兑而于 1974 年破产。两家国际大型商业银行的破产带来的客户损失、对其他同业的巨大损害和引发的实体经济的剧烈波动暴露出分业监管的缺陷和不足。

国际社会开始反思分业经营、分业监管的有效性。商业银行的全球化发展缺乏国际监管，银行金融产品与工具的创新缺乏机构或组织的了解；商业银行的高杠杆扩张带来了经营的剧烈波动，严重危及各国存款人的利益。各国监管机构迫切需要建立一个机制来沟通和交流信息，以消除跨国商业银行经营信息的不对称性和监管的不一致性。欧美十个国家倡导定期就商业银行监管问题进行沟通，巴塞尔委员会因此产生。一方面，巴塞尔委员会开始制定有关国际监管合作的原则，如 1975 年发布《银行海外分支机构监管报告》（《库克协议》）①，以进一步加强国际银行的监管和协调；另一方面，巴塞尔委员会开始将资本充足率指标引入银行风险评估体系②，约束商业银行杠杆以防止过度承担风险。此时资本开始成为衡量商业银行风险的一个指标。

小知识

巴塞尔委员会

1975 年 2 月，比利时、加拿大、法国、德国、意大利、日本、卢森堡、荷兰、瑞典、瑞士、英国和美国的中央银行代表在瑞士巴塞尔商讨成立了巴塞尔委员会（Basel Committee on Banking Supervision，BCBS）。巴塞尔委员会成立初期是通过各成员方向委员会派驻代表、各方代表每年定期召开 3~4 次会议的方式，为各方金融监管者提供交流信息和共享观点的平台，通过签署各种合作协议达到促进银行监管国际合作、降低银行经营风险和维护全球金融稳定的目的。巴塞尔委员会并不拥有超越各方主权的监管特权，其公布和实施的各项协议文件也并不具备法律约束力。2009 年 3 月，巴

① 《银行海外分支机构监管报告》（Report on the Supervision of Banks' Foreign Establishments-Concordat），巴塞尔委员会 1975 年 9 月 28 日发布（参见 https://www.bis.org/publ/bcbs00a.htm）。

② 《基于合并资产负债表的监督银行清偿力的风险资产加总方法》（Consolidation of Banks' Balance Sheets: Aggregation of Risk-bearing Assets as a Method of Supervising Bank Solvency），巴塞尔委员会 1978 年 10 月 28 日发布（参见 https://www.bis.org/publ/bcbs00b.htm）。

塞尔委员会决定吸收澳大利亚、巴西、中国、印度、韩国、墨西哥和俄罗斯为新成员。2009 年 6 月，巴塞尔委员会邀请二十国集团(G20) 中的非巴塞尔委员会成员、新加坡以及中国香港加入委员会，同时新加入巴塞尔委员会的二十国集团成员方包括阿根廷、印度尼西亚、沙特阿拉伯、南非和土耳其。目前巴塞尔委员会的成员扩展到世界上 28 个主要国家和地区。

巴塞尔委员会向成员方的央行行长及监管机构首脑报告，寻求他们对其主要倡议的认可，包括非常广泛的金融问题。巴塞尔委员会工作的一个重要的目标是填补国际监管的空白，确保跨国银行不能逃避监管并且能够得到充分的监管。为实现这个目标，巴塞尔委员会自 1975 年以来发布了一系列的监管文件，包括三个巴塞尔协议。为使更多国家和地区能够贯彻实施巴塞尔委员会的监管原则及协议，巴塞尔委员会一直鼓励其成员方之间的合作，每两年举行一次国际银行监管大会，推动各成员方加强交流与联系，强化全球银行业监管，维护金融体系稳定。

在监管实践过程中，由于各国监管标准和方法存在较大差异，资本充足率指标既不利于各国进行监管比较，也不利于银行的公平竞争。20 世纪 80 年代初发生的国际债务危机给国际银行业带来巨大损失，加上日本商业银行业较低的资本充足率对欧美商业银行造成的不公平竞争①，促使巴塞尔委员会研究讨论更具可行性和可操作性的国际通用监管标准。结合监管实践和银行危机的经验教训，巴塞尔委员会经过多轮协商和修订，历经十余年于 1988 年发布了一套完整的、国际通用的、以加权方式衡量表内与表外风险的资本充足率标准，即《统一资本计量和资本标准的国际协议》（《巴塞尔协议 I》，详见本章第二节）。

$$资本充足率=\frac{合格资本-扣除项}{风险加权资产}\geq 8\%$$

《巴塞尔协议 I》的主导思想是银行在准确计量风险水平的基础上，通过持有充足的资本来覆盖风险损失，以弱化其破产带来的系统性影响。《巴塞尔协议 I》第一次明确提出了资本监管的理念，在银行监管史上具有划时代的革命性意义。

---

① 20 世纪 80 年代中期，日本银行业在国际银行市场中的份额急剧扩大。资料显示，到 1985 年，美国商业银行占国际银行总体业务的市场份额下降到 23%，而日本商业银行上升到 26%。此外，1986 年和 1987 年，世界排名前十位的银行中，日本有 7 家，法国有 2 家，美国有 1 家。

二、《巴塞尔协议Ⅱ》是以资本为纽带的全面风险管理框架

受当时情况的局限，《巴塞尔协议Ⅰ》对商业银行风险加权资产的计算比较粗糙，仅对信用风险资产划分档次设定权重的做法与商业银行经营管理存在一定的脱节问题，因此存在监管套利漏洞。20 世纪 90 年代以后，金融全球化的发展和国际竞争的加剧也导致国际活跃商业银行的风险结构发生了变化，与衍生品交易相关的市场风险逐渐成为影响银行体系安全的一个重要风险因素，而《巴塞尔协议Ⅰ》未能适应这种变化。1995 年巴林（Barings）银行倒闭、1994—1995 年墨西哥比索危机和 1997—1998 年东南亚金融危机等一系列危机的爆发，对全球经济形成了广泛冲击，《巴塞尔协议Ⅰ》的适用性及缺陷开始引发广泛关注和讨论。

在此期间，商业银行为应对竞争和市场波动，不断发展新的风险计量技术，用于评估客户风险和收益。摩根大通银行提出的风险价值（Value at Risk，VaR）模型和计量方法体系，能够对持有的资产、债券等各类资产的风险损失进行统一衡量；美国信孚银行（Bankers Trust New York Corperation）和英国劳埃德银行（Lloyds Banking Group）引入风险调整资本回报率（Risk-adjusted Return on Capital，RAROC）指标来精确评估业务的风险价值创造能力。同时，信息技术的进步使银行具备了收集、存储和分析大规模数据的能力，使精确识别和量化估计影响风险权重变化的风险因子（如违约概率、违约损失率和风险暴露）成为可能。信用风险内部评级法开始被国际大型商业银行广泛使用。内部评级法等技术能够综合考虑客户、产品、头寸和期限来确定债权的风险权重，据此计量的资本充足率更加准确，对风险也更敏感。同样的名义资产，风险管理能力强的商业银行，风险加权资产就会较低，反之则较高，这有利于激励商业银行提升风险管理水平。

经济和金融形势的变化与商业银行风险管理实践的进步，促使巴塞尔委员会对 1988 年发布的《巴塞尔协议Ⅰ》进行修订，将市场风险、运营风险等《巴塞尔协议Ⅰ》未覆盖的风险纳入资本监管框架；同时，将信用风险内部评级法、市场风险内部模型法和运营风险高级计量法等最新的商业银行风险计量技术成果引入风险加权资产计算体系，以通过资本优惠来激励商业银行采用更精确的风险计量方法，提高风险管理水平。由此，《巴塞尔协议Ⅱ》的第一支柱——最低资本要求基本成形。

不仅如此，商业银行内部开发的模型是否科学、设计的参数是否合理、风险是否全面覆盖，也需要相应的监督评估机制来检验。监管机构必须确保商业银行使用的内部风险参数能够准确捕捉银行风险特征，这样计算的资本充足率才能充分有效地抵御潜在的风险损失。巴塞尔委员会要求商业银行建

立一套内部资本充足评估程序（Internal Capital Adequacy Assessment Process，ICAAP），通过全面评估面临的主要风险，对资本覆盖风险的充足性[①]进行判断并根据结果制订融资计划或调整资产结构，从而将商业银行风险控制在资本可承受的范围内，监管机构对此则进行定期审查。这就构成了《巴塞尔协议Ⅱ》的第二支柱——监管检查的主要内容。

即使如此，受商业银行逐利动机及监管机构资源的影响和限制，商业银行的风险水平仍有可能会被低估，由此巴塞尔委员会提出了一个新的要求，即商业银行必须披露相关信息，包括风险参数计算方法、资本计算规则等，通过信息的透明化，使得市场投资者及社会公众能够开展纵向比较和深度风险评估活动，从而维护金融体系的稳定性。这就是《巴塞尔协议Ⅱ》的第三支柱——市场纪律的基本要求。《巴塞尔协议Ⅱ》的框架示意图如图 2-1 所示。

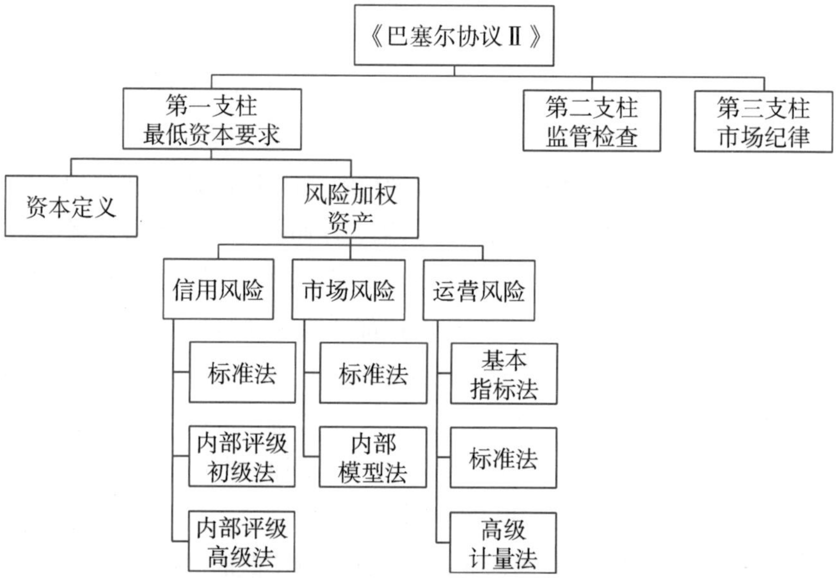

图 2-1 《巴塞尔协议Ⅱ》的框架示意图

《巴塞尔协议Ⅱ》吸取了银行业更为精细的风险计量技术成果，形成了一套完整的风险计量体系，建立了资本与风险的动态平衡机制。管理基础好、风险计量水平高的商业银行，经监管机构允许可以采用信用风险内部评级法等高级方法计算监管资本，从而将资本水平与风险状况精确匹配，有助于提升资本效率和风险覆盖率的有效性。《巴塞尔协议Ⅱ》强化了资本的纽带作用，实现了维护金融体系稳定的外部监管目标与商业银行内部风险管理

① 资本覆盖风险既包括第一支柱未充分覆盖的风险，如集中度风险、银行账簿利率风险、流动性风险、战略风险等，也包括未来因业务发展和在压力情景下可能出现的资本缺口。

改进目标的激励相容。此外，《巴塞尔协议Ⅱ》的实施范围已不仅仅局限于欧美十国集团银行，而是扩展到巴塞尔委员会全部成员方的国际活跃性银行，《巴塞尔协议Ⅱ》逐步成为国际银行业经营和监管的通行规则。

三、《巴塞尔协议Ⅲ》是以资本为核心的全球风险治理体系

20世纪90年代末，混业经营促进了美国金融业的迅速发展①，金融资产在国内生产总值（GDP）中的比重很快从4%上升到20%，最多时达到了40%，金融业一度成为美国经济发展的重要支撑。银行业、金融业获得了空前的发展，金融创新不断，银行并购扩张随处可见，也出现了大量脱离实体经济的证券化创新工具。美国银行业通过金融模型将次贷业务进行结构化处理，发行证券出售给证券市场投资者。这些业务在给银行带来高额利润的同时，也制造出巨大的金融泡沫。当房地产市场上涨无以为继而转头向下之时，次级贷款大量违约，引发了银行的连锁倒闭和市场流动性的迅速枯竭，导致2008年全球金融危机全面爆发并扩散至实体经济，其危害性直追1933年的美国经济大萧条。

危机过后，《巴塞尔协议Ⅱ》受到广泛质疑，国际社会对此进行了深刻的反思和检讨。2008年的全球金融危机给全球经济和社会稳定带来严重冲击，促使国际社会深刻认识到做实资本监管的基础、加强系统性风险管理，才是维持金融体系稳健运行的关键和重点。2009年，二十国集团（G20）领导人第三次金融峰会在匹兹堡（Pittsburgh）举行，峰会明确提出全球金融监管改革的要求。此后，金融稳定理事会（FSB）与巴塞尔委员会密切合作，详细分析了金融危机暴露出来的金融制度性缺陷，提出了宏观审慎和微观审慎相结合的全球统一资本监管制度，即通常所说的《巴塞尔协议Ⅲ》。2010年11月，G20首尔峰会通过《巴塞尔协议Ⅲ》，要求成员方制定实施时间表，全面落实有关监管要求。

就框架而言，《巴塞尔协议Ⅲ》由一套监管文件构成，包括最低资本充足率要求（增加杠杆率要求）、流动性监管框架、系统重要性金融机构监管框架和大额风险暴露框架，不再仅仅是一个资本充足率的概念。2010年，巴塞尔委员会公布的文件修订和强化了资本充足率的最低要求，2017年年底出台了一系列监管文件涉及银行公司治理、交易对手信用风险、金融市场

---

① 1933年的《格拉斯—斯蒂格尔法案》(*Glass-Steagall Act*) 使美国商业银行的利润下滑，非银行公司集团纷纷侵入商业银行的业务领域。商业银行也通过创新的方式开始向投资银行渗透，并且强烈呼吁废除分业监管法案。1991年，布什政府推出了《监管改革绿皮书》(*Green Book*)；1998年，花旗银行和旅行者集团合并标志着分业监管法案已经名存实亡；1999年，克林顿政府提请国会审议通过《金融服务现代化法案》(*Financial Services Modernization Act*)，结束了美国长达66年之久的“分业经营、分业监管”的历史。

基础设施（FMI）和恢复与处置计划等机制、体制改革，全面巩固和夯实了资本监管的宏观和微观基础。

小知识

金融稳定理事会

金融稳定理事会（Financial Stability Board，FSB），前身为金融稳定论坛（Financial Stability Forum，FSF），是七个发达国家（G7）为促进全球金融稳定而成立的合作组织。在中国等新兴市场国家对全球经济增长与金融稳定的影响日益显著的背景下，2009 年 4 月 2 日，在伦敦举行的二十国集团（G20）领导人金融峰会决定，将 FSB 成员扩展至包括中国在内的所有 G20 成员，并将其更名为金融稳定理事会。目前金融稳定理事会成员包括 24 个国家和地区、9 个国际组织，承担着监控全球金融市场变化、协调金融监管国际标准制定、推动各国实施国际金融监管标准的职责。FSB 的任务是制定和实施促进金融稳定的监管政策和其他政策，解决金融脆弱性问题。

四、《巴塞尔协议Ⅰ》《巴塞尔协议Ⅱ》和《巴塞尔协议Ⅲ》的区别与联系

从资本充足率的计算框架来看（见图 2-2），《巴塞尔协议Ⅰ》提出了资本充足率的计算公式，并设定了 8%的最低要求；《巴塞尔协议Ⅱ》建立了风险加权资产的计算规则和体系，扩大了风险覆盖范围，涵盖了市场风险和运营风险（《巴塞尔协议Ⅰ》未覆盖），使得银行对风险的计量、识别和管理更加精确、敏感和精细；《巴塞尔协议Ⅲ》对资本定义及其标准进行了改进，严格规定必须根据吸收损失能力的不同来确定监管资本的层次，同时对资本充足率水平也设定了多层次的最低要求，以实现宏观审慎的监管目标。

从实施对象的范围来看，《巴塞尔协议Ⅰ》当时仅限于欧美 12 个国家的银行，可以说是发达国家的监管规则和标准；《巴塞尔协议Ⅱ》将范围扩展到全部国际活跃银行，但基本上仍以发达国家的银行为主，各国自觉实施，约束力不强；《巴塞尔协议Ⅲ》将范围扩展到全球主要经济体，既包括欧美等发达国家，也包括中国、印度等发展中国家，并且由 G20 领导人峰会直接推动且各成员承诺实施，成为全球各国（或地区）的银行的共同行动标准，约束力远远超过《巴塞尔协议Ⅰ》和《巴塞尔协议Ⅱ》。至此，资本监

管已经演变成为全球银行业监管的核心，既是银行经营的准则框架，也是监管部门加强监管的参照标准。

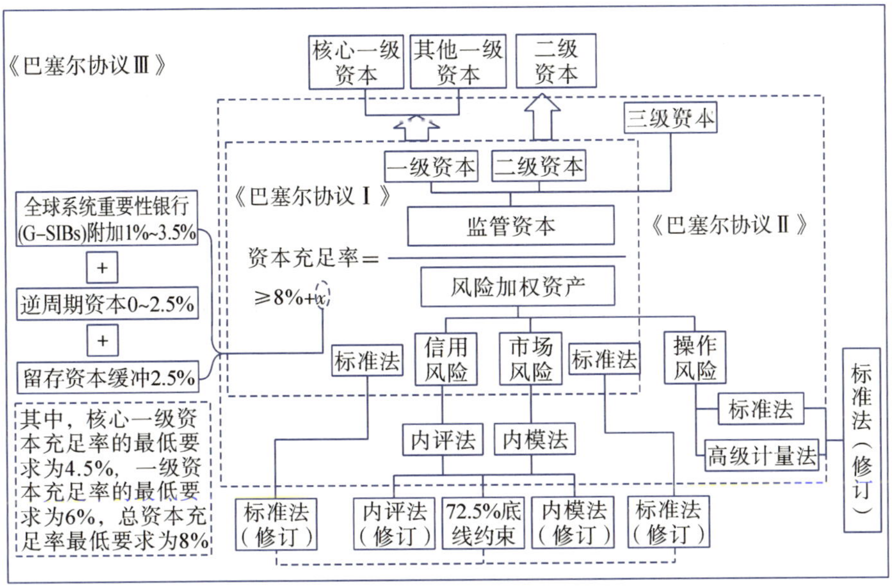

图 2-2　巴塞尔协议资本充足率的计算框架

从框架的约束力来看，巴塞尔协议均不具备法律强制的约束力，并允许各成员因地制宜地实施。实施与否、能否按期达标并不会对各成员产生实质性的限制和约束。虽然不具备法律约束力，但是巴塞尔协议是巴塞尔委员会成员的共识，且这种共识的基础在全球不断扩大。经过全球各国监管机构广泛研讨、修订以及银行等金融机构的深入实践，目前出台的《巴塞尔协议Ⅲ》已是国际领先银行风险管理最佳实践的总结，达标则意味着银行风险管理水平较高，经营的规范性和透明度较高。《巴塞尔协议Ⅲ》事实上已成为银行业参与国际竞争的“门槛性”标准。

第二节　《巴塞尔协议Ⅰ》

一、内容要点

1988 年发布的《巴塞尔协议Ⅰ》的主要内容由三部分组成：资本、信用风险加权资产的计算、资本充足率的最低要求。

（一）资本

银行资本分为核心资本（也称一级资本）和附属资本（也称二级资本）。核心资本包括股本（普通股和永久性非累积优先股）与从税后保留利润中提取的公开储备；附属资本包括未公开储备、资产重估储备、普通准备金、混合（债务/股本）资本工具和长期次级债务。

（二）信用风险加权资产的计算

银行资产划分为表内项目和表外项目两大类，表内项目是指反映在资产负债表上的项目，表外项目是指不反映在资产负债表上但又可能随时转换为表内项目的项目。不同的表内外资产按不同的权重计算银行的风险资产总量，权重分为0、20%、50%和100%四个档次以及一个各国监管机构自定义档次（见表2-1）。

表2-1 《巴塞尔协议Ⅰ》表内资产风险权重示意

<table>
<tr><th>风险权重</th><th>资产类型</th></tr>
<tr><td rowspan="3">0</td><td>现金</td></tr>
<tr><td>对中央政府和央行的债权</td></tr>
<tr><td>对经济合作与发展组织（OECD）国家中央政府和央行的其他债权</td></tr>
<tr><td rowspan="4">20%</td><td>对多边发展银行的债权</td></tr>
<tr><td>对在OECD国家注册的银行债权</td></tr>
<tr><td>对非OECD国家银行一年以内的债权</td></tr>
<tr><td>对OECD国家非国内公共部门的债权</td></tr>
<tr><td rowspan="2">50%</td><td>符合条件的住房抵押证券</td></tr>
<tr><td>自用住房的抵押贷款</td></tr>
<tr><td rowspan="5">100%</td><td>对一般公司的债权</td></tr>
<tr><td>对非OECD国家银行一年以上的债权</td></tr>
<tr><td>对非OECD国家政府的债权</td></tr>
<tr><td>对公共部门拥有的商业公司的债权</td></tr>
<tr><td>所有其他资产</td></tr>
<tr><td>各国监管机构自定权重（0、10%、20%或50%）</td><td>对国内公共部门（不包括中央政府）的债权和由此类机构担保或以此类机构所发证券作为抵押的贷款</td></tr>
</table>

注：表外资产按给定的信用风险转换系数折算成表内资产。

（三）资本充足率的最低要求

《巴塞尔协议Ⅰ》要求西方十国集团中的国际活跃银行都应实现按统一标准计算的资本与风险加权资产的比例，即资本（核心资本与附属资本）应达到全部风险加权资产的8%，其中核心资本至少要占4%。图2-3是《巴塞尔协议Ⅰ》规定的资本充足率计算公式。

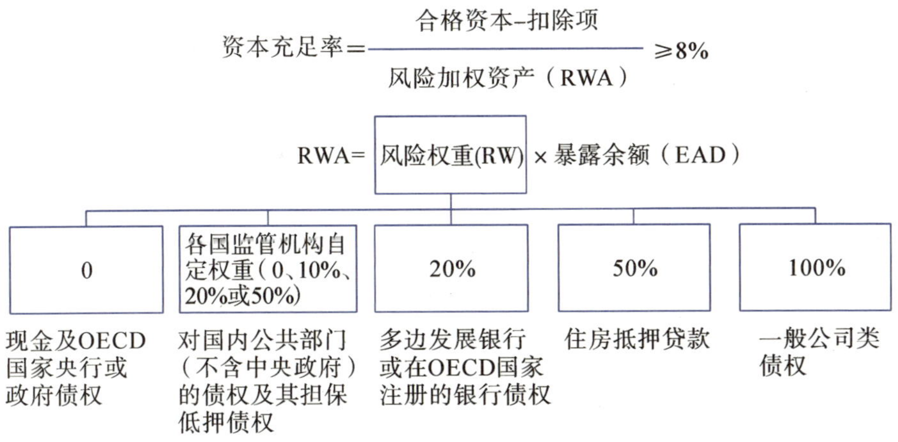

图 2-3 《巴塞尔协议Ⅰ》资本充足率计算公式

二、对银行风险管理的影响

《巴塞尔协议Ⅰ》是国际银行业监管体系的一个里程碑，它通过制定统一的资本监管标准，为评估国际商业银行资本充足水平提供了基准框架，对全球银行业的风险管理产生了深远的影响。

一是提出差异化资本要求。对于信用风险，商业银行需要按照监管规定的权重对资产进行分类，并根据其权重的高低来配置和调整资产结构，以便确定和控制风险资产总量和水平。

二是强化资本约束理念。商业银行风险资产的高低会影响到商业银行持有资本的水平并对资本回报率产生影响，推动商业银行加强并重视资本管理。经济资本、风险调整资本回报率（RAROC）等量化工具开始应用于风险管理实践，以更加精确地评估资本利用效率。

三是把资本要求变成了商业银行经营的国际规则和标准。商业银行需要根据监管规则计量风险加权资产并保持充足的资本，否则将在国际竞争中受到制约和惩罚。

三、存在的缺陷与不足

《巴塞尔协议Ⅰ》在实施过程中，逐步暴露出其与经济、金融发展变化及商业银行实践不相适应的问题，尤其是巴林银行破产事件进一步放大了这种缺陷和不足。

一是涵盖的范围有限，资本计量方法对风险的敏感度不高。《巴塞尔协议Ⅰ》主要针对信用风险的控制，而对商业银行经营过程中面临的市场风险、运营风险、法律风险、流动性风险、银行账簿利率风险等覆盖有限①。对于同一资产，各家商业银行都适用同样的风险权重，不能有效反映实际风险管理水平的差异，与实践并不相符。此外,《巴塞尔协议Ⅰ》没有充分认可风险缓释技术（如抵押和保证等）的作用，资产证券化技术也没有得到充分的重视。

二是监管套利问题。《巴塞尔协议Ⅰ》使用过于简单的风险权重分类方法，促使商业银行有动机通过资产证券化等金融创新方式将质量较好的资产转移至表外，从而在不影响监管资本计量的情况下增加和放大了商业银行体系的风险，削弱了资本监管的有效性。

第三节 《巴塞尔协议Ⅱ》

巴塞尔委员会于2004年发布了《统一资本计量和资本标准的国际协议：修订框架》(2006年6月修订)，即《巴塞尔协议Ⅱ》，首次提出了“三大支柱”的监管框架以及银行业全面风险管理的理念和要求，对国际银行业的稳健经营、有效运行与公平竞争发挥了重要的促进作用。

一、资本充足率计算规则

《巴塞尔协议Ⅱ》改进了《巴塞尔协议Ⅰ》的资本充足率计算公式，将信用风险、市场风险和运营风险纳入资本监管体系。要准确地评估商业银行的资本充足水平，就需要对信用风险加权资产、市场风险监管资本和运营风险监管资本进行有效计量，这套计量规则就成为《巴塞尔协议Ⅱ》的核心计量方法。资本充足率计算公式如下：

$$\text{资本充足率}=\frac{\text{合格资本}-\text{扣除项}}{\text{信用风险加权资产}+\text{市场风险监管资本}\times 12.5+\text{运营风险监管资本}\times 12.5}$$

考虑到各个商业银行风险管理能力的差异性,《巴塞尔协议Ⅱ》对信用风险、市场风险和运营风险的风险加权资产计量提出了多套由简单到复杂的备选方法，商业银行可以根据自身实际情况来选择和使用。信用风险分为标准法和内部评级法，其中内部评级法又分为内部评级初级法和内部评级高级法；市场风险分为标准法和内部模型法；运营风险分为基本指标法、标准法

① 《巴塞尔协议Ⅰ》在20世纪90年代经过几次修订，其中较为重要的是巴塞尔委员会在1996年1月推出的《资本协议市场风险补充规定》。该文件认为，市场风险是因市场价格波动而导致表内外头寸损失的风险，包括交易账簿中受到利率影响的各类工具及股票涉及的风险、银行的外汇风险和商品（如贵金属等）风险，同样需要资本进行约束。

和高级计量法。《巴塞尔协议Ⅱ》鼓励银行使用更高级的方法来提高风险加权资产计量的准确性，但需要得到各国监管机构的审批。

二、三大风险计量规则（第一支柱）

（一）信用风险加权资产计算规则

《巴塞尔协议Ⅱ》提出的信用风险加权资产公式如下：

信用风险加权资产=风险权重（RW）×违约风险暴露（EAD）

信用风险标准法和信用风险内部评级法的差异就在于对风险权重（RW）和违约风险暴露（EAD）的估计方式上。

1. 信用风险标准法

在信用风险标准法下，《巴塞尔协议Ⅱ》将银行债权划分为主权、银行、公司等类别，并按债权的外部评级给定风险权重（RW）值（见表2-2），违约风险暴露（EAD）则按债权实际余额计算①。例如，D公司向XYZ银行借入贷款1亿元。XYZ银行采用信用风险标准法计算信用风险加权资产，D公司主要从事机器制造，外部信用评级为A+。根据表2-2，可知D公司贷款的风险权重为50%，那么XYZ银行对D公司的信用风险加权资产等于5 000万元（1亿元×50%=5 000万元）。

表2-2　《巴塞尔协议Ⅱ》信用风险标准法权重

<table>
<tr><td colspan="2" rowspan="3">债权类别</td><td colspan="6">标准普尔或同等外部信用评级机构评级</td></tr>
<tr><td>AAA至
AA-</td><td>A+至
A-</td><td>BBB+至
BBB-</td><td>BB+至
B-</td><td>B-以下</td><td rowspan="2">未评级</td></tr>
<tr><td>1</td><td>2</td><td>3</td><td>4-6</td><td>7</td></tr>
<tr><td colspan="2">主权</td><td>0</td><td>20%</td><td>50%</td><td>100%</td><td>150%</td><td>100%</td></tr>
<tr><td rowspan="3">银行[1]</td><td>方法一</td><td>20%</td><td>50%</td><td>100%</td><td>100%</td><td>150%</td><td>100%</td></tr>
<tr><td rowspan="2">方法二
其中：短期债权[2]</td><td>20%</td><td>50%</td><td>50%</td><td>100%</td><td>150%</td><td>50%</td></tr>
<tr><td>20%</td><td>20%</td><td>20%</td><td>50%</td><td>150%</td><td>20%</td></tr>
<tr><td colspan="2"></td><td>AAA至
AA-</td><td>A+至
A-</td><td>BBB+至
BB-</td><td colspan="2">BB-以下</td><td>未评级</td></tr>
<tr><td colspan="2">公司</td><td>20%</td><td>50%</td><td>100%</td><td colspan="2">150%</td><td>100%</td></tr>
<tr><td colspan="2">零售</td><td>75%</td><td>住房抵押
债权</td><td>35%</td><td colspan="2">商业地产抵押
债权</td><td>100%</td></tr>
</table>

① 表外资产通过信用风险转换系数（CCF）来计算违约风险暴露，如与货物贸易相关的短期自偿性信用证的CCF为20%。

表2-2(续)

逾期贷款	逾期 90 天以上贷款未担保部分，扣减专项准备后，按其比例大小分别适用 50%、100%和 150%的权重[3]
其他[4]	100%

注：1. 对除中央政府外的公共部门实体（PSEs）债权可选择对银行债权的两种权重方法之一，但使用方法二时不享受短期债权优惠权重；对多边银行债权按对银行债权方法二权重处理，不享受短期债权优惠权重。

2. 原始期限在 3 个月或以下。

3. 专项准备占贷款余额小于 20%时适用 50%权重；等于或大于 20%适用 100%权重；等于或大于 50%适用 100%，但监管当局可调降至 50%。合格住房抵押贷款逾期 90 天以上，扣减专项准备后，适用 100%权重。

4. 除资产证券化风险暴露外。

5. 满足《巴塞尔协议Ⅱ》监管要求的情况下，对证券公司债权可按对银行债权处理；否则，按对公司债权处理。

由于信用风险标准法下的风险权重直接由外部评级确定，因此外部评级的高低将直接影响银行的风险加权资产大小。为保证信用评级的客观性和有效性，《巴塞尔协议Ⅱ》对外部评级机构提出了认定标准，只有经各国监管当局认可，外部评级机构发布的评级才能作为确定风险权重的依据。

小知识

合格外部评级机构必须满足的六项标准

（1）客观性：信用评级的方法必须是严格的、系统的，并可以根据历史数据进行某种形式的检验。

（2）独立性：外部评级机构应该是独立的，不会因为政治或经济上的压力而改变评级结果。

（3）国际通用性和透明度：对单个评级而言，支持评级的关键要素和发行人是否参加评级过程的信息，应无保留地公开（仅为发行人提供的私人评级除外）。此外，评级的流程、方法和假设应公开。

（4）披露：外部评级机构应披露的信息包括行为准则；与评级对象之间的收入安排；评级方法，即违约定义、时间跨度以及每个级别的含义；每个级别实际的违约概率；评级迁徙；等等。

（5）资源：外部评级机构应有足够的资源，确保提供高质量的评级结果。外部评级机构与被评级机构的高级管理层和管理人员要保持实质性的联系。

（6）可信度：可信度建立在上述标准的基础上。此外，独立主体（如投资者、保险人、贸易伙伴）对于外部评级的依赖程度，也是外部评级可信度的证明。

2. 信用风险内部评级法

在信用风险标准法下，风险权重（RW）和违约风险暴露（EAD）中的信用风险转换系数（CCF）直接由监管机构给定，而在信用风险内部评级法下，这些参数部分或全部由商业银行自行估计。

在信用风险内部评级法下，风险权重（RW）由违约概率（PD）、违约损失率（LGD）和有效限期（M）确定，即RW可表示为PD、LGD和M的函数[①]，因此信用风险加权资产计算公式可改写为：

$$信用风险加权资产=RW(PD,LGD,M)\times EAD$$

如果银行只能自行估计违约概率，其余风险参数使用监管参数，那么就可以使用内部评级初级法；如果银行能够自行估计全部四个风险参数，那么就可以使用内部评级高级法。一般地，在信用风险内部评级法下计算风险加权资产的步骤如下：

首先，划分银行账簿信用风险暴露类别。《巴塞尔协议Ⅱ》要求商业银行必须将银行账簿分为具有不同潜在风险特征的资产类别，如主权风险暴露、金融机构风险暴露、零售风险暴露、公司风险暴露、股权风险暴露以及其他风险暴露。这是因为不同业务品种或资产组合在风险要素、评级标准和历史损失情况或相关性方面可能存在很大的差别。当然，商业银行也可根据自身客户结构，对每类风险暴露继续细分。

其次，分别估计每类风险暴露的风险参数，即违约概率（PD）、违约损失率（LGD）、违约风险暴露（EAD）和有效期限（M）。《巴塞尔协议Ⅱ》对风险参数的估计有具体的定性和定量要求，如客户评级体系的信用等级应不少于8个，其中包括至少7个非违约等级和1个违约等级（采用内部评级高级法的商业银行还应建立债项评级体系），同时违约概率估计数据长度应不少于5年，而违约损失率估计数据长度应不少于7年，且至少包括一个完整的经济周期。此外，商业银行还需要制定完善的评级政策、流程，建立相关的数据管控机制，开发信息技术系统来支持内部评级体系的功能发挥。同时，《巴塞尔协议Ⅱ》对公司治理、内部审计等方面也提出了一定要求。这些要求的目的就是要确保风险参数估计的准确性、可靠性和有效性。

最后，使用风险参数计算风险加权资产。以公司风险暴露为例，风险加权资产（RWA）使用如下公式计算：

---

① 违约概率（PD）是指银行客户在一定时期内（通常为1年）可能违约的概率，通常以百分比表示。违约损失率（LGD）是指银行客户违约时某笔（或组合）资产损失的部分占该笔（或组合）信用风险暴露的百分比。风险暴露是指金融机构在各种业务活动中容易受到风险因素影响的资产和负债的价值，或者说暴露在风险中的头寸状况。违约风险暴露（EAD）是指银行客户违约时所有受到违约风险影响的对该客户的信用额度。有效期限（M）是指考量任何可行的宽限期后，对应风险暴露的有效期限应以交易对手预计履行其义务前的最长可能剩余期为标准。

$$RWA = RW(PD, LGD, M) \times EAD$$
$$= EAD \times 12.5 \times \left\{ LGD \times N\left[\sqrt{\frac{1}{1-R}} \times G(PD) + \sqrt{\frac{R}{1-R}} \times G(0.999) \right] - PD \times LGD \right\} \times \frac{1+(M-2.5)\times b}{1-1.5\times b}$$

式中，$R = 0.12 \times \frac{1-\exp(-50\times PD)}{1-\exp(-50)} + 0.24 \times \left[1-\frac{1-\exp(-50\times PD)}{1-\exp(-50)}\right]$，$b = [0.11852 - 0.05478 \times \ln(PD)]^2$，$N(\cdot)$为正态分布函数，$G(\cdot)$为$N(\cdot)$的逆分布函数。对于其他风险暴露，$R(\cdot)$的形式会略有调整，但风险加权资产的计算公式保持一致。

3. 信用风险缓释管理

信用风险缓释（Credit Risk Mitigation）指运用合格的抵质押品、净额结算、保证和信用衍生工具等方式来转移或降低信用风险。简单来讲，信用风险缓释就是银行通过一系列的工具和手段来降低信用风险损失。要想降低信用风险损失，不仅可以通过选择担保（降低客户违约概率），也可以通过追加抵质押品或是其他合同安排（降低违约损失率或违约风险暴露），具体的效果不仅取决于这些工具的特性，也取决于相关管理政策、流程的执行效果。因此，《巴塞尔协议Ⅱ》不仅规定了各类信用风险缓释工具的认定标准和折算比例，也对信用风险缓释管理体系建设提出了具体的要求。

《巴塞尔协议Ⅱ》对各种信用风险缓释工具的认定标准和方法进行了设定。各信用风险要素适用的信用风险缓释工具种类和方法如表 2-3 所示。

表 2-3　各信用风险要素适用的信用风险缓释工具种类和方法

风险缓释工具	标准法	内部评级初级法	内部评级高级法
合格抵质押品：简单法	RW	不适用	不适用
合格抵质押品：综合法	EAD	LGD	LGD
合格净额结算	EAD	EAD	EAD
合格保证和信用衍生品	RW	PD/LGD	PD/LGD

注：RW 指风险权重，PD 指违约概率，LGD 指违约损失率，EAD 指违约风险暴露。

在信用风险标准法下，对合格抵质押品，商业银行可以采用简单法或综合法来降低信用风险损失。简单法是用合格抵质押品权重替换违约风险暴露被抵押部分的风险权重；综合法是使用抵质押品的折扣系数来调节违约风险暴露的大小。合格净额结算的作用体现在降低违约风险暴露上，是商业银行利用同一债务人的表内负债来冲抵表内风险暴露。合格保证和信用衍生品是利用保证人和信用保护提供者的风险权重替代债务人风险权重的做法来降低信用风险损失的。

在信用风险内部评级法下，对合格抵质押品，商业银行只能使用综合法对违约损失率进行调整，合格净额结算也体现在调整违约风险暴露上，合格保证和信用衍生品可以通过影响违约概率或违约损失率来实现降低信用风险损失的目的。

4. 资产证券化框架

资产证券化（Asset Securitization）是一项以提高资产流动性和拓宽融资渠道为目的的金融创新，是指将缺乏流动性但能够产生可预见的稳定现金流的资产或资产组合，通过一定的结构安排，对资产中风险与收益要素进行分离与重组，再配以相应的信用担保和信用增级，进而转换成为在金融市场上可以出售流通的证券。资产证券化是通过在资本市场和货币市场发行证券进行筹资的一种直接融资方式。

商业银行必须对资产证券化风险暴露持有监管资本，包括：

（1）信用风险标准法：如果商业银行对资产池中证券化资产的信用风险采用信用风险标准法，就必须在资产证券化框架下使用信用风险标准法。风险加权资产证券化风险暴露值等于资产证券化风险暴露乘以监管机构认定的相应的信用评级对应的风险权重。

（2）信用风险内部评级法：《巴塞尔协议Ⅱ》规定，商业银行如果得到批准适用信用风险内部评级法来处理被证券化的资产，那么同样也要使用信用风险内部评级法来处理资产证券化。

信用风险内部评级法包括评级基础法和监管公式法，商业银行应当根据不同的情况进行选择。

①评级基础法（Rating-Based Approach）：对有评级或未评级但可以推断出评级的资产证券化风险暴露，应当使用评级基础法计量资本监管要求。在评级基础法中，风险加权资产等于风险暴露值乘以相应的资产支持证券的风险权重。风险权重取决于外部评级或推断评级、该信用评级代表的长期或短期信用评级、资产池中资产的分散性以及该风险头寸相对于资产池的优先级。

②监管公式法（Supervisory Formula）：对未评级且无法推断出评级的资产证券化风险暴露，应当使用监管公式法。采用监管公式法的，某一档次资产证券化风险暴露的监管资本要求取决于下列五个指标：基础资产证券化之前的内部评级法监管资本要求（KIRB）、该档次的信用增级水平（L）、该档次的厚度（T）、资产池风险暴露有效数量（N）和资产池加权平均违约损失率。

（二）市场风险监管资本计算规则

《巴塞尔协议Ⅱ》将市场风险定义为由于市场价格（包括金融资产价格和商品价格）波动而导致金融机构表内外头寸遭受损失的风险。市场风险可以分为利率风险（Interest Rate Risk）、股权风险（Equities Risk）、汇率风险（Foreign Exchange Risk）、商品风险（Commodities Risk）。《巴塞尔协议Ⅱ》提出的市场风险计量方法包括两种：市场风险标准法和市场风险内部模型法。市场风险标准法是利用一系列转换因子来得出市场风险的替代方法；而市场风险内部模型法则是银行利用自己开发的模型来计算市场风险资本。

1. 市场风险标准法

市场风险标准法的基本思想是将不同风险种类（利率、股权和汇率）下的风险头寸分成独立的子项，然后乘以敏感因子，即得到所需要的监管资本。期权、远期、掉期和期货等衍生品则转换成限期等价物（股票、债券和外汇）来处理。

在市场风险标准法下，市场风险资本要求等于一般市场风险和特定风险两类资本要求之和，一般市场风险指交易账簿受市场共同因素驱动，反映的是共性特征，而特定风险则是受个体（发行人）因素驱动，反映的是个性特征。特定市场风险资本要求如表 2-4 所示。市场风险标准法的计算过程比较繁复，下面以利率风险为例来说明。

表 2-4　特定市场风险资本要求

类别	外部信用评级	特定市场风险资本要求
政府证券	AAA 至 AA-	0
	A+至 BBB-	0.25%［剩余期限 6 个月（含）以内］
		1%［剩余期限 6 个月至 24 个月（含）以内］
		1.6%［剩余期限 24 个月以上］
	BB+至 B-	8%
	B-以下	12%
	无评级	8%
合格证券		0.25%［剩余期限 6 个月（含）以内］
		1%［剩余期限 6 个月至 24 个月（含）以内］
		1.6%［剩余期限 24 个月以上］
其他	BB+至 BB-	8%
	BB-以下	12%
	无评级	8%

（1）特定风险资本计算。商业银行分类统计持有的利率类工具的总金额（多头和空头绝对值之和），乘以对应的资本要求系数，即得到特定市场风险资本总额。

（2）一般市场风险资本计算。一般市场风险资本监管按币种分别计算，有到期日法和久期法可供选择。这里以到期日法来说明计算过程。

首先，商业银行将持有的利率类金融资产（将期权、期货和远期等衍生品转换为即期利率类工具）分为多头头寸和空头头寸，根据到期日的期限长短分别归入 13 个时间段（表 2-5 第 3～4 行）。每一时间段的净头寸（净头寸为多头头寸与空头头寸的差额）乘以对应的资本要求系数①（0～6%，表 2-5 第 5 行权重），即得到各时间段内的净头寸资本要求（表 2-5 第 6 行净头寸加权值）。一般地，由于利率变动的非对称性等因素，各时间段内对冲掉的头寸仍然会出现不为 0 的风险暴露。例如，100 亿元的国债空头头寸和 90 亿元的公司债多头头寸，其净头寸为 10 亿元多头头寸，但由于利率波动引起波幅的差异，因此实际的净头寸会在 10 亿元上下波动。对于抵御对冲部位价值波动性可能带来的不利影响，市场风险标准法要求各时间段内对冲部位在乘以资本要求系数的同时，再乘以 10%的对冲部位资本要求系数，即得到对冲部位资本要求②（表 2-5 第 7 行纵向抵销头寸加权值）。

其次，各时间段净头寸相互对冲的资本要求。《巴塞尔协议Ⅱ》将 13 个时间段划分为 3 个区间，即 1 年（含）以内、1～4 年（含）、4 年以上，每个区间内的各时间段净头寸相互对冲③得到每个区间净头寸（表 2-5 第 8 行各时间段净头寸加权值之和）。基于同样的原因，每个区间对冲的部位仍需要计提资本，其中区间 1 的对冲部位（表 2-5 第 9 行各时间段净头寸加权值抵销额）按 40%计算，区间 2 和区间 3 则按 30%计算，由此得到第一轮横向对冲部位资本（表 2-5 第 10～12 行）。同理，3 个区间内的净头寸相互间可进行第二轮横向对冲（表 2-5 第 8 行各时间段净头寸加权值之和）就得到总净头寸资本要求（表 2-5 第 6 行各时间段净头寸加权值之和），相邻区间（区间 1 与区间 2、区间 2 与区间 3）对冲部位的资本要求为 40%，非相邻区间（区间 1 与区间 3）为 100%，其结果如表 2-5 第 13～14 行所示。需要说明的是，相邻区间均为多头头寸或空头头寸时，因无法对冲就不计算资本，如区间 1 和区间 2 均为空头头寸；非相邻区间进行对冲时，必须先与相邻区间对冲后再与不相邻的区间对冲，如区间 3 与区间 2 对冲后为多头头寸 0.675 亿元，再与区间 1 对冲。

---

① 这种资本要求系数意在反映每一时间段的头寸价值对于给定利率变动的敏感性。
② 这种各时间段内的对冲在《巴塞尔协议Ⅱ》中被称为纵向对冲（Vertical Disallowance）。
③ 这种各时间段内的对冲在《巴塞尔协议Ⅱ》中被称为横向对冲（Horizontal Disallowance）。

最后，各时间段的净头寸资本要求和纵向对冲部位资本要求、第一轮横向对冲部位资本要求和第二轮横向对冲部位资本要求相加，即得到一般市场风险资本要求。

表 2-5 市场风险标准法下的利率风险计算说明

项目	时间段													资本要求（亿元）
	0~1个月	1~3个月	3~6个月	6~12个月	1~2年	2~3年	3~4年	4~5年	5~7年	7~10年	10~15年	15~20年	20年以上	
多头头寸	100	50	0	40	50	0	50	40	20	0	0	20	0	
空头头寸	-50	-20	-50	-30	0	-80	-20	0	0	-10	-10	0	-20	
权重	0	0.20%	0.40%	0.70%	1.25%	1.75%	2.25%	2.75%	3.25%	3.75%	4.50%	5.25%	6.00%	
净头寸加权值	0	0.06	-0.2	0.07	0.625	-1.4	0.675	1.1	0.65	-0.375	-0.45	1.05	-1.2	0.605
纵向抵销头寸加权值	0	0.004	0	0.021	0	0	0.045	0	0	0	0	0	0	0.07
各时间段净头寸加权值之和	-0.07				-0.1			0.775						
各时间段净头寸加权值抵销额	0.13				1.3			2.025						
横向抵销加权值(1)×40%	0.13×40%=0.052													0.052
横向抵销加权值(2)×30%					0.13×30%=0.39									0.39
横向抵销加权值(3)×30%								2.025×30%=0.675						0.675
横向抵销加权值(2&3)×40%					0.1×40%=0.04									0.04
横向抵销加权值(1&3)×100%	0.07×100%=0.07													0.07
一般市场风险资本要求														1.902

2. 市场风险内部模型法

市场风险标准法采用“积木”式计算规则，划定分段区间并指定资本要求系数，不能充分捕捉风险因子之间的相关性和动态性，也不能反映商业银行风险管理水平的差异性。《巴塞尔协议Ⅱ》为鼓励商业银行采用较先进的风险管理技术，经过监管审批并获得通过后，各认可机构可以运用自行开发的风险价值（VaR）模型来计算监管资本，即市场风险内部模型法。

（1）VaR 的三种计算方法。在实际的市场风险管理中，VaR 的计算方法通常有三种：方差-协方差法、历史数据模拟法和蒙特卡洛模拟法。

①方差-协方差法：假定投资组合中各种风险因子的变化服从特定的分布，通过历史数据分析和估计该风险因子损失分布的参数值、均值、方差、相关系数等，然后求出在一定置信水平下的损失临界值，其与损失平均值的差异就是 VaR 值。

②历史模拟法：根据真实的历史数据来模拟未来损失分布的一种方法。由于历史模拟法采用的是历史上真实发生的数据，而不是以抽象数学分布作为分析基础，因此该方法比较直观。将过去一定时期的历史数据应用在当前风险因子上，即得到一系列收益（损失为负值）数据。由小到大排列收益（损失）数值，选取的对应 1%分位数的损失值就是 VaR 值。

③蒙特卡洛模拟法：假设市场风险因子（股价、利率、汇率等）服从某种随机过程及随机参数，然后由此随机过程生成未来一段时间的价格，从

而得出每个时间点上投资组合的价值。重复这个过程若干次，即穷尽所有可能的价格变化结果，就能得到该时间段内资产组合所有可能的价值结果。由小到大排列损失（收益）结果，选取的对应 1% 分位数的损失值就是 VaR 值。

（2）市场风险内部模型法下的资本监管要求。市场风险内部模型法下，商业银行可以对特定风险和一般市场风险使用 VaR 模型计量资本要求。《巴塞尔协议Ⅱ》对市场风险的资本要求（c）如下：

$$c=\max\{VaR_{t-1};\ m_c\cdot VaR_{avg}\}$$

式中，VaR_{t-1}表示前一期 VaR 值，VaR_{avg}表示过去 60 天的 VaR 平均值，m_c 为监管参数，其值等于 3+附加值，附加值为 0~1，其具体数值由 VaR 模型返回检验突破次数决定。

由于 VaR 模型是对正常情况下的市场风险的计量，因此其捕捉市场极端事件或是小概率事件的风险的能力较差，这也是 2008 年全球金融危机后 VaR 模型饱受诟病的一个原因。为弥补 VaR 模型的这一缺陷，增强商业银行对市场突发事件的应对能力，巴塞尔委员会又发布了《新资本协议市场风险框架的修订稿》，对市场风险的资本要求的计算公式进行了如下改进：

$$c=\max\{VaR_{t-1};\ m_c\cdot VaR_{avg}\}+\max\{sVaR_{t-1};\ m_s\cdot sVaR_{avg}\}$$

式中，$sVaR_{t-1}$表示前一期的压力 VaR 值；m_s 为监管参数，其值为 3；$sVaR_{avg}$为过去 60 天的压力 VaR 值。为最大限度地维护金融及经济体系的稳定，巴塞尔委员会要求各商业银行选择历史极端事件发生前后（压力情景）的数据作为 VaR 模型计算基础，由其计算所得的 VaR 值就为压力 VaR 值，计入市场风险资本要求。计算压力 VaR 值选择的压力事件区间需要经监管机构审批。

（3）返回检验。商业银行可以用 VaR 模型来衡量其面临的市场风险，由此监管机构可以用 VaR 模型来确定该机构应持有的资本，但其中一个重要的问题是 VaR 模型是否一直有效。由于 VaR 模型只是一种由历史数据或假定的统计参数和分布建立的预测模型，因此其对未来风险水平的预测是否准确有效是需要持续进行检验的。对 VaR 模型检验的主要方法就是返回检验（Back Testing）。返回检验是指将实际的数据输入被检验的模型中去，然后检验该模型的预测值与现实结果是否相同的过程。由不同方法计算的 VaR 值突破次数上可能存在差异。

巴塞尔委员会建立了解释返回检验结果的监管框架。根据突破次数，将 VaR 模型的表现用绿、黄和红三色进行区分。绿色表示模型质量或准确性不存在问题，黄色预示模型可能存在一定的问题，红色表示模型存在重大问题。根据突破次数情况，巴塞尔委员会要求商业银行在计算监管资本时要增加附加值乘数，即 m_c 取值（见表 2-6）。

表 2-6　返回检验突破次数与对应附加值大小对应关系

区域	例外数	附加值
绿色区域	0~4	0
黄色区域	5	0.4
	6	0.5
	7	0.65
	8	0.75
	9	0.85
红色区域	10 及以上	1

（4）压力测试。正常情况下，VaR 模型能够有效计量市场风险，但对市场极端事件或小概率事件造成的潜在损失却无法有效计量，2008 年全球金融危机就是一个最好的例子。对这种极端事件的影响分析就必须通过压力测试来进行。压力测试（Stress Testing）是指将整个金融机构或资产组合置于某一特定的主观想象的市场环境之下。例如，假设利率骤升 100 个基点，某一货币突然贬值 30%，股价暴跌 20%等，然后人们测试该金融机构或资产组合在这些关键市场变量突变的压力情景下的表现，看其是否能够经得起这种市场突变冲击。又如，人们想了解金融机构是否可以承受利率骤升 100 个基点这一市场突变时，在其他市场风险要素波动性既定的情况下，可以计算出这一市场突变情况下该金融机构的损失额。如果该金融机构的资本金可以覆盖这个损失额，则说明其可以承受这种极端事件的冲击，否则该金融机构应及时制定应对措施。

（三）运营风险监管资本的计算规则

《巴塞尔协议Ⅱ》提出了三种计算运营风险监管资本的方法，即运营风险基本指标法、运营风险标准法和运营风险高级计量法，允许满足不同条件的银行选择不同的计算方式，目的在于使运营风险的量化更具针对性和敏感性。

1. 运营风险基本指标法

在运营风险基本指标法下，商业银行的运营风险监管资本等于前三年中为正值的年总收入乘上固定比率（用 α 表示）的平均值。当某一年的总收入为负值或零，在计算前三年总收入的平均值时，不应将该年的数据列入分子与分母。其计算公式如下：

$$K_{BIA} = \frac{\sum GI_{1\sim n} \times \alpha}{n}$$

式中，K_{BIA}代表依运营风险基本指标法计算之资本；GI 代表前三年中为正值的年总收入；n 代表前三年中总收入为正值之年数；$\alpha = 15$，系巴塞尔委员会依业界水平设定的资本要求系数。

2. 运营风险标准法①

运营风险标准法下，我们先将银行业务划分为 8 个业务条线（business line），即公司金融、交易和销售、零售银行业务、商业银行业务、支付和清算、代理服务、资产管理和零售经纪业务条线，然后用各业务条线规定的风险系数（Beta 系数，以 β 值表示，如表 2-7 所示），乘以各业务条线收入即得到对应的运营风险监管资本计提额。全部条线运营风险监管资本计提额（非负）之和的 3 年平均值即为银行总体的运营风险监管资本额，公式如下：

$$K_{TSA} = \frac{\sum_{1\sim3年}\max\left(\sum GI_{1\sim8} \times \beta_{1\sim8},\ 0\right)}{3}$$

式中，K_{TSA} 为商业银行用运营风险标准法计算的运营风险资本要求；$\sum_{1\sim3年}\max\left(\sum GI_{1\sim8} \times \beta_{1\sim8},\ 0\right)/3$ 的含义是前三年运营风险监管资本的平均值；$\max\left(\sum GI_{1\sim8} \times \beta_{1\sim8},\ 0\right)$ 的含义是当年的运营风险资本要求为负数，用零表示；$GI_{1\sim8}$ = 各业务条线当年的总收入；$\beta_{1\sim8}$ = 各业务条线对应的β 系数（见表 2-7）。

表 2-7　业务条线及对应的 β 系数

业务条线	对应 β 系数（%）
公司金融（β_1）	18
交易和销售（β_2）	18
零售银行（β_3）	12
商业银行（β_4）	15
支付和清算（β_5）	18
代理服务（β_6）	15
资产管理（β_7）	12
零售经纪（β_8）	12

① 各国的监管机构可以根据本国情况决定是否允许商业银行采用另外一种形式的标准法，即替代标准法（ASA）。除零售银行业务和商业银行业务这两类业务外，用 ASA 计算运营风险资本的方法与运营风险标准法相同。对于这两类业务，用贷款和垫款乘以一个固定系数 m 代替总收入作为风险指标。零售银行业务和商业银行业务的 β 值与标准法一样。m 等于 0.035。一旦银行获准使用 ASA，未经监管当局批准就不可使用运营风险标准法。

3. 运营风险高级计量法

运营风险高级计量法指商业银行使用内部损失数据、外部损失数据、情景分析、业务环境和内控情况①等数据和方法来估计预期损失和非预期损失，从而获得运营风险资本要求的一套方法体系。相比以总收入为基础的运营风险基本指标法和运营风险标准法，运营风险高级计量法直接以损失数据为基础建立数理统计模型，其结果具有更高的风险敏感性，同时也赋予了商业银行在资本计量上的自由度和灵活性。

在《巴塞尔协议Ⅱ》中，巴塞尔委员会将运营风险损失事件分为七大类，即内部欺诈，外部欺诈，客户关系、产品和业务操作，实物资产的损害，业务中断及系统失灵，执行、交割及流程管理，就业政策和工作场所安全。同时，巴塞尔委员会将损失事件所在业务条线分为八大类，即公司金融、交易和销售、零售银行业务、商业银行业务、支付和清算、代理服务、资产管理、零售经纪。采用运营风险高级计量法计算运营风险资本时，以7个损失事件类型和8个业务条线组成的56个单元格为基础②，分别计算这56个单元格中的运营风险资本然后进行加总得到商业银行总的运营风险资本③。商业银行使用运营风险高级计量法计算监管资本必须由监管机构审批通过，需要达到有关定性与定量标准。运营风险高级计量法的理论框架如图2-4所示。

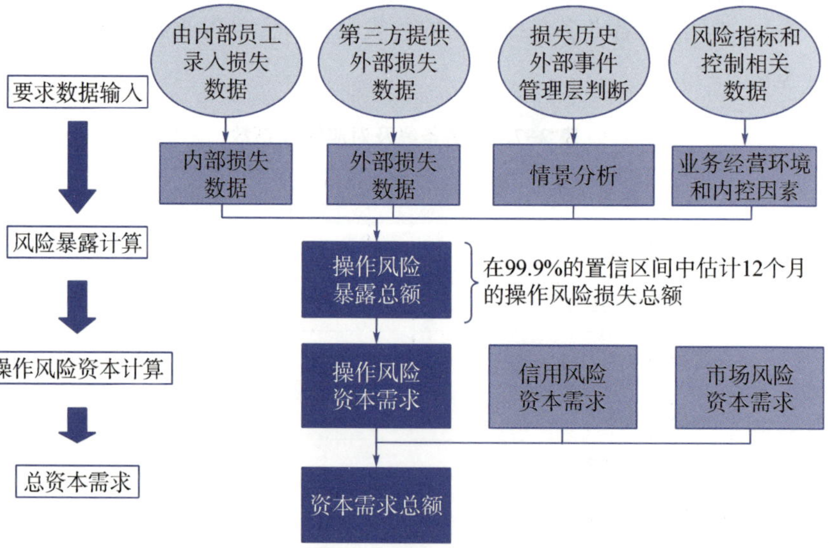

图2-4　运营风险高级计量法的理论框架

---

① 业务环境和内控因素是指风险与控制自我评估（RCSA）与关键风险指标（KRI），具体内容参见第四章第三节运营风险的计量与管理。

② 各个商业银行可以根据银行内部管理的实际需要将这些事件类型和业务条线进行整合，如某国际领先商业银行就将56个单元格进行整合，得到23个单元格。

③ 采用运营风险高级计量法计算运营风险资本时，重要的是计算每个单元格的运营风险资本，业界常用的方法有内部衡量法、记分卡法和损失分布法（参见杨军的《风险管理与巴塞尔协议十八讲》第九讲）。

三、内部资本充足管理程序建设要求（第二支柱）

第一支柱主要是针对信用风险、市场风险和运营风险三大风险提出了计量与管理等方面的要求，而第二支柱则将更多的风险因素纳入进来，主要包括三个领域的风险：第一支柱涉及但没有完全覆盖的风险（如信用集中度风险），第一支柱中未加考虑的风险（如银行账簿利率风险、流动性风险和战略风险），银行的外部因素（如经济周期效应）。《巴塞尔协议Ⅱ》的第二支柱包括两部分内容：一是内部资本充足评估程序（ICAAP），二是监管机构的有效监督和审查。

（一）内部资本充足评估程序（ICAAP）

内部资本充足评估程序是第二支柱的核心内容，从某种意义上讲，它是整个《巴塞尔协议Ⅱ》精神理念的集中体现。商业银行通过建立内部资本充足评估程序，定期识别评估面临的主要风险并计量资本要求，开展压力测试分析不同压力情景对风险水平的影响，并结合业务发展规划来预测未来一段时间的总资本需求，通过资本规划及应急管理确保商业银行资本水平保持在目标值以上，以实现资本对潜在风险的充分覆盖。内部资本充足评估程序将促使商业银行将风险管理与资本管理相结合，推动风险水平与持有的资本数量相挂钩，既使得监管机构能够通过设定资本比率来约束商业银行的风险扩张，又能促使商业银行通过提升风险管理水平来改善资本利用效率，从而解决《巴塞尔协议Ⅰ》中商业银行风险管理与资本计量相脱节的问题。一般来说，内部资本充足评估程序主要包括以下内容：

（1）风险评估。正确识别和评估商业银行经营过程面临的实质性风险（Material Risk）是内部资本充足评估程序的首要步骤和重要内容。《巴塞尔协议Ⅱ》第二支柱中要求商业银行评估的实质性风险包括信用风险（交易对手风险）、市场风险、运营风险、银行账簿利率风险、流动性风险、信用集中度风险、声誉风险、战略风险以及剩余风险等①。商业银行需要定期对面临的这些风险进行评估，以确定商业银行面临的实质性风险，才能为后续的风险管理及资本计量提供实施基础。

（2）风险计量和加总。在风险评估的基础上，商业银行对其面临的实质性风险进行计量，以确定风险水平及对应的资本要求。在这个过程中，第一支柱下的信用风险、市场风险和运营风险能够通过风险量化直接得到对应

---

① 《巴塞尔协议Ⅱ》允许商业银行利用抵押、保证或信用衍生工具等风险缓释技术降低信用风险资本要求，但使用风险缓释技术也会带来效果不足的风险。例如，在交易对手违约时难以获取抵押品或将其变现、保证人拒绝或延迟支付、未经测试的文件无效等，从而导致商业银行面临的风险超出预期。

的资本要求，商业银行账簿利率风险和信用集中度风险也能够通过一定的方法进行计量并得出资本要求，而流动性风险、声誉风险以及战略风险等难以进行风险量化或计算资本要求，其资本要求一般通过专家判断的方法来实现。通过对各类风险的计量并运用经济资本工具等进行风险加总，就能够得到商业银行总体的风险水平和资本要求。

（3）压力测试。为充分考虑商业银行未来潜在风险变化可能带来的不利影响，内部资本充足评估程序要求商业银行设定不同严重程度的压力情景，对未来商业银行的风险水平及资本需求进行预测分析，分析和评估商业银行可能存在的资本缺口，为资本规划及应急管理提供依据。

（4）资本规划与应急管理。根据风险评估、风险计量与压力测试的结果，考虑发展战略、业务规划、风险偏好的要求，商业银行需要对未来资本供给与需求进行预测和评估，并与商业银行的资本管理目标水平进行比较，结合监管政策和市场状况制定内外部资本补充措施，确保当前资本需求、预计资本支出、目标资本水平和外部资本可获得性与全面风险管理水平及外部经营环境相匹配。此外，商业银行需要通过设置资本应急触发水平，制订资本应急方案对预期外不利情况进行应对安排，以最大限度确保银行资本水平长期充足和稳定。

（5）定期报告。定期报告的内容主要包括内部资本充足评估程序开展情况、风险评估的主要结果以及资本充足情况和相应的资本规划情况等。根据重要性和用途不同，商业银行需要明确报告的发送范围、主要内容以及详略程度，确保报告信息与报送频度满足商业银行风险管理和监管合规的需要。

（二）监管机构的有效监督和审查

监管机构主要针对商业银行第二支柱建设的有效性和稳健性进行监管和定期审查，以确保第二支柱作用的发挥。《巴塞尔协议Ⅱ》提出监管当局监督检查应遵循以下四大原则：

原则一：商业银行应具备一整套程序，用于评估与其风险状况相适应的总体资本水平，并制定保持资本水平的战略。

原则二：监管当局应检查和评价商业银行内部资本充足率的评估情况和战略目标以及它们监测并确保监管资本比率达标的能力。若对检查结果不满意，监管当局应采取适当的监管措施。

原则三：监管当局应鼓励商业银行资本水平高于最低监管资本比率，应有能力要求商业银行持有超过最低资本要求的资本。

原则四：监管当局应尽早采取干预措施，防止商业银行的资本水平降至防范风险所需的最低要求之下。如果商业银行未能保持或补充资本，监管当局应要求其迅速采取补救措施。

四、监管资本计量信息披露机制（第三支柱）

第三支柱——市场纪律（Market Discipline），其本意是讲信息披露。《巴塞尔协议Ⅱ》的第一支柱提出的三大风险计量体系，第二支柱提出的内部资本充足评估程序，都是商业银行根据自身管理情况建立的内部风险计量模型和资本管理体系，虽然其使用仍须经过监管机构的审批，但持续监督和审查商业银行建立的这些方法和体系，对监管机构提出了非常高的要求。如果监管机构无法进行有效监督和审查，商业银行使用这些风险计量模型和管理体系会存在较大的道德危险，长期下去将不利于金融体系的稳定。因此，监管机构必须借助市场力量（投资者及相关分析机构）来对商业银行进行约束，促使商业银行不断改进风险计量模型和管理体系。要让市场约束真正发挥作用，就必须对商业银行的风险计量模型及其管理体系的关键要素有所了解，才能借此评估商业银行的风险大小，才能通过市场力量督促商业银行改进管理。第三支柱的目标就是建立这样一套信息披露要素模板，要求商业银行按照相关内容定期进行披露（见表 2-8），以便市场投资者发挥监督效用，从而弥补监管机构审查能力不足的缺陷。

表 2-8 中国建设银行第三支柱信息披露部分内容概览

（2018 年 12 月 31 日） 单位：百万元

<table>
<tr><th rowspan="2">适用门槛扣除法的项目</th><th rowspan="2">金额</th><th colspan="2">资本扣除限额</th><th rowspan="2">与上限的差额</th></tr>
<tr><th>项目</th><th>金额</th></tr>
<tr><td>对未并表金融机构小额少数资本投资</td><td>37 101</td><td rowspan="4">核心一级资本净额①的 10%</td><td rowspan="4">188 939</td><td rowspan="4">151 838</td></tr>
<tr><td>核心一级资本</td><td>4 211</td></tr>
<tr><td>其他一级资本</td><td>—</td></tr>
<tr><td>二级资本</td><td>32 890</td></tr>
<tr><td>对未并表金融机构大额少数资本投资中的核心一级资本</td><td>111</td><td rowspan="2">核心一级资本净额②的 10%</td><td>188 939</td><td>188 828</td></tr>
<tr><td>其他依赖于银行未来盈利的净递延税资产</td><td>57 464</td><td>188 939</td><td>131 475</td></tr>
<tr><td>对未并表金融机构大额少数资本投资中的核心一级资本和其他依赖于银行未来盈利的净递延税资产的未扣除部分</td><td>57 575</td><td>核心一级资本净额③的 15%</td><td>283 408</td><td>225 833</td></tr>
</table>

① 此处核心一级资本净额为核心一级资本扣除全额扣减项目之后的余额。

② 此处核心一级资本净额为核心一级资本扣除全额扣减项目和对未并表金融机构小额少数资本投资中应扣除部分后的余额。

③ 此处核心一级资本净额为核心一级资本扣除全额扣减项目、对未并表金融机构小额少数资本投资中应扣除部分、对未并表金融机构大额少数资本投资中的核心一级资本投资中应扣除部分、其他依赖于银行未来盈利的净递延税资产应扣除部分后的余额。

五、对银行风险管理的影响

（一）提出了商业银行全面风险管理框架

商业银行实施《巴塞尔协议Ⅱ》不仅仅是一种形式合规，其实质是风险管理思想的重大变革。商业银行从过去单纯依靠资本抵御风险转变为以风险管理体系抵御风险。《巴塞尔协议Ⅱ》的提出和完善，是国际领先商业银行风险管理实践的总结。经过国际上数百家商业银行与监管机构多角度、历时数年的讨论与完善，《巴塞尔协议Ⅱ》较之于1988年的《巴塞尔协议Ⅰ》，建立了一套完整的包含治理结构、政策、制度、流程和技术在内的全面风险管理框架，凝结了国际银行业风险管理的最佳实践与成熟经验，为银行业改进自身风险管理提供了目标借鉴。

（二）推动了银行业风险管理体系的全方位改造

实施《巴塞尔协议Ⅱ》是一项复杂而庞大的系统工程。《巴塞尔协议Ⅱ》从表面上看是资本充足率计算方法的改进，但其核心是风险管理体制和制度的完善，将风险管理视野真正涵盖表内外的所有产品。《巴塞尔协议Ⅱ》要求以一种动态敏感的方法与工具，紧密结合市场、业务和流程，依靠数据分析来识别、判断和解决风险问题，确立风险边界，保证银行的稳健经营。交易系统、管理系统和数据库的安全性、稳定性和一致性，成为商业银行成功实施《巴塞尔协议Ⅱ》的基本条件，是商业银行风险管理和资本管理体系高效运行的基础。这些都充分说明商业银行需要从风险管理框架、组织、业务流程、数据管理、信息系统等诸多方面统筹推进风险管理工作。

（三）加快了银行业风险计量能力的提升

《巴塞尔协议Ⅱ》提供了多种资本充足率的计算方法，尤其是以信用风险内部评级法为代表的资本计量技术，集中反映了信用风险计量理论发展成果，这些进步使商业银行对信用风险的管理第一次真正从感性认知转变为理性管理、从定性分析转变为定量计量、从被动应对转变为主动管理、从交易管理转变为组合管理，是商业银行风险管理历史上具有里程碑意义的重大进步。同时，商业银行对市场风险、运营风险的资本计量也实现了重大突破。

（四）促进了银行业风险管理的精细化

《巴塞尔协议Ⅱ》允许商业银行根据自身风险管理水平使用内部计量模型来计算监管资本，能够从客户、产品等维度实现差异化风险管理和资本计量，有利于强化资本约束和风险回报经营理念、优化资产结构、转变发展模式。例如，商业银行通过客户评级可以实现对客户的细分管理，实施差别化的信贷政策、授信审批、定价管理和监测预警等；通过对经济资本及风险调整资本回报率的计量与管理，能够对每类业务和不同机构的风险损失进行精准计量并将其用于绩效考核，有利于平衡风险与收益。

六、存在的缺陷与不足

前面讲到，《巴塞尔协议Ⅱ》在许多方面有了较大进步，但仍存在一些缺陷和不足。

一是《巴塞尔协议Ⅱ》是以单个商业银行监管为核心的监管框架，对于商业银行之间或整个银行业的系统性风险缺乏约束力。通过证券化等强相关性的交易，商业银行经营“一荣俱荣、一损俱损”的共振效应得到强化，《巴塞尔协议Ⅱ》对此类系统性风险的约束不足。

二是资本工具形态各异，风险损失吸收能力低下。可赎回次级债、累积性优先股、短期次级债等由商业银行创造的资本工具，形式各异且数量丰富，但在损失发生时不能核销冲减，反而会遭遇投资者要求偿还或赎回而使商业银行损失进一步扩大。

三是银行业流动性管理弱化，经营脆弱性突显。银行业过度依赖证券市场融资，“短借长贷”期限错配现象突出，市场流动性的变化极易影响商业银行的清偿能力。

四是《巴塞尔协议Ⅱ》对银行业的亲周期效应缺乏约束。商业银行作为市场个体，其趋利避害的特性容易导致经济繁荣期过度放贷，催生经济泡沫，而在经济下行期因出现损失而收缩信贷，造成经济衰退的进一步加重。

五是《巴塞尔协议Ⅱ》的实施并未得到有效推进，监管效果难以体现。《巴塞尔协议Ⅱ》从制定到实施前后达 8 年之久，2006 年年底正式在国际活跃银行实施时，金融危机已现端倪。作为危机震源的美国，其实施态度消极，仍执行的是《巴塞尔协议Ⅰ》的监管框架，这在客观上进一步削弱了《巴塞尔协议Ⅱ》的实际效果。

第四节　《巴塞尔协议Ⅲ》

2010 年，巴塞尔委员会发布的《巴塞尔协议Ⅲ》为初始框架，对资本比率、监管资本（分子）的定义和标准进行了修订，严格了交易对手信用风险和证券化风险监管计量要求，将压力 VaR 值引入市场风险计量框架，并在第一支柱下引入杠杆率要求；同时，提出了流动性风险监管新框架和系统重要性银行监管框架。考虑到风险加权资产涉及标准法和内部模型方法两套体系，业界实践差异较大，巴塞尔委员会为慎重起见，在初始框架中未对风险加权资产计算规则（分母）做改动，仍基本沿用了《巴塞尔协议Ⅱ》的框架。2010 年《巴塞尔协议Ⅲ》初始框架发布后，巴塞尔委员会针对信用风险、市场风险和运营风险计量规则框架修订方案以及大额风险暴露监管修订框架进行了多次测算和意见征求，最终于2017年完成了修订工作，确定了未来银行业的监管框架和具体标准。《巴塞尔协议Ⅲ》最终框架主要包括四个部分：第一，风险资本监管框架，即三大支柱实施体系，其中第一支柱最低资本要求引入杠杆率监管指标；第二，系统重要性银行监管框架；第三，流动性监管框架；第四，大额风险暴露监管框架。

一、风险资本监管框架

《巴塞尔协议Ⅲ》基本保留了《巴塞尔协议Ⅱ》的风险资本监管框架，但对资本定义、资本比率和风险加权资产计量规则进行了大幅修订，增加杠杆率要求，相应地强化了第三支柱信息披露要求。

（一）修订风险资本比率要求并增加杠杆率要求

《巴塞尔协议Ⅲ》将银行的资本分为两级：一级资本和二级资本，取消了《巴塞尔协议Ⅱ》原来专门用于应对市场风险的三级资本，提高了最低资本要求。《巴塞尔协议Ⅲ》将一级资本充足率下限从4%上调至6%，由普通股资本构成的核心一级资本占银行风险加权资产的下限从2%提高至4.5%，总资本要求仍保持8%；增加留存资本缓冲、逆周期资本要求以及系统重要性银行附加资本要求（见表2-9）。在最低资本要求基础上，商业银行应保留相应比例的资本缓冲，以更好地平抑亲周期性效应，实现维护金融稳定的宏观审慎监管目标。此外，引入杠杆率要求是为了控制银行的资产负债表过度扩张，避免去杠杆过程给金融和经济稳定造成的危害。该指标不经风险加权，作为资本充足率的备用（backstop）支持性手段，为提高监管效率提供支持。3%的杠杆率要求指标经巴塞尔委员会测试校准后，于2018年年底纳入第一支柱监管。

（二）风险加权资产修订框架

1. 信用风险

（1）信用风险标准法修订框架。信用风险标准法修订框架重新划分了资产类别，修订调整了银行类债权、公司类债权、零售债权等资产类别的风险权重（主权类别除外），新设立了房地产类债权，修订表外业务信用转换系数和信用风险缓释框架，内容更细、更复杂。此外，信用风险标准法应用于外部评级时更加严格。主要修订内容包括：

一是提升精细度和风险敏感性。例如，《巴塞尔协议Ⅱ》的信用风险标准法给予全部住房抵押贷款单一权重，修订后的信用风险标准法的住房抵押贷款权重则取决于抵押品的贷款价值比（LTV）。

二是削弱对外部评级的机制性依赖，要求商业银行开展尽职调查，并设计了足够精细的非外部评级方法，以用于不能使用或不希望使用外部评级的地区。

表 2-9 《巴塞尔协议Ⅲ》关于资本充足率的最低要求

内容	指标名称	《巴塞尔协议Ⅲ》要求	实施过渡期安排
最低资本要求	核心一级资本（普通股资本）	≥4.5%； 主要包括普通股和留存收益等最具损失吸收能力的资本工具，须满足 14 条标准	2013 年年初达到 3.5%； 2014 年年初达到 4%； 2015 年年初达到 4.5%
	一级资本	≥6%； 损失吸收能力仅次于核心一级资本的其他一级资本，且须满足 14 条标准	2013 年年初达到 4.5%； 2014 年年初达到 5.5%； 2015 年年初达到 6%
	总资本要求	≥8%； 一级资本与二级资本之和，二级资本须满足 9 条标准	2013 年年初达到 8%
留存资本缓冲		2.5%	2016 年年初达到 0.625%，以后每年增加 0.625%，2019 年年初达到 2.5%
逆周期资本要求		0~2.5%； 已出台相关指导文件	由各国自行确定
系统重要性银行附加资本		全球系统重要性银行(G-Sibs)为 1%~3.5%； 国内系统重要性银行（D-Sibs）由各国自行决定	由各国自行决定
杠杆率要求		>3%； 银行一级资本总额与表内外资产余额之比，资产余额基本不经风险调整	2015 年年初开始披露； 2018 年年底纳入第一支柱监管

注：留存资本缓冲、逆周期资本要求和系统重要性银行附加资本都基于核心一级资本计提。所有日期均为当年 1 月 1 日。

三是结果作为内部模型方法资本要求的修订后底线（取代《巴塞尔协议Ⅰ》底线）以加强银行间的可比性，强化公平竞争。

相较于《巴塞尔协议Ⅱ》的信用风险标准法，新的信用风险标准法修订框架参见表 2-10。概括来讲，修订要点如下：对无外部评级的银行暴露和一般公司暴露以及允许使用外部评级地区的风险暴露，设计了更精细的方法；对银行暴露，有外部评级地区的风险权重重新进行了校准，此外无外部评级地区的风险权重较现行的单一权重更为精细，并引入了资本担保债券暴露的区别处理；对一般公司暴露，设计了更详细的查找表格；对中小企业设定了不同的权重。此外，修订的信用风险标准法包括单独的项目融资、物品融资和商品融资暴露；对居住地产暴露设计了风险更敏感的方法，风险权重随着抵押住宅贷款价值比（LTV）的不同而不同（取代当前单一权重），以更好地反映市场结构的差异性；对零售暴露（不含房地产），使用了更精细的处理方法，用于区别不同类型的零售暴露；对商业房地产（CRE）暴露，设计了更敏感的风险权重来取代一般使用的单一权重；对次级债和股权，使用更精细的风险权重；表外暴露的信用转换因子（CCF）更敏感，包括引入 CCF 为正的无条件可撤销承诺（UCCs）。

表 2-10　新的信用风险标准法修订框架

<table>
<tr><td colspan="8">银行暴露</td></tr>
<tr><td colspan="8">允许使用外部评级地区的风险权重</td></tr>
<tr><td>外部评级</td><td>AAA 至 AA-</td><td>A+至 A-</td><td>BBB+至 BBB-</td><td>BB+至 B-</td><td>B-以下</td><td colspan="2">未评级</td></tr>
<tr><td>风险权重</td><td>20%</td><td>30%</td><td>50%</td><td>100%</td><td>150%</td><td colspan="2">参照下面的标准化信用风险评估法(SCRA)</td></tr>
<tr><td colspan="8">短期暴露</td></tr>
<tr><td>风险权重</td><td>20%</td><td>20%</td><td>20%</td><td>50%</td><td>150%</td><td colspan="2">参照下面的标准化信用风险评估法(SCRA)</td></tr>
<tr><td colspan="8">不允许使用外部评级地区以及未评级暴露的风险权重</td></tr>
<tr><td colspan="3">标准化信用风险评估法（SCRA）</td><td colspan="2">A 级</td><td>B 级</td><td colspan="2">C 级</td></tr>
<tr><td colspan="3">风险权重</td><td colspan="2">40%①</td><td>75%</td><td colspan="2">150%</td></tr>
<tr><td colspan="3">短期暴露</td><td colspan="2">20%</td><td>50%</td><td colspan="2">150%</td></tr>
<tr><td colspan="8">抵押担保债券暴露</td></tr>
<tr><td colspan="8">有评级的风险权重</td></tr>
<tr><td>债券外部评级</td><td colspan="2">AAA 至 AA-</td><td colspan="2">A+至 BBB-</td><td>BB+至 B-</td><td colspan="2">B-以下</td></tr>
<tr><td>风险权重</td><td colspan="2">10%</td><td colspan="2">20%</td><td>50%</td><td colspan="2">100%</td></tr>
<tr><td colspan="8">无评级的风险权重</td></tr>
<tr><td>发行银行的风险权重</td><td>20%</td><td>30%</td><td>40%</td><td>50%</td><td>75%</td><td>100%</td><td>150%</td></tr>
<tr><td>风险权重</td><td>10%</td><td>15%</td><td>20%</td><td>25%</td><td>35%</td><td>50%</td><td>100%</td></tr>
<tr><td colspan="8">一般公司暴露</td></tr>
<tr><td colspan="8">允许使用外部评级地区的风险权重</td></tr>
<tr><td>交易对手外部评级</td><td>AAA 至 AA-</td><td>A+至 A-</td><td>BBB+至 BBB-</td><td>BB+至 B-</td><td>B-以下</td><td colspan="2">未评级</td></tr>
<tr><td>风险权重</td><td>20%</td><td>50%</td><td>75%</td><td>100%</td><td>150%</td><td colspan="2">100%（中小企业 85%）</td></tr>
<tr><td colspan="8">不允许使用外部评级地区的风险权重</td></tr>
<tr><td colspan="3">SCRA 等级</td><td colspan="3">投资级</td><td colspan="2">其他</td></tr>
<tr><td colspan="3">一般公司类（非 SME）</td><td colspan="3">65%</td><td colspan="2">100%</td></tr>
<tr><td colspan="3">中小企业（SME）</td><td colspan="5">85%</td></tr>
<tr><td colspan="8">项目融资、物品融资和商品融资暴露</td></tr>
<tr><td colspan="2">暴露（不含房地产）</td><td colspan="3">项目融资</td><td colspan="3">物品和商品融资</td></tr>
<tr><td colspan="2">有外部发行评级且允许使用</td><td colspan="6">同上面的一般公司暴露</td></tr>
<tr><td colspan="2">不允许或没有外部评级</td><td colspan="3">营运前阶段：130%
营运阶段：100%
高质量营运阶段：80%</td><td colspan="3">100%</td></tr>
</table>

---

① 若 A 级中交易对手银行符合普通股（CET 1）资本充足率 14%及以上、一级资本杠杆率 5%及以上，则适用于 30%的权重。

表2-10(续)

零售暴露（不含房地产）				
	监管类零售（非循环）	监管类零售（循环）		其他零售
		交易类	循环类	
风险权重	75%	45%	75%	100%

居住地产暴露								
LTV 区段	50%以下	50%至60%	60%至70%	70%至80%	80%至90%	90%至100%	100%以上	不符合标准
一般类								
完整贷款法风险权重	20%	25%	30%		40%	50%	70%	交易对手风险权重
分割贷款法风险权重①	20%		交易对手风险权重					交易对手风险权重
产生收入房地产（IPRRE）								
完整贷款法风险权重	30%	35%	45%		60%	75%	105%	150%

商业房地产（CRE）暴露			
一般类			
完整贷款法	LTV≤60%	LTV>60%	不符合标准
	min(60%,交易对手风险权重)	交易对手风险权重	交易对手风险权重
分割贷款法	LTV≤55%	LTV>55%	不符合标准
	min(60%,交易对手风险权重)	交易对手风险权重	交易对手风险权重

产生收入房地产（IPCRE）				
完整贷款法	LTV≤60%	60<LTV≤80%	LTV>80%	不符合标准
	70%	90%	110%	150%

土地购置、开发及建设（ADC）贷款	
对公司及特殊目的机构或公司（SPV）的贷款	150%
住宅 ADC 贷款	100%

次级债和股权（不含扣除部分）				
	次级债及不含股权的资本工具	某些法定项目相关的股权暴露	投机性非上市股权	其他股权暴露
风险权重	150%	100%	400%	250%

表外暴露的信用转换因子（CCF）					
	无条件可撤销承诺(UCCs)	除 UCCs 外的承诺	票据发行便利(NIFs)、循环认购便利（RUFs）及与交易直接相关的或有项目	基于货物转移结构化自偿性交易信用证	直接信用替代及其他表外暴露
CCF	10%	40%	50%	20%	100%

① 在分割贷款法下，监管机构给定的权重适用于不动产价值55%以下部分的暴露，其余暴露适用于交易对手风险权重。在不符合标准的情况下，全部暴露都适用于交易对手风险权重。

（2）信用风险内部评级法修订框架。信用风险内部评级法框架基本得到保留，但《巴塞尔协议Ⅲ》对部分风险暴露适用的方法进行了限制，并对参数估计设定了底线，使相关要求更加契合业务实践。信用风险内部评级法修订框架参见表 2-11。

表 2-11　信用风险内部评级法修订框架

风险暴露类别	当前框架（《巴塞尔协议Ⅱ》）	最终方案
主权	信用风险标准法、内部评级初级/高级法	信用风险标准法、内部评级初级/高级法
银行及其他金融机构	信用风险标准法、内部评级初级/高级法	信用风险标准法、内部评级初级法
公司——大中型公司	信用风险标准法、内部评级初级/高级法	信用风险标准法、内部评级初级法
公司——其他公司	信用风险标准法、内部评级初级/高级法	信用风险标准法、内部评级初级/高级法
专业贷款	信用风险标准法、监管映射法、内部评级初级/高级法	信用风险标准法、监管映射法、内部评级初级/高级法
股权	盯市法、内部模型法	信用风险标准法

注：大中型公司是指年收入超过 5 亿欧元（约合 38.4 亿元人民币）的公司。

另外，《巴塞尔协议Ⅲ》也对信用风险内部评级法框架设定最低参数值（见表 2-12），限制了估计违约概率的数据，取消了信用衍生品双重违约计算要求，规范和强化了参数建模的要求。

表 2-12　修订后的信用风险内部评级法框架的最低参数值①

	违约概率（PD）（基点）	违约损失率（LGD）		违约风险暴露（EAD）
		无担保	有担保	
公司类	5	25%	根据抵押品类别： • 金融工具 0 • 应收款类 10% • 商业或居住不动产 10% • 其他有形物品 15%	底线为不超过表内余额与使用信用风险标准法下转换因子转换表外暴露的50%之和
零售类： 住房抵押贷款 合格循环交易类 合格循环类 其他零售	 5 5 10 5	 N/A 50% 50% 30%	 5% N/A N/A 根据抵押品类别： • 金融工具 0 • 应收款类 10% • 商业或居住不动产 10% • 其他有形物品 15%	

---

① LGD 和 EAD 底线仅适用于内部评级高级法（A-IRB）。EAD 底线适用于 EAD 建模仍允许的暴露。抵押暴露的 LGD 底线适用于全额抵押（抵押品折扣后的价值超过了暴露金额）。部分抵押暴露的 LGD 底线为无抵押部分 LGD 底线和抵押部分 LGD 底线的加权平均值。

2. 市场风险

修订后的风险资本监管框架对市场风险标准法和市场风险内部模型法进行了全面修订，改变了监管资本计算规则以及交易账簿划分要求，引入了流动性因素，对市场风险管理具有根本性、全局性的影响。

（1）交易账簿划分标准修订。修订后的划分标准旨在处理此前在银行账簿和交易账簿划分中出现的问题与不足并减少在两个账簿间的套利可能性。为使两类账簿中涉及的金融工具类型在不同监管机构之间取得共识，划分标准主要就必须列入交易账簿或必须从中剔除的金融工具进行规定。监管机构将监督任何与标准偏离的行为，若认为某类工具未被正确划分，则会要求商业银行从交易账簿调整到银行账簿（或者相反）。

（2）市场风险标准法修订框架。交易账簿的市场风险标准法资本要求（见图 2-5）是三项元素之和：敏感性方法（Sensitivities-based Method）资本要求、违约风险（Default Risk Charge）资本要求和剩余风险附加（Residual Risk Add-on）资本要求。

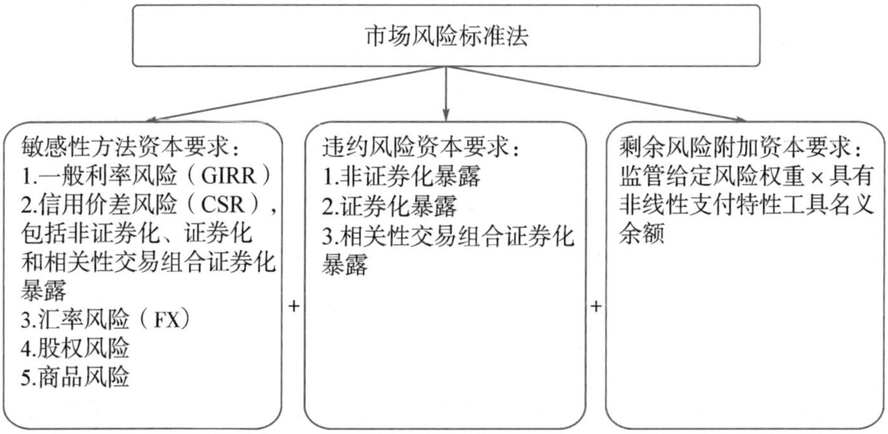

图 2-5　市场风险标准法资本要求

敏感性方法资本要求源于《巴塞尔协议Ⅱ》市场风险标准法，但计算范围和规则进行了调整，在原来利率风险、汇率风险、股权风险和商品风险的基础上增加了信用价差风险（Credit Spread Risk）。各类风险因子分别计算德尔塔（delta）、维伽（vega）和凸度（curvature）[①] 风险资本要求，并按一定规则加权汇总后就得到敏感性方法资本要求。违约风险资本要求主要反映敏感性方法的信用价差没有捕捉到的突发违约风险，包括非证券化风险

---

① 德尔塔（delta）风险指风险因子变动引起的金融工具价值变动的线性估计；维伽（vega）风险指基础资产隐含波动率的变化引起衍生品价值变动而产生的潜在损失；凸度（curvature）风险指含期权的金融工具由于风险因子变动而产生的超出德尔塔（delta）风险的额外潜在损失。

暴露以及证券化风险暴露（包含相关性交易组合）。此外，除了上述资本要求外，所有承担剩余风险的工具应单独计算剩余风险附加资本要求，这类工具是指交易账簿内标的为奇异性（exotic）资产的工具，其基础资产（如天气、自然灾害、未来的实际利率波动等）的风险暴露不在敏感性方法资本要求计量范围内，也不在违约风险资本要求范围内。

（3）市场风险内部模型法修订框架。修订后的市场风险内部模型法框架由风险价值（VaR）计量转向预期损失（Expected Shortfall，ES）计量①，因为ES的使用能够有助于商业银行更加审慎地捕捉“尾端风险”（Tail Risk）以保持在严重市场压力期间的资本充足性。修订框架引入了更加严格的模型审批流程，允许监管机构能够取消个别交易台的建模许可，并约束套期保值和分散化的资本降低效应。同时，修订框架考虑了流动性因素，对不同金融工具设定不同的流动性区间，以反映不同资产在市场极端情景下的流动性丧失情况。

修订后的市场风险内部模型法的计算流程如图2-6所示。对于实施交易账簿非证券化风险暴露的内部模型法，第一步先由监管机构对银行市场风险模型进行总体评估，如未通过审查，则只能使用标准法计算资本。如通过评估，第二步由银行提出纳入实施范围的交易台（指执行明确交易策略的一组交易员或会计账目），未纳入实施范围的交易台则只能使用标准法计算资本。确定实施交易台范围后，监管机构将按照明确的定量标准（主要是损益分布突破阈值标准以及返回检验程序）进行模型表现评估，如果未通过评估，则只能使用标准法计算资本。如模型表现通过评估，第三步将开展风险因子分析，主要是对模型中涉及的各类风险因子进行可建模性评估。对于存在真实、可验证价格且价格频率也符合要求的风险因子，监管机构将认为是可建模的，这些风险因子构建的模型将能使用预期损失方法计算资本要求。经评估，不适合建模的风险因子将按照压力资本附加要求（SES）计算资本；交易账簿中与其他市场风险因子无分散化效应的信用和股权暴露将计算违约风险资本要求（DRC）。第三步中三类风险资本加总即得到内部模型法的资本要求。

① 计算预期损失的过程中，商业银行必须在使用97.5%的置信水平，单侧置信区间。

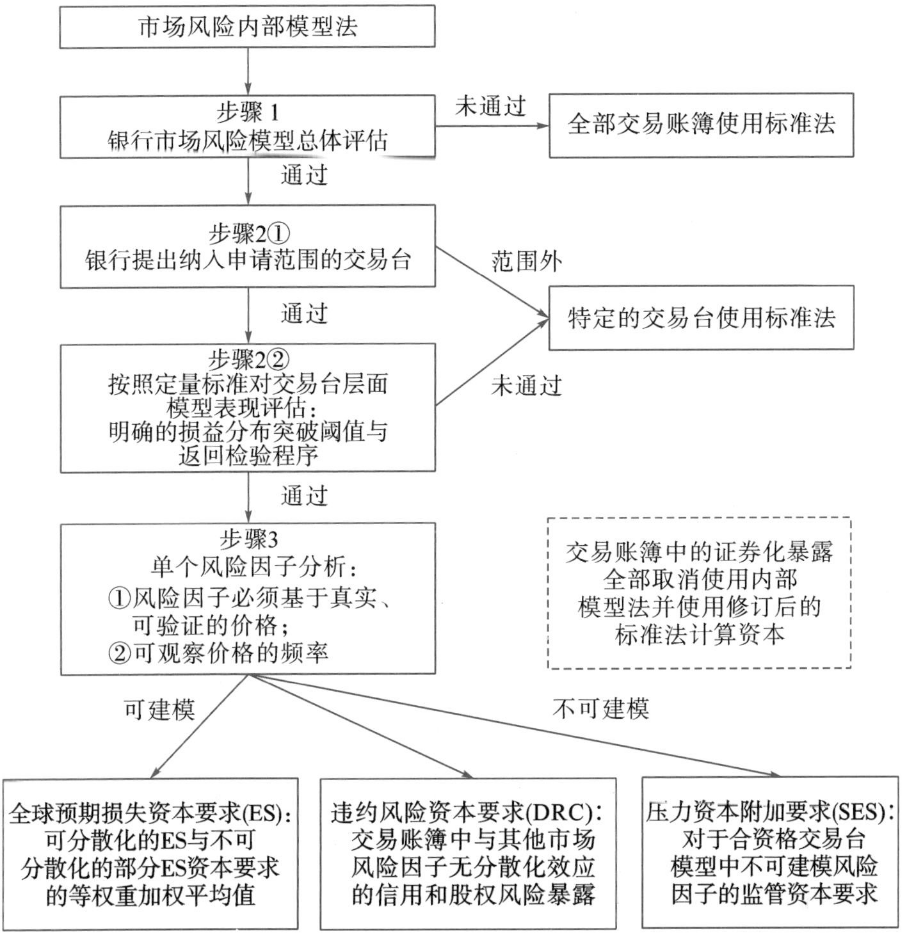

图 2-6　修订后的市场风险内部模型法的计算流程

3. 运营风险

巴塞尔委员会公布的运营风险高级计量标准法框架，将《巴塞尔协议Ⅱ》框架下的运营风险基本指标法、运营风险标准法和运营风险高级计量法统一整合为运营风险标准法，对运营风险监管资本计量进行了根本性变革。新的运营风险标准法以业务指标（Business Indicator，BI）为基础，通过损失数据来调整监管资本计算结果（具体内容参见第四章第三节运营风险的计量与管理）。

4. 底线和过渡期

巴塞尔委员会基于修订后的标准法提出内部模型的底线要求，即使用信用风险内部评级法或市场风险内部模型法等计算风险加权资产时，其结果不能低于对应的修订后的标准法的 72. 5%，也就是说，采用信用风险内部评级法等内部模型节约的风险加权资产不超过 27. 5%。此外，为平滑底线实施带来的影响，巴塞尔委员会设定了《巴塞尔协议Ⅲ》最终规则实施过渡期（见表2-13），自2022年1月1日的50%起，分5年提升至2027年的72.5%①。

表2-13 《巴塞尔协议Ⅲ》设定的最终规则实施过渡期

修订标准	实施日期
信用风险标准法（修订）	2022年1月1日
信用风险内部评级法框架（修订）	2022年1月1日
信用估值调整（CVA）框架（修订）	2022年1月1日
运营风险框架（修订）	2022年1月1日
市场风险框架（修订）	2022年1月1日②
杠杆率	当前暴露定义③：2018年1月1日 暴露定义修订后：2022年1月1日 全球系统重要性银行（G-SIB）缓冲：2022年1月1日
结果底线	2022年1月1日：50% 2023年1月1日：55% 2024年1月1日：60% 2025年1月1日：65% 2026年1月1日：70% 2027年1月1日：72.5%

注：受“新冠肺炎”疫情影响，巴塞尔委员会于2020年3月27日宣布最终规则整体顺延一年，即自2023年1月1日起实施。

二、系统重要性银行监管框架

单个金融机构的破产或市场的失效将带来整个金融体系的混乱，这种潜在的风险称为系统性风险，这种机构或市场被认为具有系统重要性。产生系统性风险的机制在于金融体系已经形成相互联结、相互影响的网状结构。一个金融机构出现问题，会通过这种网状结构迅速传递至市场参与者，使金融机构之间、金融机构与实体经济之间互相影响，形成灾难性的后果。《巴塞尔协议Ⅲ》提出了全新的系统重要性银行监管框架。

（一）附加资本与杠杆率要求

根据全球系统重要性得分由低到高的顺序，巴塞尔委员会将列入名单的

① 2023年为55%，2024年为60%，2025年为65%，2026年为70%。

② 这将取代2016年发布的市场风险修订框架及监管报告。

③ 基于2014年1月的杠杆率暴露计量定义。在2022年1月1日之前各地区可自由实施修订后的暴露计量定义。

银行分为五档（见表 2-14）。不同档次的全球系统重要性银行（G-SIBs）将附加不同的资本要求，且主要针对核心一级资本，其中，第 1 档全球系统重要性银行面临额外 1%的资本要求，第 2 档为 1.5%，第 3 档为 2%，第 4 档为 2.5%，第 5 档为 3.5%。此外，在一级资本杠杆率最低要求 3%的基础上，全球系统重要性银行根据其档次的不同，杠杆率附加要求分别为其对应档次附加资本要求的 50%。例如，附加资本要求为 2%的全球系统重要性银行（第 3 档），其杠杆率附加要求为 1%，即一级资本杠杆率最低要求为 4%。达不到最低要求的全球系统重要性银行，其一定比例的留存收益将被强制用于补充资本。

表 2-14　2019 年全球系统重要性银行名单及附加资本要求

组别	附加资本要求	2019 年名单列入银行
第 5 档	3.5%	暂空
第 4 档	2.5%	摩根大通银行
第 3 档	2.0%	花旗集团、英国汇丰银行
第 2 档	1.5%	美国银行、中国银行、巴克莱银行、法国巴黎银行、德意志银行、高盛集团、中国工商银行、三菱日联金融集团、富国银行
第 1 档	1.0%	中国农业银行、纽约梅隆银行、中国建设银行、瑞士信贷银行、法国人民储蓄银行集团、法国农业信贷银行、荷兰国际集团、日本瑞穗金融集团、摩根士丹利、加拿大皇家银行、西班牙桑坦德银行、法国法兴银行、渣打银行、加拿大多伦多道明银行、美国道富银行、日本三井住友金融集团、瑞银集团、意大利裕信银行

注：具体参见金融稳定理事会（FSB）公布的名单（www.fsb.org）。

（二）总损失吸收能力（Total Loss-Absorbing Capacity，TLAC）标准

2015 年 11 月 9 日，金融稳定理事会（FBS）发布总损失吸收能力标准。所有列入全球系统重要性银行名单的银行，在《巴塞尔协议Ⅲ》第一支柱监管资本的基础上，要增加符合条件的高级债权数量，以提高银行在处置时的吸收损失的能力，避免公共资金的救助损失。该标准分两个维度：一个是总损失吸收能力（监管资本加自救债之和）与风险加权资产之比，最低要达到 16%；另一个是总损失吸收能力与杠杆率分母（约为表内外资产余额）之比，最低要达到 6%。该监管标准于 2019 年开始生效，其中新兴市场经济体有 6 年宽限期，自 2025 年开始实施（见表 2-15）。

表 2-15 全球系统重要性银行总损失吸收能力（TLAC）标准

G-SIBs 总部所处地区	TLAC（风险加权资产）要求	TLAC（标杆率）要求
非新兴市场经济体	2019 年 1 月 1 日起最低 16%； 2022 年 1 月 1 日起最低 18%	2019 年 1 月 1 日起最低 6%； 2022 年 1 月 1 日起最低 6.75%
新兴市场经济体	2025 年 1 月 1 日起最低 16%； 2028 年 1 月 1 日起最低 18%	2025 年 1 月 1 日起最低 6%； 2028 年 1 月 1 日起最低 6.75%

注：①TLAC（风险加权资产）要求是指总损失吸收能力（监管资本加上自救债总额）与风险加权资产（RWA）之比。

②TLAC（杠杆率）要求是指总损失吸收能力与《巴塞尔协议Ⅲ》框架下杠杆率分母（表内外资产余额）之比。

③FSB 指出，如果新兴市场经济体的公司债券（Corporate Debt Securities or Bond）余额（包括金融及非金融债，不包括政策性银行债）占其国内生产总值 55%以上，那么 TLAC 的达标应提速。

（三）恢复与处置计划相关要求

恢复与处置计划包括恢复计划和处置计划两部分。

恢复计划应当建立在全球系统重要性银行资本计划和流动性计划基础之上，并应指明在压力程度达到假设情景时，全球系统重要性银行将如何维持充足的资本和流动性水平。恢复计划主要内容包括恢复计划目标、压力情景及影响、面临危机时可动用的流动性、资本恢复措施及其他有助于恢复正常经营的措施，同时还应包括恢复计划触发机制、工作程序以及监管报告和对外沟通策略等。

处置计划由监管机构负责指导制订，由全球系统重要性银行按相关要求提供支持。处置计划主要内容包括启动处置程序条件、处置目标和策略、可能采取的处置措施和程序安排以及与境内外相关机构的协调和对外沟通策略等。

制订恢复与处置计划意味着全球系统重要性银行拥有相应的机制和措施，能够从一系列压力情景中得以恢复以及在必要时能够使业务有序停止，以维护其支付结算、零售存款等关键经济功能。

（四）数据报送要求

全球系统重要性银行需定期向巴塞尔委员会报送通用数据模板，主要包括银行前五十大最终交易对手的情况，前二十大融资提供者的情况以及按照交易对手划分资产负债表等内容。全球系统重要性银行要根据通用数据模板按周、按月、按季持续提供日常经营信息和关键风险指标，信息和指标涉及全行经营管理的各个方面，包括明细数据和汇总数据。

拓展阅读

全球系统重要性银行评估方法

2011年，巴塞尔委员会发布了《全球系统重要性银行：评估方法和额外损失》，确定了评估全球系统重要性银行（G-SIBs）的方法及相关监管要求（2013年发布修订版本）。巴塞尔委员会每年对全球候选的至少75家国际活跃银行开展定量测算，测算包括全球活跃程度、规模、关联度、可替代性、复杂性五大类共12个具体指标。各大类的权重都为20%，大类之内各具体指标平均分配20%的权重。具体的评估指标和相应的权重如表2-16所示。

表2-16 全球系统重要性银行的评估指标体系（2013年版）

指标类别	具体指标	指标权重(%)
全球活跃程度（20%）	跨国债权	10
	跨国负债	10
规模（20%）	根据《巴塞尔协议Ⅲ》杠杆率的总敞口	20
关联性（20%）	金融体系间的资产	6.67
	金融体系间的负债	6.67
	发行的证券	6.67
可替代性（20%）	受托资产	6.67
	通过支付体系清算的支付	6.67
	在债务和权益市场上已经承销的交易额	6.67
复杂性（20%）	场外衍生交易名义额	6.67
	第三层级资产	6.67
	交易账户和可供出售账户额	6.67

根据规定，每年度用于测算的数据取自上一年度末，并统一换算为欧元。具体测算步骤如下：

首先，计算出每家银行各指标下的余额占全球候选银行加总余额的比例，再将其乘以10 000，每个指标相应的权重得到各指标的得分，最后加总全部指标得分得出总分。

其次，对部分指标得分进行上限调整。巴塞尔委员会规定可替代性指标的得分上限为100分，即当某银行该类指标的得分超过100分时，仅按100分计入总分。

最后，巴塞尔委员会将总分130分以上的银行列为全球系统重要性银行。同时，根据得分高低，巴塞尔委员会将银行分配到不同的档次，每个档次对应不同的附加资本要求，该要求需由核心一级资本满足。具体的分档标准和资本要求如表 2-17 所示。

表 2-17 分档标准和资本要求

组别	得分（分）	附加资本要求（%）
第 5 档	530~629	3.5
第 4 档	430~529	2.5
第 3 档	330~429	2.0
第 2 档	230~329	1.5
第 1 档	130~229	1.0

三、流动性监管框架

《巴塞尔协议Ⅲ》的《流动性风险计量标准和监测的国际框架》提出了两个衡量流动性风险的新指标，即流动性覆盖率（LCR）和净稳定资金比率（NSFR）。流动性覆盖率的核心思想是在压力环境下，银行的流动性要能够至少坚持 30 天；净稳定资金比率反映银行资产与负债的匹配程度，是流动性覆盖率指标的补充，鼓励银行减少短期融资的期限错配，增加长期稳定资金来源，增强流动性风险管理能力。

$$\text{流动性覆盖率（LCR）}=\frac{\text{高质量流动性资产储备（HQLA）}}{\text{未来 30 日资金净流出量}}\geqslant 100\%$$

$$\text{净稳定资金比率（NSFR）}=\frac{\text{可用的稳定资金（ASF）}}{\text{所需的稳定资金（RSF）}}>100\%$$

四、大额风险暴露监管框架

为控制单一交易对手突然破产造成的损失对整个银行体系流动性的冲击，1991 年巴塞尔委员会发布了《大额信用风险的计量与管理》，以便从授信总量上和敞口限额上控制集中度风险。2014 年，巴塞尔委员会发布了《计量和控制大额风险暴露的监管框架》（以下简称《大额暴露框架》），全面强化了有关大额风险暴露的定义及监测标准，旨在降低银行面临单一交易对手或关联交易对手突然违约时造成的最大损失，并确保银行的清偿能力不受危及。具体要求包括以下两个方面：

一是大额风险暴露的定义及限额标准（见图 2-7）。大额风险暴露的定义为合格一级资本 10% 及以上，大额风险暴露的限额标准设定为一级资本的 25%（全球系统重要性银行为 15%），一旦突破必须压缩纠正。此外，

《大额暴露框架》提出判断关联交易对手的两个标准，即控制关系和经济上相互依赖性，扩展了大额风险暴露的范围。

二是大额风险暴露的监测范围及标准。在现行大额风险暴露监测范围的基础上，《大额暴露框架》将远期、期权、期货、互换和信用衍生品等交易类业务纳入计算范围，也将证券化产品等集合投资类业务（CIU）纳入计算。《大额暴露框架》不仅计算直接债权，也将证券化、基金等交易形成的间接债权纳入统计范畴，即将基础资产按交易对手统计归并风险敞口。《大额暴露框架》增加风险缓释集中度监测，将风险缓释部分的债权计入提供者的风险暴露。

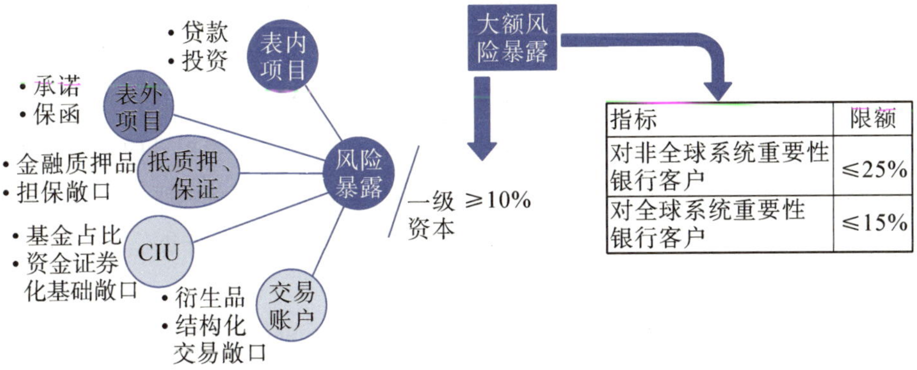

图 2-7　大额风险暴露的定义及限额标准

五、对银行风险管理的影响

（一）以资本为核心的多维监管约束更全面

在 2008 年全球金融危机之前，银行监管标准主要以资本充足性为主，这在金融危机中暴露出很多弊端和不足。例如，资本工具损失吸收能力不足、风险加权资产计算差异巨大以及规则过于复杂等，严重侵蚀了资本的充足性和可比性。同时，监管标准对于流动性风险约束不足，单一的资本监管指标不能全面满足金融体系稳健监管的需求。

针对这些问题，自 2010 年《巴塞尔协议Ⅲ》初步框架发布开始，监管改革框架逐步转向多维度监管。除了资本比率以外，《巴塞尔协议Ⅲ》引入了杠杆率、流动性覆盖比率（LCR）和净稳定资金比率（NSFR）等流动性标准互为补充。例如，杠杆率能够为银行杠杆提供一个绝对上限，但该指标本身却会激励银行持有更高风险的资产；风险加权资产计算框架则对此进行了弥补，其通过监管资本来约束银行的风险扩张，但存在可比性问题且对流动性风险约束不足；流动性标准则要求银行保有高流动性资产缓冲并且抑制其期限错配问题。

（二）信用风险实施标准趋于严格

信用风险内部评级法最突出的优点是风险敏感性比较强，能够反映银行风险管理水平和能力的差异，《巴塞尔协议Ⅲ》将其纳入风险加权资产计算框架旨在鼓励银行加强风险管理。然而，金融危机暴露出信用风险内部评级法在可比性和适用性方面存在问题，复杂的计算规则也导致参数估计过程和结果透明度不高，从而引发公众对模型可靠性和真实性的广泛质疑。针对这些问题和缺陷，巴塞尔委员会进行了大量的研究分析和定量测算，在兼顾风险敏感性的同时，对信用风险内部评级法进行了适度简化，规范了实施标准及适用的资产类别范围，从而改善了信用风险内部评级法的可比性和适用性。

从最终方案来看，《巴塞尔协议Ⅲ》按客户及资产组合类别，对信用风险内部评级法体系进行了简化，主要是针对低违约组合取消了内部评级高级法；同时，通过设定参数底线、强化建模标准以及更细致的披露模板等，来增强内部评级法的可比性及计算结果的可靠性，旨在进一步提升内部评级法的有效性，以在风险敏感性、可比性和简单性之间取得更好的平衡。改革后的方案对国际领先银行影响较大，个别银行风险加权资产计算结果升幅达50%以上[①]。

值得注意的是，改革后的方案对银行经营管理提出了较高要求。例如，按风险暴露或资产类别来核准实施内部评级法，对银行资产组合的细分管理提出了较高要求，相应的管理流程、数据积累要更规范，信息披露维度要更细、更具体。在这些方面，国内的商业银行恰恰存在短板或不足，需要加以重视并努力改进。

（三）市场风险框架资本要求大幅提升

与信用风险内部评级法相比，市场风险框架变化较大。虽然修订后的框架仍保持了市场风险标准法与市场风险内部模型法两套体系，但具体的计算规则和监管标准基本上全部改写，资本要求大幅提高，对银行的管理水平及信息技术系统要求更高。

根据巴塞尔委员会的定量测算结果，若采用新框架，44 家国际活跃商业银行的资本要求较当前要求平均上升 41%。具体来看，若采用修订后的市场风险内部模型法，44 家国际活跃商业银行的资本要求较当前要求平均上升 54%；若采用修订后的市场风险标准法，44 家国际活跃商业银行的资本要求较当前要求平均上升 128%。

此外，修订后框架的监管审批更加严格和细致。例如，市场风险内部模型法将按交易台来进行监管核准，只有该组合的风险因子具备建模要求且满

① 由于我国尚未批准实施非零售内部评级高级法，因此影响相对较小。

足量化检验标准，该类组合才能被允许使用市场风险内部模型法计算资本。否则，该类组合将一律使用标准法计算监管资本。

（四）运营风险资本要求有所上升

根据巴塞尔委员会的定量测算结果，当前修订方案在不同类别和地区的银行资本要求差异较大，幅度从-10%~300%不等，而大型商业银行资本要求的升幅显著高于中小商业银行。此外，新框架要求使用10年历史损失数据来计算调节系数，对资本要求的影响时间拉长。总体来看，运营风险损失对未来监管资本的影响更显著，尤其对大型商业银行的资本要求有较为不利的影响。

第五节　中国银行业巴塞尔协议实施实践

为推动中国银行业实施国际监管标准，增强银行体系稳健性和国内商业银行的国际竞争力，2007年2月28日，中国银监会公布了《中国银行业实施新资本协议指导意见》，对国内商业银行实施《巴塞尔协议Ⅱ》做出了明确的规定和要求，其目的在于帮助国内大型商业银行改进风险管理技术、提升国际市场竞争能力。2010年以来，在吸收国际新监管标准成果的基础上，中国银监会制定并发布了《中国银监会关于中国银行业实施新监管标准的指导意见》《商业银行资本管理办法（试行）》《商业银行杠杆率管理办法》《商业银行贷款损失准备管理办法》《商业银行流动性风险管理办法（试行）》，中国银保监会制定并发布了《商业银行大额风险暴露管理办法》以及《关于完善系统重要性金融机构监管的指导意见》，构建了《巴塞尔协议Ⅲ》的国内实施规则体系，推进了国内银行业的风险管理实践。

一、监管框架

（一）最低资本监管要求

2012年6月7日，中国银监会印发《商业银行资本管理办法（试行）》（以下简称《资本办法》），将《巴塞尔协议Ⅱ》和《巴塞尔协议Ⅲ》的相关要求融合，在计算资本充足率时，分子采用了《巴塞尔协议Ⅲ》的资本质量和标准要求（见表2-18），但分母沿用了《巴塞尔协议Ⅱ》的风险加权资产计量方法及实施管理要求。

表 2-18 资本充足率最低监管要求

项目	最低资本要求			储备资本	系统重要性附加资本	第二支柱附加要求	过渡期安排
	核心一级资本	一级资本	总资本				
系统重要性银行	5%	6%	8%	2.5%	1%（暂定）	内部资本充足评估程序	2013 年 1 月 1 日开始实施，2018 年年底达标
非系统重要性银行	5%	6%	8%	2.5%	无	监管评估	2013 年 1 月 1 日开始实施，2018 年年底达标

注：设定逆周期资本缓冲区间 0~2.5%，只在信贷超常增长、可能导致系统性风险时由监管机构设定，目前暂定为 0。

为与资本监管理念契合，《资本办法》将《巴塞尔协议Ⅱ》的信用风险内部评级法、市场风险内部模型法和运营风险高级计量法统称为资本计量高级方法，同时再加上内部资本充足评估程序（ICAAP），合称为资本管理高级方法。《资本办法》允许商业银行采用资本计量高级方法计量监管资本，目的是提高监管资本要求的风险敏感度，促进商业银行风险管理水平的提高。

为确保资本计量的审慎性，《资本办法》借鉴《巴塞尔协议Ⅱ》和《巴塞尔协议Ⅲ》的相关要求，并结合国内商业银行实践，对使用各种资本计量高级方法提出了详尽的合规性要求，主要体现在《资本办法》相关附件中，并且明确了商业银行使用资本计量高级方法的申请、审批和持续监管程序及标准，以推动商业银行不断提升风险管理能力。

（二）杠杆率最低要求

2011 年 6 月，中国银监会发布了《商业银行杠杆率管理办法》，确立了我国银行业杠杆率监管政策的总体框架。2015 年，中国银监会根据巴塞尔委员会的杠杆率新规则，对《商业银行杠杆率管理办法》进行了修订，规定了杠杆率监管的基本原则、杠杆率的计算方法、披露要求和监督管理等（见表 2-19）。

（三）拨备率指标要求

2011 年 7 月，中国银监会发布了《商业银行贷款损失准备管理办法》，确定拨贷比基准为 2.5%、拨备覆盖率（简称拨备率）基本标准为 150%，两者较高者为贷款损失监管标准（见表 2-19）。拨备率指标要求为中国审慎监管要求，《巴塞尔协议Ⅲ》的框架没有该项标准。该监管标准旨在加强审慎监管，提升商业银行贷款损失准备的动态性和前瞻性，增强商业银行风险防范能力，促进商业银行稳健运行。

（四）流动性指标要求

2014年3月，中国银监会发布《商业银行流动性风险管理办法（试行）》（以下简称《流动性办法》），引入了《巴塞尔协议Ⅲ》中的流动性覆盖率（LCR）监管指标。2018年5月，中国银保监会对《流动性办法》进行了以下修订：一是新引入三个量化指标。其中，净稳定资金比例（NSFR）衡量银行长期稳定资金支持业务发展的程度，适用于资产规模在2 000亿元（含）以上的商业银行。优质流动性资产充足率是对流动性覆盖率的简化，衡量商业银行持有的优质流动性资产能否覆盖压力情况下的短期流动性缺口，适用于资产规模小于2 000亿元的商业银行。流动性匹配率衡量商业银行主要资产与负债的期限配置结构，适用于全部商业银行。二是进一步完善流动性风险监测体系，对部分监测指标的计算方法进行了合理优化，强调其在风险管理和监管方面的运用。三是细化了流动性风险管理相关要求，如日间流动性风险管理、融资管理等（见表2-19）。

表2-19 杠杆率、拨备率以及流动性指标最低监管要求

项目	内容	最低标准	达标时间	过渡期安排
杠杆率	一级资本/表内外总资产	4%	2012年年初开始实施	系统重要性银行2013年年底，其他银行2016年年底
拨备率	贷款损失准备/贷款余额	1.5%~2.5%	2012年年初开始实施，按两者孰高原则确定，并实施动态调整	系统重要性银行2013年年底，其他银行2016年年底
	拨备覆盖率	120%~150%		
流动性指标	流动性覆盖率	100%	2018年年底	过渡期内不低于90%
	净稳定资金比例[资产规模不低于2 000亿元(含)的商业银行]	100%	2018年7月1日	无
	流动性比例	25%	2018年7月1日	无
	流动性匹配率	100%	2020年年初开始实施	2020年前暂作为监测指标
	优质流动性资产充足率（资产规模2 000亿元以下的商业银行）	100%	2019年6月底	2018年年底前达到80%

（五）大额风险暴露监管要求

2018年5月，中国银保监会发布了《商业银行大额风险暴露管理办法》，规定大额风险暴露为商业银行对单一客户或一组关联客户超过其一级资本净额2.5%的风险暴露，并提出限额及达标要求（见表2-20）。《商业银行大额风险暴露管理办法》规定了风险暴露计算范围和方法，从组织架构、管理制度、内部限额、信息系统等方面对商业银行强化大额风险管控提出具体要求，并明确了监管部门可以采取的监管措施。

表 2-20　大额风险暴露监管要求

指标	监管规定	达标时间	过渡期
非同业单一客户贷款余额	≤10%（资本净额）	2018 年年底，其中对匿名客户的风险暴露于 2019 年年底达标	对于 2018 年同业客户风险暴露未达标的商业银行设置 3 年过渡期，2021 年年底前达标
非同业单一客户风险暴露余额	≤15%（一级资本净额）		
非同业关联客户风险暴露余额	≤20%（一级资本净额）		
同业单一客户或集团客户风险暴露余额	≤25%（一级资本净额）		
系统重要性银行风险暴露余额	≤15%（一级资本净额）		

（六）系统重要性金融机构监管框架

2018 年 11 月，中国人民银行、中国银保监会和中国证监会联合印发《关于完善系统重要性金融机构监管的指导意见》（银发〔2018〕301 号），提出了境内系统重要性金融机构（D-SIFIs）监管框架。主要内容包括：

（1）明确系统重要性金融机构的定义。系统重要性金融机构包括系统重要性银行业机构、系统重要性证券业机构、系统重要性保险业机构以及国务院金融稳定发展委员会（以下简称金融委）认定的其他具有系统重要性、从事金融业务的机构，也包括经金融委认定具有系统重要性的金融控股公司。

（2）建立境内系统重要性金融机构评估方法论及识别流程，采用定量评估指标计算参评机构的系统重要性得分。评估指标包括机构规模、关联度、复杂性、可替代性、资产变现等一级指标。中国人民银行会同中国银保监会和中国证监会确定参评机构范围，制作数据收集模板，向参评机构收集评估所需数据，汇总计算得分并确定分数阈值，形成境内系统重要性金融机构初始名单；结合其他定量和定性分析方法做出监管调整建议，与初始名单一并于每年 8 月底前报金融委审定，通过后对名单进行联合公布。

（3）附加监管要求。附加监管要求主要包括附加资本要求和杠杆率要求，报金融委审议通过后施行。监管机构基于连续法计算，即选取系统重要性得分最高的金融机构作为基准机构，确定其附加资本要求，其他机构的附加资本要求根据系统重要性得分与基准机构得分的比值确定。此外，监管机构视情况对高得分组别系统重要性金融机构提出流动性、大额风险暴露等其他附加监管要求，报金融委审议通过后施行。

（4）特别处置机制。中国人民银行牵头中国银保监会、中国证监会以及财政部等组建危机管理小组，负责建立境内系统重要性金融机构的特别处置机制，按年对境内系统重要性金融机构开展可处置性评估。境内系统重要性金融机构按年制订及更新恢复计划和处置计划，报危机管理小组审议后执行。境内系统重要性金融机构要确保自身管理信息系统能够迅速、全面满足相关信息报送要求。

（5）问题银行处置原则。境内系统重要性金融机构发生重大风险，经批准，由中国人民银行会同相关部门成立风险处置工作小组进行应对和处置。处置资金使用顺序如下：首先，使用金融机构自有资产或市场化渠道筹集资金开展自救；其次，相应行业保障基金可以依法提供流动性支持或救助；最后，可以向中国人民银行申请有前置条件的应急性、流动性支持或救助。

二、大型商业银行实施情况

自 2007 年开始，中国工商银行、中国农业银行、中国银行、中国建设银行、交通银行等大型商业银行陆续全面启动《巴塞尔协议Ⅱ》的实施工作，从公司治理、政策制度、计量模型、信息技术系统与管理应用各个方面持续发力，逐步建成了三大支柱体系，强化了全面风险管理能力，具备了使用市场风险内部模型方法计量监管资本的条件。经过三轮监管评估后，上述大型商业银行在 2014 年之后获准使用资本管理高级方法计算监管资本，标志着我国银行业的风险管理体系正式与国际接轨（见表 2-21）。

表 2-21 大型商业银行资本管理高级方法实施核准情况

风险类别	中国工商银行	中国农业银行	中国银行	中国建设银行	交通银行
非零售信用风险	内部评级初级法	内部评级初级法	内部评级初级法	内部评级初级法	内部评级初级法
零售信用风险	内部评级法	内部评级法	内部评级法	内部评级法	内部评级法
市场风险	内部模型法	内部模型法	内部模型法	内部模型法	内部模型法
运营风险	标准法	标准法	标准法	标准法	标准法

注：2017 年 1 月，中国银监会正式核准中国农业银行实施市场风险内部模型法，并撤销零售风险加权资产不低于权重法的监管限制。

大型商业银行经过规划设计、开发建设到应用完善、反复优化，建成了第一支柱资本计量高级方法体系。通过高级方法的实施准备工作，上述大型商业银行打造了“升级版”的风险管理体系。一是风险量化、资本约束成为经营管理的核心要求，形成了风险、收益平衡的经营理念。二是董事会、监事会、高管层厘清了风险管理的职责边界，构建了前台、中台、后台多层次的风险防控体系。三是研发了一批将国际模型技术与我国银行业实际相结合的计量模型，实现了风险计量的科学化和精细化。四是风险量化结果逐步运用于信贷政策、授信审批、风险定价、绩效考核等领域，以风险计量促管理。五是强化了信息技术系统建设和数据质量管理，以模型助推数据质量，不断完善信息技术系统。六是逐步培养、锻炼了一支掌握先进风险技术，具有自主研发能力的风险管理队伍。

巴塞尔协议反映了国际银行业风险管理的最新发展，中国银行业实施巴塞尔协议具有显著的现实意义。《巴塞尔协议Ⅱ》为国内大型商业银行改进风险管理技术、提升国际市场竞争力提供了动力和工具，也为完善银行监管制度、提高监管有效性确立了标杆，现实意义非常显著。以零售业务为例，巴塞尔协议有关零售风险暴露分池和风险参数量化的技术，是对国际先进商业银行几十年风险管理发展和实践的总结，其计量方法及合规性要求反映了有效风险管理体系的主要框架。因此，巴塞尔协议在我国的实施，不能简单理解为监管资本制度的国际接轨，或者将其视为一套基于数据和模型的风险度量方法，而应认识到它所代表的支持创新、鼓励风险管理发展、监管进步和披露完善的政策理念，更应看到其对商业银行管理科学化和精细化的指导意义。

借鉴和实施《巴塞尔协议Ⅲ》新的监管框架对我国金融监管改革也有积极的影响，主要表现为加强金融机构监管、实现长期可持续发展和提高国际竞争力。在我国银行业实施《巴塞尔协议Ⅲ》的过程中，合理提升资本质量和资本标准，督促银行业多渠道补充资本，对推动中国银行业实现长期可持续发展和提高国际竞争力至关重要。同时，借鉴并用好流动性覆盖率和净稳定资金比率两个指标，将对传统的存贷比、流动性比例指标体系构成有效补充，有助于推动银行业加强流动性管理、降低期限错配、提高融资来源的稳健性。此外，实施《巴塞尔协议Ⅲ》有助于我国银行业加强对系统重要性银行的监管，建立金融机构处置计划，加强对“影子银行”的监管等，从而进一步维护金融稳定并促进经济的长期健康发展。

案例

某商业银行实施巴塞尔协议的实践回顾

某商业银行于2007年制定实施《巴塞尔协议Ⅱ》总体规划，提出“初级法→高级法→国际一流”三阶段实施目标。该行实施资本管理高级方法，以前期制定的《巴塞尔协议Ⅱ》实施规划为基础，其总体目标是建立资本计量和管理高级方法体系，内部治理结构、政策体系、数据管理体系和各类风险的管理体系比较健全，能对银行业务面临的风险及时识别、准确计量，风险管理和资本管理基本达到国际同业先进水平。

该行董事会、监事会和管理层高度重视，积极指导实施达标工作。

董事会审议通过了《实施〈巴塞尔协议Ⅱ〉总体规划》，从内部治理结构、政策体系、计量模型和数据信息技术管理等方面规划了50个实施项目，借助实施《巴塞尔协议Ⅱ》构建全面风险管理体系并提升风险管理能力和水平。管理层专门组建《巴塞尔协议Ⅱ》实施领导小组，开展指导决策。领导小组下设信用风险组、市场风险组、运营风险组、第二支柱组、第三支柱组、信息技术组具体推进实施工作，并设立《巴塞尔协议Ⅱ》办公室（设在风险管理部）来负责总体协调推进工作。

该行经过3年多的努力，总体规划的各项工作基本完成，三大支柱建设均衡推进，达到了信用风险内部评级初级法、市场风险内部模型法和运营风险标准法的监管实施要求。

信用风险方面，该行根据客户细分特点建立了30多个对公客户信用评级模型，覆盖了境内全部对公客户，风险识别精度和准度不断提高，客户选择、产品设计及风险管理更有针对性；10多张信用卡及个贷评分卡的上线和60多个风险分池模型的应用，覆盖了全部零售业务，大幅提升了管理效率和竞争力。例如，额度调整时间由2~3天缩短到10分钟以内；基本实现了对公业务和零售业务押品的自动估值，相当于每月节约上万名估值专家的费用，风险缓释管理效率和能力得到实质性改进。通过风险调整资本回报率（RAROC）和经济附加值（EVA）等计量工具和指标的应用，风险、资本和收益相平衡的经营理念得到深化，资产结构持续优化。信用风险内部评级初级法的实施达到内部管理要求和监管规定要求。

市场风险方面，该行通过系统整合各类交易数据，建立了基于风险价值（VaR）的计量管理体系，由系统自动计算限额指标并进行实时监控，累计可生成150余张报表和报告。新产品审批从事后管控过渡到事前评估，从源头上控制风险，风险管理的主动性和及时性得到加强。市场风险内部模型法达到实施条件。

运营风险方面，该行建立了“三道防线”管理体系，完成了监管资本计量标准法的规则制定和信息技术系统的功能实现。基于自行开发的管理信息系统，该行能够持续开展损失数据收集、自评估以及关键风险指标监控等应用工作，有效促进了相关业务流程、制度和系统的健全与优化。运营风险标准法达到监管要求。

第二支柱方面，该行结合国际最佳实践和外部监管要求，建立健全了内部资本充足评估程序（ICAAP）管理政策体系，进一步完善了银行账簿利率风险、流动性风险、战略风险等管理体系，开发和优化了必要的管理系统，基本完成了主体框架的实施工作，并每年积极推进应用完善工作。

第三支柱方面，该行自行开发了风险加权资产（RWA）计算及监管报表系统，在每月末具备4小时内处理3 000万笔债项的风险加权资产计算能力，能够生成超过1 800张报表，优于国际流行的成熟软件包产品。风险加权资产计算及监管报表系统计算的关键时间点、关键处理流程完全实现了参数化管理、自动化数据处理，能够满足并行期的披露要求。相关信息披露政策和信息技术系统已通过监管机构的评估验收。

本章小结

本章系统介绍了巴塞尔协议的演变历程与框架内容，并阐述了其与商业银行风险管理之间的作用与影响。一方面，《巴塞尔协议Ⅰ》首次提出将资本与银行风险管理挂钩，《巴塞尔协议Ⅱ》明确三大支柱框架，推动银行开始建立全面风险管理体系，《巴塞尔协议Ⅲ》进一步强化了流动性、系统重要性金融机构及大额风险暴露监管要求，全面加强银行风险管理、维护金融稳定的宏观审慎职能。另一方面，二战后经济与贸易的恢复和融资需求，推动了银行业的国际化发展和竞争，银行的破产带来的风险溢出问题客观上催生了《巴塞尔协议Ⅰ》；布雷顿森林体系解体、经济金融全球化以及金融创新为银行业带来了新的风险形态，加大了银行经营的风险，新的技术与方法不断应用于银行风险管理实践，客观上推动并促进了《巴塞尔协议Ⅱ》的出台；“大而不倒”银行的破产带来的系统性风险冲击，过度依赖批发性融资及资产期限错配带来的流动性问题，银行的亲周期性经营严重影响了金融体系的稳健运行，从而加速了《巴塞尔协议Ⅲ》的产生。《巴塞尔协议Ⅰ》的实施，推动了中国银行业建立风险管理体系。借助《巴塞尔协议Ⅱ》和《巴塞尔协议Ⅲ》的实施，中国大型商业银行建立健全了全面风险管理体系，具备了资本计量高级方法的运用能力，业务经营水平和风险管理能力快速提升，逐步与国际接轨。

第三章

全面主动风险管理体系

本章提要

本章从介绍商业银行风险管理体系建设的两大框架基础入手，并结合中国银行业的实践，详细阐述风险管理体系的构成要素，包括风险文化、风险治理架构、风险偏好与政策制度、风险报告与风险评价、内部控制与审计、风险管理基础建设等内容。风险管理体系各构成要素相互支撑、相互融合，形成一个有机整体。风险文化作为重要的软实力建设部分，需要长期持续培育，而风险偏好与政策制度近年来受到人们更多的关注，需要在理论和实践中不断演进和完善。

学习目标

在全局性、系统性的视野下建立起商业银行风险管理体系建设的统一视图，重点理解和掌握商业银行风险管理体系建设的两大框架基础，掌握风险管理体系各构成要素的内涵、主要内容、建设路径以及在整个体系中的作用，清晰认识风险偏好的重要意义及传导载体之间的衔接关系。

一流的商业银行需要有一流的风险管理能力做支撑，而一流的风险管理能力需要通过系统、全面、持续的体系化建设来获得。麦肯锡在 2018 年 6 月的《麦肯锡中国银行业 CEO 季刊》中提出：未来商业银行全面风险管理转型从体系构造而言，应当从风险战略、治理架构、文化理念、流程机制、技术和人才等方面构造完整的全面风险管理体系，破解碎片化、各自为政的局面，以银行整体的角度，整合业务、风险、资本、财务，促进形成统一的语言、统一的方向，让风险融入业务的经营理念在全行上下落地生根。纵观国内外大型商业银行的实践，这些商业银行基本上都是在长期发展过程中，不断完善包括风险文化、风险治理架构、政策制度、管理流程及工具等要素的建设，逐步建立起具有自身特色的风险管理体系，为商业银行的稳健经营和创新发展提供坚实的支撑。

第一节　全面主动风险管理体系概述

一、框架基础

商业银行全面主动风险管理体系建设的框架基础有两大主要来源：一是美国反虚假财务报告委员会下属的发起人委员会（The Committee of Sponsoring Organizations of the Treadway Commission，COSO）发布的《企业风险管理框架》（Enterprise Risk Management Framework，ERMF），二是巴塞尔委员会出台的一系列巴塞尔协议。

（一）COSO 的企业风险管理框架

1. 1992 年的《内部控制整合框架》

1992 年，COSO 发布《内部控制整合框架》（Internal Control-Integrated Framework），对内部控制提出了“一个定义、三项目标、五个要素”，简称“五要素阶段”。明确内部控制是由主体的董事会、管理层和其他人员实施的，

拓展阅读

1992 年 9 月，COSO 发布的《内部控制整合框架》对内部控制提出了“一个定义、三项目标、五个要素”，简称“五要素阶段”。

一个定义，即由主体的董事会、管理层和其他人员实施的，旨在为实现三项目标提供合理保证的过程。

三项目标如下：

①经营的有效性和效率。

②财务报告的可靠性。

③符合适用的法律和法规（合规）。

五个要素如下：

①控制环境。

②风险评估。

③控制活动。

④信息沟通。

⑤监控。

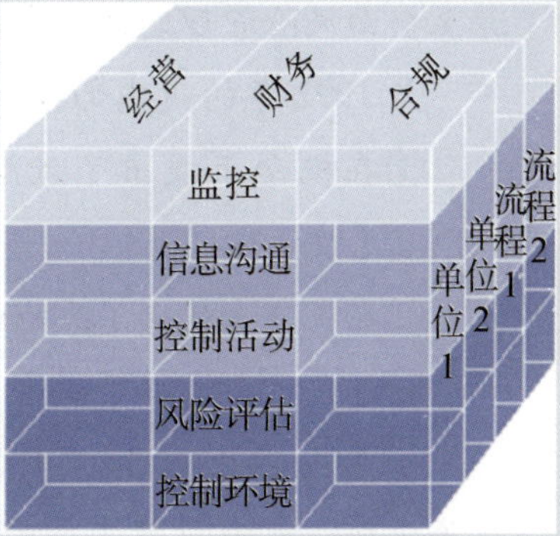

图 3-1　《内部控制整合框架》

《内部控制整合框架》如图 3-1 所示。

旨在为实现经营的有效性和效率、财务报告的可靠性、符合适用的法律和法规三个目标提供合理保证的过程，由控制环境、风险评估、控制活动、信息沟通、监控五大要素组成。作为在美上市公司内控体系建设的指导框架，《内部控制整合框架》不仅得到了美国证监会的认可，而且在全球范围内被众多国家的相关企业和监管机构采用，如我国财政部于2008年发布的《企业内部控制基本规范》即采用了COSO于1992年发布的《内部控制整合框架》的内容。

2. 2004年的《企业风险管理框架》

《内部控制整合框架》实施十多年来，业界发现即使建立了完善的内部控制体系，仍然会出现企业倒闭、破产、经营不善等风险损失案例，于是COSO开始从更高的一个角度来思考企业的管理活动以及内部控制体系的局限性。2004年9月，COSO在《内部控制整合框架》的基础上，结合《萨班斯-奥克斯法案》在报告方面的要求，同时吸收各方面风险管理研究成果，出台了《企业风险管理框架》(ERMF)，从内部控制的角度出发，首次提出了全面风险管理的定义、管理过程和实施要点，将企业全面风险管理从理念层面延伸至实践操作层面。与1992年的《内部控制整合框架》相比，2004年的《企业风险管理框架》在概念上提出了风险偏好和风险容忍度，在观念上提出了风险组合观，在目标上增加了战略目标，在内容上增加了目标设定、风险识别、风险应对三个管理要素，并将五要素扩展为八要素。

拓展阅读

2004年9月，COSO发布《企业风险管理框架》，将内部控制上升至全面风险管理的高度来认识。

与1992年的《内部控制整合框架》相比：

①在概念上提出了风险偏好和风险容忍度。

②在观念上提出了风险组合观。

③在目标上增加了战略目标。

④在内容上增加了目标设定、风险识别、风险应对三个管理要素，将五要素扩展为八要素。

《企业风险管理框架》如图3-2所示。

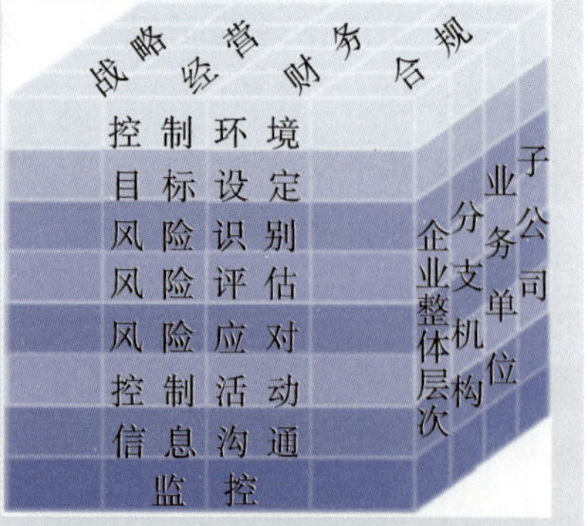

图3-2 《企业风险管理框架》

3. 2017 年的《企业风险管理整合战略与绩效》

随着新环境、新技术的不断演变，新的风险形态层出不穷，人们对风险本质的认识也逐步加深，普遍认为企业需要从整合风险管理的角度为企业创造价值并保障战略目标的实现。2014 年，COSO 对 ERMF 进行了全面升级，并于 2017 年正式发布《企业风险管理整合战略与绩效》(ERM-Integrating with Strategy and Performance，ERM-ISP)，将全面风险管理重新定义为组织在创造、保持和实现价值的过程中，结合战略制定和执行，赖以进行管理风险的文化、能力和实践。ERM-ISP 采用 5 个要素、20 项原则的框架，其中 5 个要素包括治理和文化，战略和目标设定，绩效实现，审阅和修订，信息、沟通、报告。治理强调企业风险管理组织架构和董事会的责任，文化包含企业核心价值、风险文化等。风险偏好的设定以企业战略为基础，并与其保持一致。企业风险管理工作要融入企业的所有业务流程，对所有影响战略和商业目标实现的风险进行识别与评估，并不断调整改进。内外部风险相关信息可以自上而下或自下而上在整个组织里准确顺畅地流转。更新后的框架从企业使命、愿景、战略出发，强调全面风险管理嵌入企业经营活动和核心价值链，并最终实现组织对价值的追求。可见，COSO 从之前将风险管理工作定义为“一个流程或程序”提升至“一种文化、能力和实践”，并着重强调风险管理的目标在于实现组织创造、保持和实现价值，强调风险管理工作融入企业的所有业务流程和核心价值链，更加强调对价值创造的重要意义。

COSO 的 ERMF 虽然脱胎于《内部控制整合框架》，但历经变革逐步演变成一个全面风险管理框架，并与企业价值创造和战略目标紧密融合在一起。ERMF 的指导思想和管理逻辑为商业银行风险管理建设体系提供了一个基础指导框架。

（二）巴塞尔委员会出台的一系列巴塞尔协议

COSO 的 ERMF 是针对企业风险管理提出的，虽然为商业银行的全面风险管理体系建设奠定了基础，但真正对银行业全面风险管理进行统一与规范的是巴塞尔委员会制定的一系列巴塞尔协议，即从资本的角度强调商业银行如何建设全面风险管理体系。实际上，巴塞尔协议的实施过程就是商业银行全面风险管理理念和实践不断丰富与完善的过程。这一点在第二章“巴塞尔协议与银行风险管理”中已经充分体现。2012 年，巴塞尔委员会修订出台了《有效银行监管的核心原则》，其中要求银行建立的全面风险管理体系要与其业务规模、性质、复杂程度、风险状况以及市场变化相适应，能识别、评价、监测、控制和缓释各项实质性风险，并能根据风险状况评估总体的资本充足程度。之后，巴塞尔委员会和金融稳定理事会针对公司治理、风险偏好、风险文化和风险报告等全面风险管理要素陆续发布了一系列政策文件，提出了更具体的要求。

拓展阅读

表 3-1 为 COSO 下的 ERM-ISP 与 ERMF 核心要素对比。

表 3-1　COSO：ERM-ISP 与 ERMF 核心要素对比

对比	COSO：ERM-ISP		COSO：ERMF	
理念	强调企业风险管理工作要融入企业的所有业务流程中，管理绩效完成过程中的风险，并最终实现组织对价值的追求		对整个机构内各层次的业务单位、各种类风险的通盘管理	
	要素	内容	要素	内容
基础	治理、文化	(1)执行董事会风险监督； (2)建立风险管理组织架构； (3)定义风险文化； (4)展现对核心价值的承诺； (5)吸引、培养并留住人才	内部环境	风险管理理念、风险偏好、董事会的监督、企业文化、组织架构、权责分配、人力资源准则等
	战略、目标设定	(6)分析宏观及市场环境； (7)定义风险偏好； (8)评估替代战略； (9)考量商业目标风险程度	目标设定	战略目标以及相关的经营目标、报告目标、合规目标，设置风险容忍度
过程	绩效实现	(10)识别风险； (11)评估风险的严重程度； (12)风险排序； (13)实施风险应对； (14)建立风险组合观	事项识别	事项、影响因素、事项识别的技术
			风险评估	估计可能性和影响、评估技术（包含定量和定性）、固有风险和剩余风险、事项之间的关系
			风险应对	风险回避、降低、分担或承受
			控制活动	控制活动的类型、政策与程度
	审阅、修订	(15)评估重大变化； (16)审阅风险和收益水平； (17)企业风险管理改进	监控	持续监控活动、个别评价报告缺陷
手段	信息、沟通、报告	(18)利用信息系统； (19)沟通风险信息； (20)对风险、文化和绩效进行报告	信息与沟通	信息的获得、识别：银行内外的交流

（三）国内监管机构的全面风险管理指引

2016 年 9 月，中国银监会下发了《银行业金融机构全面风险管理指引》，成为指导商业银行进行全面风险管理体系建设的纲领性文件。这既是积极适应国际监管改革新要求的结果，又为中国银行业建设全面风险管理体系、提升风险管理水平指明了方向。

《银行业金融机构全面风险管理指引》中具体规定：银行业金融机构应当建立全面风险管理体系，采取定性和定量相结合的方法，识别、计量、评估、监测、报告、控制或缓释所承担的各类风险。各类风险包括信用风险、市场风险、流动性风险、操作风险（本书将其称为运营风险）、国别风险、银行账簿利率风险、声誉风险、战略风险、信息科技风险以及其他风险。银行业金融机构的全面风险管理体系应当考虑风险之间的关联性，审慎评估各类风险之间的相互影响，防范跨境、跨业风险。

《银行业金融机构全面风险管理指引》就全面风险管理体系的主要构成要素一一做了明确，主要包括风险治理架构，风险管理策略、风险偏好和风险限额，风险管理政策和程序，管理信息系统和数据质量控制机制，内部控制和审计体系，成为商业银行全面风险管理体系建设的纲领性监管规制。

二、基本原则

结合监管要求演进和大型商业银行的管理实践，我们可以总结出大型商业银行风险管理体系建设需要遵循的一些基本原则：

（一）制衡

大型商业银行在推进风险管理体系建设的过程中，尽管在组织架构设计、管理方法等方面有诸多不同，但保持风险管理与其他职能的相互制衡成为一条核心准则。没有风险管理的有效制衡，商业银行风险管理的有效性就无从谈起。反思历史上银行业发生的众多危机事件，风险管理对业务发展不能形成有效制衡是一个根本原因。制衡具体体现为：公司治理层面，商业银行应建立相互制衡的全面风险管理治理架构，董事会、监事会、高级管理层分别履行风险防范、风险监督和风险控制的职能；职能部门层面，前、中、后台三道防线虽然目标一致，但角色不同，彼此间需要形成有效制衡，职能部门应赋予风险管理条线足够的授权、人力资源以及其他资源配置，建立科学合理的报告渠道，与业务条线之间形成相互制衡的运行机制；岗位层面，商业银行允许不同部门、不同岗位从不同的角度发出不同的声音，这样才有利于最终目标的达成，形成共识。

（二）全面

风险的来源多种多样，商业银行的所有机构、各业务流程、各岗位都有可能发生风险。如果这些风险游离在管理视野之外，很有可能由于管理空白或疏忽而形成损失。同时，在业务发展过程中新的风险形态不断涌现，商业银行对这些新出现的风险要加以识别和分析，找到适合的管理方法，将其融入全面主动风险管理体系中并不断丰富和演进，确保风险管理体系不存在“死角”。

（三）主动

相对于全面原则来讲，对风险进行主动管理的提法是近些年逐渐形成的。这主要基于三方面的理解：一是商业银行的经营特性。风险是商业银行经营管理的主要对象，是商业银行盈利的主要来源。这种经营特性决定了商业银行要主动管理风险，在风险偏好框架下进行业务选择，在风险容忍度范围内进行风险管控。经营好风险、管理好风险即是创造价值。二是商业银行的服务特性。以客户为中心、为客户提供高质量的金融服务是商业银行经营管理的终极目标。这种服务特性决定了商业银行必须要主动为客户分担和管理风险。三是商业银行的社会特性。商业银行的社会责任决定了其要主动支持实体经济发展，主动承担这个过程中的风险，主动破解实体经济难题，克服顺周期效应，降低外部性风险，促进金融与实体经济的良性循环。

（四）价值创造

风险管理体系建设必须要坚持价值创造这一原则，否则风险管理就失去了存在的意义。不能创造价值的风险管理是无效的风险管理。在商业银行的价值创造过程中，无论是在业务拓展、巩固优势、培育新的利润增长点方面，还是在减少减值支出和监管处罚方面，抑或是在降低资本消耗、提高资本集约化水平方面，风险管理都要嵌入了其中的每一环节、每一要素，发挥支持作用。

此外，风险管理体系建设还需要注重适应性，即应与商业银行自身的业务复杂程度、风险状况和系统重要性地位等相适应，并根据环境变化进行调整；注重差异性，即商业银行内部实施全面风险管理应充分考虑不同机构、不同业务、不同风险类别之间的差异性，实施有针对性的风险管理；注重可操作性，风险管理体系应逐级细化为可操作的规定和标准，确保执行时有明确依据并能够落实到位。

三、构成要素

近年来，业界对于风险管理体系构成要素的研究逐渐达成共识，一个完整和科学的风险管理体系既有治理架构、管理机制、工具方法、人员队伍等硬实力建设，也有风险文化等软实力建设，两者相辅相成，缺一不可，甚至软实力建设更为基础和关键。但正如风险的分类一样，业界在理解上虽然有共识，但也存在差异，而且随着理论和实践的演进，构成要素也会不断丰富。本书认为，完善的全面主动风险管理体系至少应包括以下七大要素：

（一）风险文化

风险文化是商业银行全面主动风险管理体系建设中重要的软实力，是商业银行企业文化的重要组成部分，它将长期影响商业银行对待风险的管理态度和价值取向。

（二）风险治理架构

风险治理架构是商业银行全面主动风险管理体系建设中的组织载体，良好的风险治理架构有助于战略意图得到准确理解和执行，有助于风险文化的持续培育，有助于全面主动地管理风险进而增进价值创造。

（三）风险偏好与政策制度

确定风险偏好是风险管理的逻辑起点，相应的政策制度应准确传导风险偏好，确保整个体系战略目标一致、价值取向一致。可以说，风险偏好如同人的神经中枢，政策制度如同人的神经网络，两者构成了全面主动风险管理体系的重要基础。

（四）管理流程与管理工具

针对不同的业务、不同的风险类别，相应的风险管理流程会有所区别，管理重点和管理手段会有所不同，管理工具也会更加适应具体的风险特性。这是风险管理实践鲜活和丰富的关键所在，也是专业化、精细化的重要体现。

（五）风险报告与风险评价

风险报告是风险信息得以准确反映和及时共享的重要载体，充分发挥决策支持作用是风险报告的核心功能。风险评价作为商业银行整个绩效评价体系的重要组成部分，既客观考量商业银行的风险管理成效，又充分体现了风险管理与价值创造的有机统一。

（六）内部控制与审计

内部控制与审计是全面主动风险管理体系中的重要组成部分。在风险治理架构设计中，内部控制与审计从不同的视角履行风险管理职责，内部控制更注重基础设施的构建和规章制度的遵循，审计更注重对商业银行的经营管理，包括风险管理的再监督和审查。

（七）风险管理基础建设

风险管理基础建设包括数据治理、系统开发和队伍建设。数据已经成为商业银行经营管理中重要的资产，蕴藏着巨大的价值。风险管理的数字化、智能化发展更要依托数据。强大的系统包括技术应用，将有助于持续巩固管理优势并提升风险管理的效力。人是风险管理体系中的重要构成要素，没有人的能动性，体系是僵滞的；没有人的投入，体系是无效的。如果没有专业的人员队伍作为支撑，再完美的顶层设计与蓝图绘制都是徒劳的。

四、体系逻辑

体系（system）一般是指为实现一定目标，在一定范围内或同类的事物按照一定的秩序和内部联系构成的具有特定功能的有机整体。全面主动风险管理体系的目标就是贯彻商业银行发展战略、提升价值创造、实现商业银行的稳健经营和创新发展。

七大要素中，风险文化是商业银行经营管理的核心。风险治理架构是实现集团战略目标与风险管理的组织载体。风险偏好与政策制度是风险管理的意志体现。管理流程与管理工具是风险管理的实现路径和手段。风险报告是风险管理工作流程中信息收集、分析、传递和反馈的载体与渠道，风险评价是风险管理成效的客观考量以及使风险管理融入整个经营管理的重要途径。内部控制与审计是风险管理更广义的延伸和支撑，包括数据治理、系统开发与队伍建设在内的风险管理基础建设是商业银行全面主动风险管理体系的保障。七大要素统筹协调、不可分割，构成了一个有机整体。

相对于其他共性要素而言，管理流程与管理工具这一要素更具差异化特征，在不同的风险类别、不同类型的业务中会有较大差异，本书第四章至第六章中会有详细阐述。

本章主要阐述全面主动风险管理体系的其他六个共性构成要素。在这些共性构成要素中，需要强调的是风险偏好与政策制度。这一要素近年来获得了更多的关注和发展，风险偏好与政策制度是对全面主动管理理念特别是主动这一方面的准确诠释，是推进风险管理融入战略、绩效及业务发展的有力抓手，是联结前、中、后台，宣讲和渗透风险文化的良好平台。特别是对于规模较大、业务复杂程度较高、影响范围较广的大型商业银行来讲，风险偏好科学、传导机制顺畅尤为重要。

第二节　风险文化

多年来，国内大型商业银行对风险文化建设的重视不够，或者说在实践中虽然形成了一些理念，但是没有很好地渗透到实际的经营管理工作中并与硬实力建设紧密结合起来，变成了空洞的口号。随着对风险管理重要性认识的不断提升，银行业普遍认为风险文化是重要的软实力，将对整个风险管理体系建设和商业银行的健康持续发展构成坚实的支撑。

一、风险文化的定义与意义

（一）风险文化的定义

风险文化是企业文化的重要组成部分，它融合了现代商业银行经营思想、风险管理理念、风险管理行为、风险控制标准与风险管理环境要素，是商业银行稳健经营与可持续发展的根基。麦肯锡基于多年的实践和研究对风险文化做出以下定义：风险文化是组织决定如何承担风险以及对当下和未来风险的识别、理解与采取行动的集体性行为准则。在很大程度上看，风险文化是卓越银行的基因。

与企业文化一样，风险文化也包含知识、制度和精神三个层面。具体来讲，知识层面是指商业银行在经营管理过程中形成的技术和艺术；制度层面是商业银行经营活动中的一整套制度安排；精神层面是商业银行在长期发展中形成的统一的思想、价值标准、道德规范和行为方式等精神因素。通常，价值观念形态比制度具有更长远的效应，这种观念的传承可以超越制度本身，乃至超越时间和空间的限制。

（二）风险文化的意义

风险文化建设受到国际国内监管机构日益广泛的关注。国际方面，金融稳定委员会在 2015 年 11 月和 2016 年 9 月相继发布了《降低不当行为风险的措施报告》和《降低不当行为风险的措施第二次进度报告》，提出了一系列关于改善风险文化、治理框架、薪酬结构以及监管执行力方面的措施计划。国内方面，2016 年 9 月，中国银监会出台的《银行业金融机构全面风险管理指引》规定：银行业金融机构应当推行稳健的风险文化，形成与本机构相适应的风险管理理念、价值准则、职业操守，建立培训、传达和监督机制，推动全体工作人员理解和执行。银行业金融机构应当承担全面风险管理的主体责任，建立全面风险管理制度，保障制度执行，对全面风险管理体系进行自我评估，健全自我约束机制，并把建立风险文化列为银行董事会须履行的一项职责。由此可见，一套与业务相匹配、充分融入日常经营管理的风险文化体系已经成为全球银行业最基本的合规要求。

剑桥大学曾针对 2008 年全球金融危机“四大赢家”（美国富国银行、摩根大通银行、高盛集团和加拿大多伦多道明银行）进行深入研究，从战略与商业模式、文化与价值观、关键能力与技术、领袖人才质量与品牌等方面去分析它们如何顺利度过金融危机，并在危机中实现业务的进一步发展。研究结果表明其有三个共性要素：明确、坚定的风险文化，坚持信息充分、快速响应；坚持内部开放讨论、充分论辩的组织运作方式。正是上述特质使这些银行将危机成功地转化为机遇。

小知识

软实力

软实力（soft power）这一概念于 1990 年由美国哈佛大学肯尼迪学院院长、教授小约瑟夫·奈最早提出。他认为，相对于军事实力、经济实力，以文化和意识形态体现出来的“软实力”，是一种吸引力、影响力和竞争力。2007 年 5 月，《哈佛商业评论》刊登了《软实力：中国企业的下一个硬仗》，提出了“企业软实力”的概念，与企业规模、财力、结构和人才等硬实力相对应。考察企业软实力的强弱，应从以下九个维度展开：共享价值、投资关系、管理模式、领导能力、组织氛围、员工敬业、创新能力、客户忠诚、社会责任。

二、核心内涵

在管理实践中，部分商业银行有明确的风险文化理念表述，有的商业银行虽然没有明确的表述，但是提炼了相关的理念，并体现在具体的经营管理活动中。纵观银行业实践，风险文化理念的表述有很多相通之处。

（一）合规至上

遵守法律法规和监管规定是大型商业银行风险文化中普遍遵循的基本准则。出现违规问题不仅仅是遭受监管处罚，更重要的是影响商业银行声誉，带来无法估量的损失甚至导致破产。因此，国际、国内大型商业银行始终把合规经营作为底线，对违规行为零容忍。

（二）稳健经营

（1）发展定位明确，风险偏好导向清晰。对大型商业银行而言，战略的相对稳定和清晰是至关重要的。大型商业银行要有战略定力，不跟风、不盲从、不搞短期行为；同时，大型商业银行的行为有着很强的市场影响和导向作用，有利于维护市场秩序和金融体系稳定。

（2）核心关键指标长期保持稳健协调，向市场传递正能量。资本、风险、收益等指标是商业银行经营管理的关键指标，三者间的有效平衡且长期保持平衡考验着大型商业银行的经营管理能力。

（三）边界约束

商业银行的历史沿革不同，发展定位不同，竞争优势就不同，这既有客观因素也有主观选择因素，因此商业银行认清自身的优势和劣势非常重要。大型商业银行普遍在这方面更加坚持经营管理以风险管理能力为边界，牢固树立边界思想。当然，边界不是一成不变的，大型商业银行要通过风险管理能力的提升不断拓展业务发展的边界。

（四）创新驱动

大型商业银行特别是那些百年老店，其固然把稳健经营放在首位，但并不固步自封，反而对内外部环境变化比较敏感，始终注重把握宏观经济变化规律和市场竞争趋势，不断寻找和培育新的增长点，开启“第二发展曲线”①。失去持续的发展机会是最大的风险，这已经成为大型商业银行的普遍共识。

（五）全员参与

风险管理不仅仅是风险管理部门的事情，也是前、中、后台所有部门以及所有员工共同的职责，虽然彼此分工有所侧重，岗位职责内容有所不同，

---

① “第二发展曲线”是英国管理学大师查尔斯·汉迪（Charles Handy）提出的理论，他认为用一条曲线来反映企业的增长规律，即任何一条增长曲线都会越过抛物线的顶点，然后平缓下降，甚至消失，因此要保持企业增长的秘诀就在于在第一条增长曲线消失之前，要开启第二条增长曲线。

但在风险管理方面都应强调协同配合。同时，商业银行非常注重风险文化的宣讲，将稳健经营、平衡风险收益、全员参与、风险管理人人有责等核心要义渗透到全行员工的思维方式、行为方式之中，使其成为全行员工普遍认同和自觉遵守的价值观与行为准则。

三、建设路径

风险文化建设是指围绕构建全行员工共同价值观而实施的一切管理活动，包括制定规划、学习传播、培训教育、实施推进、评估改进等。风险文化建设不是阶段性工作，而是需要坚守到永远。英国金融行为监管局前首席执行官马丁·惠特利（Martin Wheatley）曾表示，全球金融危机可能正在消退，但全行业范围内的文化变革不会在一夜之间发生。商业银行的风险文化并非一朝一夕就能营造的，而是需要长期持续建设才能真正培育。风险文化建设的根本目标是构建全行员工的共同价值观，并将其转化为全行员工的自觉行动，实现知行合一，增强凝聚力、竞争力和价值创造力，为推进战略、履行使命、实现愿景提供强大的精神动力和文化支撑。

（一）准确提炼并不断丰富风险文化理念

风险文化理念可以分为两个层面，包括核心理念和子项理念。核心理念要与企业文化理念高度契合，要准确、通俗、易于理解和记忆，便于对内对外宣传引用。围绕核心理念，商业银行可以针对不同业务领域形成更具特色的子项理念，使风险文化成为一个核心内涵和外延有机统一、具有鲜活生命力的文化理念体系。在提炼的过程中，商业银行要充分借鉴国内外同业实践，广泛征求各级机构和广大员工意见，因为征求意见过程本身就是风险文化宣讲和渗透的过程，有利于统一各方认识，深入理解风险文化理念背后的核心内涵。同时，商业银行要注重对外宣传，不断将自身的风险文化理念向外界宣传展示，树立良好的企业形象，增强外部认可度。

（二）将风险文化建设融入日常经营管理活动

风险文化不是简单地喊口号、提炼概念，而是要同时抓硬实力和软实力建设，使其相互支撑、互为促进。风险文化建设要有效地融入管理机制、政策制度、业务规则、操作流程、技术工具、行为准则等日常经营管理活动的方方面面，让员工充分感知风险文化的存在，使其成为全行员工一致认同、自觉遵守的风险管理理念、价值观念和行为规范。

（三）多层次、多形式强化宣讲和培训

风险文化作为一门重要课程，需要长期宣讲。首先，商业银行各机构的负责人特别是主要负责人要带头宣讲风险文化，各层级的管理人员要率先垂范，以身作则，发挥“头雁效应”，带头营造健康积极的风险文化环境。其次，在培训中，宣讲人不能就风险文化理念讲理念，而要结合生动鲜活的案

例（既有正面案例也有反面案例）进行剖析，阐明风险文化对银行从业人员潜移默化的影响。最后，大型商业银行要依托线下和线上多个培训平台，持续对员工进行风险文化宣讲，加强队伍建设。大型商业银行只有拥有一支高素质的人才队伍，才能践行并传承风险文化理念。

（四）完善风险管理责任制

风险管理责任制是风险文化的重要组成部分。健康的责任文化包括以下两个方面：

一方面是责任的科学界定。不同层级、不同岗位承担的风险管理责任是不同的。这样可以避免那种“看似人人有责、其实无人负责”的情况，特别要注意防范本应上级机构承担的责任一味地推卸给下级机构，或者本应领导岗位承担的责任却推卸给具体的经办岗位。这样的责任文化一旦蔓延开来，将对风险文化建设造成极大的伤害。

另一方面是责任的合理追究。一是商业银行对主观原因导致违规并且处置不力的行为和人员，绝不姑息迁就，要按照规定进行惩罚，营造违规必究的环境。二是商业银行坚持尽职免责的根本原则，对遵章守纪、严格履职后仍然形成损失的情况要免于追究责任，对非主观故意形成损失或潜在风险的行为和人员采取限期纠正、警示教育等措施，从而体现人文关怀，激发向上、向善的力量。

（五）建立科学的激励约束机制

商业银行应研究探索分支机构的重要岗位绩效延期分配机制，避免过于追求短期利益，避免经营情况和风险状况出现大幅波动，从长远角度保障银行业务健康可持续发展。商业银行应探索建立风险文化建设评价和考核机制，探索将风险管理核心价值观的执行效果纳入全面主动风险管理评价体系，强化风险文化的传导落地。商业银行应通过建设科学的激励约束机制，把正确的价值观和考核导向渗透到各个部门、各个岗位和各个工作环节，并内化为员工的职业态度和工作习惯。商业银行应把风险文化植根于整个银行的运营之中，力求最大限度地发挥各条线、各层级以及所有员工在风险管理方面的主动性、积极性和创造性，实现风险管理与业务经营相互促进、共同发展的生动局面。

（六）注重风险文化的传承和发展

风险文化具有传承性，即商业银行的历史沿革赋予了风险文化鲜明的特色和独特的基因。同时，随着商业银行战略转型和内外部环境的不断变化，风险文化建设需要与时俱进，适时调整，并始终保持旺盛的生命力，才能支持商业银行打造百年老店，行稳致远。

案例

银行的风险文化核心理念

(1) 中国建设银行的风险文化核心理念：稳健、审慎、全面、主动。

稳健：实现均衡发展，兼顾资产负债均衡，安全性、流动性、效益性均衡，收益、风险、资本均衡；实现健康发展，经营发展符合经济、金融和商业银行运行规律，符合自身经营管理能力，符合监管要求；实现可持续发展，以服务社会为初心，以价值创造为根本，以风险管理能力为边界，行稳致远，打造百年银行，保持基业长青。

审慎：认清市场走势、认清同业竞争态势、认清自身优势和劣势；了解客户、了解业务、了解风险；不盲目跟风、不冒进妄动、不追逐短期利益；坚持底线思维、坚持合规经营、坚持专业专注；严格贯彻“铁账本”“铁算盘”“铁规章”精神，严格实施事前、事中、事后全流程管理，严格遵守员工行为规范，培育良好的职业操守，养成审慎严谨的经营作风。

全面：全面范围，即风险管理要覆盖所有员工、所有机构、所有业务、所有经营管理流程和所有风险；全球体系，即风险管理要有全球视野，要建立与全球业务发展相匹配、与全球监管相适应的风险管理机制，实现全球风险信息的快速共享；全局意识，即风险管理要站在全局角度，机构间、层级间、部门间注重协同联动，做到偏好一致、行动一致，实现对风险的穿透管理，避免此退彼进；全员参与，即自上而下，前、中、后台三道防线，全行每一名员工都有风险管理的责任，都有风险管理的具体动作。

主动：主动担当大型商业银行责任，解决社会痛点，破解相关业务发展瓶颈和风险防控难题；主动服务战略发展，服务前台业务拓展，积极适应新经济、新金融、新业态，构建全面、主动、智能的风险预防、监测和管理体系；主动创新，加大金融科技应用力度，实现“智慧风控”，提升数字化风控水平；主动设定风险偏好，健全管理框架，做好传达、传导和落实；主动调整业务结构，提升客户选择和风险经营能力，推进资产质量、减值准备、经济资本的精细化管理；主动强化预期管理，前移风险管理关口，及时发现、报告和解决风险问题，增强风险管理的前瞻性、专业性和有效性。

(2) 工商银行的风险文化核心理念：使命、愿景、价值观。

使命：提供卓越金融服务（服务客户、回报股东、成就员工、奉献社会）。

愿景：打造“价值卓越、坚守本源、客户首选、创新领跑、安全稳健、以人为本”的具有全球竞争力的世界一流现代金融企业。

价值观：工于至诚，行以致远（诚信、人本、稳健、创新、卓越）。

（3）中国农业银行的风险文化核心理念：违规就是风险，安全就是效益。

（4）美国富国银行的风险文化核心理念：遵章守纪、负责任的借贷。

（5）汇丰银行的风险文化核心理念。

稳妥可靠：稳妥可靠、坚持正道并且实现承诺。

坦诚开放：坦诚开放地接纳不同的理念和文化，尊重不同观点。

重视联系：与客户、社区、监管机构及员工紧密联系，关心个人及其发展。

（6）美国银行的风险文化核心理念。

美国银行强调业务活动是风险发生的主要载体，强调风险管理贯穿于业务始终，强调每位员工都应当将风险的识别、计量、分析和缓释作为日常工作一部分。正如美国银行首席执行官布莱恩·莫尼汉（Brian Moynihan）所说，每位员工都有责任执行全行统一风险偏好，大家都要讨论风险问题、关注关键风险点、采取行动，必须在风险和收益平衡方面做出正确决策。美国银行更加强调全员参与、人人有责。全员参与的风险管理文化，使得各业务条线或部门尽管面对不同类型的风险、不同员工尽管处于风险管理的不同环节，但都能够通过广为认同的风险偏好理念和完备的岗位或职责体系，明确自身的工作目标、风险管理责任以及应达到的质量标准。

第三节　风险治理架构

风险治理架构是全面主动风险管理体系建设的组织载体。良好的风险治理架构应该是建立由董事会进行战略决策并承担最终责任、监事会进行有效监督、高级管理层直接实施，以风险管理部门为依托，相关职能部门和各级机构密切配合，能够有效进行全面主动风险管理的风险治理架构，确保服务战略、有效制衡、专业专注、分工协同。

一、基本设计

（一）董事会的决策职能

董事会是大型商业银行风险管理的最高决策机构，承担全面风险管理的最终责任。董事会并不介入日常的风险管理，但要负责审定风险偏好及重要的风险政策、审议全面风险报告及重大风险事项处置方案、推进风险文化建设和组织架构优化、首席风险官聘任及考核等方面的工作。

董事会下设的风险管理委员会履行全面主动风险管理相关职责及董事会授权的其他职责。风险管理委员会应与董事会下设的其他专业委员会、高级管理层下设的风险管理与内控管理委员会、风险管理职能部门建立良好的沟通机制，确保信息充分共享并有利于风险管理相关决策的实施。

（二）监事会的监督职能

监事会承担全面主动风险管理的监督责任，负责监督、检查董事会和高级管理层履行全面主动风险管理职责的情况，并督促整改。

监事会有权了解本银行重大风险管理、决策、执行情况及重大风险、重大事件等，提出风险管理监督意见或建议。相关监督检查情况应纳入监事会工作报告。

（三）高级管理层的实施职能

高级管理层承担全面风险管理的实施职能，负责执行董事会决议，将董事会的战略意图分解为可操作、可考核的具体管理措施，确保实现董事会和监事会确定的风险管理任务和目标。

高级管理层设置的风险管理专门委员会，一般称为风险管理与内控管理委员会，是银行风险管理与内部控制的研究、议事和协调机构。风险管理与内控管理委员会通过会议等方式定期或不定期听取银行全面风险管理报告，审议风险管理领域重大政策和制度、重大风险事项化解方案，协调整体风险的防范、控制和应对，并督促落实。风险管理与内控管理委员会的成员部门应涵盖主要的综合管理部门，如资产负债管理部门、财务会计部门、人力资源部门以及风险管理部门，还要包括主要的前台业务部门。风险管理与内控管理委员会应定期召开会议，做实议事协调以及决策支持的职能，避免会议成为形式、过场，解决不了实际问题。风险管理与内控管理委员会有时也可以根据实际情况，临时增加列席部门，扩大讨论范围，充分广泛地研究问题。

在高级管理层成员中，首席风险官是风险治理架构中的重要角色。无论是国际、国内的监管要求，还是银行的管理实践，都要求充分发挥首席风险官的重要作用。一般来讲，大型商业银行规模较大、业务复杂、系统重要性影响程度较深，应当设立首席风险官。首席风险官负责或协助分管风险的行领导负责银行风险管理工作。首席风险官和其他分管全面风险管理的高级管理层人员应当与分管业务经营的高级管理人员保持充分的独立性，首席风险官可以直接向董事会报告银行的全面主动风险管理情况。2016 年 9 月，中国银监会下发的《银行业金融机构全面风险管理指引》中要求，商业银行调整首席风险官应事先得到董事会批准，然后公开披露，并向监管机构报告调整原因。

对比国际、国内同业实践，国际商业银行的首席风险官的权威性、独立性要更强一些，其直接向董事会报告，对董事会负责。国内商业银行的首席风险官属于高级管理层成员，更多是协助分管风险的行领导负责全面风险管理工作。

（四）风险管理部门

1. 垂直管理体制与层级管理体制

风险管理体制的设置没有统一的行业惯例，通常有两种形式，即垂直管理体制和层级管理体制。不同的体制没有优劣之分。商业银行要结合自身的发展历史沿革、管理基础以及外部金融生态来考虑。只有坚持了风险治理架构的基本原则，不同的体制才能发挥出各自的优势，正所谓“适合自己的才是最好的”。

（1）垂直管理体制。这种体制要求风险管理部门不仅要独立于业务经营部门，而且要直接对上级风险管理部门负责，即第一报告路线为向上级风险管理部门汇报。各业务经营部门的风险派驻团队人员也要对本级风险管理部门负责。风险管理部门的业绩考核、领导人员考核和人员任用由上级风险管理部门确定或审定，或者是上级风险管理部门的考评占据相当大的权重。垂直管理体制在国际大型商业银行中应用比较普遍，这些银行大都采用事业部制或业务单元制，成本核算、绩效考核等也为风险的垂直管理创造了良好条件。

（2）层级管理体制。层级管理体制下，各层级风险管理部门首先对本级主要负责人负责，第一报告路线也是向主要负责人报告。风险管理部门的业绩考核、领导人员考核和人员任用都由本级领导班子负责，不同程度上也会参考上级风险管理部门的意见。目前国内大型商业银行普遍采用层级管理体制，这主要是由于国内大型商业银行基本上是按照省、市、县等行政区划设置的分支机构，而且各层级机构的主要负责人承担风险管理的第一责任，领导班子承担领导责任。这样的责任体系也能有效保证风险管理落实到位。

2. 全面风险管理与专业风险管理

虽然各类风险由不同的专业部门来管理，但是国内外商业银行管理实践有一个共同之处，那就是明确专门的部门来履行全面风险管理职责。全面风险管理不是简单地对其他各类风险进行汇总，也不是对其他专业的风险管理部门未覆盖或者暂时还无法辨识和明确的风险进行管理。全面风险管理也称为整体性风险管理，是有其特定内涵和管理手段的。其主要包括：建设和培育风险文化；设定战略层面的风险偏好以及完善传导机制，明确结构安排和风险承担边界，平衡资本、收益和风险；对风险管理体制、机制的完善进行研究并组织推进；拟定重检全面风险管理政策；全面评估风险；监测、分析与报告集团风险敞口的全貌；建设风险管理评价体系；研究新型风险形态，并有效融入风险管理体系，避免管理真空；推进风险计量工作的整体规划和开发；统筹风险管理信息系统的建设，确保信息完整、系统兼容共享、数据获得及时，为风险分析、预警、预控、决策等提供支撑；组织风险管理队伍建设；前瞻性研究内外部重大经营及风险问题，发挥决策支持；等等。

此外，根据不同业务、不同风险，商业银行应考虑设置相应的风险管理专业部门实施专业化的管理，还要紧密结合自身发展战略和风险管理重点，对部门设置进行调整。例如，商业银行的经营管理越来越依赖计量模型，模型风险管理备受商业银行关注，因此商业银行可以专门设立模型风险管理部，负责模型风险管理、模型独立验证等工作。如果交易业务的风险凸显，商业银行可以考虑成立单独的交易业务风险管理部门或专门团队来进行专业的管理。

（五）职能部门设置“三道防线”

“三道防线”是国内大型商业银行在股改上市时借鉴国外先进同业实践逐步形成的概念。“三道防线”的界定并不是风险管理工作顺序的界定，而是前、中、后台在共同管控风险过程中的角色界定。

首先，“三道防线”是一体的；其次，“三道防线”都是以客户为中心的；最后，“三道防线”之间是相互支撑的。所以说，不管是“第一道防线”的前台经营部门，还是“第二道防线”的风险管理部门和内控合规部门、“第三道防线”的审计部门，都应在商业银行经营管理过程中发挥自身的作用，形成必要的制衡与有力的支撑；都应站在商业银行全局的角度平衡好风险与收益，避免因部门利益或偏见形成对立，或者因部门边界或壁垒形成鸿沟。

第一道防线为业务部门（前方经营部门），承担所辖产品和业务风险管理的直接责任。在业务经营中，业务部门遵循全行统一的风险偏好，有效落实各项风险管理要求，承担日常管理决策和业务运营中相关风险的直接管理职责，并做好条线管理；配合风险管理部门定期对所辖业务的各类风险进行识别、监测、评估并报告，及时发现隐患、弥补漏洞；及时提供风险管理所需数据和信息，并对数据质量负责。

第二道防线为风险管理部门和内控合规部门，其中风险管理部门负责对各业务部门的风险管理活动进行规范、引导、协调、评估、监督及报告，内控合规部门负责督查各业务部门遵守法律法规、监管规定及内部规章制度的情况。

第三道防线为审计部门，负责对风险管理、内部控制、监督体系进行再监督。

（六）各级机构

各级机构的领导班子承担管辖范围内风险管理工作的主体责任，主要负责人承担第一责任，领导班子成员根据分管工作安排承担领导责任。作为执行层，各级机构要不折不扣地执行总行的政策、制度和要求，并结合所辖实际，分解细化、贯彻落实，确保资源配置合理，健全风险决策机制，强化风险监督和考核，夯实风险管理基础，确保风险责任在基层机构得到落实，推进全面主动风险管理体系建设。

子公司作为独立法人，应承担起风险管理的主体责任，在集团整体风险偏好和风险管理政策的框架下，建立与本机构法人治理结构、风险管理状况、行业特点相匹配的风险管理架构、政策程序、信息系统和风控指标体系，并就管理和控制的有效性对其股东会和股东负责。

二、基本特点

（一）服务战略

风险治理架构的设计应该与业务发展战略相匹配、相适应，且风险管理与业务发展相互支撑、相互融合，这样才能有效平衡资本、风险和收益，才能实现风险管理支持稳健经营、创新发展和价值创造的最终目标。具体体现在：董事会负责风险管理的专业委员会与负责战略制定的委员会在人员构成上要相互衔接，以便风险偏好能够体现战略导向，为战略推进设定合理的风险承担边界，在顶层设计中避免风险管理与业务发展割裂，从而形成“两张皮”；高级管理层实施重大政策或制订经营计划，也要考虑在专业委员会的平台上，广泛吸纳前、中、后台成员参加，使大家在行动方向上达成共识，形成合力；分支机构也会比照总行的做法，在领导班子层面、专业委员会层面重视统筹和平衡前、中、后台意见，强化执行力。

（二）有效制衡

有效制衡是风险治理架构建设的一项基本原则。具体体现在：董事会、监事会中负责风险管理的专业委员会要履行风险管理的专业职能，专业委员会提出的意见要在董事会层面进行专门讨论，形成决策意见；高级管理层中负责风险管理的专业委员会要成为风险管理领域实实在在的议事平台，首席风险官和其他分管风险管理的高级管理人员应当与其他分管业务经营的高级管理人员保持相对的独立性，独立于经营条线；风险管理部门保持相对的独立性，与经营条线形成有效制衡；等等。

（三）专业专注

专业专注是风险管理高度专业化的发展趋势。风险管理部门的设置既要有针对商业银行整体进行全面风险管理的部门，也要有针对不同风险、不同业务进行专业管理的部门。在具体的管理模式上，全面风险管理有其关注的重点和相应的管理工具，如风险偏好、全面风险评价、全面风险报告、风险管理体制机制等。不同的业务，其风险特征不同，表现形式不同，演变路径不同，因此管理方法、管理工具也会有很大差异，故需要由专业的风险管理部门来进行专业的风险管理。由此可见，风险管理是一项技术含量较高的工作，商业银行要建立一支专业化、相对集中、稳定的风险管理专家队伍，要让专业的人做专业的事。

（四）分工协同

风险治理架构涉及“三道防线”。业务部门作为防范风险的第一道防线，是风险的直接承担者和管理者；风险管理部门和内控合规部门作为防范风险的第二道防线，负责对各业务部门的风险管理活动进行协调、指导、评估及监督；审计部门作为防范风险的第三道防线，负责对风险管理、内部控制、监督体系进行再监督和责任追究。需要强调的是，这种职责分工是必要的，但不是绝对的，也不是风险管理工作中的顺序界定。在战略推进、偏好传导、客户选择、风险化解等各方面，前、中、后台都要从各自专业的角度提出意见，充分沟通，达成共识，协同高效，才能有效管控风险。

三、重点关注

自股改上市以来，国内大型商业银行逐渐建立了符合现代企业制度的公司治理架构和风险治理架构，对推进稳健经营、创新发展和防控金融风险发挥了重要作用。但在实际运行过程中，商业银行还存在一些问题或认识误区，应重点关注以下几个方面。

（一）切忌盲目照搬国际同业实践

国内大型商业银行基本上是国有控股银行，股权结构以及历史沿革都决定了其独特之处。一味盲目照搬国际同业实践，也许可以做到“形似”，但因为国情、文化不同，很难做到“神似”。因此，商业银行必须要真正理解风险治理架构的实质性意义，找到符合自身特色的风险治理架构建设路径。例如，与国际同业相比，国内大型商业银行的“两会一层”（董事会、监事会、高级管理层）在经营管理战略方向上更趋一致，因此在坚持有效制衡的基础上，要注重信息共享和充分沟通，特别是在重大战略制定、资源配置、风险偏好确定等方面，更要注重吸纳各方意见，进而有利于达成共识和推进执行。

（二）注重发挥独立董事的作用

董事会及其专业委员会都会聘请国内外业内资深的专家担任独立董事。独立董事来源的多元化、专业化是十分重要的。从风险治理架构看，独立董事从独立、权威、专业的角度出发提出问题，给出专业的解决意见，对大型商业银行提升风险管理能力、完善风险治理架构有着重要作用。但在实际运作过程中，独立董事可能因为时间、信息等方面的限制，参与程度不够深，因此其对银行风险管理的决策支持作用还未得到充分发挥。

（三）正确理解风险管理部门的独立性

风险管理部门保持相对独立，并与前台经营部门形成有效制衡是风险治理架构的基本原则。这一理念在大型商业银行中已经基本得到坚守。回顾多年的实践，大型商业银行容易出现片面理解独立性的情况，认为保持独立性，就要与业务部门泾渭分明。这样的理解就会使风险管理部门不能从支持业务发展的角度出发考虑问题，而是一味地控制风险、规避风险，而且是事后控制居多，这与全面主动管理风险的要求背道而驰。

（四）强化基层机构的风险管理

在基层机构，其主要负责人处于风险管理的关键岗位，承担着基层机构风险管理的第一责任。总体来讲，经过多年的实践努力，大型商业银行基层机构主要负责人的风险意识和风险管理技能有了很大提升，但部分基层机构主要负责人的风险意识和管理技能仍然非常薄弱，有的甚至罔顾风险管理，过分追求经营业绩和短期利益，给整个银行造成了很大损失。风险管理层层衰减，特别是县级支行，不重视风险管理方面的意见，或者根本不能对业务形成有效制衡；风险管理岗位的人员缺失情况比较严重，人员数量及质量都不能满足要求，这些都是多年来商业银行基层机构风险事件乃至案件频发的深层次原因。

案例

中国建设银行的“四大板块与9+X风险”风险治理架构

（1）“四大板块”。

“四大板块”具体包括总行直营机构、境内一级分行、海外机构和子公司。每一板块都要按照银行风险治理架构原则设计各自的组织架构，明确报告路径和管理职责。

（2）“9+X风险”。

九大类风险主要来源于2016年中国银监会出台的《银行业金融机构全面风险管理指引》中的风险分类。“X风险”具体指在监管规定和银行实践中不断出现的风险分类提法。中国建设银行根据其风险特性逐渐将其融入风险管理体系或者九大类风险中，明确管理职责，完善管理机制。

（3）“两会一层”。

董事会承担全面风险管理的最终责任，对全面风险管理的有效性负责。董事会定期审定集团的风险偏好陈述书，设定集团风险管控目标，审批重大风险管理政策和程序。董事会下设风险管理委员会，负责制定风险战略，并对实施情况进行监督，定期对整体风险状况进行评估。

监事会对全面风险管理体系建设及董事会、高级管理层履行全面风险管理职责情况进行监督检查并督促整改。

高级管理层承担全面风险管理的实施责任，负责执行董事会制定的风险战略，负责集团风险偏好及全面风险管理各项工作的组织实施。高级管理层下设风险管理与内控管理委员会（以下简称风控委）。

风控委是负责全行风险管理与内部控制的研究、议事和协调机构，每个季度至少召开一次全体成员部门会议，听取集团的全面风险管理情况，研究面临的风险形势、重大管理缺陷、重大机制调整以及重要制度建设等事宜，并负责监督全面风险管理工作的落实，进行风险督查和通报警示。风控委办公室设在风险管理部。

风险管理部为集团全面风险管理的牵头管理部门。

各专业风险管理部门分别对各类具体风险承担牵头管理职责。其中，信贷管理部牵头负责信用风险管理和国别风险管理；授信审批部是集团信用业务授信、审批的综合管理部门，参与信用风险管理；风险管理部下设的二级部门——市场风险管理部牵头负责市场风险管理；资产负债管理部牵头负责流动性风险管理、银行账簿利率风险管理；内控合规部牵头负责操作风险管理、信息科技风险管理、合规风险管理和洗钱风险管理（这些可理解为运营风险管理）；公共关系和企业文化部牵头负责声誉风险管理；战略与政策协调部牵头负责战略风险管理。其他风险根据部门职责划分至相关部门。

美国银行的风险管理组织架构

美国银行风险管理方面包括信用风险、市场风险、运营风险、合规风险、财务风险、模型风险六大类风险管理部门，大企业（同时负责市场风险管理）、个人和小企业、全球财富与投资三大类业务风险管理部门，以及风险分析、技术营运与内部控制、压力测试和恢复与处置计划、风险管理运营四大风险管理支持部门。

每个风险管理部门内部按照对应业务条线的不同、风险细分类型的不同和区域的不同，设置具体的细分团队。例如，大企业业务风险管理部按风险类型的不同设有信用风险、交易对手信用风险、市场风险、营运风险等团队以及按照区域设置有欧洲、中东和非洲，亚太，美国和加拿大，拉丁美洲 4 个管理团队，另外还设有临时性管理等支持团队，从而确保了风险管理的精细化。

第四节 风险偏好与政策制度

中国大型商业银行在2007年前后接触到“风险偏好”这个名词，但实际上，银行自成立之日起，时刻都在进行业务选择、进退、资源配置、风险承担等方面的决策，在不断发展壮大的过程中逐渐形成自身的经营风格和战略导向，这些决策行为本身就是商业银行在厘清自身的风险偏好。如此看来，尽管风险偏好这个名词对于国内大型商业银行来说相对陌生，但属于风险偏好范畴的管理一直贯穿于其日常经营管理活动中，并发挥了巨大作用。特别是随着国内大型商业银行相继跨入了全球系统重要性银行之列，风险管理已经从被动管控阶段走向了全面主动管理阶段，更加深刻地意识到需要在战略层面、在顶层设计上主动预判风险走势、主动谋划结构布局、主动设定风险边界。规模越大、业务越复杂、管理范围越广、影响程度越深的银行越要形成科学明晰的风险偏好。只有厘清上述问题，银行的经营管理活动才有明确的方向、准则和底线，才能实现稳健经营和永续发展。

一、概述

（一）定义

风险偏好是商业银行为追求可持续发展，在风险承受能力范围内能够且愿意接受的风险类型及风险总量。风险偏好是商业银行风险管理战略的核心，是确保实现商业银行发展战略目标的关键所在。

国际标准化组织（ISO）这样表述风险偏好：一个组织愿意接受的风险类型和风险大小。COSO在《企业风险管理框架》中将风险偏好表述为：一个实体在价值追求过程中愿意接受的风险大小。国际金融协会（IIF）将风险偏好表述为：一个公司在追求经营目标过程中愿意且能够接受的风险类型及风险大小。高级监督组织（SSG）将风险偏好表述为：考虑到业务目标和对利益相关者的义务，一个公司能够并且愿意承担的风险水平和风险类型，一般通过定性和定量的方法来表达，并应考虑极端条件、事件和结果。银行的风险偏好通常以风险偏好陈述书（risk appetite statement）这一形式来体现，并经董事会审定后通过一系列政策工具载体实现顺畅传导。

在这里还要特别说明一下，有些书籍中将“risk preference”译为“风险偏好”，而将“risk appetite”译为“风险胃纳”或“风险胃口”。前者侧重于做什么、不做什么的定性表述，后者侧重于愿意承担的风险总量，更偏重定量指标。但在与国际同业、咨询公司的沟通中，我们了解到，风险偏好基本上采用定量指标和定性表述相结合的方式来表达，其本身就是明确做什么、不做什么、如果做承担多大风险。全球银行业的实践也基本上遵循这一惯例。因此，本书将“risk appetite”译为“风险偏好”。

（二）特征

科学的风险偏好应该具有以下特征：一是表述清晰明确，不会发生曲解或误解。对此，银行业的普遍实践是拥有一份风险偏好陈述书。二是风险偏好要契合战略目标，要与战略实现、价值创造、风险管理紧密融合，并能平衡资本、风险和收益。三是风险偏好大都采用定量指标和定性表述相结合的方法来表述，其中定量指标应可以量化分解。四是风险偏好的传达与传导都非常重要，风险偏好应具有约束性作用，并能通过一系列传导载体落实，且传导过程应可追踪考量和评价。五是作为风险管理战略，风险偏好应保持相对的稳定性，但商业银行应定期重检，并根据内外部形势和战略调整而做相应调整。

（三）风险偏好与相关概念的辨析

1. 风险偏好与监管要求

商业银行经营的外部环境包括市场环境和监管环境，因此商业银行在风险偏好制定过程中必然要考虑监管要求。首先，监管要求是商业银行必须遵循的最低要求和底线，风险偏好要求必须要在监管要求的范围之内。其次，作为银行风险管理的纲领性文件，风险偏好不能仅仅满足监管要求这一底线，而应在底线之上有更高的、契合自身发展战略的偏好要求，这也是全面主动风险管理的核心要义。当然针对一些指标，如果董事会认为监管要求已经比较严格、只要符合监管要求即可，也是合乎道理的，并不是所有的要求都要高于监管要求。最后，监管要求是针对银行业整体提出的，是商业银行普遍遵循的监管规制。但每家商业银行的风险偏好是不同的，这与各家银行的历史沿革、战略导向、业务优势、对风险承担的态度以及管理资源、管理基础等密切相关，而且银行的风险偏好通常是核心商业秘密，原则上不需要对外披露。

2. 风险偏好与发展战略

风险偏好与发展战略紧密关联，两者共同服务于一个终极目标，那就是提升价值创造能力，实现商业银行的稳健经营和创新发展。风险偏好本身属于风险管理战略的核心内容，而风险管理战略本身也是发展战略的重要组成部分。但因为商业银行是经营风险的特殊企业，风险管理格外重要，所以商业银行大都会在发展战略之外单独形成一份风险偏好陈述书，阐明风险管理战略。打个比方，发展战略如同商业银行这艘大船行进的目标，而风险偏好可以看做这艘大船行进的罗盘，对行进方向的偏离度进行把控，并按照确定的风险边界进行纠偏。

3. 风险偏好、风险容忍度与风险承受能力

"风险偏好"译为"risk appetite","风险容忍度"译为"risk tolerance","风险承受能力"译为"risk capacity",三者之间既有联系,又有区别。第一,一般来讲,风险偏好既包括定量指标,也包括定性表述。风险容忍度和风险承受能力主要是从定量方面表述风险偏好。第二,很多咨询机构,如麦肯锡倾向于将风险偏好中的定量指标按照不同的程度设定若干层次,即风险承受能力指的是对某一指标的最大承受程度,是底线;风险容忍度指的是对某一指标的预警边界,应引起关注和讨论;而风险偏好目标值则是决策层对该指标的管控目标。

在实践中,大型商业银行更倾向于不做概念上的辨析,而是借助压力测试等工具对风险偏好内的定量指标设置不同的层次,并将这三者的表述都作为风险偏好陈述书的内容。本书以不良贷款率为例来具体说明(见表3-2),风险偏好陈述书可以表述为:在基准情景下,商业银行对不良贷款率的风险偏好要求为不超过2%;在轻度压力情景下,容忍不良贷款率有所上升,但不应超过2.5%,一旦临近2.5%的90%,高级管理层必须讨论,形成意见并向董事会报告;在重度压力情景下,不良贷款会有较大幅度上升,但最高不应超过3%,一旦超过,董事会将启动应急处置预案,研究制定有效措施,确保风险可控。

表3-2 风险偏好、风险容忍度与风险承受能力(以不良贷款为例)

	指标	要求	管理措施
不良贷款率	风险偏好	2%以内	日常监测,确保满足风险偏好目标值
	风险容忍度	2.5%以内	不良贷款率的预警值,逼近时董事会要提请关注,高级管理层要分析研判,及时采取措施,确保不超过2%,或者考虑是否需要调整风险偏好目标值
	风险承受能力	3%以内	有可能与监管要求相同,有可能严于监管要求,是银行对不良贷款率的底线要求

4. 风险偏好、风险政策与风险限额

(1)定位不同。风险偏好主要解决战略层面的结构布局和风险边界问题,体现的是边界思想,即商业银行经营管理要以风险管理能力为边界。风险偏好需要通过管理层制定的资本规划、资源配置、风险政策、风险限额、经营计划、准入标准、绩效考核、风险文化等载体来具体传导和落实,否则就会变成一纸没有约束力的文书,与具体的经营管理活动形成"两张皮"。可以说,风险偏好的传导不仅仅局限在风险管理领域,而是贯穿商业银行经营管理的方方面面。由此可以看出,风险政策和风险限额是风险偏好的重要

传导载体，是高级管理层在风险偏好框架下结合年度经营管理情况进行分解细化形成的，是对下级机构指导和操作的政策性要求，是对董事会审定的风险偏好的正确解读和细化。

（2）稳定程度不同。风险偏好作为风险管理战略，客观上要求保持相对的稳定性，一般为3~5年，但商业银行可以定期重检，确定有无必要调整。而风险政策、风险限额等传导载体则需要商业银行根据市场环境变化和经营策略及时做出调整。

（3）审定层次不同。风险偏好由董事会审定通过，是董事会（决策层）下达给高级管理层（执行层）的风险管理管控目标和要求。而风险政策和风险限额是高级管理层根据风险偏好的要求制定的并推进实施。当然重大的风险政策和风险限额也可以报董事会审定，主要是审定其是否与风险偏好充分衔接，避免造成脱节。

（四）重要意义

风险偏好及其政策制度的传导机制是大型商业银行全面主动风险管理体系建设的重要基础。风险是银行利润的源泉和生存的基础，因此银行不能一味地规避风险，而应该主动承担和经营风险，这种主动首先就应该体现在风险偏好的设定上。大型商业银行对整个资产结构的主动安排和主动设定风险容忍度，代表了董事会、高级管理层对未来一段时间经济形势的判断、银行风险规律的把握和风险承担的基本态度，是大型商业银行全面主动风险管理体系建设的起点。正如K. H. 斯宾塞·皮克特和詹妮弗·M. 皮克特所著的《经理人审计——终极风险管理工具》一书中所讲道的："事实上，风险管理的关键是确定风险偏好，其他的一切都由此而生。"

1. 有助于决策层减少战略上的摆动，降低战略风险

大型商业银行基本的经营要求是保持业务的持续健康与稳健发展，尽量减少经营管理上的不确定性、波动性。风险偏好属于风险管理战略范畴，与业务发展战略相适应，为实现业务发展战略提供保障，在大型商业银行的经营管理活动中发挥风向标和指南针的作用。如果没有风险偏好或风险偏好表述不清晰，银行的发展战略就失去了依托，在复杂多变的市场竞争形势下容易出现战略上的摆动，具体经营管理活动就容易分散而不能形成合力，业务决策可能也会政出多门而不能统一。因此，风险偏好可以说是风险管理领域的纲领性文件，它可以减少大型商业银行战略上的摆动，降低战略风险和银行风险管理体系的脆弱性。

2. 有助于管理层正确解读传导，科学平衡风险与收益

大型商业银行的发展离不开风险，时刻都要面临风险与收益的平衡问题。风险偏好不只是风险的偏好，也可以解释为收益的偏好。可以说，风险

偏好本身就是一个风险与收益相平衡的产物，其中风险总量、风险结构应与收益目标相匹配，并经层层分解，确保银行的各经营层面和经营条线的风险收益都能有效平衡。战略层面的风险偏好清晰，管理层在进行决策时就有了标准和依据，从而减小了管理层平衡风险收益的压力。

3. 有助于执行层减少理解偏差，强化执行力

如果风险偏好表述不清晰，可能会引起不同程度的理解偏差，执行的效果也会受到影响，进而影响到企业发展战略的实现。特别是对于经营范围广、地域广、组织机构复杂的大型商业银行来讲，有一份清晰的风险偏好表述尤为重要。它有助于各执行层面正确地理解、执行和传导，有助于为具体经营管理活动提供明确的方向、规则、底线和行动指南，引导业务健康和科学的发展。

案例

美国富国银行坚守风险偏好

2008 年全球金融危机前夕，美国富国银行首席执行官（CEO）施通普夫坚决不涉及选择性浮动利率贷款或反向摊销贷款等次级贷款，导致其房地产按揭贷款市场份额持续下滑，承受很大压力，但美国富国银行依然选择坚守零售银行业务阵地，最终避免了在全球金融危机中遭受重大损失。之后，美国富国银行在全球金融危机中收购美联银行，完成了在全美的机构布局和业务覆盖。施通普夫的坚守和决策，令美国富国银行从美国的二线银行一跃跻身为一线银行。

二、监管要求

（一）国际监管要求

金融稳定理事会（FSB）于 2013 年发布了《有效风险偏好框架制定原则》，旨在强化对全球系统重要性金融机构的风险偏好管理。

1. 风险偏好框架

风险偏好框架是指建立、执行和监督风险偏好的政策、流程、系统等，包括风险偏好陈述、风险限额和职责分工。

商业银行应结合自上而下和自下而上两种方式研究并确立集团的风险偏好。风险偏好框架应充分考虑商业银行面临的实质性风险，反映利益相关方的需要，并与商业银行的战略目标、经营计划、资本规划、绩效考评和薪酬

机制等相衔接。有效的风险偏好框架应充分融入商业银行的风险文化，纳入集团统一的风险管理框架，并有效指导业务发展和管理决策。商业银行应建立风险偏好框架沟通机制，推动集团范围内各层面充分认识并深入理解风险偏好，将风险偏好作为风险管控和业务决策的重要参考。

2. 风险偏好陈述

风险偏好是指商业银行为实现业务目标愿意承受的总体风险水平及愿意承担或规避的风险类别、业务品种、国别或区域敞口等。风险偏好陈述应包含定量指标和定性表述。定量指标主要是可量化的、便于加总和拆分的风险指标，包括但不限于收益、资本、流动性或其他指标（如增长率、波动性等），部分定量指标可以通过风险限额的方式拆解到业务条线、分支机构或附属机构层面。定性表述主要是针对难以量化的风险，如声誉风险等，商业银行清晰阐述愿意承受或规避的特定风险类别，并设定一定的底线标准。

风险偏好陈述应清晰简洁，易于沟通并为所有利益相关方理解。风险偏好陈述应在充分考虑商业银行长短期战略目标及资本、财务计划等基础上，结合监管要求及利益相关方的期望，体现商业银行愿意承担的最大总体风险水平和风险类别。

风险偏好陈述应充分考虑日常和压力情况下商业银行面临的实质性风险。在制定风险偏好陈述时，商业银行可以运用情景分析和压力测试等方法，前瞻性地分析商业银行可能面临的、超出其风险偏好或承受能力的情况并评估其影响。

商业银行首先应确定集团层面的风险偏好陈述，然后将集团风险偏好通过风险限额的形式分解到业务条线、分支机构、附属机构等。风险限额能使商业银行在市场环境变化的情况下将实际风险状况控制在风险承受能力范围内。

3. 风险偏好管理架构

董事会是风险偏好的最高决策机构，负责牵头构建集团风险偏好框架并批准风险偏好陈述书，确保其与集团的长短期战略目标、经营计划、资本规划、薪酬机制和风险承受能力相一致。董事会应将是否符合风险偏好作为批准年度经营计划、薪酬激励约束机制、并购决策、业务条线或产品战略决策时的重要标准。董事会应定期监测风险偏好的执行情况，评估实际风险状况是否符合风险偏好要求，在相关指标突破偏好阈值时批准解决方案并监督落实情况。当商业银行管理决策偏离风险偏好时，董事会可以对高级管理层进行质询。董事会还应审阅关于风险偏好框架的独立评估报告，了解风险偏好框架设计和运行的有效性，并掌握其与监管要求的符合情况。

高级管理层负责建立集团风险偏好框架，推动风险偏好传导至业务条线、分支机构和附属机构，并促使各业务条线或机构将风险偏好应用于战略规划、经营决策和薪酬机制等。

内审、外审或独立的第三方应对集团风险偏好框架进行独立评估，帮助持续监测和评估商业银行风险管理、内部控制与风险治理的有效性。

（二）国内监管要求

2016 年 9 月，中国银监会下发的《银行业金融机构全面风险管理指引》对风险偏好做出了如下规定：

银行业金融机构应当制定书面的风险偏好，做到定性指标和定量指标并重。风险偏好的设定应当与战略目标、经营计划、资本规划、绩效考评和薪酬机制衔接，在机构内传达并执行。

银行业金融机构应当每年对风险偏好至少进行一次评估。

银行业金融机构制定的风险偏好，应当包括但不限于以下内容：战略目标和经营计划的制定依据，风险偏好与战略目标、经营计划的关联性；为实现战略目标和经营计划愿意承担的风险总量；愿意承担的各类风险的最大水平；风险偏好的定量指标，包括利润、风险、资本、流动性以及其他相关指标的目标值或目标区间，上述定量指标通过风险限额、经营计划、绩效考评等方式传导至业务条线、分支机构、附属机构的安排；对不能定量的风险偏好的定性描述，包括承担此类风险的原因、采取的管理措施；资本、流动性抵御总体风险和各类风险的水平；可能导致偏离风险偏好目标的情形和处置方法。

银行业金融机构应当在书面的风险偏好中明确董事会、高级管理层和首席风险官、业务条线、风险部门在制定和实施风险偏好过程中的职责。

银行业金融机构应当建立监测分析各业务条线、分支机构、附属机构执行风险偏好的机制。

当风险偏好目标被突破时，银行业金融机构应当及时分析原因，制订解决方案并实施。

银行业金融机构应当建立风险偏好的调整制度，根据业务规模、复杂程度、风险状况的变化，对风险偏好进行调整。

三、主要内容

商业银行的风险偏好通常是以风险偏好陈述书的形式表达，主要围绕业务结构布局和发展导向，体现做什么、不做什么、如果做承担多大风险三方面内容。风险偏好陈述书的主要内容一般包括定性表述和定量指标。定性表述主要是阐述对各类业务及各类风险的管理态度及总体要求，具体表达做什么、不做什么。定量指标主要是设定风险承担边界和容忍度，具体表达如果做承担多大风险。

（一）总体风险偏好

总体风险偏好主要从整体层面表述商业银行对风险承担的态度以及对资本、收益之间的平衡把控。定量指标主要包括确定经济资本的置信区间以及经济资本总量，经济资本的配置比例，净资产收益率（ROA）、资产回报率（ROE）、风险调整后的资本回报要求、资本充足水平及资产质量要求等。

（二）主要风险偏好

主要风险偏好明确商业银行面临的主要风险，从定性表述上明确风险承担态度，从定量指标方面明确风险承担边界。对易于计量的风险，商业银行可以选取主要的风险表征指标作为风险偏好指标，如信用风险可以采用不良贷款率等资产质量指标进行计量；对不易计量的风险，如声誉风险等，商业银行更多地要采用定性表述来表达其对声誉风险的偏好。

（三）主要业务的风险偏好

很多商业银行除了针对不同的风险类别表述风险偏好，还会针对不同类别的新业务表述风险偏好，而且相比之下，针对不同类别的新业务的偏好表述会跟实际业务的风险管控结合得更加紧密，更有利于风险偏好的传导。每一类业务表述风险偏好时，同样也要从定性表述和定量指标两方面进行，定性表述主要包括这类业务的总体选择标准和风险管控的总体要求，定量指标主要包括这类业务在商业银行资产组合中的结构比例以及不同压力情景下风险的承担边界。例如，信贷业务中对公信贷业务与零售信贷业务的结构比例应该如何确定。现实结构与目标结构之间的差距就体现了商业银行的风险偏好要求。同时，商业银行还要确定信贷业务的风险承担边界，必要时也可以分别明确对公信贷业务及零售信贷业务的风险承担边界。

（四）零容忍情况

零容忍情况主要表明对何种情况零容忍，零容忍并不是说该类情况一定不能发生。有些情况是否发生不是人为可以控制和消除的，如恶性案件。零容忍表明一旦发生这种情况，将会在较高的决策层面进行深入讨论，相关人员将会受到非常严厉的处置，以确保该类情况尽可能不发生。

（五）子公司的风险偏好

子公司的风险偏好必须要在集团统一的风险偏好框架下制定，充分体现其业务定位的差异性。子公司是独立法人，按照公司治理架构，子公司的风险偏好一般会在报集团的有关部门审核后由子公司董事会负责审定。在集团的风险偏好陈述书中，涉及子公司风险偏好内容，在实践中可能会有两种做法：一是集团的风险偏好陈述书只对子公司整体表述集团的风险偏好，更多地是从定性方面表述，因为子公司涉及的行业差异非常大，可能无法通过统一的定量指标来考量。这样处理比较简单、操作性强，但不易对具体的子公司的风险偏好制定提供强有力的约束和指导。二是在集团的风险偏好陈述书中逐一明确集团对子公司的风险偏好要求，突出子公司最主要的风险，这样子公司在细化制定自身的风险偏好时就有了依据，也便于传导。

四、政策制度传导

风险偏好是战略层面的文件，但不应仅停留在战略层面，而是要通过管理层制定的资本规划、经营计划、风险政策、风险限额、绩效考核等政策制度，顺畅传导至具体的经营管理活动中，各层级、各业务单元据此制定更易操作的准入标准、管理要求，等等。也就是说，虽然风险偏好要在不同层面进行分解，呈现形式有所不同，但是银行各层级、各条线、所有人员都能意识到风险偏好的存在，并且通过不同的载体和途径来执行、传导风险偏好，这样才能保证符合董事会审定的风险偏好要求。事实上，风险偏好的传导渗透商业银行的方方面面，包括风险文化等软实力。

（一）资本规划

资本是风险管理的核心抓手。商业银行所有业务的发展和管理都要建立在资本约束这一前提下，因此资本规划、资本来源与运用、资本分配和计量都要传导风险偏好要求。

（二）经营计划

风险偏好是一个中长期的风险管理战略导向，要通过编制年度的经营策略、经营计划来分解传导。

（三）风险政策及风险限额

各类风险政策及风险限额都要在风险偏好的框架下制定，保持紧密衔接。

（四）评价考核

机构经营绩效、领导班子管理成效等综合性考核评价体系要传导风险偏好管理导向，发挥考核的“指挥棒”作用。其中，风险管理评价作为综合性考核评价体系的重要组成部分，更要准确传导风险偏好管理导向，引导商业银行将风险管理提升到更重要的位置，确保实现风险防控目标，促进经营能力和风险管控能力的同步提升。

案例

某银行通过限额管理传导风险偏好

某银行通过限额管理传导风险偏好的流程如图3-3所示。

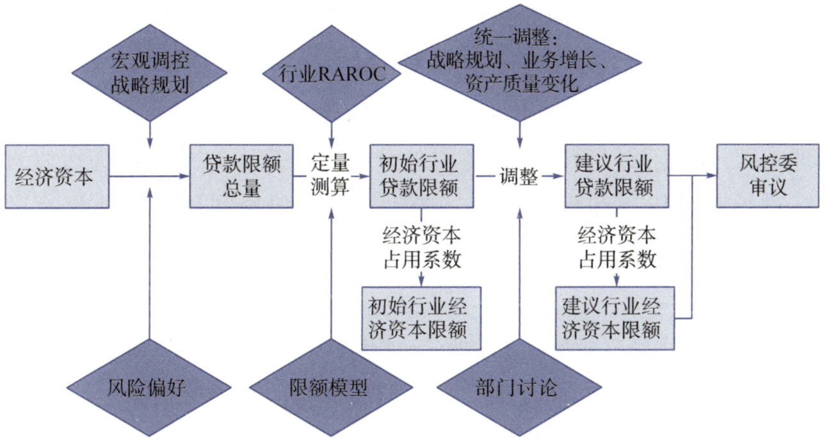

图3-3 某银行通过限额管理传导风险偏好的流程

在设定行业风险限额时，该银行根据风险偏好中确定的经济资本配置比例和集中度要求，确定年度贷款限额总量，并通过限额分配模型确定行业风险限额，支持结构调整和风险管控。

五、管理流程

（一）拟定

拟定包括自上而下与自下而上两个过程。一般来讲，商业银行管理层成立专门的团队，按照董事会成员意见拟定风险偏好，在这个过程中坚持自上而下与自下而上相结合。所谓自上而下，是指要充分听取董事会成员的意见，因为风险偏好是体现董事会的战略意图和管理导向的；所谓自下而上，是指要充分征求管理层前、中、后台部门，境内分行，境外机构，子公司领导层的意见和建议，因为风险偏好不能脱离实际，最终要通过合适的传导载体对这些机构的经营管理活动形成制约。同时，这个过程也是风险文化宣讲和培训的过程，有助于决策层、管理层、执行层统一风险认识，强化执行力，确保风险偏好顺畅传导。

（二）审定

商业银行管理层将风险偏好陈述书初稿提交高级管理层审议，根据审议结果修改完善后，提交董事会风险管理委员会审核，再修改完善后报董事会审定。

（三）传达与传导

传达是指在一定范围内对风险偏好陈述书原文的集中学习，而传导是指对风险偏好陈述书要求的分解、细化，两者既有联系，又有明显区别。传达是传导的必要条件，但传导更为关键和重要。

1. 传达

因为风险偏好属于商业银行核心商业机密，所以对经董事会审定后的风险偏好陈述书的知悉范围有一定限制，原则上不对外披露。但其作为风险管理战略的核心，需要在商业银行一定范围内（如董事会、监事会以及高级管理人员，职能部门负责人，境内外分行领导班子，子公司高级管理人员等）进行原文传达和集中学习，传达是顺畅传导和风险文化培育的内在要求。

2. 传导

风险偏好传导是整个风险偏好管理中的重要一环，可以说风险偏好陈述书的形成只是一个良好的开端，还必须通过合适的载体全面、准确地体现，并对商业银行集团各级机构的经营管理活动形成清晰的导向和约束。

（四）监测与报告

商业银行管理层一般定期监测风险偏好执行情况，定期向董事会、监事会和高级管理层报告风险偏好执行情况。

（五）纠偏

对执行过程中可能突破风险偏好要求的情况，商业银行管理层应提出初步风险评估意见和应对措施建议，并上报高级管理层。高级管理层进行讨论，提出风险评估意见和应对措施建议，报董事会审定，最终由董事会评估决策是否需要调整风险偏好或根据风险偏好导向调整经营管理行为、政策标准等。

（六）重检

风险偏好属于风险管理战略，一般来讲要保持相对稳定。但很多大型商业银行基本采取定期重检的方式（一般每年），审视风险偏好是否与内外部环境变化相适应。启动重检可以由董事会提出，也可以由高级管理层提出。

六、存在的问题和不足

风险偏好的概念引入中国的时间不长，十几年来国内大型商业银行基本上都建立了风险偏好框架管理机制，有的银行还形成了风险偏好陈述书并定期重检。银行董事会、监事会和高级管理层在对风险偏好重要性的认识上非常一致，普遍认为在风险管理战略层面统筹规划业务发展目标和风险管控目标非常必要，这也是建设全面主动风险管理体系的内在要求。但是在实践中，还有很多问题要厘清和解决。

（一）对风险偏好的认识和理解还不一致

在定位上，有的商业银行认为在现有的经营管理活动中已经形成一套比较成熟的资本、计划、政策、限额、审批、准入、考核等流程来把控风险，在这套流程之上再形成风险偏好没有必要。有的商业银行认为目前国内大型商业银行的风险偏好应该得到充分的重视，使其更好地发挥战略引领作用。

在风险偏好表述上，认识存在分歧。有的商业银行认为风险偏好应该选择一种偏定性的表述，如稳健、审慎、适度等。有的商业银行认为风险偏好是一种框架性文件，不宜表述得过细，仅在资本、收益和风险等总体性指标方面提出要求即可。有的商业银行认为应尽可能量化每一类风险，便于传导和考核等。

（二）风险偏好与战略制定、经营计划等结合不紧密

在实践过程中，有些银行的风险偏好陈述书通常是为满足监管要求而编写，未能有效发挥其对经营管理的引领作用。风险偏好应该是银行制定下一年度经营计划、资本规划、风险政策、风险限额、绩效考核等载体的基础和依据，先于或与上述工作同步进行，代表着董事会对管理层在未来风险管理的期望和要求。目前，有些银行的重检时间不够科学，有些银行未做到定期重检，无法根据内外部经营环境的变化及时对风险偏好做出调整修改。有些银行在下一年的经营计划编制完成后进行重检，从某种程度上是对经营计划、资本规划、风险政策的事后概括，管理的逻辑关系还没有理顺。

（三）风险偏好的形成过程各相关方参与不够

目前国内大型银行风险偏好的形成主要有自上而下和自下而上两个过程。一方面，重检工作应充分吸收董事会、高级管理层、主要业务条线对于风险偏好的要求，但是在实践过程中战略层面及顶层设计层面对资本、风险和收益三者关系的平衡不够，造成风险偏好部分指标设定有些偏颇狭隘。另一方面，重检工作应充分吸收各分支机构包括子公司高级管理人员的意见，使风险偏好能够反映实际诉求，更加贴近业务发展需要。

（四）风险偏好的传导不到位

按照监管要求以及风险偏好的管理逻辑，风险偏好是银行的风险管理战略。银行在制定新一年的资本规划、经营计划、风险政策、风险限额、绩效考核等政策时要充分衔接、正确分解和细化风险偏好。在实践中，由于认识和重视程度不够，现行的政策、制度、办法等没有依据风险偏好陈述书中的相关内容进行及时调整和修订，存在不协调之处。无论是在认识上还是管理习惯上，风险偏好与具体经营管理活动结合得还不紧密。这在一定程度上影响风险偏好在集团的认知和传导，容易造成下级机构理解、执行的错位或越位。

（五）风险偏好在传导过程中的统一性和差异性的平衡不够

一方面，风险偏好管理要坚持统一的框架，坚持基本原则，对于需要在商业银行整体层面遵循和做统一要求的，应在全行范围内得到统一执行。但是在实践中一些分支机构或附属机构俨然自成一体，按照自己的风险偏好追求局部利益，有时往往影响了银行整体利益。另一方面，风险偏好也要注重差异性，如同一类业务在银行不同的经营条线、在发展定位不同的子公司可以有差异化的风险偏好，但是目前这方面的工作还比较粗浅。

第五节　风险报告与风险评价

一、风险报告

风险报告既包含风险治理架构中对谁负责、向谁报告的要求，又包含风险管理流程中要求报告风险状况的工作要求（并不仅仅指书面的风险报告）。

（一）报告路径

无论是垂直的风险管理体制还是目前国内大型商业银行的层级管理体制，再或者是国际同业的事业部制、业务单元制，都要求双向报告，只不过第一报告路径因体制设计的不同而不同。第一报告路径决定了责权利的分配，体现了“对谁负责”的治理架构。

（二）报告的时间要求

报告的时间要求因报告类型和报告内容不同而遵循不同的规定。一般来讲，定期的风险报告强调全面性、准确性甚于时效性，而重大风险事项要及时报告，时效性是摆在第一位的，以免贻误最佳的防范和化解风险的时机。隐瞒不报或错报误报更是不允许的，如果造成严重的影响或损失将被问责。

（三）报告类型

报告类型包括口头报告、集中报告和书面报告等。口头报告多用于发生重大风险事项，即发即报，确保应对处置及时有效；集中报告多是根据体制设计要求，定期向上级主管部门或领导报告所辖风险管理工作；书面报告则是根据风险报告制度要求定期向上级主管部门或领导书面报告所辖风险管理情况。

（四）报告内容

报告内容包括全面风险报告和重大风险事项报告等。其中，全面风险报告既要涵盖主要业务、主要风险，也要注重突出当期关键风险；既要研判风险程度，也要提出有针对性的管理措施和建议。重大风险事项报告要包括事件描述、风险成因、发生风险的关键环节、影响程度及应对措施等。

（五）报告频率

重大风险事项即发即报，但对于定期的常规报告来讲，报告频率分日报、旬报、月报、季报、半年报和年报。风险种类不同、业务性质不同，报告频率也会有所不同。例如，针对市场风险和流动性风险，日报是必需的；但对于很多风险，如声誉风险，管理实践中通常按季报告。

二、风险评价

风险管理是过程性管理和目标性管理相结合的管理过程，风险管理的成效要可考量、可评价，这样才能正确传导风险偏好管理导向。风险评价应是绩效考评体系、领导人员考评体系的重要组成部分。风险管理责任应落实到各层级、各机构的经营管理活动中。

（一）基本原则

（1）全面性和重要性相结合。风险评价基本涵盖主要风险，同时突出当前最主要的风险，设计合理的指标，分配适当的权重。

（2）统一性与差异性相结合。大型商业银行通常多为综合化经营集团，境内分行、境外分行、附属机构的差异性比较明显。大型商业银行应在坚持集团统一评价体系框架的前提下，针对不同机构设计不同的评价体系。

（3）定量评价与定性评价相结合。银行应尽可能以定量评价为主，定性评价为辅，增强评价结果的客观性。但风险评价不同于业务绩效评价，很多管理动作是过程性的，因此定性评价必不可少，但应尽可能量化、明确。

（4）结果评价与过程评价相结合。全面主动风险管理评价既要重视管理的最终结果，对管理目标的实现程度进行评价；也要重视管理的过程，对流程的有效性进行评价。

（二）评价模式

在实践中，大型商业银行的风险管理评价基本有以下两种模式：

（1）从全面主动风险管理角度出发设计全面主动风险评价指标体系。评价指标体系一般紧密结合发展战略，分析面临的突出风险，指标的设计要简洁、透明、易懂、易于监测和统计。指标要涵盖主要业务和主要风险，突出战略导向和价值创造导向。例如，在资本集约方面，大型商业银行可以围绕经济资本来设计指标，通过经济资本占用、经济资本回报来贯彻资本集约导向和价值创造导向。又如，在资产质量控制方面，大型商业银行可以通过结果性指标（不良率、逾期率）和过程性指标（贷款迁徙率等）全面均衡地考量资产质量管控情况；在运营风险、声誉风险、信息科技风险等其他风险中设计关键风险指标，实现风险管理的全覆盖；通过梳理政策制度中的规定动作，采取列清单的方式对风险管理的轨迹进行跟踪，对风险管理的成效进行评估，尽可能使定性评价标准透明清晰。

（2）根据风险类别的不同分别设计风险评价体系。例如，信用风险评价体系、运营风险评价体系、声誉风险评价体系等，一般按照商业银行实际管理需要，突出主要风险。需要强调的是，不是所有类别的风险都需要设计评价体系，如银行账簿利率风险、流动性风险、战略风险等集中在总行层面进行管理，不需要对分支机构进行评价考核。

（三）评价结果运用

从落实监管要求来看，监管机构明确要求风险内控方面的指标在绩效考核体系中保有相当权重，因此风险评价必然要在商业银行的考核评价体系里有重要体现。各大型商业银行在实践过程中主要有以下两种运用方式：

（1）与商业银行综合性考评体系直接挂钩。

①建立了全面风险评价体系的银行，一般会将全面主动风险评价指标体系结果直接纳入绩效考核体系，如关键绩效指标（KPI）、领导班子竞争力考评等。

②如果没有建立全面风险评价指标体系，一般会选取重要、关键、核心的风险指标纳入绩效考核体系，如资产质量、风险处置化解、经济资本占用等。

（2）作为任用、问责、约谈、授权、资源配置、计划下达、先进评选等工作的重要参考。

第六节　内部控制与审计

一、内部控制

（一）定义

美国反虚假财务报告委员会下属的发起人委员会（COSO）将内部控制定义为：内部控制是受企业董事会、管理层及其他人员影响，为经营的效益和效率、财务报告的可靠性、相关法规的遵循性等目标的实现而提供合理保证的过程。其发布的《内部控制整合框架》（Internal Control－Integrated Framework）是全球各监管机构发布的有关内部控制的法规和默认标准，是被世界广泛认可的内部控制整体框架。

中华人民共和国财政部等五部门在《企业内部控制基本规范》中将内部控制定义为：由企业董事会、监事会、经理层和全体员工实施的，旨在实现控制目标的过程。

《商业银行内部控制指引》将内部控制定义为：商业银行董事会、监事会、高级管理层和全体员工参与的，通过制定和实施系统化的制度、流程和方法，实现控制目标的动态过程和机制。

（二）风险管理与内部控制的关系

美国反虚假财务报告委员会下属的发起人委员会（COSO）在2017年正式发布的《企业风险管理整合战略与绩效》（ERM-Integrating with Strategy and Performance）中，描述了风险管理与内部控制的关系。内部控制聚焦在主体的运营和对相关法律法规的遵从性上。风险管理注重明确风险偏好，并建立与战略目标和风险偏好相适应的风险管理体系。同时，该报告指出风险管理体系和内部控制体系不能相互替代，而是侧重点各不相同且相互补充。内部控制作为一种经历时间考验的企业控制体系，是企业风险管理工作的基础。这一结论与2016年中国银监会发布的《银行业金融机构全面风险管理指引》中将内部控制作为全面风险管理体系的构成要素之一是相一致的。

（三）内部控制体系的主要内容

《商业银行内部控制指引》明确商业银行应当建立健全内部控制体系，明确内部控制职责，完善内部控制措施，强化内部控制保障，持续开展内部控制评价和内部控制监督。

1. 内部控制职责

商业银行应当建立由董事会、监事会、高级管理层、内控管理职能部门、内部审计部门、业务部门组成的分工合理、职责明确、报告关系清晰的内部控制治理和组织架构。

2. 内部控制措施

商业银行应当建立健全内部控制制度体系；合理确定各项业务活动和管理活动的风险控制点；采用科学的风险管理技术和方法；建立健全信息系统控制；合理确定部门、岗位的职责及权限，形成规范的部门、岗位职责说明，明确相应的报告路线；梳理不相容岗位，实施相应的分离措施，形成相互制约的岗位安排；明确重要岗位，对重要岗位人员实行轮岗或强制休假制度；制定规范员工行为的相关制度；建立相应的授权体系，明确各级机构、部门、岗位、人员办理业务和事项的权限；严格执行会计准则与制度；等等。

3. 内部控制保障

商业银行应当建立贯穿各级机构、覆盖所有业务和全部流程的管理信息系统和业务操作系统，及时、准确记录经营管理信息，确保信息的完整、连续、准确和可追溯；加强对信息的安全控制和保密管理；建立有效的信息沟通机制；建立与其战略目标相一致的业务连续性管理体系；建立科学的绩效考评体系、合理设定内部控制考评标准；培育良好的企业内控文化；等等。

4. 内部控制评价

商业银行内部控制评价是对商业银行内部控制体系建设、实施和运行结果开展的调查、测试、分析和评估等系统性活动。

商业银行应当建立内部控制评价制度，规定内部控制评价的实施主体、频率、内容、程序、方法和标准等，确保内部控制评价工作规范进行；对纳入并表管理的机构进行内部控制评价，包括商业银行及其附属机构；制定内部控制缺陷认定标准，划分内部控制缺陷等级，并明确相应的纠正措施和方案；建立内部控制评价质量控制机制，确保内部控制评价客观公正；强化内部控制评价结果运用，将评价结果与被评价机构的绩效考评和授权等挂钩，并作为被评价机构领导班子考评的重要依据；等等。

5. 内部控制监督

商业银行内部审计部门、内控管理职能部门和业务部门都承担内部控制监督检查的职责，应根据分工协调配合，构建覆盖各级机构、各产品、各业务流程的监督检查体系；建立内部控制监督的报告和信息反馈制度；建立内部控制问题整改机制，明确整改责任部门，规范整改工作流程；建立内部控制管理责任制，强化责任追究。

案例

某银行采取合规管理“八步骤”强化内部控制

（1）规章制度管理。规章制度管理是指对规章制度的计划、起草、审查、审议、公布、解释、重检、修订、废止等实施全流程管理，明确管理规范与要求，旨在建立科学、全面、架构清晰的银行规章制度体系，促进银行规章制度的有效执行。

（2）合规性审查。合规性审查是指内控合规部门、业务部门依据有关法律、规则、准则和银行基础性规章，对产品、业务、重大项目的标准等制定、修订、调整，实施事前合规风险识别、评估、控制以及分析、判断、提升内部控制有效性的一系列工作。合规性审查作为合规管理流程的主要步骤之一，是合规管理融入业务流程、事前防控合规风险的重要手段。

（3）合规检查。合规检查是指由各级合规部门组织的对本行经营与管理活动进行的合规性检查，是验证商业银行内部规章制度制定及执行与监管法律规则一致性的重要工具，是合规部门履行职责的具体体现，是防范合规风险的重要手段。合规检查应以监管法律规则和商业银行内部规章制度为依据。

（4）合规报告。合规报告是合规流程的重要输出，是指银行合规部门按照规定的报告路线，向管理层提供全行合规风险状况和合规工作开展情况的报告。通过合规报告，商业银行确保治理层、管理层和合规部门及时了解全行合规风险状况以及合规工作开展情况，并促进商业银行内部针对各合规事项的及时沟通和讨论。

（5）违规整改。违规整改是指为了纠正监管检查、内部审计、合规检查所发现的违规问题而实施的管理活动，是商业银行合规管理的重要环节，是提升管理能力、防范合规风险、塑造合规文化的重要手段。

（6）违规处置。违规处置是指依据行内有关规章制度，有效处理、妥善应对各类违规事件，并对违规事件涉及的机构以及人员进行处理和问责。

（7）通报警示。通报警示既是对违规问题的有效揭示，也是合规教育的重要手段。商业银行对重大违规事件或案件要坚持“发生一起、处理一起、通报一起”。

（8）健全内控。健全内控是指针对合规管理流程中发现和暴露的问题、反映出的缺陷，提出具体措施，增强科学性、针对性和实效性，加强严格管理和制度创新。

二、内部审计

审计按照实施主体可分为外部审计和内部审计。本节主要介绍内部审计。

（一）定义

国际内部审计师协会发布的《国际内部审计专业实务框架》将内部审计定义为：内部审计是一种独立、客观的确认和咨询活动，旨在增加价值和改善组织的运营。内部审计通过应用系统、规范的方法，评价并改善风险管理、控制和治理过程的效果，帮助组织实现其目标。

原中国银监会在《商业银行内部审计指引》中将内部审计定义为：内部审计是商业银行内部独立、客观的监督、评价和咨询活动，通过运用系统化和规范化的方法，审查评价并督促改善商业银行业务经营、风险管理、内控合规和公司治理效果，促进商业银行稳健运行和价值提升。

《审计署关于内部审计工作的规定》将内部审计定义为：对本单位及所属单位财政财务收支、经济活动、内部控制、风险管理实施独立、客观的监督、评价和建议，以促进单位完善治理、实现目标的活动。

（二）目标

内部审计的目标如下：

（1）推动国家有关经济金融法律法规和监管规则的有效落实。

（2）促进商业银行建立并持续完善有效的风险管理、内控合规和公司治理架构。

（3）督促相关审计对象有效履职，共同实现本银行的战略目标。

商业银行内部审计工作应独立于业务经营、风险管理和内控合规，并对上述职能履行的有效性实施评价。

（三）内部审计分类

内部审计按照其范围不同可分为全部审计和局部审计或全面审计和专项审计；按照时间不同可分为事前审计、事中审计和事后审计，定期审计和不定期审计；按照实施地点不同可分为现场审计和非现场审计；按照是否通知被审单位可分为预告审计和非预告审计。

（四）内部审计事项

按照《商业银行内部审计指引》的规定，商业银行的内部审计事项主要包括：公司治理的健全性和有效性；经营管理的合规性和有效性；内部控制的适当性和有效性；风险管理的全面性和有效性；会计记录及财务报告的完整性和准确性；信息系统的持续性、可靠性和安全性；机构运营、绩效考评、薪酬管理和高级管理人员履职情况；监管部门监督检查发现问题的整改情况以及监管部门指定项目的审计工作；其他需要审计的事项。

可以看出，内部审计范围涉及银行经营管理的方方面面，是一项专业性很强的工作。

案例

某银行实行相对独立和垂直管理的内部审计体制

某银行自设立内部审计机构以来，进行过两次审计体制改革。1999 年，该银行将原有分级管理模式调整为总行和一级分行两级管理模式。2005 年，该银行在国内大型商业银行中率先建立了相对独立和垂直管理的内部审计体制。总行设立审计部。审计部根据授权和委托，在首席审计官的直接领导下，全面组织管理全行内部审计工作。审计部负责人对首席审计官负责并报告内部审计工作情况、重大审计发现和主要审计建议，向董事会及审计委员会报告工作，向行长和监事会汇报工作。根据工作需要，该银行在经营区域内设立若干审计机构，实施审计活动。审计机构负责人对总行审计部负责并报告工作，同时向对应层级的经营管理层通报相关审计情况。

第七节　风险管理基础建设

风险管理基础建设主要包括数据治理、系统建设和队伍建设三方面。

一、数据治理

（一）数据治理的意义

数字经济时代，数据已成为国家的基础性战略资源。商业银行最核心的资产是数据，“一切数据皆是信用”，打造与数字经济时代相适应的“数字力”已经成为商业银行的战略行动。可以说，目前商业银行已经充分意识到数据的重要性，将数据管理提升至数据治理高度，从组织架构、责任机制、系统整合、数据共享等各方面强化数据治理，进一步加强跨机构、跨条线、跨部门的工作协同，在合法合规的前提下，推动数据信息在总分行、境内外机构、母子公司间的有效共享和应用。同时，商业银行应以数据驱动创新，提升服务的敏捷性和精准性，提高数据的价值创造力。

（二）数据治理机制

商业银行应建立与业务规模、风险状况、复杂程度等相匹配的数据治理机制；应制定全面、科学、有效的数据管理制度，健全数据质量控制和问责机制，积累真实、准确、连续、完整的数据，用于风险识别、计量、评估、监测、报告以及资本和流动性充足情况的评估；应持续推进数据标准与数据质量管理体系建设，对数据质量风险进行识别、评估、报告、反馈和纠正，明确既适用于外包服务，也适用于内部流程的标准和相关风险管理政策。

（三）数据能力建设

首先，数据的整理能力建设。现在各行各业获取数据都不是太大的难题，难的是科学有效的数据整理。所谓“垃圾进，垃圾出”（garbage in，garbage out），即没有经过科学整理的数据，根本无法对管理和决策提供准确支持，甚至会误导决策。大型商业银行天然地在数据整理方面具备优势，要借助现代科技将数据整理优势打造成核心能力，并对外赋能。从统计学角度看，大数据不是“完全数据”，“大”是一个相对概念。从逻辑角度看，受客观条件制约，“完全数据”是不可达到的、只能是无限接近的一种理想状态。基于大数据的数据整理都有不足和持续改进空间。这是研究数据整理的前提。

其次，数据的洞察能力建设。数据量再大，如果没有科学的治理机制、深入的洞察挖掘，数据不会自动产生出有决策支持价值的信息。数字经济时代来临，数据已经成为商业银行经营管理的重要生产要素，在战略制定、客户细分、产品创新、风险管理等经营管理领域全方位应用。这充分说明数据洞察能力至关重要。例如，有的银行深化大数据应用，并借助金融科技，支持企业服务产品赋能，开展产业链数据挖掘分析，构建面向公司、战略客户、资产管理、投资银行等多业务场景的数据产品；助力个人服务产品突围，研发个人金融、财富管理、住房金融、网络金融等分析模型，在“获客”“活客”、风险管控、改善客户体验等多方面发挥了重要作用。

最后，数据风险的管理能力建设。需要强调的是，数据在创造巨大价值的同时也面临着严峻的风险挑战，在数据采集、传输、存储、应用、交换、销毁各环节，都面临着质量、合规、欺诈等各类风险。数据风险管理作为一种新型风险形态，必须成为数据治理关注的核心问题。否则，数据风险管控不到位，波及面更大，影响程度更深、更广。

二、系统建设

商业银行有许多生产系统，基于生产系统之上又有许多风险管理信息系统，这些系统的建设应该打破部门壁垒，建设企业级的系统，支持在集团层面计量、评估、展示、报告所有风险类别、产品和交易对手风险暴露的规模、构成和风险变化趋势。目前很多商业银行决策层迫切需要的客户统一风险视图就必须依靠企业级系统来实现，才能得到通过多个维度测算的在全集团的所有风险敞口和风险概况。

风险管理信息系统应具备以下主要功能，以支持报告风险和管理决策的需要：

（1）支持识别、计量、评估、监测和报告所有类别的重要风险，各类风险相互作用产生的风险，及时发出预警和进行控制。

（2）支持风险限额管理，对超出风险限额的情况进行监测、预警和控制。

（3）支持计量、评估和报告重要风险类别、产品和交易对手的风险状况，满足全面风险管理需要。

（4）支持按照业务条线、机构、资产类型、行业、地区、国别等多个维度，根据需求挖掘和定制数据，展示和报告风险暴露情况。

（5）支持不同频率的定期报告和压力情况（及危机状况）下的数据加工和集团、法人层面的风险数据加总。

（6）支持压力测试和情景分析工作，评估各种不利情景对银行业金融机构及主要业务条线的影响；支持灵活适应各种紧急（包括监管框架的变化）的风险数据加总需求。

三、队伍建设

人才是最重要的资源，离开了人这一执行载体，再完美的治理架构、制度设计，再科学的管理方式也会大打折扣。

（一）专业能力

（1）根据不同岗位设计履职要求。风险管理是一个对专业技术能力要求很高的工作领域，涉及面很广。不同业务、不同风险、不同环节、不同层级的风险管理从业人员需要有不同的专业知识背景，如风险研究岗位需要管理学、经济学、金融学、统计学等方面的知识；风险计量岗位需要统计学、计算机、金融工程、计量经济学等方面的知识。商业银行未来招聘的新员工很可能是精通高等数学和统计学知识以及机器学习和其他高端数据分析方法的专家。

（2）根据不同层级的工作定位设计履职要求。总行、一级分行、二级分行、县级支行的风险管理人员因风险管理的职责定位不同，从事的工作不同，相应的履职要求也要不同，从而形成合理的梯次结构。

（二）数量要求

除了专业能力要求之外，风险管理人员队伍要保持合理的数量，与前台的客户经理数量保持合理的比例。一般来讲，国际同业风险经理与客户经理的人数比大概保持在 1∶5，当然还是要结合业务量和业务复杂程度以及智能风控建设水平的高低来确定。业务量较大、业务种类比较复杂的机构，相应的风险经理的数量应该有所增加。

（三）绩效考核

根据商业银行风险管理体制的不同，风险管理人员的工作绩效考核方式也有所不同。但考虑到风险管理的相对独立性和有效制衡，上级机构对下级机构风险管理人员的考核应该占一定权重，特别是对关键岗位领导人员的任用和资格审查应严格把关。考虑到商业银行基层机构风险管理相对薄弱而又是商业银行经营管理的基础，因此基层机构主要负责人的任用、评价考核，风险管理部门都应该有一定的权重，真正解决风险管理的“最后一公里”问题。

（四）人员培训

（1）坚持分级分类培训。人员培训要有针对性，不同岗位、不同级别的人员应该因材施教。例如，商业银行可以将员工分为风险管理岗位的人员和一般岗位人员，重点对前者在风险管理理论、技能、工具等方面进行专业化课程设计，着力提升其专业管理技能；对后者则进行风险管理普及性、启蒙性教育，培育风险文化，强化风险意识，使其掌握基本风险管理技能。风险管理部门要定期对基层机构主要负责人进行风险管理知识技能、风险文化等方面的培训，不断提升这些关键岗位人员的职业操守和职业技能，这样商业银行的风险管理才会有坚实的基础。

（2）坚持理论和实践相结合的培训。课程设计一方面要注重对风险管理理论特别是前沿性研究的介绍，另一方面更要注重实践能力的培养，通过情景模拟等多种方式，提高培训对象解决实际问题的能力。

风险管理培训涉及全行员工，要立足于为每一位新员工提供风险启蒙教育，为每一位在职员工提供持续的学习发展机会，为每一位风险管理从业者提供不断提升风险管理技能的平台，为社会提供专业的风险管理培训，为商业银行的战略实现和长远发展创造更多的人才红利。

案例

某银行全面主动的“预、监、管”体系建设

某银行以全面主动为导向，以价值创造为核心，持续推进全面主动的预防、监测和管控体系建设。

1. 强化全面主动的风险预防体系，防治未病

(1) 以“3R”应用强化人机和线上线下协同控险。该行积极探索应用风险排查系统（RSD），通过不同维度数据交叉验证，重点强化真实性，对客户全息画像，选择“志同道合”“五官”和“基因”符合要求的客户，提前排除问题客户。该行应用风险决策支持系统（RMD），为分支机构人员开展风险管理提供便捷高效的管理工具，提升风险管理效能。该行应用风险预警系统（RAD），丰富预警规则，提高准确性、时效性和智能化，避免成为信息孤岛。该行强化线下人力协同管理，重点做好预警协同管理，加强预警信息的响应，切实做到认真核实和及时处置。

(2) 完善“三查”和三道防线协同机制，全流程落实“四眼”原则。该行深化贷（投）前协同调查和集中诊断机制，做实真实性核查和反欺诈管理，三道防线共同实现对预期风险的前瞻性识别和管控。该行强化贷（投）中独立审查，在全行推进实施一级分行集中审批，优化放款审核模式，巩固押品集约化管理成效。该行强化贷（投）后跟踪检查，着力解决贷后管理不到位的问题。

(3) 抓好“两防”，提前应对潜在风险。该行将防范“灰犀牛”与“黑天鹅”判断规则接入风险预警系统（RAD），提升“灰犀牛”与“黑天鹅”的预警预控能力。该行强化关注三级贷款管理，做好收益、风险、资本平衡，多策并举，全面加强预防工作。

2. 优化全面主动的风险监测体系，找准症状

该行从“资产质量、减值支出、信贷结构、经济资本”四个维度进行剖析，精准发现问题。

该行通过观察信贷资产质量“七率”指标，评判各级机构资产质量的整体健康水平；通过监测交易投资业务“七率”指标，评判集团交易投资业务的风险程度。

该行通过了解影响减值支出的五个因素，评判各机构风险抵补能力及对周期性风险因素的抵抗力。

该行通过分析信贷结构的九个维度，评判各机构信贷结构的优劣。

该行通过研究经济资本七大变化，评判各机构资本耗用、风险承担与业务收益的平衡能力以及业务发展质量和可持续性。

此外，该行通过等级行评定、关键绩效指标（KPI）、全面风险管理评价、内控合规评价等综合考评，授信审批能力、信用风险管理、轨迹督察、内外部监管、贷款评估等专业评价以及非现场审计、反洗钱系统等，不断完善风险监测体系，实现对各类业务、各类风险全方位、多维度的监测。

3. 深化全面主动的风险管控体系，下对药方

该行坚持底线思维，持续推进以三管齐下、五个到位和十项基础为主要内容的全面主动风险管理，做到管住人、看住钱、扎牢制度防火墙。

（1）三管齐下。该行坚持党委（班子）管，全面落实班子、主要负责人、班子成员的风险管控责任，以党建引领风险管理工作。该行坚持全面管，在统一风险偏好框架下，对境内分行、境外机构、子公司及总行直营机构实施差别化、精细化管理，加强数据、审计、合规、安保等工作成果在风险管理中的应用，提升集团风险整体管控和协同防控能力。该行坚持主动管，主动设定风险偏好，完善管理框架，做实偏好传导机制；主动强化预期管理，强调关键指标的长期稳健协调；主动调整资产结构，强化资产质量、减值准备、经济资本的精细化管理；主动提升风险经营与选择能力，破解风险难题，履行国有大型商业银行责任；主动实施事前、事中、事后全过程管理，增强风险管理的前瞻性、专业性和有效性。

（2）五个到位。在责任到位方面，该行不断完善尽职免责、违规问责的责任追究机制，推进精准认责，发挥责任认定对违规违纪行为的震慑作用。在监督到位方面，该行针对外部监督、内审监督、二道防线监督，加强监督结果的应用，提高响应与整改效能，统筹应用检查、监控、考评手段，规范机构、员工信贷行为。在人员到位方面，该行加强条线队伍建设，落实风险经理与客户经理人数1∶5的比例要求，加强各风险岗位的制衡；同时，借助高等院校力量，推进产学研结合，强化专业队伍培养。在考核到位方面，该行完善覆盖境内分行、海外机构和子公司的风险管理评价体系，将评价结果与关键绩效指标（KPI）、领导班子综合竞争力监测等考核体系挂钩，发挥考核的“指挥棒”作用。在管理到位方面，该行建立全面风险管理轨迹督察制度，通过强化过程管理，引导分支机构查漏补缺，加强薄弱环节的管控，实现从“被动控”向“主动管”转变。

（3）十项基础。该行发挥风险偏好的引领作用，按照明确做什么、不做什么、如果做承担多大风险的原则制定风险偏好，对业务布局和结构调整进行导向性安排。该行完善风险计量体系，成立风

险计量中心，全面升级风险计量工具，提升模型研发、部署和应用效率。该行构建精细务实的风险政策体系，按照“三分类、九宫格”构建信贷政策体系，做好业务结构、行业结构、区域结构、客户结构、产品结构、期限结构、担保结构、风险结构、收益结构等九大结构精细化安排，科学引导信贷投向和结构调整。该行完善风险制度体系，明确押品、投资交易业务等风控规定动作，加强全流程管控。该行做实三道防线，完善协同和制衡机制，健全立体防御职责体系。该行严格从业人员行为管理，狠抓弄虚作假、有章不循、懈怠不为、不当交易四类行为的专项治理。该行建立全球风险报告机制，持续跟踪国际经济发展趋势和金融市场变化，加强全球风险分析研究，提升风险报告的全面性、及时性和针对性，为管理决策提供有效支持。该行建立集团风险信息共享制度，编发集团风险研究成果专报，提升协同应对能力。该行搭建企业级风险预警体系，实现对集团各类业务风险的统一监测。该行丰富风险管理工具箱，加强准入、限额、计量、回报、拨备、评价、问责等工具的应用，充分发挥其靶向管理作用。

本章小结

本章旨在介绍商业银行风险管理体系的完整架构，整个架构建设的核心都围绕着全面和主动来进行。架构之间七大要素相互补充、相互支撑，构成一个有机整体。全面主动风险管理体系是一个开放包容、不断变化的体系，需要在实践中不断丰富完善。

大型商业银行在金融体系中占据重要地位，其战略定位、边界设定、底线思维尤为重要。风险偏好及政策制度这一要素，必须得到高度重视并落实到位。

风险管理流程与工具这一要素未在本章展开阐述，详见第四章至第六章。不同类别风险、不同类型业务，其风险管理呈现出较大的差异性，这正是风险管理精细化的重要体现，也是商业银行在实践中为完善风险管理体系做出的重要贡献。

相对于其他硬实力建设来讲，风险文化是重要的软实力，要给予足够的重视。大型商业银行机构和人员众多，管理半径大，风险文化的传承、渗透和发扬是一个长期过程，需要数代人的坚守和践行，风险文化将成为优秀商业银行打造百年老店、保持基业长青的基因。

第四章

重要风险的计量与管理

本章提要

西方金融业有句名言："无法计量风险就无法进行很好的管理。"风险计量是风险管理的重要前提和基础。本章在全面主动风险管理体系的框架下，介绍商业银行面临的重要风险，包括重要风险的计量与管理实践。其中，信用风险、市场风险、运营风险、国别风险的计量手段相对完善成熟，而声誉、战略、行为等其他风险的计量手段相对不成熟，还在探索过程中，更多的是从管理机制、工具上着力。

学习目标

了解非零售、零售信用风险计量体系，熟悉违约概率（Probability of Default，PD）、违约损失率（Loss Given Default，LGD）、违约风险暴露（Exposure At Default，EAD）的计量方法；理解市场风险的不同类型，掌握市场风险的 VaR 计量与管理的手段；正确理解运营风险的含义，掌握运营风险管理的三大工具；掌握全面主动风险管理体系框架下各类风险的基本含义，了解各类风险的主要管理手段与管理方式。

第一节　信用风险的计量与管理

一、概述

信用风险又称违约风险，是指借款人、证券发行人或交易对方因种种原因，不愿或无力履行合同条件而构成违约，致使商业银行、投资者或交易对方遭受损失的可能性。广义上讲，信用风险还包括由于债务人的信用评级变动和履约能力变化导致其债务市场价值变动而引起的损失的可能性。

贷款是大多数商业银行信用风险的主要来源。除贷款外，信用风险也广泛存在于担保、承兑、证券投资等业务中。

形成信用风险的因素很多，既有经济周期波动因素，也有客户自身原因。信用风险通常有以下三种表现形式：

一是借款人没有还款意愿。在信用活动中，有些借款人诚信意识淡薄，虽然有还款能力，但并不打算按期归还债务，这是一种明显的道德危险。

二是借款人还款能力不足。借款人在经营管理活动中，由于市场、经营、生产、人员和自然灾害等因素而导致利润下滑或破产，在债务到期后没有足够的现金流按期归还债务，从而给债权人带来经济损失。

三是借款人还款能力下降。虽然借款人还款意愿较好，并且也能够按期归还贷款，但还款能力与之前相比下降了，其具体表现往往是外部评级机构或商业银行对借款人的信用评级的下调，信用评级对债权人持有的资产价格会产生较大影响，导致资产价值损失。

（一）特征

信用风险有许多特征，其中最突出的是非对称性、非系统性、非线性和累积性。

1. 非对称性

对于商业银行来讲，收益是确定好的价格，而损失取决于债务人的违约状况。当债务人不违约时，损失为零，商业银行获得利息；当债务人违约时，损失可能是整个债务总额，比利息收益大很多。在借贷过程中，由于借款人的信息和风险状况对于商业银行来讲是不对称的，很可能会产生道德危险，导致信贷资产发生损失。因此，信用风险的概率分布是不对称的，具有一定的厚尾分布特征，在左侧出现“肥尾”现象。

2. 非系统性

尽管企业的信用风险受到经济周期、宏观经济因素的影响，但是在多数情况下，借款人自身的管理能力、财务状况和还款意愿对是否违约和信用等级具有重大的影响。因此，商业银行提高资产的组合管理能力对于分散信用风险具有非常重要的意义。

3. 非线性

在金融市场中，随着信用衍生品市场的快速发展，信用风险的流动性不断增加，信用风险传染性的影响力越来越大，当信用风险累积到一定程度，会出现放大效应，甚至严重影响金融体系稳定。在现代经济活动中，大部分企业都处于一个供应链上，当供应链上的核心企业出现违约，与核心企业相关的供应链企业都会受到影响。此时，信用风险的传染会表现出明显的“多米诺骨牌”效应、时间延迟效应等非线性特征。

4. 累积性

信用风险的累积性是指信用风险具有不断累积、恶性循环、连锁反应，超过一定的临界点会突然爆发引起金融危机的特点。2007 年爆发的美国次贷危机非常鲜活地呈现了信用风险不断累积的过程。美国次级贷款运作链条共涉及五个市场参与主体：作为次级抵押贷款者的普通居民、以商业银行为主的次级抵押贷款公司、金融产品创新的投资银行、开展信用评级的评级机构和金融衍生产品的购买者。每个参与主体都在危机的连锁反应中加剧了风险积累。

（二）计量

信用风险计量的目的是发现和掌握信用风险的演变规律，为商业银行按照规律对信用风险实施科学管理提供依据和支持。

在计量信用风险的过程中，最为关键的是根据信用风险的定义和特点设计科学的计量指标。在《巴塞尔协议Ⅱ》的信用风险内部评级高级法计量框架下，计量信用风险的指标主要包括债务人违约概率（PD）、违约损失率（LGD）、违约风险暴露（EAD）等。

非零售风险暴露和零售风险暴露的信用风险计量方法差异较大，本节将结合实践分别介绍两类风险暴露的信用风险计量方法。

二、非零售信用风险计量

（一）债务人违约概率的计量

违约概率（PD）是指债务人在未来一段时间内（通常一年）违约的可能性，是计量客户违约可能性的指标。举例说明，假设有 100 个一年期违约概率都是 2%的客户，则意味着这 100 个客户中，未来 1 年中有 2 个客户要违约。

直接预测债务人的违约概率非常困难。即使通过技术方法预测出一个客户的违约概率，也难以验证预测的准确性。这是因为在理论上，单个客户在未来一段时间内要么违约（实际违约概率为 100%），要么不违约（实际违约概率为 0），通常与违约概率预测相差相当大。因此，商业银行在估计债务人违约概率的实践当中，通常采用客户评级技术，将信用风险相近的客户归到同一个级别中。同一级别的客户具有相同或相近的违约概率。这样就可以采用统计方法来验证估计的违约概率是否审慎或准确。接下来，本书先介绍客户评级技术。

1. 评级哲学

评级哲学是在设计客户评级体系时首先要考虑的重要问题，反映了商业银行对经济周期的一种态度。评级哲学一共有三种：时点评级（Point In Time，PIT）、跨周期评级（Through The Cycle，TTC）和介于两者之间的评级。

不同的评级哲学，评级特点完全不同。时点评级的特点是债务人违约概率随着特定风险和经济周期的变化而波动，具有实施难度较小、需要的数据相对少的优点。其缺点是计算出的违约概率和资本要求受经济周期波动影响较大。跨周期评级的特点是债务人违约概率不随经济周期而变化，只随债务人特定风险的变化而波动。其优点是计算出的违约概率和资本要求受经济周期波动影响较小，缺点是实施难度较大，成本较高，需要更多的数据和分析。

从时点评级和跨周期评级的特点不难看出，时点评级对风险的敏感性要高于跨周期评级，因此计量出的违约概率比较适合短期贷款的定价，但由于受经济周期波动影响较大，通常不能用来进行资本的管理，也无法满足监管资本计量要求。但纯跨周期评级在解决短期贷款的定价问题方面支持作用不够。因此，在开发客户评级模型时，多数商业银行会选择介于时点评级和跨周期评级之间的评级哲学。

2. 客户评级主标尺

客户评级主标尺是商业银行区分客户信用风险的管理工具，是客户评级的基础。客户评级主标尺包括评级符号、违约概率（PD）区间、各等级的平均违约概率、核心定义与特征描述等，如表 4-1 所示。

表 4-1　客户评级主标尺（示例）

评级符号	PD 区间高值(%)	PD 区间低值(%)	平均违约概率(%)	特征描述
1	0.01	0.07	0.04	客户偿还债务能力极为卓越，能够主动抵抗各类风险（包括极端情况下的风险），发生风险的可能性极为渺茫，在全球范围内处于领先地位
2	0.07	0.11	0.09	客户偿还债务能力卓越，能够主动抵抗各类常规风险，发生风险的可能性极小，在主要经济体处于领先地位
3	0.11	0.30	0.25	客户偿还债务能力很出众，发生风险的可能性很小，在国家范围内处于绝对领先地位
4	0.30	0.50	0.4	客户偿还债务能力出众，发生风险的可能性很小，在国家范围内处于领先地位
……				
8	2.4	3.2	2.8	客户目前仍有偿债能力，但持续的不稳定情况或商业、金融、经济的波动可能削弱客户偿还债务的能力和意愿，具有较大的不确定性
……				
12	100	100	100	客户已经处于违约状态，出现违约事件

目前在业界主要有两种客户评级主标尺设定方法：一种是把客户评级主标尺设定与模型中的长期违约中心趋势（Central Tendacy，CT）校准过程相结合；另一种是客户评级主标尺设定与模型中的长期违约中心趋势校准相互独立。

小知识

长期违约中心趋势

长期违约中心趋势表示特定资产组合总体长期的平均违约水平，是客户评级模型校准中的重要风险参数。比较常见的估计长期违约中心趋势的方法是各年客户平均违约概率的简单算术平均法和客户数加权平均法。令 D_t，N_t 分别表示第 t 年特定资产组合总体的违约客户数和总客户数，则：

$$简单算术平均法：CT = \frac{\sum_{t=1}^{T} D_t / N_t}{T}$$

$$客户数加权平均法：CT = \frac{\sum_{t=1}^{T} D_t}{\sum_{t=1}^{T} N_t}$$

第一种方法主要包括客户评级主标尺假设、长期违约中心趋势校准和各等级客户分布三方面内容，它的实现过程是通过试错法让客户评级主标尺尽量满足这三方面的一些假设条件。其总体思路是先对各子资产组合假设一个经验性等级分布，再通过对建模样本实际违约概率的拟合和整体资产组合的长期违约中心趋势校准来确定客户评级主标尺。如果采用第一种方法建立客户评级主标尺，则需要建立客户评级主标尺各等级与违约概率估计值的映射关系。具体的方法是将客户的条件 PD 值看成一个分数，映射到客户评级主标尺后，再建立分数到客户违约率之间的关系模型。

第二种方法是分开处理模型校准和客户评级主标尺设定。其基本思路是首先对各个客户评级模型进行校准，获得各个客户的违约概率估计，其次按照一定规则，根据资产组合中客户的违约概率分布划分出一定数量的违约概率区间，最后为每个违约概率区间赋予一个相应的等级符号。如果采用第二种方法建立客户评级主标尺，银行需要将客户的 PD 值映射到客户评级主标尺上。具体的方法是：采用贝叶斯全概率公式将客户的条件 PD 值转化为无条件 PD 值，并按照 PD 值与客户评级主标尺的对应关系将 PD 值映射到客户评级主标尺的等级上。映射公式如下：

$PD = PD\_模型 / \{PD\_模型 + [(1-CT)/CT \times 样本违约率/(1-样本违约率)] \times (1-PD\_模型)\}$

在设计客户评级主标尺时，银行应坚持以下原则：

第一，满足银行业务精细化、差别化管理的需要，使在同一等级的客户数和风险暴露不过于集中（如某一等级风险暴露占比不超过所有评级客户的 30%），确保对信用风险的有效区分。

第二，符合监管要求，客户评级主标尺至少要设置 7 个非违约等级和 1 个违约等级。

第三，保持连续性，确保新旧标尺能够较好地对应，对业务经营和管理不会产生大的波动。

第四，能够更好地区分客户信用风险。

第五，各等级的 PD 区间对数间隔尽量相同。

3. 评级方法

第一，专家判断。早期对客户的评级基本上是依靠信贷专家的信贷经验做出的。商业银行依靠一批有经验、训练有素的信贷专家，从借款人的道德品质、资本实力、还款能力等多个方面对债务人的偿债能力分析，根据分析结果为客户评定信用等级。专家方法存在两个问题：一是一致性问题。不同的信贷专家，其经验不同，分析客户信用风险的角度不同，造成评价客户信用风险的因素不同。二是主观性问题。即使分析客户信用风险的因素确定下来了，各因素的权重也是因人而异的。由于没有统一、规范和一致的评级方法，不同的评级人员对同一个客户的评级有时会相差较大。

第二，评级模板。为了解决专家判断存在的局限性，综合各个专家的信贷经验，设计统一的评价信用风险的维度，并采用层次分析法确定各风险维度和评级指标的权重，形成评级模板，可以有效降低不同评级人员之间的评级分歧。评级模板只能给出客户信用风险的序数化度量，但不能体现风险水平的差异化程度。

第三，评分卡。评分卡是在评级模板的基础上发展起来的，是评级模板的改进版。评分卡不仅包含预测信用风险的解释变量，而且还为每个变量设定了权重，通过加权平均得到一个总的评分。有了分值以后银行就可以实现对信用风险的排序。评分卡的局限性在于没有给出客户违约概率的估计，只是计算出了一个代表信用风险的信用分数。

小知识

Z-score 评分卡模型

1968 年，纽约大学斯特恩商学院教授爱德华·奥特曼（Edward Altman）对美国破产和非破产上市企业进行观察，采用了 22 个财务比率，根据数理统计中的判别分析方法选择出了对贷款质量影响最大、最具预测能力的 5 个变量，构建了 Z-score 模型：

$$\text{Z-score}=1.2\times\frac{\text{净营运资本}}{\text{总资产}}+1.4\times\frac{\text{留存收益}}{\text{总资产}}+3.3\times\frac{\text{息税前利润}}{\text{总资产}}+0.6\times\frac{\text{优先股和普通股市值}}{\text{总负债}}+0.999\times\frac{\text{销售收入}}{\text{总资产}}$$

第四，默顿（Merton）模型。默顿（Merton）模型基于期权定价模型设计，假设公司的价值服从几何布朗运动，如果公司的价值不能偿付债务本金，则发生违约事件。在违约时，债券持有人比股东具有优先权，可以获得公司的全部价值。

根据期权定价模型，可以推导出债务人的违约概率：

$$PD=N\left[-\frac{\log\left(\frac{V_t}{K}\right)+(r-0.5\times\sigma_V^2)(T-t)}{\sigma_V\sqrt{T-t}}\right]$$

式中，V_t，K，σ_V，r，T 分别是公司在 t 时刻的资产价值、债务本金、资产价值的波动性、无风险利率、债务到期期限，N（·）为累积正态分布函数。

案例

某公司资产价值为 20 亿元，总负债为 15 亿元（负债期限为一年），资产收益率的标准差为 0.2，一年期无风险利率为 3%。

通过默顿（Merton）模型计算该公司的一年期违约概率如下：

$$PD=N\left(-\frac{\log\left(\frac{20}{15}\right)+(3\%-0.5\times0.2\times0.2)}{0.2}\right)=6.83\%$$

第五，KMV 模型的预期违约率（Expected Default Frequency，EDF）方法。公司的违约概率取决于三个因素：公司的资产价值、资产的风险和资本结构。当公司的资产价值低于某个违约点①时，公司就会选择违约。估计公司的违约概率共包括以下三个步骤：

第一步，估计公司的市场价值 A 和波动率 σ_A。

$$\bar{E}=f(A,\ \sigma_A,\ \bar{B},\ \bar{r},\ \bar{\tau})$$

$$\overline{\sigma_E}=g(\sigma_A)$$

式中，A，σ_A，$\bar{B}$，$\bar{r}$，$\bar{\tau}$ 分别是公司的资产价值、资产价值的标准差、公司的违约点、无风险利率、负债的剩余期限。$\bar{E}$ 和 $\overline{\sigma_E}$ 分别是公司的股权价值和股权价值的标准差。$\bar{r}$，$\bar{\tau}$，$\bar{E}$，$\overline{\sigma_E}$ 四个变量可以通过观察或统计得到。$\bar{B}$ 通常位于整个负债和短期负债之间的某一点。上述方程组中包含两个方程和两个未知变量 A 与 σ_A，可以求解。

第二步，计算违约距离。

$$违约距离(DD)=\frac{资产价值\ A-违约点\ \bar{B}}{资产价值的波动率\sigma_A}$$

违约距离融合了一个公司三个关键的信用要素：资产价值、资产风险以及资本结构。

第三步，计算违约概率。根据包含大量公司违约信息的历史数据库，银行按照以下公式计算公司的违约概率：

$$EDF=\frac{违约距离等于\ DD\ 的客户在一年内违约的数目}{违约距离等于\ DD\ 的客户总数}$$

例如，根据银行的历史数据库统计，违约距离为 2 的客户共有 1 000 个，其中有 10 个客户在未来一年内发生了违约，则违约距离为 2 的公司的违约概率确定为 1%。

第六，统计模型法。统计模型法是基于大量的历史数据，采用数理统计方法找到影响客户违约的主要风险驱动因素（$X_1,X_2,\cdots,X_n$），再建立风险驱动因素与客户违约之间的关系［$PD=f(X_1,X_2,\cdots,X_n)$］，从而估计客户违约概率的一种方法。

统计模型主要包括 Logistic 回归模型、Probit 模型。

Logistic 回归模型是在商业银行客户信用评级中用得最多的统计模型。其基本原理是：设 X_i 表示影响客户 i 违约的一组解释变量，定义指标 $Z_i=\alpha+\beta X_i$，假设存在 Z^* 服从 Logistic 分布，当 $Z_i\geqslant Z^*$ 时，客户 i 违约；反之，则不违约。

---

① 违约点介于总债务和短期债务之间，如果短期债务/长期债务<1.5，则违约点=短期债务+0.5×长期债务；否则，违约点=短期债务+（0.7-0.3 短期债务/长期债务）×长期债务。

客户 i 的违约概率 PD_i 可以从下式计算得到：

$$PD_i = P\{客户\ i\ 违约 \mid Z_i\} = P\{Z_i \geqslant Z^*\} = \frac{1}{1+\exp(-Z_i)}$$

$$= \frac{1}{1+\exp(-\alpha-\beta X_i)}$$

由上式，可得：

$$\frac{1-PD_i}{PD_i} = \exp(-\alpha-\beta X_i)$$

$$\ln\left(\frac{PD_i}{1-PD_i}\right) = \alpha+\beta X_i$$

在上述回归方程中，因变量是违约发生比的对数。通过回归，上述方程中的参数 α 和 β 可以估计出来，就可以用来估计客户的违约概率了。

Logistic 回归模型有一些非常好的性质：一是值域正好介于 0~1。二是采用最大似然估计，因此参数估计是无偏的。三是 Logistic 回归模型可以采用逐步回归技术筛选变量，目前可以采用 SAS 等统计软件开展 Logistic 回归分析、建立模型。

Probit 模型和 Logistic 回归模型比较类似，不同点在于分布不同。Logistic 回归模型采用 Logistic 分布函数，而 Probit 模型则采用累积标准正态分布函数。Logistic 概率分布函数的尾部比标准正态分布要“厚”一些，接近 1 和 0 的速度比累积标准正态分布函数要慢一些。

定义指标 $Z_i=\alpha+\beta X_i$，当 $Z_i \geqslant Z^*$ 时，客户 i 违约，反之则不违约。Z^* 服从正态分布，则：

$$PD_i = P\{客户\ i\ 违约 \mid Z_i\} = P\{Z_i \geqslant Z^*\} = \frac{1}{\sqrt{2\pi}}\int_{-\infty}^{\alpha+\beta X_i} e^{\frac{-s^2}{2}}\mathrm{d}s$$

拓展阅读

建模准备工作——模型划分

在建立客户评级模型之前，商业银行必须根据需要并结合实际考虑哪些业务敞口和客户群体需要建立模型、需要建立多少个模型。理论上讲，商业银行需要对承担信用风险的所有敞口建立客户评级模型。业务范围广泛、客户群体复杂的商业银行，由于客户的风险特征不同，可能需要建立几十个，甚至上百个模型。实际上，模型并不是越多越好，也不是越少越好。模型数量多，很难保证所有模型有充足的违约样本验证模型的表现，模型的有效性就会受到质疑；模型数量少，模型中客户的风险同质性就会变差，则很难保证模型有优良且稳定的表现。例如，如果将大中型企业和小企业混在一起建立模型，由于风险特征差异巨大，将无法建立一个高质量的模型，很可能导致模型过于复杂或模型表现难以通过验证。因此，模型划分是模型构建过程中一个非常重要且必须做好的一项工作。模型的数量要与商业银行的业务范围、客户结构、数据情况等密切相关。在模型划分时，只有遵循一些合理的原则，才能建立出高质量的模型。从国内大型商业银行的实践来看，模型划分一般要遵循风险同质性、业务代表性、数据充分性和成本可控性四项原则。

第一，风险同质性。相同模型中客户的运营模式、风险特征相近，不同模型间的客户运营模式、风险特征差异大。商业银行可以先根据业务经验，从客户生产的产品类别和供应链等维度出发，将在运营模式和风险特征上明显存在差异的客户分开。例如，企业类客户、事业类客户和金融机构客户在风险特征上存在明显的差异，从编制的财务报表上也可以看出，因此应划分为不同的模型。

第二，业务代表性。划分的模型能够代表商业银行的主要业务敞口和业务重点。例如，造纸行业不是商业银行的主要业务敞口和业务重点，商业银行就没有必要为造纸行业专门建立一个模型。如果某个业务敞口客户违约样本不足，但却是商业银行的业务重点，商业银行也应该单独建立一个模型。

第三，数据充分性。开发违约概率模型对违约样本数量存在较高的要求，如果违约样本数量过低，设计出来的评级模型没有把可能影响客户违约的因素充分地筛选、提取出来，模型表现在投产后很可能不稳定。根据业界的建模经验，开发非零售客户评级模型的违约样本不能低于50个。

第四，成本可控性。模型并不是越多越好。由于模型的开发需要大量的研发人员、验证人员，模型的维护需要定期对上线的模型进行监测，如果发现模型的表现低于管理标准，商业银行就需要模型管理部门及时启动模型优化程序。因此，模型越多，开发和维护成本一般也越多。

一般来说，模型划分得越精细，风险同质性越好。但随着模型越来越精细，每个模型的开发样本中包含的违约样本数量也越来越少，开发和维护成本也越高。如果运行的模型经AR值、KS值、违约概率偏离度等指标检验表现非常良好，则不需要进一步细分模型。反之，如果业务发展和管理需要或模型表现不佳，商业银行需要考虑进一步细分模型，以提高评级模型内部的风险同质性。

案例

某商业银行将国内一般公司类大中型客户评级模型按照风险同质性、业务代表性、数据充分性和成本可控性原则进一步细分为17个客户评级模型，分别是农林牧渔业、采矿业、食品业、纺织服饰业、生活用品业、耐用消费品业、石化工业、金属冶炼业、建材工业、装备工业、大宗商品批发业、非大宗商品批发业、零售业、房地产开发业、建筑业、能源基础设施和其他服务业。

第七，决策树方法。决策树方法是一种树形结构的预测分析模型，由结点和有向边组成，结点包括内部结点和叶子结点。内部结点表示一个特征或属性，叶子结点表示一个分类。决策树模型的优点是决策规则以树型结构展示，非常直观易懂，可以处理非线性问题。

决策树包括分类决策树和回归决策树两种。输出变量是分类型变量所建立的决策树称为分类决策树，用于分类的预测。输出变量为数值型变量所建立的决策树称为回归决策树，用于数值的预测。

决策树方法是一种有监督的学习算法，要求有解释变量和因变量。商业银行运用决策树方法，选择多个对客户违约有较强预测能力的决策变量，并按照决策规则将客户进行分类。决策树的每个叶子结点都代表一个分类。每一个分类中，客户的违约概率可以通过以下公式计算：

$$PD = \frac{\text{叶子结点中违约客户的数量}}{\text{叶子结点中客户的数量}} \times 100\%$$

第八，机器学习方法。随着人工智能算法的不断发展，神经网络技术也被应用到了客户评级模型的构建中。构建神经网络的灵感来自生物神经网络。机器学习方法利用计算机技术模拟生物神经系统，建立简化的神经系统，让机器不断进行自我学习，积累知识和经验，达到较好的学习效果。机器学习方法比一般的统计方法具有较强的自适应性和稳定性。神经网络一般包括输入层、隐藏层、输出层。每一层有若干神经元。输入层负责接收数量化的资料。隐藏层负责处理输入层传送的信息，并转化成中间结果传递给输出层。输出层负责结果输出。人工神经网络根据拓扑结构不同分为两层神经网络、三层神经网络和多层神经网络；根据层间连接方式不同分为前馈式神经网络和反馈式神经网络；根据学习方式不同分为感知机和认知机，感知机采用有监督的学习方法，认知机采用无监督的学习方法。在构建客户违约概率模型方面，反向传播（BP）网络和径向基函数（RBF）网络是比较常用的神经网络方法。神经网络有两个主要的局限性：一个是“黑箱”问题，另一个是容易出现“过度拟合”问题。

随着金融科技和机器学习算法的不断发展，客户评级模型的构建正在朝着智能化的方向发展，现在建立模型的速度比以前有了质的飞跃。业界建立了包括判别分析、Logistic 回归模型、Probit 模型和人工神经网络等在内的各类评级模型，并对这些模型加以组合，为提高风险计量的准确性和稳定性提供了可能。未来的趋势是将各种信用评级方法进行有效的整合，将各类模型的优点充分利用起来，以共同对客户的信用风险做出评估。

（二）非零售债项违约损失率（Loss Given Default，LGD）**的计量**

违约损失率是指某一债项违约导致的损失金额占该违约债项风险暴露的比例，即损失占风险暴露总额的百分比。违约损失率计量方法包括回归分析方法、决策树方法、隐含数据分析法和现金流分析法。

1. 回归分析方法

商业银行根据债项实际损失的历史数据，应用回归分析方法建立模型，然后再进行校准。

回归分析模型的建立包括损失定义、数据收集、数据清洗、违约损失率的计算、模型划分、样本选择、指标构造、变量选取、模型校准等步骤。

第一，损失定义。损失是指经济损失，包括本金的损失、利息的损失、回收的直接成本和间接成本。计算或统计损失应考虑贴现率的影响。

第二，数据收集。数据收集，即收集历史上所有的违约债项数据，数据时间长度应不少于 7 年。

第三，数据清洗。数据清洗是指对收集的债项数据进行清洗，清洗过程要注意历史上发生剥离的数据。由于数据质量原因，商业银行虽然在建模时可以不考虑数据清洗，但在对违约损失率（LGD）校准时需要考虑数据清洗。

第四，违约损失率的计算。

$$违约损失率（LGD）= 1 - 回收率\ RR_i$$

$$= 1 - \frac{\sum_j R_{i,j}/(1+r)^j - \sum_j C_{i,j}/(1+r)^j}{EAD_i}$$

式中，$R_{i,j}$ 表示债项 i 的第 j 期回收金额，$C_{i,j}$ 表示债项 i 的第 j 期回收成本，EAD_i 表示债项 i 违约时的风险敞口，r 表示贴现率。

计算回收率有两个非常重要的因素需要考虑：一是定义合理的回收观察期。由于不同违约债项的回收时间长度存在差异，有长有短，因此建模通常结合回收数据分布设定一个统一的回收观察期。二是定义合理的贴现率。因为回收需要时间，加之回收时间内的资金具有成本，商业银行应将各个期限回收的金额折现到违约时点。商业银行应在无风险利率基础上加上一定的风险溢价作为折现率。

第五，模型划分。根据债项的不同特点，商业银行应考虑建立哪些LGD模型。商业银行一般可以按照客户类型和是否违约进行模型划分。模型通常分为违约债项LGD模型、大中型客户LGD模型、事业类客户LGD模型和小企业类客户LGD模型。

第六，样本选择。样本选择是指将建模样本按照一定的比例分为开发样本和检验样本。

第七，指标构造。设计的指标包含客户、债项和押品等各类指标，如客户所属行业、所属区域和规模，债项的产品类型、期限和金额，押品的价值和类型等。LGD模型的指标库中包含的指标多达上百个。

第八，变量选取。商业银行将以上变量按照一定的方法转换后，采用Logistic回归模型建立解释变量与违约损失率之间的关系（当债项的实际违约损失率大于等于样本的均值时，因变量的值设为1；否则，设为0）。商业银行筛选AR值高于一定阈值（如0.2）的、对违约损失率预测有重大贡献的变量作为候选变量，然后再采用Logistic逐步回归技术逐个加入变量，直到加入新变量不能提高AR值或回归系数发生错误为止。

第九，模型校准。商业银行可以将Logistic回归模型计算出的结果作为衡量债项回收质量的分数，然后再基于整体样本将每笔债项的回收质量分数与违约损失率进行校准，拟合函数可以采取多项式拟合。这样就建立了解释变量与债项违约损失率之间的关系。

2. 决策树方法

决策树方法也是建立LGD模型的一种常用的方法。债项违约损失率估计的决策树模型的建立方法与客户违约概率估计相同。商业银行也可以根据业务经验选定分组变量及其分组方法，快速求出每个叶子节点的历史平均违约损失率。

3. 隐含数据分析法

隐含数据分析法是指根据债券或贷款的信用溢价信息推导债项的违约损失率的方法。其基本逻辑是市场对贷款或债券的定价是理性的，包含企业的信用风险信息。该方法在债券和信用衍生产品中有一定的应用，在贷款中应用较少。

4. 现金流分析法

现金流分析法是指通过预测不良资产在清收过程中的现金流，计算贴现值得到违约损失率的方法。这种方法有两个方面非常重要：一是合理估计清收现金流的数额及时间分布，二是确定合理的现金流折现率。

（三）非零售违约风险暴露（Exposure At Default，EAD）的计量

违约风险暴露是指债务人违约时预期表内和表外项目的风险暴露总额。违约风险暴露包括已经使用的授信余额、应收未收利息、未使用的授信额度的预期提取数量以及可能发生的相关费用等。

实施信用风险内部评级法的大型商业银行计量非零售违约风险暴露（EAD）有两种方法：一种是信用风险内部评级初级法，采用监管规定的规则计量 EAD；另一种是信用风险内部评级高级法，银行根据历史数据建立模型来估计 EAD。

1. 信用风险内部评级初级法

（1）表内业务。EAD=贷款余额+应收未收利息。

（2）表外业务。EAD=信用余额 × 信用转换系数（CCF）+垫款余额。

各表外项目的信用转换系数如表 4-2 所示。

表 4-2　各表外项目的信用转换系数

项目	信用转换系数（CCF）（%）
1. 等同于贷款的授信业务	100
2. 贷款承诺	
2.1 原始期限不超过 1 年的贷款承诺	75
2.2 原始期限 1 年以上的贷款承诺	75
2.3 可随时无条件撤销的贷款承诺	0
3. 未使用的信用卡授信额度	
3.1 一般未使用额度	50
3.2 符合标准的未使用额度	20
4. 票据发行便利	75
5. 循环认购便利	75
6. 银行借出的证券或用作抵押物的证券	100
7. 与贸易直接相关的短期或有项目	20
8. 与交易直接相关的或有项目	50
9. 信用风险仍在银行的资产销售与购买协议	100
10. 远期资产购买、远期定期存款、部分交款的股票及证券	100
11. 其他表外项目	100

对于有承诺的贷款，则 EAD=已支用贷款余额+应收未收利息+未支用的承诺金额 × 信用转换系数（Credit Conversion Factor，CCF）。

2. 信用风险内部评级高级法

采用内部评级高级法计量违约风险暴露（EAD）的公式与信用风险内部评级初级法相同。不同的是信用转换系数（CCF）需要基于商业银行自身积累的违约历史数据建立统计模型估计得到。

商业银行在建立统计模型时，解释变量为客户规模、客户所属行业、合同金额、产品特征等。因变量为 $CCF = \frac{违约点余额 - 观察点余额}{观察点可用额度}$ 或 $CCF = \frac{违约点余额 - 观察点余额}{观察点信用余额}$。

三、零售信用风险计量

随着人们生活水平和消费水平的不断提高，人们对金融产品和服务的需求也在不断增加。商业银行紧跟市场发展趋势，大力发展零售银行业务。近年来，商业银行的零售银行业务获得迅猛发展，零售业务贷款占比持续提高。

零售银行业务的特点是客户基础大、单笔金额小、风险相对分散，传统的以人工为主的风险管理模式难以满足零售银行业务稳健发展的需要。零售信用评分、零售风险分池等现代风险计量和管理工具应运而生，被广泛应用到信用卡生命周期管理，汽车贷款、住房贷款、个人消费贷款管理等领域，成为零售银行业务持续高质量发展的重要保障。

（一）零售信用评分

1. 定义和分类

零售信用评分是运用数据挖掘技术和数理统计方法，通过对客户的基本特征、历史信用记录、行为记录和交易记录等数据进行系统的分析，发现蕴含在数据中的违约特征，找到历史信息与未来信用表现之间的关系，以一个信用评分来综合评估客户未来的信用表现，为信用风险管理提供决策的依据。分数越高，客户未来违约的可能性越小；反之，则可能性越大。

按照评分对象不同分类，零售信用评分分为账户信用评分和客户信用评分。账户信用评分用于账户层面的申请批准、额度管理等。客户信用评分用于客户关系管理、交叉销售和客户总体风险管控等。

按照零售信贷业务的生命周期不同分类，零售信用评分分为申请评分、行为评分、催收评分等。申请评分用于账户开立之前的新业务申请的审批决策，运用的数据包括客户基本信息、过去的交易信息和外部的征信信息，如年龄、学历、家庭状况、收入等。行为评分用于账户开立之后的限额设置、超限额管理、额度审批等账户管理活动，主要运用账户过去的行为信息数据，如信用额度、月均贷款余额、正常还款次数、是否逾期等。催收评分用于逾期贷款的催收管理，使用客户的年龄、账龄、电话催收失联次数等客户申请、账户行为和贷款催收信息等。

2. 评分体系

零售信用评分体系包括信用评分模型、评分系统和评分政策。

评分模型是零售信用评分体系的基础。评分模型通常根据零售信贷业务的种类和风险同质性原则建立，相同业务种类和相近风险特征的信贷业务共同建立一个模型。模型的主要种类包括 Logistic 回归模型和决策树模型，模型开发过程包括违约定义、收集数据、数据清洗、模型分组、变量构造、变量转换、变量分析、建模、返回检验和校准等，保证建立的模型科学严谨、经得起检验。

评分系统是零售信用评分体系的支撑。评分系统由业务流程系统与风险计量引擎组成，为零售业务经营管理提供支撑。评分流程部署在业务流程系统中，评分模型部署在风险计量引擎中，相互之间实时交互客户信息与风险计量结果。

评分政策是零售信用评分体系的灵魂。如果没有应用，即使拥有再好的模型和系统，也不可能发挥作用和价值，因此建立与评分模型和评分系统相配套的评分政策是做好信用评分的关键。根据评分政策的用途不同，评分政策包括排除政策、硬政策、筛选政策和挑选政策。排除政策是指根据法律法规和银行内部规章制度的规定，不允许办理的业务政策。硬政策是指不考虑评分结果，直接给予审批通过或拒绝的政策。筛选政策是指根据设置的低分阈值和高分阈值由系统自动审批筛选客户的政策。当客户信用评分低于低分阈值时，自动拒绝；当客户信用评分高于高分阈值时，自动通过。挑选政策是指根据一定规则挑选出来由人工审批的政策。

3. 评分作用

第一，更精准地传导风险偏好和管理意图。零售信用评分体系采用统一的评价标准对客户信用质量进行评估，保证了评价结果的客观性和一致性。银行基于零售信用评分设置统一的风险管理参数，可以将风险偏好和管理意图精准地传导到各个层级的业务活动中。

第二，提高信贷审批效率、降低运营成本。银行将零售信用评分与信贷审批相结合，基于零售信用评分制定“高分自动通过、低分自动拒绝”的审批策略，通过计算机系统对新的零售业务申请进行自动审批，可以在风险可控的前提下，大幅提升信贷审批效率、节约运营成本，同时提高客户满意度。

第三，提升贷后管理水平。通过评分系统，银行可以批量自动化监测整个银行的零售信贷资产的信用风险状况，及时发现债项和组合层面存在的潜在信用风险与营销机会，并及时开展风险预警、风险处置、组合管理、交叉营销等经营管理活动。

（二）零售资产池

零售信贷资产笔数多、金额小，采用组合方式计量管理风险非常经济、实用。《巴塞尔协议Ⅱ》提出采用“零售资产池”模式计量零售风险暴露的违约概率（PD）、违约损失率（LGD）和违约风险暴露（EAD）等风险指标。

1. 定义

零售资产池是具有风险同质性的零售债项组合。根据零售资产池计量的风险指标，零售资产池分为PD、LGD和EAD资产池，每个资产池内的债项具有相同的违约概率、违约损失率和信用转换系数（CCF）。

2. 划分原则

零售资产池的划分原则如下：应对已违约的零售风险暴露分别进行风险划分；风险分池应同时反映债务人和债项主要风险特征；同一零售资产池内具有风险同质性，零售资产池间具有风险异质性；每笔零售风险暴露都应列入相应的零售资产池。

3. 划分方法

零售资产池划分的基本原理是根据对目标变量PD、LGD、CCF有预测能力的解释变量，采用标准、一致的规则将零售债项按照风险同质性原则划分成若干个具有相同风险特征的零售资产池。解释变量一般包括债务人的申请评分、行为评分、年龄、家庭总资产、贷款金额、还款比例、账龄等。

根据零售资产池划分顺序不同，零售资产池划分有自下而上和自上而下两种方式。自下而上方式是根据已有统计模型对零售资产池中的每笔债项进行风险评估，然后根据风险评分，自下而上地进行聚类。自上而下方式是根据业务经验确定分池指标，从总体资产组合出发，层层划分零售资产池。自下而上分池方法比自上而下分池方法更为精细化。

根据零售资产池划分技术不同，零售资产池划分有以下两种方式：

一是模型法。银行一般采用决策树模型进行分池。比较著名的决策树算法包括C5.0、CART、QUEST和CHAID等决策树算法。CHAID决策树算法是最常用的划分零售资产池的方法，基于卡方、似然比卡方检验或F检验依次确定最佳分组变量和分割点，并确定分类规则。在采用决策树模型分池时，银行如果建立了申请评分模型和行为评分模型，可将申请评分和行为评分作为分池的变量。

二是专家法。银行可以基于专家经验进行分池。对数据或样本较少、还没有建立评分模型的零售信贷业务，银行可以采用专家法划分资产池。

4. 验证

在采用决策树模型划分零售资产池的过程中，确定最佳分组变量和分割点的方法实际上对零售资产池进行了异质性检验。在零售资产池投产运行后，银行采用Z检验和t检验等统计假设检验方法验证各个零售资产池内部债项的风险同质性和资产池之间的风险异质性。

（三）零售风险暴露PD、LGD和EAD的估计

1. 违约概率（PD）估计

零售债项的违约概率是指零售债项在未来一段时期内（通常为一年）的违约可能性。违约概率可以根据以下公式计量：

零售债项的PD=零售债项所属资产池内的违约债项数目/零售债项所属资产池内的债项数目

2. 违约损失率（LGD）估计

零售债项的违约损失率是指零售债项在违约后违约风险暴露损失的比例。银行在估计违约损失率时应考虑所有可能影响违约损失率的重要因素，包括产品、贷款优先级、贷款用途、抵质押情况等。违约损失率应不低于违约加权长期平均损失率。

采用清收法计算每笔违约债项的实际LGD公式如下：

$$LGD = 1 - \text{回收率}(RR_i) = 1 - \frac{\sum_j R_{i,j}/(1+r)^j - \sum_j C_{i,j}/(1+r)^j}{EAD_i}$$

式中，$R_{i,j}$，$C_{i,j}$，EAD_i分别表示债项i的第j期回收金额、回收成本以及违约时的风险敞口。r表示贴现率。

违约损失率可以根据以下公式计量：

$$LGD = LGD\text{资产池内债项}LGD\text{的违约加权长期平均}LGD$$

由于在经济衰退期，催收成本会升高、回收率会降低、回收时间会拉长，因此银行还应对LGD进行衰退期调整。银行业一般参照美国监管机构的公式对LGD进行衰退期调整。

$$\text{衰退期的}LGD = 0.08 + 0.92 \times LGD\text{估计}$$

3. 违约风险暴露（EAD）估计

零售债项的违约风险暴露是指零售债项在违约时点表内和表外项目的风险暴露总额。

对于非循环类零售贷款业务，违约风险暴露=贷款余额+应收利息+催收利息。

对于循环类零售信贷业务，违约风险暴露=已使用额度+应收利息+催收利息+未使用额度×信用转换系数（CCF）。其中，信用转换系数（CCF）通过EAD分池进行估算。

四、模型验证

当模型研发部门将模型开发出来之后，需要独立的验证部门（或团队）

对模型的质量进行验证，验证合格之后才能投产使用，其目的是防范模型风险。根据监管要求，所有模型在投产使用前都必须通过独立的验证。通常大型商业银行都设有一个独立的模型验证部门或团队，专门从事模型验证工作，有点类似于企业的产品质量控制部门。下面以客户评级模型为例介绍模型验证的指标。

（一）验证指标

1. 模型区分能力检验

KS 统计量是专门用来检验模型区分能力的指标，它在数值上等于违约客户与非违约客户两类客户违约概率分布之间的最大距离。我们假设违约客户和非违约客户违约概率的条件分布函数分别是 F（PD | 违约客户）和 F（PD | 非违约客户），则：

$$KS = \max_{PD}(|\ F(PD|\ \text{违约客户}) - F(PD|\ \text{非违约客户})\ |)$$

KS 值介于 0~1，越接近 1 说明模型区分能力越强。KS 值等于 0 说明模型没有区分能力。在实际应用中，KS 值超过 0.3 说明模型区分能力尚可，可以应用；超过 0.4 说明模型区分能力较好；超过 0.5 则说明模型区分能力比较优秀。

2. 模型风险排序能力检验

CAP（Cumulative Accuracy Profile）曲线在二维坐标系中以图形化方式展现评级模型的排序能力。银行先按照违约概率从高到低对客户进行排序，再以客户累计百分比为横轴，以违约客户累计百分比为纵轴，分别绘制出完美模型、待验证模型、随机模型三条 CAP 曲线（见图 4-1）。完美模型是指所有违约客户均被最先筛选出来的评级模型。随机模型是指违约客户与非违约客户被筛选出来的百分比都相同的评级模型。待验证模型 CAP 曲线越接近左上角，模型的排序能力越好；反之，越靠近右下角，模型的排序能力越差。

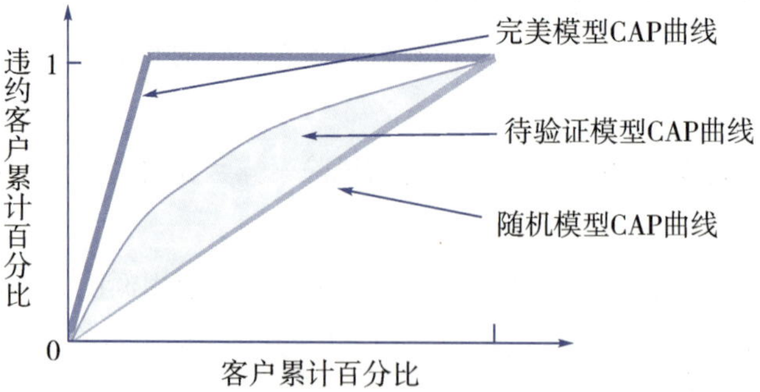

图 4-1　CAP 曲线

准确度比率（Accuracy Ratio，AR）是专门用来检验模型风险排序能力的定量指标。计算公式为：

$$AR=\frac{\text{对角线以上待验证模型 CAP 曲线与对角线之间的面积}-\text{对角线以下待验证模型 CAP 曲线与对角线之间的面积}}{\text{完美模型 CAP 曲线与对角线之间的面积}}$$

AR 值为一个从-1 到 1 的数值，越接近 1 说明按照违约概率从高到低排序后排在前面的违约客户越多，评级排序能力越好。在实际应用中，AR 值超过 0.3 说明评级排序能力尚可，可以应用；超过 0.4 说明评级排序能力较好；超过 0.5 则说明评级排序能力比较优秀。AR 值=0 说明评级没有排序能力，AR 值<0 说明评级的排序还不如随机判断来得好。

3. 模型结果准确性和审慎性检验

银行应用客户评级模型对客户评级主标尺各个信用等级进行 PD 值估计后，需要对客户评级主标尺各个信用等级的平均违约概率进行审慎性和准确性检验。二项检验的好处是可以对主标尺每个信用等级进行检验。

零假设：信用等级的 PD 值估计准确。

备选假设：信用等级的 PD 值估计不准确。

对于信用等级 K，客户的数目为 N_K，信用等级的 PD 值估计为 PD_K，其中在未来一年内违约的客户数为 D_K。假设该等级内客户的违约服从二项分布 $B(N_K, D_K)$，则对显著水平 α 存在以下两个临界值：

$$D_{K,\ U_{0.5\alpha}}=\min\left\{d:\ \sum_{i=d}^{N_K} C_{N_K}^{i}\, PD_K^{i}\,(1-PD_K)^{N_K-i}\leqslant 0.5\alpha\right\}$$

$$D_{K,\ L_{0.5\alpha}}=\max\left\{d:\ \sum_{i=0}^{d} C_{N_K}^{i}\, PD_K^{i}\,(1-PD_K)^{N_K-i}\leqslant 0.5\alpha\right\}$$

如果 $D_K > D_{K,\ U_{0.5\alpha}}$ 或 $D_K < D_{K,\ L_{0.5\alpha}}$，则意味着 D_K 落入假设检验的拒绝域，应拒绝零假设，选择备选假设，认为信用等级的 PD 值估计不审慎。

以上假设检验是对 PD 估计值的准确性检验，是一种双边检验。还有一种单边检验，用来检验 PD 估计值的审慎性。

零假设：信用等级的 PD 值估计是审慎的。

备选假设：信用等级的 PD 值估计不审慎。

对于显著水平 α，存在以下临界值：

$$D_{K,\ \alpha}=\min\left\{d:\ \sum_{i=0}^{N_K} C_{N_K}^{i}\, PD_K^{i}\,(1-PD_K)^{N_K-i}\leqslant \alpha\right\}$$

如果 $D_K > D_{K,\ \alpha}$，则意味着 D_K 落入假设检验的拒绝域，应拒绝零假设，选择备选假设，认为信用等级的 PD 值估计不审慎。

（二）验证流程

验证流程包括验证的发起、实施和报告。

1. 发起

当模型表现突破多项阈值且无合理原因时，模型设计开发主体、监管机构或验证主管部门都可以提出验证申请或要求，触发验证后，模型设计开发主体、政策制定主体和模型应用主体应及时完成所需数据的验证及文档的提交，验证主体应在规定的期限内完成验证准备工作，包括明确验证依据和目标、验证内容、验证方法论、验证人员和时间安排等工作要素。

2. 实施

验证实施可以使用定性方法或定量方法，包括应用 KS 值、AR 值等验证指标对模型进行验证，可以由验证主体组建临时团队的形式开展，应依据工作方案有序推进验证工作，出具有关验证结论，提出相关改进意见或建议。

3. 报告

验证报告应包括验证依据和目的、验证内容、验证方法论、验证实施情况、验证分析过程及其结果和验证结论等，验证报告应报送高级管理层审批。验证政策执行及验证工作情况每年至少向董事会或其授权委员会报告一次。

（三）验证管理

1. 验证方法

验证使用定量验证和定性验证相结合的验证方法。定量验证主要通过返回检验和基准测试等方法，运用数理统计工具对模型的准确性、区分能力和稳定性进行验证。定性验证主要通过专家评估等方法，检验计量模型和支持体系相关治理架构、政策、流程、控制、文档管理和模型结果运用等情况。

2. 验证阶段

模型验证是一个持续的过程，分为投入使用前全面验证、定期持续监控和投入使用后全面验证三个阶段。在使用前全面验证阶段，银行重点验证计量模型方法选择的合理性、模型开发过程的合理性、关键定义的合规性及可操作性、数据的真实完整性和风险量化的有效性等。使用前全面验证还涵盖模型和相关政策、流程、数据、信息系统与文档记录等方面，确保对计量模型和支持体系的稳健性、可靠性和合规性做出全面评估。在定期持续监控阶段，银行重点监控计量模型的表现，分析模型运行环境或假设条件的变化及其对模型结果的影响，监测其支持体系的运行状况。在投入使用后全面验证阶段，银行重点针对已投产的计量模型和支持体系进行全面检验和测试，形成综合评估结果，并参考使用前全面验证的结论和定期持续监控阈值突破的情况，为计量模型的改进提供依据。

五、信用风险管理

（一）发展阶段

鉴于信用风险是商业银行面临的最主要的风险，国际银行业对信用风险的管理进行了持续不断的探索，信用风险管理水平不断提高，共经历了五个发展阶段：

第一阶段：传统的信用风险管理阶段。在这个阶段，信用风险管理比较粗放，以专家经验为主，特点是资产规模较小、损失较多。

第二阶段：系统化的信用风险管理阶段。在这个阶段，商业银行建立起了系统化的信用风险管理工具，如客户评级、债项评级等，统一了全行的信用风险管理评估和计量方法，风险管理实现了标准化、规范化和系统化。

第三阶段：以系统化的风险管理驱动业务发展阶段。在这个阶段，银行运用系统化的风险管理工具来识别和计量风险，能够定量分析出行业、区域、产品、客户群等各个维度的信用风险高低，并以此为依据，将信贷资产进行更加科学和合理的配置，风险管理方式更加主动。该阶段的特点是，商业银行的信贷业务快速发展，信用风险得到比较有效的控制。

第四阶段：以经济资本驱动业务战略阶段。在这个阶段，商业银行能够采用合理的方法计量组合的信用风险经济资本，开始以资本为核心来约束信贷资产规模的增长。显然商业银行的资产是不能无限增长的，这是由商业银行持有的资本数量决定的。资本是用来抵补非预期损失的。因此，商业银行需要采用经济资本计量出资产承担的信用风险，从而将风险控制在资本能够承担的范围内。

第五阶段：实现资产组合的风险回报率最优化。在这个阶段，商业银行可以计算行业、区域、产品和客户群等多个维度资产组合的风险回报率，并按照风险回报率最优化的原则来配置经济资本，同时运用资产证券化、转换资产等方式实现整个商业银行资产组合的风险回报率最优化。

（二）管理原则

根据巴塞尔委员会《信用风险管理原则》的规定，信用风险管理应遵循以下原则：

（1）建立适当的信用风险环境。董事会应承担批准与定期评估商业银行的信用风险战略和政策的责任，高级管理层应承担执行董事会批准的信用风险战略和制定政策以及识别、计量、监测和控制信用风险程序的责任。商业银行应识别与管理所有产品和业务中内在的风险。

（2）在健全的授信程序下操作。商业银行必须在健全的、定义完善的授信标准下经营，在单个借款人和相关方、关联集团层次建立全面的信用限制，确保新信贷和旧信贷批准状况的改善、更新和再融资程序的存在与有效运作，信用扩张应控制在安全标准范围内。

（3）维持适当的信用管理、计量和监测程序。商业银行应当建立管理各种风险资产组合的系统，在信用风险管理中开发和运用内部评级系统。在评估单笔贷款和信贷组合时，商业银行应该考虑到经济条件潜在的变化，并在压力条件下评估信用风险敞口。

（4）确保对信用风险的适当控制。商业银行必须建立信用风险管理过程的独立、及时的评价系统，应将评价结果直接与董事会和高级管理层交流。商业银行必须确保授信功能的良好管理，确保信用风险敞口保持在与谨慎标准和内部限制相一致的水平。商业银行必须将针对信用恶化、管理问题和类似失误情形的早期纠正行动落实到位。

（5）发挥监管机构的作用。监管机构应要求商业银行将识别、计量、监测和控制信用风险系统作为风险管理总体方案中的一部分落实到位。监管机构应考虑设置谨慎参数来限制对单一借款人或关联集团的银行风险敞口。

（三）管理方法

经过长期的信用风险管理实践，商业银行为了系统地管理好风险，实现跨周期稳健经营，除了要明晰风险管理目标，坚持基本的信用风险管理原则外，还需要具有系统化的信用风险管理方法。根据管理对象不同，信用风险管理方法分为单一资产风险管理方法和组合风险管理方法。

1. 单一资产风险管理方法

单一资产风险管理方法是指传统的风险管理方法，主要是针对单一客户和单一业务层面采取的风险管理方法，包括风险选择、风险抵补、风险缓释、风险监测、处置化解、风险转移、风险规避等。

（1）风险选择。风险选择是商业银行以自身风险偏好为出发点，综合考虑经营环境、可用管理资源，主动承担合适的风险敞口的过程。在风险选择中，商业银行一般应坚持四个原则：能识别、可承担、有盈利和善管理。能识别是指商业银行弄不清楚的事情就不要做，对于从来没有涉足过的业务领域，如果不具备风险识别和计量的能力，就不要大规模地开展此类业务。可承担是指商业银行要具备涵盖识别、计量、监测和控制信用风险（包括交易对手风险）的审慎政策与程序，确保交易安全完成。同时商业银行有足够的资本来承担和抵御交易中的风险。有盈利是指商业银行在风险识别和计量的基础上，主动选择那些经济增加值为正的业务领域和交易。在计算一笔业务和交易是否盈利时，商业银行要充分考虑风险调整后的收益，即扣减与可能的风险损失相关的成本后的净收益。善管理是指商业银行要充分发挥长板优势，在自己擅长管理的领域开展业务。在进入一个新领域前，商业银行要对自身的风险管理能力做充分的评估，以风险管控能力为边界来确定发展策略。

风险排序是风险选择的主要依据，建立内部评级体系是商业银行开展风险排序的前提和基础。商业银行应按照《巴塞尔协议Ⅱ》和《商业银行资本管理办法（试行）》的要求和标准建立与自身业务规模和发展战略相适应、相匹配的内部评级体系，包括政策、模型、流程、系统等。

信贷政策是风险选择的实现方式。信贷政策基于商业银行的发展战略和风险偏好，通过多维度的政策要求明确特定时期的信贷投放和管理重点，配以相应政策措施，促进信贷结构优化，实现信贷资源合理配置，从而对信用风险进行整体层面的管控。信贷管理部门通常按年制定或重检年度信贷政策，在政策中明确信贷政策导向、行业政策、区域政策、客户政策和产品政策。根据精细化管理的需要，年度信贷政策通常还包含分行业的差别化信贷政策。在行业政策中，商业银行根据国家产业政策，结合业务实际，明确客户及项目选择标准、行业关键风险点和相关风险管控要求。关于客户及项目的选择标准，风险计量结果是关键的管控要素。商业银行通过将风险计量结果融入信贷政策，实现对信用风险的量化管控。零售业务的信贷政策多以产品政策为主，并在产品政策中明确相关风险管控的要求。例如，信用卡业务的高分挑选政策和低分挑选政策。通过挑选政策，商业银行将高分中存在一定瑕疵的客户和低分中存在某些特征的客户进行人工审批。

（2）风险抵补。风险抵补是指通过科学的风险定价对选择和承担的风险进行合理的补偿。

在贷款发放前，商业银行通过科学的风险定价，将贷款的预期损失完全覆盖，保证收益覆盖风险，信用风险得到价格补偿，实现稳健、可持续发展。贷款定价方法是贷款定价管理的核心内容，其具体内容可以参见大型商业银行综合管理丛书——《大型商业银行资产负债管理》相关章节。

在贷款发放后，商业银行需要定期根据借款人的实际还款能力，按风险程度高低对信贷资产进行分类。分类的目的是对信贷资产进行差别化管理，并为计提减值准备提供依据。由于信用风险具有不确定性，贷款在未来可能发生损失，为保证经营的安全性，商业银行需要根据预期损失计提贷款损失准备，以冲抵未来可能发生的损失，确保贷款损失准备能够充分覆盖贷款风险。常用的风险分类方法是五级分类法，商业银行依据借款人的实际还款能力，按风险程度将信贷资产划分为正常、关注、次级、可疑和损失五类，后三类为不良贷款。随着大型商业银行风险计量水平的提高，信贷资产分类的精细化程度越来越高，如中国建设银行对信贷资产实行了十二级分类。

商业银行应从增强盈利能力、准备金充足程度和资本充足程度三个方面来持续提高风险抵补能力。

（3）风险缓释。风险缓释是指通过担保措施或其他相应安排来降低风险的损失频率或影响程度。风险缓释主要包括保证担保和抵质押担保两种手段。

保证担保是指保证人为信贷业务客户履行合同项下的债务向商业银行提

供担保，当信贷业务客户不按合同的约定履行到期债务或发生当事人约定的实现担保债权的其他情形，保证人按保证合同约定承担代为清偿责任。保证担保管理的基本流程为经办机构应在贷前尽职调查中，对保证人的资信状况进行严格调查；通过采取与保证人面谈、电话访谈、实地走访、行内外有关信息系统查询等多种方式进行信息收集和印证，对保证人是否符合准入标准，对资料的完整性、合规性、真实性以及保证人的保证意愿进行初步调查。保证人已在商业银行评级且在有效期内的，经办机构可直接采用评级结果。保证人未评级的，经办机构应按照商业银行客户信用评级相关规定对保证人信用等级进行评定，并按规定程序由有权审定部门审定。信贷审批通过后，经办机构应按规定程序与保证人当面或在线签订保证合同，或者取得法律规定的可以由保证人单方以书面或在线形式出具的担保书。非标保证合同需按权限交由法律部门进行合法合规性审查。信贷业务办理后，经办机构应按照贷后管理的规定对影响保证人代偿能力的风险因素进行后续管理，比照借款人贷后管理要求，对保证人的履约风险进行跟踪、检查。如发现风险隐患，经办机构应尽早采取补救措施。

抵质押担保是指债务人或第三方将财产或权利作为债权的担保，当债务人不履行到期债务或发生当事人约定的实现担保物权的情形，债权人依法享有担保财产优先受偿的权利。抵质押品是指债务人或第三方为担保商业银行相关债权实现，抵押或质押给银行，用于缓释信用风险的财产或权利。抵质押品管理包括押品尽职调查、押品合规性审查、押品估值管理、押品审批、抵质押权利设立、抵质押权证保管、押后管理和押品处置等一系列活动。

银行接受的抵质押品应真实存在、抵质押品权属清晰、符合法律法规规定或国家政策要求、具有良好的变现能力、具有明确和可操作性的抵质押权公示方式。在确保抵质押品所担保的债权不超过抵质押品本身价值的前提下，商业银行综合考虑抵质押品的适用性、变现能力、价值变动趋势等因素确定抵质押率。抵质押率计算公式如下：

抵质押率=抵质押品担保债权的本息金额/抵质押品评估价值×100%

对于正常公司贷款，抵质押品担保债权的本息金额为抵质押品担保债权发放时的本金及全部或部分利息之和。对于不良贷款，抵质押品担保债权的本息金额包括主债权及其利息、违约金、保管担保财产和实现担保物权的费用等。表外业务计算抵质押率时，抵质押品担保债权的本息金额即合同金额。

抵质押品价值评估的主要方法有市场法、成本法和收益法等，评估人员应遵循客观、审慎原则，依据评估准则及相关规程、规范，根据抵质押品的类型、特点、在评估过程中所处的状态、评估目的、评估时的市场条件以及数据资料的收集情况，综合考虑其市场价格、变现难易程度及其各种影响价值的不确定因素，选择与抵质押品相适应的评估方法并保持方法的稳定性。若以上三种方法都不能满足评估需要，评估人员可根据实际情况选用其他评估方法。原则上，对于有活跃交易市场、有明确交易价格的抵质押品，评估人员应参考市场价格确定抵质押品的价值。采用其他方法估值时，评估价值不能超过当前合理市场价格。

抵质押品价值评估方式分为内部评估方式和外部评估方式。采用外部评估方式的，由商业银行外部合作评估机构库中的评估机构进行外部评估。必须采用外部评估方式的情形包括法律法规及政策规定，人民法院、仲裁机关等要求必须由外部评估机构估值的抵质押品；监管部门要求外部评估的抵质押品；银行不具备评估专业能力的抵质押品；其他确需外部评估的情形。

经办机构应根据授信方案和审批决策文件，签订合法、有效的书面主合同及抵质押合同，办理登记取得他项权利证书或其他抵质押登记证明，确保抵质押登记真实有效。抵质押品权证保管应设立专门的库房（保险柜），配备防盗、防火、防潮、防霉、防有害生物等的必要设施。同时，经办机构应进一步加强对抵质押品的持续监控，发现抵质押品贬值、毁损或灭失致使抵质押权益受到危害时，应及时采取控制化解措施。对部分还款、部分解除抵质押品的，原则上经办机构要按还款进度分次分批办理解押手续，不得委托客户单独办理，不得提前、超比例解除抵质押品。

（4）风险监测。信用风险的监测方法包括信用风险监测报表、信用风险预警、信用风险监测报告和风险信息监测等。

①信用风险监测报表。其具体要求如下：第一，设计需要监测的风险指标，包括不良额、不良率、逾期额、逾期率、客户评级、经济资本、预期损失等。风险指标要尽可能全面、精炼。第二，将报表部署到商业银行的核心系统中，定期由系统生成信用风险监测报表，并报高级管理层和相关部门决策参考。第三，对风险监测报表使用情况进行监测，并定期维护。使用率低的信用风险监测报表要定期研究，并进行调整。

②信用风险预警。商业银行通常采用内部评级结果或零售评分结果制定差别化的客户风险预警策略。例如，小企业行为评分、零售行为评分常常被用来制定贷后风险预警策略。对于信用卡零售行为评分，商业银行可以制定如下风险预警策略：当行为评分介于550~650分时，出现黄色预警；介于450~550分时，出现橙色预警；低于450分，出现红色预警。部分领先的商业银行已经建立了企业级的风险预警平台，并在平台中部署了各种行为评分的风险预警策略，一旦出现预警，系统会及时将预警信息推送给客户经理或风险经理，接警人员需要在系统中按照流程对预警信息进行处理，极大地提升了风险预警的反应效率和速度。

③信用风险监测报告。商业银行应定期撰写信用风险监测报告，从行业、区域、客户群等维度呈现信用风险的分布轮廓，揭示信用风险发生的规律，并提供信用风险控制的政策建议，是有效控制信用风险的一种传统方法。

④风险信息监测。商业银行应加强内部客户风险信息的共享，对客户风险信息进行统一的管理。在新增授信客户和对存量客户增加授信前，商业银行应查询内外部共享信息，掌握客户总负债情况，判断客户是否存在过度授信，是否涉及担保圈、财务欺诈、跨行违约等风险因素，有效预警和防控风险。

（5）处置化解。对于通过监测发现并确认的不良债务，商业银行应及时通过催收及法律追索、重组、批量转让、呆账核销等方法进行处置化解，以尽可能压缩不良贷款、减少损失、创造价值。

（6）风险转移。风险转移是指商业银行通过购买某种金融产品（如保险）或采取资产证券化等其他风险安排技术，将风险转移给其他经济主体。

随着金融市场的发展，以信用衍生产品为代表的新一代信用风险对冲管理手段开始走到风险管理发展的最前沿，这为投资完全摆脱信用风险提供了金融管理工具。

（7）风险规避。风险规避是指商业银行在经营风险的过程中，对无法识别和计量的风险或客户信用风险过高的情况，可以采取主动放弃或加以改变以规避相关风险的策略。例如，某企业向商业银行申请贷款，但拒绝提供关键信息或提供虚假信息，商业银行由于无法准确地识别和计量该项业务潜在的风险，应采取风险规避的策略。又如，某已经资不抵债的企业向商业银行举债，由于客户信用风险过高，商业银行应选择拒绝向其发放贷款。

2. 组合风险管理方法

组合风险管理方法是商业银行风险管理发展到高级阶段使用的方法。金融危机爆发给银行业带来的重创印证了一个道理：只做好单一资产的信用风险管理是无法在危机中独善其身的，只有积极主动地进行组合风险管理，做好风险分散，避免“将所有的鸡蛋集中到一个篮子中”，在资产组合层面有效地平衡好风险、收益和资本之间的关系，拥有合理的资产组合结构，才能实现稳健的跨周期经营。

组合风险管理方法包括使用经济资本、限额管理和压力测试在内的一系列风险管理工具，本书将在第七章详细介绍。组合风险管理方法需要商业银行不断地在风险管理实践中进行探索、检验和发展。只有在“用”的过程中才能解决“准”的问题，组合风险管理水平才会不断提高。

（四）发展趋势

1. 智能化

随着金融科技的不断发展，大数据、人工智能技术在挖掘和探索事物运行规律上的优势越来越突出。日新月异的人工智能技术将会不断被应用到信用风险计量领域，并推动信用风险计量技术的不断进步。将人工智能技术与大数据相结合，运用计算机，通过智能学习算法深度挖掘隐藏在大数据中的风险规律，将来的信用风险计量模型将会包含更多的预测变量、更复杂的模型结构以及更快的更新速度，也将比现在的信用风险计量模型更加精准。智能化将成为未来信用风险计量的一大趋势。

2. 自动化

信用风险计量模型是有生命周期的，随着信用风险计量模型的不断精细化，模型数量越来越多，维护的难度越来越大，成本越来越高。建立自动化的信用风险计量模型研发、验证和维护体系越来越有必要。未来的信用风险计量自动化程度将会越来越高，不仅信用风险计量模型的研发、验证和维护实现自动化，而且整个信用风险计量的过程也将基本实现自动化。

3. 专业化

未来的信用风险计量需要更加专业的信用风险计量理论知识和实践经验，因此组建专业化的信用风险计量中心，并将全行的信用风险计量资源整合、集中在一起，专门从事信用风险计量模型和工具的开发与维护将是未来的发展趋势。国内大型商业银行在实施资本管理高级方法过程中培养了许多专业化的信用风险计量人才，并积累了丰富的经验和知识，为组建信用风险计量中心，实现信用风险计量的专业化奠定了非常坚实的基础。

第二节　市场风险的计量与管理

一、概述

（一）定义

市场风险是指银行表内外头寸因市场价格变动而受到损失的风险。市场风险包括一般市场风险和特定风险。

一般市场风险是指利率、汇率、股价、商品价格等市场价格的不利变化带来的风险。例如，基准利率的调整通常会引起市场利率的变化，从而影响所有与利率相关的金融工具的价值，这种利率的变化产生的影响就属于一般市场风险。

特定风险是指因某种原因对某一特定的债券或其发行人产生影响，从而导致债券或其发行的相关证券价格出现不利变化的风险。例如，由于发行人信用等级被调降导致其发行的债券价格下跌，这就属于特定风险。

（二）分类

根据驱动因素的不同，市场风险通常分为四类：利率风险、汇率风险、股票风险和商品风险。这四类风险不是互相独立的，任何一种风险因素的变化都会直接或间接影响到其他类型的风险因素。

1. 利率风险

利率风险是指利率水平、期限结构等要素发生不利变动导致金融工具或投资组合收益（价值）遭受损失的风险。利率风险按照来源的不同，可以分为重定价风险、基差风险、期权风险和信用利差风险。重定价风险又称缺口风险，是指利率变动时，由于不同金融工具重定价期限不同而引发的风险。基差风险又称定价基准风险，是指定价基准利率不同的金融产品或业务，尽管期限相同或相近，但由于参考的基准利率变化不一致而形成的风险。期权风险是指商业银行持有的与利率相关的期权衍生金融工具或金融工具存在嵌入式期权条款或隐含选择权，由于商业银行或交易对手可以改变金融工具的未来现金流水平或期限，从而形成的风险。信用利差风险是2016年巴塞尔委员会在《银行账簿利率风险新规》[①] 中引入的新概念，是指预期违约水平或市场流动性变化以及市场对金融工具信用质量的评估发生变化，进而导致信用利差变化的风险。有关银行账簿利率风险管理更详细的内容参见大型商业银行综合管理丛书——《大型商业银行资产负债管理》相关章节。

2. 汇率风险

汇率风险是指由于汇率的不利变动导致的风险。汇率风险又可以分成折算汇率风险和交易汇率风险。

折算汇率风险又称会计风险，是指经济主体在资产负债表的会计处理中，将功能货币转换成记账货币时，因汇率变动而导致账面损失的可能性。所有以不同于商业银行记账货币的外币计价的、与汇率相关的产品和头寸都面临此类风险。

交易汇率风险是指在运用外币进行计价收付的交易中，经济主体因外汇汇率的变动而遭受损失的可能性。商业银行自身持有的外汇头寸及相应的外汇衍生品都面临此类汇率风险。

---

① *Standards for Interest Rate Risk in the Banking Book*（2016）。

案例

某公司未采取防范措施遭受汇率风险损失案例

某公司在××年5月中旬有一笔美元收入，但该公司认为美元兑人民币汇率波动不会太大，故未采取任何的措施。××年年初美元兑人民币汇率是1∶6.827 3，第二年5月美元兑人民币汇率是1∶6.501 7，美元贬值4.77%，计算公式为（6.827 3−6.501 7）/6.827 3。最终，该公司因未采取防范措施遭受近5%的损失。

3. 股票风险

股票风险是指股票或股权价格的不利变动导致的风险。所有包含股票因素的金融工具都会面临此类风险。对商业银行集团而言，子公司的股票产品、银行代售的基金、很多其他的理财产品也都与股票挂钩，再加上股票质押的贷款，股票风险对商业银行的影响越来越大。

案例

某商业银行股票理财产品风险案例

2012年3月，某商业银行发布公告，将一款2010年1月29日发行、2012年1月29日停止发行的高净值客户专属理财产品转换成开放式产品。这款理财产品到期时净值只有0.835 6元，亏损近16%。公开信息显示，该产品为信托类不保本浮动收益产品，主要投资于股票、基金、可分离债中含有的权证，产品发行时预期年化收益率为6%。在该产品投资期的2010年1月至2012年1月，上证指数从2 989.29点下跌至2 285.04点，下跌幅度达23.6%，在股市表现不好的情况下，该银行的这款理财产品自然难有好的表现，这也是股票风险在商业银行的一种表现。

4. 商品风险

商品风险是指商品价格的不利变动导致的风险。所有商品和以商品为基础的衍生品头寸，都会面临此类风险。近年来，我国商业银行陆续开展了商品交易与大宗商品套期保值业务。一些企业与外资交易对手进行金融衍生品交易，陆续披露出来的一些商品交易都发生巨额浮亏或损失，提高了社会各界对商品风险的关注度。

案例

某企业与高盛杰润的商品业务对赌交易

2008年3月，我国某企业与高盛集团的全资子公司——杰润新加坡私营公司（简称高盛杰润）签订对赌油价协议。双方约定，2008年3~12月，每月结算时国际油价高于63.5美元/桶时，该企业每月可获得30万美元；而结算时国际油价比62美元/桶每低1美元/桶，该企业就要赔40万美元。从理论上看，这份有效期10个月的合约带给该企业的最高收益为300万美元，最高亏损为2.48亿美元！业内人士测算，假定2008年年底前油价跌至40美元/桶，该企业每月将最多付出880万美元。好在该企业金蝉脱壳，摆脱“催命合约”，连同第二份合约也被终止了。2009年年末，高盛杰润向该企业提出5.46亿元的天价索赔，而该企业当时近三年的利润总和还不到2亿元。

（三）市场风险与二分类账簿划分的关系

二分类账簿是指交易账簿和银行账簿。根据《商业银行资本管理办法（试行）》的规定，交易账簿包括为交易目的或对冲交易账簿其他项目的风险而持有的金融工具和商品头寸。为交易目的而持有的头寸是指短期内有目的地持有以便出售，或者从实际或预期的短期价格波动中获利，或者锁定套利的头寸，包括自营业务、做市业务和为执行客户买卖委托的代客业务而持有的头寸。银行账簿由所有未划入交易账簿的金融工具和商品头寸组成。

按照交易账簿的定义，商业银行以获取短期价格波动价差为目标开展的债券交易及代客外汇、商品、衍生品交易等都应划入交易账簿，以获取长期持有收益为目的的债券投资、股权投资以及贷款等应划入银行账簿。

同样的资产，因为交易或投资的目的不同，可能属于不同的账簿。例如，持有到期的债券划入银行账簿，在到期前，虽然市场利率变化会影响债券价格，但只要债券不发生信用风险，商业银行能够收回本金和利息，则持有过程中的价格变化并无实质性影响。但如果商业银行在市场上买入该债券，并在短期内可能随市场的变化而出售，则持有过程中利率变化带来的价格变化非常重要，此时该债券属于交易账簿。

不同的账簿对应不同的市场风险监管资本要求。按照《商业银行资本管理办法（试行）》的规定，交易账簿的利率风险和汇率风险、股票风险和商品风险需要计算市场风险监管资本，银行账簿利率风险暂不需要计算市场风险监管资本。

二、市场风险计量

市场风险计量以金融工具估值为基础，可以分为以指标为基础的敏感性指标计量、以风险价值为基础的风险价值计量以及压力测试三类。其中，压力测试主要是利用敏感性指标及估值公式计算压力情景下的损益，本书在后续的组合风险管理中会进行介绍，本部分主要阐述敏感性指标计量与风险价值计量。

（一）敏感性指标计量

以特定指标为代表的敏感性指标计量是市场风险计量的一种基本做法，不同的产品有不同的敏感性指标。外汇和商品业务习惯以敞口来进行计量，债券业务常用麦考利久期、修正久期和有效久期来进行计量，利率衍生品常用每点价值来进行计量，期权常用 Delta 等希腊字母来进行计量。

（1）麦考利久期（Macaulay Duration）。麦考利久期以债券或某投资组合未来各期现金流的现值为权重，计算加权平均期限。与普通剩余期限不同，麦考利久期考虑了资金的时间价值，适用于不含选择权的债券。

（2）修正久期（Modified Duration）。修正久期为对麦考利久期的调整。对于不含选择权的债券而言，修正久期恰好等于收益率的微小波动与债券价格波动的比率。其计算公式如下：

$$\text{修正久期}=\text{麦考利久期}/(1+Y)$$

（3）有效久期（Effective Duration）。有效久期用于衡量市场利率变动对投资组合价值变动的影响，适用于所有类型的债券，其理论计算公式如下（P 代表投资组合的市值，Y 代表市场利率）：

$$\text{有效久期}=\frac{\Delta P\%}{\Delta Y\%}$$

（4）每点价值（PVBP）。每点价值是衡量市场利率波动一个基点时债券价格或投资组合价值变动的数值。

（5）凸率（Convexity）。凸率用来衡量久期本身随市场利率波动的变化程度。凸率为正表明久期在利率上升时将减小，在利率下降时将增大，从而意味着债券价格在利率下降时增值的幅度要大于在利率上升时贬值的幅度。

（6）Delta。Delta 为衍生证券的价格变化对其标的资产价格变化的比率，它是衍生证券价格对标的资产价格的一阶偏导数。

（7）Gamma。类似于凸率，衍生证券价格对标的资产价格的二阶偏导数为 Gamma。

（8）Vega。期权价格对于波动率的敏感性称为期权的 Vega。

（9）Rho。期权价格对于无风险利率的导数称为 Rho。

（10）Theta。时间的消逝引起期权价格的变化称为 Theta。

（二）风险价值计量

1. 定义

VaR（Value at Risk）一般称为风险价值或在险价值，指在一定的置信水平下，某一金融资产（或证券组合）在未来特定的一段时间内的最大可能损失。

这个定义包含了两个基本因素："一定的置信水平"和"在未来特定的一段时间内"。前者是经济条件、市场条件、上市公司及所处行业、信誉条件等的概率条件。一般来说，置信水平反映了金融资产管理者对风险的厌恶程度，可以根据投资者对风险的不同偏好程度和承受能力来确定，如95%、99%。后者可以是一天、一周、一个月或一年等，其长短可以根据投资的不同特点和分析的需要加以选择，一般也被称为持有期。

除了每日计算 VaR 之外，根据监管要求，商业银行应选用可能造成重大损失的连续12个月作为显著压力情景，使用经过该期间历史数据校准后的数据，输入风险价值模型，对商业银行现有的资产组合计算压力风险价值。

2. 计量方法

常见的风险价值计量方法包括方差/协方差法（VaRiance-CoVaRiance, or Parametric）、历史模拟法（Historical Simulation）和蒙特卡洛模拟法（Monte Carlo Simulation）。

方差/协方差法又称德尔塔正态法，该方法的基本假设是资产组合中的所有证券的投资回报率满足正态分布，资产组合作为正态变量的线性组合也满足正态分布，从而由公式 $VaR = alpha \times sigma \times PV$ 得到风险价值。其中，*alpha* 根据置信区间而定，*sigma* 可由变量分布的参数得到。

历史模拟法以历史可以在未来重复为假设前提，根据风险因素的历史变化来模拟风险因素的未来变化，并据此计算出在一定概率下可能的最大损失。历史模拟法是目前国内商业银行市场风险计量最主要的方法。

蒙特卡洛模拟法的原理与历史模拟法类似，不同之处在于蒙特卡洛模拟法中风险因子的变化不是来自历史观察值，而是通过随机数模拟得到。其基本思路是重复模拟金融变量的随机过程，使模拟值包括大部分可能情况，这样银行通过模拟就可以得到组合价值的整体分布情况，在此基础上可以计算出风险价值。

3. 运用

风险价值可以将不同业务、不同类别的市场风险用一个确切的数值（VaR 值）表示出来，具有高度的概括性，简明易懂。假设某家商业银行交易组合的日 VaR 在99%的置信水平下为3 500万元，也就是说，在正常的市场环境下，第二天有 99%的概率可以确保最大损失不超过 3 500 万元。仅用一个数字就能反映出商业银行面临的市场风险及不利事件发生的概率。股东和管理者可以根据计量结果来判断现在的风险水平是否合理。如果不合理，计算 VaR 的过程就能用来识别哪些是需要控制的风险。

小知识

风险价值（VaR）与预期尾部损失（ES）的差异

2012 年 5 月，巴塞尔委员会发表名为《交易账户全面评估报告》的征求意见稿，提出用预期尾部损失（Expected Shortfall，ES）取代 VaR 以更好地涵盖尾部损失。VaR 考虑的是某一置信水平的损失数值，而 ES 考虑的是一定置信水平上的损失期望值，同时考虑了损失规模及其发生的可能性，可以比 VaR 方法更好地捕捉低频高损的“尾部风险”。ES 方法比 VaR 方法更能满足一致性风险测度的次级可加性要求（资产组合的资本要求不会高于组合内各资产资本要求之和）。在计量参数选取上，ES 使用的置信水平为 97.5%，以降低对异常值干扰的敏感性，使模型的结果更稳定。

4. 返回检验

为了确保模型的审慎性，商业银行在采用内部模型计量市场风险时，会进行返回检验（Back Testing），即将 VaR 与银行的损益进行比较，以检验计量方法或模型的准确性、可靠性，并以此为依据，对风险计量方法或模型进行调整和改进。

在方法上，监管机构要求采用简单突破法，即每季度末统计过去 250 个工作日中总计发生的突破次数；商业银行需每日计算基于（$T-1$）日头寸的风险价值并与 T 日的损益数据进行比较，如果损失超过风险价值则称发生一次突破。

按照监管要求，商业银行用一天持有期、99%置信水平的 VaR 开展返回检验时，在一年（250 个交易日）中，允许出现 3~4 次的突破情况。如果 1 年内返回检验突破超过 4 次，监管部门要求的市场风险监管资本会相应增加。

在计算损益时，商业银行可以采用真实价值的变化，也可以根据定价公式，用公式估计出理论价值，再计算理论价值的变化，这被称为理论损益。

小知识

什么是理论损益?

理论损益是指在维持(*T*−1)日的头寸不变的前提下，使用(*T*−1)日的市场数据和 *T* 日的市场数据得到的价值之差。理论损益可以表示为：理论损益=用 *T* 日的市场数据计算的（*T*−1）日的头寸价值－（*T*−1）日的市场数据计算的（*T*−1）日的头寸价值（见图 4-2)。

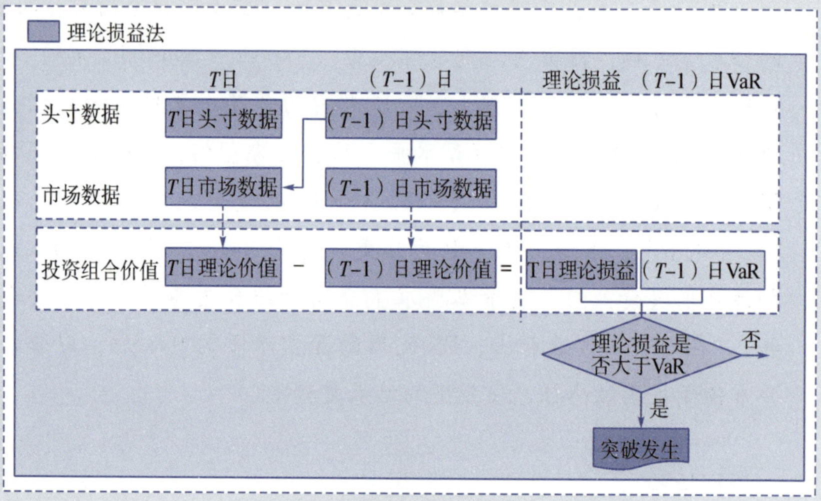

图 4-2　理论损益的计算方式

5. VaR 计量方法的优点

一是 VaR 计量方法可以涵盖影响金融资产的各种不同的市场因素，同时该方法也可以测度非线性的风险问题。此外，VaR 计量方法不仅能计算单个金融工具的风险，还能计算由多个金融工具组成的投资组合风险。

二是 VaR 计量方法具有高度的综合概括能力，为使用者提供了一个直观、全面的风险量化指标，可以用来简洁明了地表示市场风险总体轮廓的大小。

三是可以事前计算风险，不像以往的风险管理方法都是在事后衡量风险大小。商业银行可以运用 VaR 计量方法，动态地计量和评估其持有的资产组合的风险，及时调整投资组合，以分散和规避风险，提高资产营运质量和运作效率。

6. VaR 计量方法的局限性

一是 VaR 计量方法衡量的主要是市场风险，如单纯依靠 VaR 计量方法，就会忽视其他种类的风险，如信用风险，一般的 VaR 计量模型也未能充分地考虑流动性风险。

二是从技术角度讲，VaR 值表明的是一定置信水平的最大损失，但并不能绝对排除高于 VaR 值的损失发生的可能性。例如，99%置信水平下的 VaR 是 1 000 万美元，仍会有 1%的可能性会发生损失超过 1 000 万美元的情况。这种情况一旦发生，给经营单位带来的后果可能是非常严重的。忽略小概率事件，发生巨额损失是金融危机带给人们的一个沉痛教训。

三是 VaR 模型并不能预测投资组合的确切损失程度，只是给出了一个潜在的最大损失，要想知道最可能的损失，还需要情景分析、压力测试等工具的配合。

四是 VaR 模型与其他模型一样存在模型风险，商业银行在估算风险时要选取合适的参数，如果参数选取不当，将导致预测误差的增大，因此商业银行要对模型的计算结果进行返回检验。

对市场风险管理而言，VaR 模型仍然是目前已知的衡量组合风险的最简洁、最有效的方法，或者说是在没有其他更好方法的情况下的次优选择。但它并不等于市场风险计量的全部，还需要久期、Delta、Gamma 等指标的配合，更需要专家经验、情景分析、压力测试等手段的支持。商业银行需要避免两种极端的认识：一种是对 VaR 模型全盘否定，认为其一无是处；另一种是过于迷信 VaR 模型，并把市场风险计量简单地等同于 VaR 计量。

三、市场风险管理

在风险管理的识别、计量、监测、控制、报告实践中，市场风险在识别分析时侧重于对四类风险驱动因素的变动分析，在监测控制时形成了完整丰富的市场风险限额指标体系，限额管理也与止损和对冲一起，成为市场风险控制的主要手段之一，同时，市场风险还因为其波动频繁的特点，形成了时效性很强的报告体系以及重大市场风险的应急体系。

（一）市场预测分析

1. 定义与作用

市场预测分析主要是指对利率风险、汇率风险、股票风险、商品风险四大类市场风险驱动因素的预测分析，这些因素的变化会直接影响金融工具的价值，进而影响商业银行的损益。从业界实践来看，对市场的预测分析是投资策略制定的基础，也是评估风险、制定每年的政策与限额的基础。一方面，前台业务部门会有市场的预测分析；另一方面，风险管理部门也应该有自己的市场预测分析，这有助于确保对市场的敏感度，提高风险的认知水平，提高政策限额制定的针对性和有效性。

2. 分析对象

市场预测分析的对象很多，也可以有不同的维度，如市场的走势分析、政策变化分析、参与者行为分析等，商业银行可以根据业务特点、市场差异、管理需求来确定市场预测分析的对象。在各种分析中，对利率、汇率、股票、商品四大类驱动因素的分析是一个重要内容。商业银行还可以根据需要对四大类驱动因素有重点地进行深入分析，如分析人民币基准利率、联邦基准利率、人民币对美元汇率、黄金价格等。

3. 分析思路

一是分析主要风险因素的变化趋势，也就是在受到外部事件的影响和冲击之后，利率、汇率等朝什么方向变化，是朝有利的方向变化，还是朝不利的方向变化。进一步的分析还包括变化的大小，如利率变化的基点数、汇率波动的百分比等。

二是分析主要风险因素之间的相关性，如利率的变化是否会带来汇率的变化，进而产生其他的影响。进行这种分析主要是因为风险因素之间相互影响，各个因素之间存在一定的联系。例如，国际石油贸易以美元计价，石油市场与外汇市场的投机行为密切联系，一般情况下两者价格呈反向变动关系。根据美国联邦储备银行的研究，美元对其他石油消费国货币每贬值10%，以美元计价的国际油价就会上涨7.5%。商业银行通过相关性分析，可以更全面地分析出某一因素带来的影响。

三是分析风险因素变化后的影响，如利率上涨25个基点，债券价格下跌多少等诸如此类的数量化分析。商业银行只有借助于这些定量的分析，才能更好地拓展前面的分析，并准确评估是否需要提前采取有效的控制措施。

案例

基于泰勒规则对美联储利率变化的预测

美联储加息与否对国际市场有重大影响。从市场风险管理的角度看，对美联储利率变化的预测、判断非常重要。利用一定的数量模型，从定性和定量角度分析，是业界分析的基本模式。例如，从泰勒规则和美国财政收支情况两个角度对美国利率走势进行预测。

泰勒规则（Taylor Rule）是美联储实施货币政策的重要规则之一，其核心思想是美国名义利率应该随通货膨胀和失业率向通货膨胀目标和自然失业率靠拢而提高，从而保证实际短期利率稳定和货币政策中性。将部分经济变量和美国通货膨胀率与失业率的预测数据代入泰勒规则公式，可以测算出现行美国联邦基金利率目标值。比较目前利率水平与泰勒规则预测值，可以得知美国联邦基金利率的上升动力。再结合美国国债付息成本及美国财政收入分析，分析者可以进一步对美联储的加息方式、频率进行预测。

（二）敞口管理

1. 概念

市场风险敞口的概念可以有不同的理解，可以理解为资本计量过程中的风险敞口（risk exposure），即商业银行的风险资产的规模；也可以理解为业务头寸，如即期外汇敞口、远期外汇敞口等。

市场风险管理中有三种代表性的敞口，分别是外汇业务的外汇敞口、债券业务敞口和衍生产品风险敞口。

一是外汇业务的外汇敞口。外汇业务的外汇敞口包括单币种敞口头寸和总敞口头寸。单币种敞口头寸是指每种货币的即期净敞口头寸、远期净敞口头寸以及调整后的期权头寸之和，反映单一货币的外汇风险。总敞口头寸反映整个货币组合的外汇风险，一般有三种计算方法，包括累计总敞口头寸法、净总敞口头寸法和短边法。累计总敞口头寸等于所有外币的多头与空头的总和。净总敞口头寸等于所有外币多头总额与空头总额之差。短边法是首先分别加总每种外汇的多头和空头（分别称为净多头头寸之和与净空头头寸之和），然后比较这两个总数，最后把较大的一个总数作为银行的总敞口头寸。除外汇业务外，敞口概念也适用于金、银、铂等商品类业务。

二是债券业务敞口。在日常管理中，经常从名义金额、市场价值等角度分析债券业务的敞口。名义金额即债券的票面价值，通常情况下等于债券到期时收回的本金。市场价值可以通过盯市或盯模得到。由于利率、汇率等市场价格处于频繁的变化中，名义金额通常不等于债券的市场价值。但是，名义金额作为债券上市初期的价值，通过对比市场价值（净价）与名义金额的差异，可以看出在债券存续期内利率、发行体信用、汇率等风险因子对债券价值的综合影响，因此也具有一定的参考价值。

三是衍生产品风险敞口。衍生产品风险敞口计量较为复杂。名义金额、市场价值都不适合作为衍生产品的风险敞口。这是因为衍生产品的名义金额通常只是合约中明确的计价基础，并不一定会产生真正的现金流。例如，名义金额 100 万美元的利率互换（Interest Rate Swap，IRS），并不一定真的要交割 100 万美元的本金，而是将以 100 万美元为基础计算每期固定利息和浮动利息的差额作为交割金额。市场价值虽然代表了当前时点衍生产品的风险敞口，但是由于衍生产品的市场价值是不断波动的，其风险敞口也是在不断波动的，当前时点的市场价值不能代表未来存续期内的市场价值，所以也不适合作为衍生产品的风险敞口。

衍生产品风险敞口的计量方法有三种：系数法、附加因子法（又叫现期风险暴露法）和蒙特卡洛模拟法。目前国内同业使用较多的衍生产品风险敞口的计量方法是附加因子法。附加因子法的计算规则如下：

$$EAD = MTM + Add\text{-}on$$

其中，MTM 为按盯市价值计算的重置成本与零之间的较大者。$Add\text{-}on$ 为反映剩余期限内潜在风险敞口的附加因子。潜在风险敞口的附加因子（$Add\text{-}on$）等于衍生产品的名义金额乘以相应的附加系数。

2. 作用

敞口管理是市场风险管理的基础，准确计量敞口，实时了解敞口，有助于合理评估自身面临的风险大小。敞口越大，同样情况下承担的市场风险就越大。

敞口管控是市场风险的重要手段。很多业务都会设定一定的敞口限额，业务部门在敞口规定的范围内开展业务。有些业务，如外汇交易还设定不同层级的敞口限额，既包括总体的，也包括各币种的；既包括日间的，也包括隔夜的。从某种意义上讲，敞口管理就是外汇业务最重要的风险管理手段。

管住敞口一定程度上就控制住了市场风险。风险造成的损失一方面取决于敞口大小，另一方面取决于冲击的程度。相对来说，冲击的程度难以控制，尤其是在市场风险方面，这些外部因素的可控性较差，但可以在一定程度上进行估计。敞口可以由商业银行进行更多的选择，控制住了大的敞口，大的风险损失也就控制住了。

3. 主要内容

一是敞口的计量管理。有些业务的敞口容易计量，有些业务的敞口难以计量，单笔业务的敞口容易计量，组合全行层面的敞口难以计量。商业银行要充分利用交易系统、交易管理系统、账户系统，实现敞口的准确计量。外汇交易层面的敞口应做到系统实时自动计量，债券等交易的敞口应按日计量并在风险报告中展示，全行资产负债层面的敞口应至少做到按季度计量。对于实施市场风险内部模型法的商业银行，这些敞口应该按日计量。

二是敞口的限额管理。商业银行根据偏好、风险容忍度确定敞口是增加还是降低，根据资产负债情况确定敞口总体规模及敞口的期限安排，根据业务能力、市场波动情况确定不同业务敞口的差异化数量。以债券组合为例，根据到期可利用资金、资产负债部门新增资金确定最大敞口数，根据偏好、市场情况、不同品种债券情况，确定总体敞口以及各类不同债券品种的敞口，并制定相应的限额。又如，外汇交易业务的汇率风险敞口通常由总行对不同区域、不同分支机构进行授权，并下达分币种敞口限额，各区域、分支机构在各自的授权及限额范围内开展相关交易。

三是敞口的监控。敞口的监控是指利用系统实现敞口的自动计量并与规定的总量进行比较，预警提示。

案例

某商业银行外汇敞口的实时监控

外汇敞口的限额管理及监控是汇率风险管控的一个重要手段，这种管控不只是日间的概念，更多的是实时的概念。为提高金融市场部门对外汇交易市场风险敞口监控的连续性和时效性，某商业银行于2014年3月正式上线了外汇敞口实时监控系统。该系统通过“机控”实现了对该行20余个货币对外汇交易的全天实时敞口记录、风险限额监控、超限情况预警等功能，是市场风险监控系统化管理的一项重大进步。

四是敞口的控制。敞口的控制是指在敞口范围内开展业务，及时平盘，对超敞口开展业务及时履行相应的超限流程。

案例

某商业银行市场风险敞口的集中管理

一些风险敞口需要由总行进行集中管理。以汇率风险敞口为例，境内分行的汇率风险敞口都汇总到总行进行管理，境外分行与子行的外汇敞口管理相对比较复杂。在总体管理思路上，总行、境外分行与子行各自负责自身的资产负债表。具体表现在：境外分行与子行管理自身的非本地货币资产负债表敞口，针对敞口超限情况开展汇率风险对冲交易；总行管理法人/集团层面的外汇敞口，根据计算得出的分币种敞口和总敞口，确定应当进行对冲的敞口金额，并执行对冲操作。采用集约化方式进行全球管理的商业银行，境外分行、子行的外汇敞口通常需要首先汇集到区域管理中心（在使用同一货币的区域建立区域管理中心，管理区域内部的境外分行、子行），由区域管理中心协调区域内部各境外分行、子行的汇率风险敞口，区域内部无法相互对冲的部分由区域管理中心统一对总行或在市场上开展对冲操作。

（三）市场风险限额管理

1. 概念和作用

市场风险限额管理是根据商业银行风险偏好和风险政策对关键的市场风

险指标设置限额，并据此对业务开展进行风险监测和控制的过程。

市场风险限额是风险政策的具体量化，表明了商业银行期望承受的风险上限，是风险管理人员积极进行风险防范的重要基准，也是市场风险偏好和政策得以有效贯彻执行的重要管理工具。

市场风险限额明确了商业银行整体市场风险的承担边界，将市场风险水平有效地限定在一定范围之内，还能起到市场风险的事前控制作用。商业银行如果没有建立完善的市场风险限额管理体系，也就无法从根本上实现市场风险的有效量化监控。市场风险限额管理是市场风险的重要内容，商业银行开展业务时应严格遵守市场风险限额管理的规定。

案例

2010年3月11日，美国破产法庭委托的检察官安东·沃卢卡斯提交的雷曼兄弟公司破产调查报告震撼了华尔街。该报告历时一年、耗资3 800万美元、长达2 200多页。报告为人们绘制了一幅雷曼兄弟公司破产的路线图。其中，最核心的一点是过度承担风险。在2006年年底，尽管当时美国抵押贷款市场开始隐现危机，但雷曼兄弟公司仍准备扩大房地产投资，为此雷曼兄弟公司高管决定提高公司的风险承受上限，即准备承受的交易和投资亏损额度。调查发现，雷曼兄弟公司当时的首席风险官马德林·安东西奇曾反对把风险承受上限从23亿美元提高到33亿美元，但她的意见遭到否决。到2007年年底，雷曼兄弟公司的风险承受上限达到40亿美元。

2. 市场风险限额体系

市场风险限额一般包括交易限额、风险限额、止损限额、压力测试限额等限额类型，商业银行也可以根据需要设定集中度限额、交易对手限额、期限限额等。商业银行可以从组合层面或单笔层面设置各类限额，也可以按资产类别、产品、账户、风险因子、区域、币种等维度设置相关限额指标。

交易限额是对总交易头寸或净交易头寸规模的限制。风险限额主要包括风险价值限额（VaR限额）和敏感性指标限额①，用来规定正常市场情况下由市场风险因子的变动可能造成的最大损失额度。止损限额规定单笔头寸或

① 例如，用来衡量敞口价格微小变动的Delta和Gamma、衡量波动性的Vega、衡量利率敏感性的PV01或PVBP等。

某个组合在一定时间内可以容许的最大损失额度以及时阻止损失的继续扩大。压力测试限额是规定极端不利市场情况下或压力情景下可以容许的最大可能损失额度。

案例

某商业银行的市场风险限额体系

某商业银行在市场风险限额体系中，从组合、产品、单笔层面，设置了交易限额、风险限额、止损限额和压力测试限额。举例如下：

交易限额：投资级以下及未评级债券最大名义余额、外汇业务最大隔夜敞口。

风险限额：人民币债券组合 VaR 占市值比例限额、市场风险资本口径的 VaR 限额。

止损限额：交易账户债券单笔止损比例、贵金属交易止损比例。

压力测试限额：收益率曲线每上升 100 个基点债券组合市值的最大下降比例以及压力损失占市场风险经济资本的最大比例。

3. 限额管理流程

第一，限额的制定。市场风险管理人员制定限额时，既要考虑风险偏好、资本约束情况、风险管理能力等因素，又要考虑业务利润要求、业务发展计划以及开展业务实际需要承担的风险。业务部门可以根据对市场的分析判断以及自身的交易策略，汇总提出业务需要的风险额度。风险管理部门协调并确保业务部门的限额申请与风险偏好一致，并制定市场风险的总限额、限额种类、限额的大小以及相关的管理流程。

第二，限额的监测、预警和报告。制定限额以后，市场风险管理人员按照规定的频率对限额进行独立监控和定期报告。每个限额指标设定一个预警水平，当风险指标触及预警水平时，市场风险管理人员进行预警提示。业务人员在开展业务时，确保各项风险指标维持在限额规定范围内。

第三，超限处理。由于特殊的业务需求预计会突破限额时，业务人员应提出超限额的申请，经审批同意后获得超限额交易授权。

第四，限额的调整。限额应结合业务开展要求、风险控制要求、市场波动情况等进行定期或不定期调整。

（四）风险监控、风险检查与风险报告

1. 定义和作用

风险监控是指根据授权、授信和其他风险管理和内控制度对业务及流程进行对照分析，监控其执行情况，进行预警分析。风险监控的作用是发现业务操作过程中的超授权、超授信和其他违规行为。风险监控每日进行，侧重于日常监控。

除日常风险监控外，市场风险管理人员还应辅以不定期的风险检查。风险检查指市场风险管理人员定期或不定期对涉及市场风险的交易流程的各个环节进行实地监控检查和全面评估。风险检查的频率相对较低，每周或每月或不定期组织专项检查，侧重于对一段时期的业务风险情况进行较为全面深入的回顾和总结。

2. 执行

风险监控主要利用系统监测来实现。市场风险管理人员使用前台、中台信息管理系统，通过对各项交易的执行情况进行日常监督和预警，监控风险敞口的大小及变动、授权授信及风险限额的执行情况和有无其他违规行为。

风险检查按策划准备、检查实施、总结报告和跟踪验证四个阶段来执行。流程的输入为市场业务相关规章制度，流程的输出为检查报告。

3. 问题处理

在风险监控与风险检查中发现超授权、超授信以及超风险限额情况，市场风险管理人员可以按以下步骤进行处理：一是对超授权、超授信以及超风险限额（统称超限）情况进行核实，调查并分析原因；二是要求撤销交易、暂停交易或提前平盘，压缩风险敞口；三是及时按照报告路径发送超限报告。

4. 风险报告

风险报告分为常规风险报告和非常规风险报告。

常规风险报告是按照固定的频率，监控日常交易、分析交易风险以及对风险指标产生影响的报告。常规风险报告除了监控各项交易是否合规、风险指标是否在限额之内，还可以作为交易前台控制业务规模、避免业务指标超限的重要参考。常规风险报告主要包括风险日报、风险月报、风险季报、风险年报等。

非常规风险报告主要是针对突发的重大市场风险事件，国内外重要的市场变化，日常业务中出现的风险指标超限、超预警线等状况撰写的风险分析报告。

不同类型的风险报告侧重点不同，因此其报告的内容也不尽相同。

风险日报侧重于对前一交易日市场风险和授权、授信以及风险限额执行情况等进行揭示，细化到各交易品种。报告内容是前一个交易日的产品风险状况，包括风险敞口和风险指标。

风险月报侧重于对投资组合的月度风险情况进行回顾分析，在对风险指标的月度变化比较的基础上提出风险管理建议。报告内容是上月各类投资组合的风险状况。

风险季报侧重于总结和比较过去3个月业务的风险特征和变化趋势，并在对该期间内的风险变动特点进行分析的基础上提出风险管理建议。报告内容是前一个季度各类投资组合的风险状况。

风险年报侧重于对上一年度业务的风险状况进行全面的回顾和总结分析，并对风险管理工作提出建议和设想。报告内容是上一年度的投资组合风险状况。

非常规风险报告侧重于分析突发事件、可疑交易或重大市场波动。报告内容是事件情况、交易情况以及对组合的影响。

（五）止损与套保/对冲

1. 定义与作用

止损是指当某一投资出现的亏损达到预定数额时，及时平仓或进行对冲交易，以避免形成更大的亏损。其目的就在于投资失误时把损失限定在较小的范围内。

套保/对冲是指通过投资或购买与标的资产收益波动负相关的某种资产或衍生产品，来冲销标的资产潜在的风险损失的一种风险管理策略。

止损是控制市场风险的有效方法，通过止损可以有效减小风险敞口，控制潜在损失，或者防止损失的进一步扩大。套保/对冲也是管理利率风险、汇率风险、股票风险和商品风险非常有效的办法。商业银行可以根据风险承受能力和偏好，通过对冲比率的调节将风险降低到预期水平。

2. 执行条件

一般来说，在下述情况下需要进行止损或对冲处理：当接近、达到或已经超过止损限额时；当需要对某一头寸或某一组合进行对冲或套期保值，以规避该头寸或组合的风险时；当需要调整资产负债结构，以减小潜在风险时；需要进行止损或对冲的其他情形。

案例

某商业银行交易账户债券止损限额

某商业银行对交易账户债券设置止损限额：交易账户单只债券重估市值与购入成本的最大损失比为4%。在监控该限额时，某一天债券的重估市值与购入成本的比为95%，则该债券已经超过止损限额的要求，应该进行止损操作，如进行平仓卖出等。

3. 执行方式

止损一般采取出售、平仓等方式进行。套保/对冲一般基于特定的基础资产，选择合适的金融工具进行对冲，如可以通过对利率远期协议、利率期货、利率期权、利率互换、信用违约掉期等避险工具对债券投资组合进行利率风险和信用风险管理，规避市场利率波动和债券发行人信用变化对债券投资的不利影响。针对汇率风险，利用负债产品开展风险对冲，实施经营净投资套期会计可以降低汇率变动对财务结果的影响。

案例

花旗银行外汇风险的套保案例

花旗银行在几个有严格外汇管制的国家都有业务，这些外汇管制包括限制当地货币兑换成美元和资金转移到境外。在这种情况下，一旦当地货币对美元贬值，花旗银行很可能会面临外汇风险引起的损失。根据花旗银行2013年年报，由于阿根廷、委内瑞拉、埃及和乌克兰的外汇管制，花旗银行在这4个国家暴露的结构性外汇风险非常显著。因此，花旗银行采用外汇远期、期权和外币计价债务等工具来管理与其几个海外子行的股权投资相关的外汇风险。

（六）应急管理

1. 管理对象

在市场风险管理中，商业银行需要应急处理的是非常规突发事件，主要包括系统故障、交易事件和市场重大波动。

（1）系统故障。系统故障是市场风险应急管理中经常面临的一种情况，系统一旦发生故障，会让商业银行经营面临重大风险，甚至会全面瘫痪。等待系统修复的这段时间有可能会让客户的资产产生损失，也可能会让客户产生不当得利，损害商业银行利益。在日常市场风险管理中，系统故障分为两种：一种是系统自身性故障，另一种是系统遭受黑客攻击产生被动性故障。

（2）交易事件。交易事件是商业银行在市场风险管理中面对的重大紧急状况。对商业银行来说，大部分涉及市场风险的交易事件是无法预见的，即使有预见也会带有一定的主观性，难以准确把握。交易事件分为内部违规操作交易事件和外部交易突发事件。在市场风险管理中，最为著名的内部违规操作交易事件是英国的巴林银行倒闭事件、法国兴业银行交易员科维尔交易欺诈事件和瑞银集团交易员阿多博利交易欺诈事件。外部交易突发事件是指处于商业银行或市场体系之外的交易事件，外部交易突发事件会使得投资市场价格产生剧烈波动，加大市场风险，危及商业银行或市场利益。

（3）市场重大波动。市场重大波动对持有的交易产品会产生显著影响，导致损益和风险指标发生剧烈变化。即使是国外市场的重大波动，也可能对国内客户产生很大的影响。例如，一些代客衍生理财产品和债务管理产品与外币利率指标挂钩，一旦挂钩的外币利率发生不利变动，就会让商业银行及客户蒙受经济上的损失，加大国内银行业面临的市场风险。

2. 处理流程

现代应急管理理念认为，处理突发事件的态度、行动，往往比事件的风险本身更能决定最后损失的程度。在日常风险监控时，市场风险管理人员要对重大市场风险事件始终保持高度的敏感性，弄清事由，及时报告，不断提高处理突发事件的能力。事后，市场风险管理人员还要对事件多反思，考虑业务中可能需要改变或改进的地方，不断提高风险监控和管理能力。

处理流程可分为五步：一是弄清楚事件的前因后果；二是做出判断，分析事件对商业银行的直接影响和潜在影响；三是报告，即向上级主管部门及时地、实事求是地汇报情况，不隐瞒、不歪曲事实真相，汇报事态发展情况，获得指导和帮助；四是迅速制订解决方案，最大程度挽回损失，最大程度降低不利影响；五是知会，即通知相关业务部门，一方面可以获取更多的信息支持，另一方面可以及时采取有针对性的应急行动。

3. 处理方式

对于市场风险的应急处理，市场风险管理人员要能够实时监控、迅速反应。处理方式主要有以下几种：

第一，非常规止损。遇到突发事件，市场风险管理人员可以要求使用非常规止损的方式避免损失进一步扩大。非常规止损区别于常规止损，是在特殊情况下采取的特殊措施。

第二，重大市场风险事项报告。在突发事件发生后，市场风险管理人员一般通过重大市场风险事项报告将风险信息及时进行横向和纵向的传递。重大市场风险事项报告制度在应急处理过程中提供了一个非常好的信息传递方式。一份好的重大市场风险事项报告应包括事件发生的环境背景、突发事件的起始、已采取的措施、对事件起因的分析及风险的评估、进一步行动措施的设想和所需的支持等内容。

第三，化解处置。市场风险管理人员除了对重大市场风险事项进行报告之外，还要在职责范围内具备一定的化解处置技巧，主要包括进行风险提示，如召开座谈会、发风险揭示函以及向客户出具风险揭示；对客户做好解释工作；妥善处理；等等。

第三节　运营风险的计量与管理

20 世纪 90 年代以来，随着巴林银行倒闭事件、“9·11 恐怖袭击事件”等重大事件对银行业的冲击，监管机构和越来越多的商业银行意识到，运营风险（Operational Risk）已成为商业银行的实质性风险之一，它的风险成因复杂，涉及商业银行经营管理的方方面面。相比较信用风险和市场风险管理，运营风险管理还不成熟，仍在丰富完善过程中。

一、概述

（一）定义

运营风险是指由不完善或有问题的内部程序、人员风险、系统风险和外部事件造成损失的风险，包括法律风险，但不包括战略风险和声誉风险。

商业银行战略由投资者和决策层确定，往往是各类风险的“因”，无法通过运营风险管理手段加以解决；声誉风险则是各类风险的“果”，信用风险、市场风险、运营风险以及流动性风险皆有引发声誉风险的可能。

（二）分类

根据驱动因素的不同，运营风险可以分为以下四类：

1. 内部程序

内部程序引起的运营风险是指因商业银行业务流程、制度管理存在不当或偏差而没有及时完善，导致操作或执行困难，甚至给不法分子留下漏洞而导致损失的风险。内部程序问题主要包括财务或会计错误、文件或合同缺陷、产品设计缺陷、错误监控或报告、结算或支付错误、交易或定价错误等方面。

2. 人员风险

人员风险源于主观和客观因素，前者为商业银行员工不遵守职业规范，违法、违规或违章操作，单独或参与骗取、盗用商业银行资产和客户资产，或者由于工作疏忽等行为导致损失的风险；后者为人员数量配备不足或员工的自身能力与岗位要求不符而导致损失的风险。

3. 系统风险

系统风险指 IT 系统、机具设备因技术故障、设备失灵造成系统服务中断或错误服务以及由于系统数据风险影响业务正常运行而导致损失的风险。系统风险包括系统设计和维护不完善产生的风险。其具体表现为数据或信息质量风险、违反系统安全规定、系统设计或开发风险以及系统的稳定性、兼容性、适用性方面存在问题等风险。

4. 外部事件

外部事件引起的运营风险指由于外部主观或客观的破坏性因素导致损失的风险，包括与外部服务供应商、合作伙伴相关的风险，外部欺诈风险以及与政治、社会、文化和环境因素有关的风险。外部事件具体包括由于外部人员故意欺诈、骗取或盗用商业银行资产及违反法律规定对商业银行的客户、员工、财务资源或声誉可能造成或已经造成负面影响的事件。该类事件可能是内部控制的失败或内部控制的薄弱环节，或者是外部因素对商业银行运作或声誉造成的威胁。

（三）特点

运营风险与信用风险、市场风险相比，有很多属于其自身的特性，这些特性也决定了运营风险管理与信用风险管理、市场风险管理相比有较大差异。

1. 内生性

除自然灾害、恐怖袭击等外部事件引起的运营风险损失外，运营风险大多是商业银行的内生风险，如人员风险、内部程序或系统风险等。而信用风险和市场风险则不然，它们更多是一种外生风险，信用风险源自客户或交易对手的违约，市场风险主要来源于市场上的各种价格波动。

2. 多样性

多样性表现在以下几个方面：一是引发因素多样，如多样化的产品、产品营销渠道的拓展、新技术的应用、人员的流动、人员素质与技能的差异以及法律规章的变化等都可能引起运营风险；二是表现形式多样，有内部人员的违规、欺诈，系统故障，自然灾害，也有外部侵害等；三是损失形态多样，既有实物资产损失、信贷资产损失，也有客户赔偿、监管处罚、诉讼费用等损失。

3. 风险收益的非对称性

商业银行可以经营信用风险和市场风险，一般原则是风险高、收益高，风险低、收益低，存在风险与收益的正向关系；但运营风险本身不能产生收益，商业银行无法通过承担更多的运营风险来获取更大的收益，而且在大多数情况下运营风险损失与收益的产生没有必然联系。因此，运营风险无法经营，只能管理。

4. 分散性

运营风险管理实际上覆盖了商业银行经营管理的所有方面，既包括那些高频低损的日常业务差错，也包括低频高损的自然灾害、内外部欺诈等；涉及资产负债业务，表内表外业务；遍布前、中、后台。这种分散性决定了运营风险管理应在遵循统一的风险偏好下，采取将日常运营风险管理职责分散于业务部门的管理模式。

此外，运营风险包括许多不同的种类，如信息科技风险、欺诈风险、洗钱风险、法律风险、模型风险等，其特点和管理策略各不相同。

拓展阅读

信息科技风险和洗钱风险属于运营风险范畴

信息科技风险是指信息科技在商业银行运用过程中，由于自然因素、人为因素、技术漏洞和管理缺陷产生的操作、法律和声誉等风险。信息科技风险不仅涉及商业银行内部程序和流程，还关系商业银行的组织结构、政策以及运营风险的管理流程。从总体上看，信息科技风险实际上属于运营风险的一种，之所以被独立出来，与信息科技在银行业的运用越来越广泛，影响越来越深远密切相关。信息科技风险主要可以分为四类：一是业务中断风险，如软硬件产生故障、系统超负荷运行、主干网络断开、病毒或人为非法操作造成系统不稳定等因素，极易造成商业银行业务的中断。二是数据安全风险，包括因物理环境、硬件设施配备不到位导致数据无法备份、无法恢复，造成系统业务连续性保障能力不足；在内控管理中未严格实行“最小授权原则”，导致核心数据被非法窃取、篡改；高权限操作复核机制不健全，导致数据不可用。三是系统漏洞风险。应用系统设计之初对业务需求考虑得不充分、对风险控制考虑得不全面，在测试阶段又未及时发现安全漏洞，在系统上线运行后导致系统缺陷被非法利用，造成主干网络中断，产生不可弥补的风险。四是外包集中风险，形成对外部公司的过度依赖，导致潜在外包公司变更、核心机密外泄、应急不充分、维保时效性不强等风险。

洗钱风险也属于运营风险的一种。在巴塞尔委员会的运营风险损失事件分类表中，洗钱属于客户、产品和业务活动事件下的不良业务或市场行为。洗钱风险是指不法分子利用金融机构，掩饰和隐瞒毒品犯罪、黑社会性质的组织犯罪、恐怖活动犯罪、走私犯罪、贪污贿赂犯罪、破坏金融管理秩序犯罪、金融诈骗犯罪以及其他犯罪活动的风险。洗钱风险一般通过客户身份识别、反洗钱清单的实时监测、大额交易与可疑交易的监测报告、可疑交易报告后续控制措施、反洗钱技术与模型的利用、洗钱风险的识别与评估等来确保有效融入流程和进行管理。一是客户身份识别。商业银行在收集客户基本信息的基础上，对客户进行身份识别工作，完成客户风险评估，根据洗钱风险高低和风险评估结果进行尽职调查（CDD），对高风险客户还要开展加强型尽职调查（EDD）。二是反洗钱清单的实时监测。商业银行基于反洗钱清单监测系统预设的反洗钱和反恐怖融资监控名单库对客户和交易信息开展实时监测，人工对监测告警进行分析审核。商业银行需要筛查客户交易是否涉及制裁国家、制裁行业、制裁业务或恐怖分子、核扩散分子、毒品贩子、军民两用产品等，如确定属于上述情况，应坚决阻断业务。三是大额交易与可疑交易的监测报告。商业银行以客户为基本单位进行交易监测，筛选特定金额以上的大额交易，识别与洗钱、恐怖融资、扩散融资、逃税等犯罪活动相关的客户及交易，并向有关部门报告。商业银行有合理理由怀疑客户、交易对手、资金或其他资产与监控名单相关的，应当立即向中国反洗钱监测分析中心提交可疑交易报告，并于当日向总行、所在地中国人民银行分支机构报告，并按照相关要求采取风险控制措施。四是可疑交易报告后续控制措施。后续控制措施包括持续监控，提升客户风险等级，限制客户或账户的交易方式、规模、频率，拒绝提供金融服务乃至终止业务关系，并向相关金融监管部门报告以及向相关侦查机关报案等。五是反洗钱技术与模型的利用。相比于其他风险，反洗钱领域可以充分利用大数据挖掘分析技术和工具开展可疑交易监测标准研究、规则研究、模型研究，提升建模能力和分析能力，专业高效地开展反洗钱监测分析工作，做到既有扎实的理论、数据做支撑，又有大量的实际操作案例可供借鉴。六是洗钱风险的识别与评估。洗钱风险识别与评估是有效的洗钱风险管理的基础。各级机构应当对本机构内外部洗钱风险进行分析研判，评估本机构风险控制机制的有效性，查找风险漏洞和薄弱环节，有效运用评估结果，合理配置反洗钱资源，采取有针对性的风险控制措施。洗钱风险评估体系覆盖客户、地域、产品（含服务）、机构等方面。

二、运营风险计量

运营风险计量传统上主要指运营风险的资本计量，除此之外，一些特定类型的运营风险也会运用计量工具去进行风险计量。

（一）与资本相关的运营风险计量

2017 年 12 月 7 日，巴塞尔委员会公布《巴塞尔协议Ⅲ》最终修订框架，将原先《巴塞尔协议Ⅱ》框架下的基本指标法、标准法和替代标准法统一整合为新标准法。新标准法下，运营风险资本（ORC）由业务规模指标（BIC）和内部损失乘数（ILM）共同决定。其公式如下：

$$ORC=BIC\times ILM$$

式中，$BIC=BI\times\alpha_i$。BI 由利息、租金和分红收入（$ILDC$）、服务收入（SC）和金融收入（FC）三部分组成。α_i 为边际系数，随业务指标的规模而增加。对于第一档中的银行（BI 小于或等于 10 亿欧元），α_i 等于 12%；超过 10 亿欧元小于等于 300 亿欧元时，α_i 为 15%；超过 300 亿欧元时，α_i 为 18%。例如，某银行业务规模为 350 亿欧元，则其业务规模指标(BIC)=$(10\times12\%)+(300-10)\times15\%+(350-300)\times18\%=53.7$ 亿欧元。$ILM=\ln[\exp(1)-1+(LC/BIC)^{0.8}]$，其中 LC 代表历史损失，是银行过去 10 年由于运营风险导致的年平均损失额的 15 倍，由于内部损失纳入计算方法，因此损失较高的银行需要持有较高的资本。

（二）与业务相关的运营风险计量

一些特定类型的运营风险也会运用计量工具去进行风险计量。例如，欺诈风险计量时，商业银行可以利用逻辑回归、随机森林（RF）、卷积神经网络（CNN）、图卷积神经网络（GCN）等算法进行有监督的建模，也可以利用局部离群因子检测方法（LOF）、孤立点森林（Isolation Forest）、聚类等无监督算法，用于对未标记的数据进行聚类，识别异常点，还可以通过构建知识图谱，对数据的一致性进行交叉验证，并挖掘潜在的关联关系，如团伙、中介等。反洗钱计量中，常用的计量模型有客户风险评级模型、大额模型、可疑模型等。针对商业银行风险管理整个流程中的主要环节和关注的主要问题，商业银行可以采用不同的计量工具和计量模型，对关注的风险因素进行识别和计量。

三、运营风险管理

运营风险管理主要包括运营风险识别、评估、控制和缓释、监测、报告等环节。由于各类业务运营风险的特征随业务差异呈现出不同的规律，其控制手段和措施也各有特点。目前，国内外商业银行主要通过开展运营风险识别、运营风险评估、关键风险指标管理、损失数据收集与应用、运营风险的控制缓释、业务持续性管理等方式进行运营风险管理。

（一）运营风险识别

运营风险管理的基础和前提是运营风险识别。运营风险识别是对商业银行经营活动和业务流程中可能影响商业银行经营管理目标实现、可能给商业银行带来财务或非财务损失的所有内部、外部运营风险的根源或者是不确定性因素，按其产生的背景原因、表现特点和预期后果进行定义、识别，并对所有的风险因素进行科学的分类。

1. 识别方法

运营风险识别有四种常见方法，包括流程图分析法、专家意见法、风险树图解法和运营风险损失事件分析法，其中前三种是常见运营风险识别方法，而运营风险损失事件是传统的重要的运营风险识别路径。通过对历史上发生的运营风险事故或事件的收集、记录和剖析，可以让商业银行清晰地锁定现有业务的关键运营风险所在，并实现量化的运营风险评估，从而明确运营风险控制的重点。

2. 重点关注要素

运营风险识别应注重当前运营风险特征和未来潜在运营风险因素，主要包括以下几个方面：

第一，内部因素。运营风险识别应详细分析商业银行面临的各种内部因素，如商业银行的组织结构、战略目标、人力资源、产品和服务、新设备和新系统的应用、人员流动等因素。

第二，外部环境。运营风险识别应认真判断和分析商业银行面临的外部环境，如技术进步、法律法规变化、行业变化、市场结构调整、经济周期性波动等因素。

第三，潜在运营风险的整体情况。运营风险识别应借助运营风险损失事件的历史数据和业务检查、内外部审计和外部监管，了解各项业务或各个业务部门的运营风险情况。

第四，产品和服务的变化。运营风险识别应注重了解新的产品业务流程和系统的实施与推广情况、运营风险事件损失影响程度较大或频率上升较快的产品、外包的产品和业务、业务产品的重要操作流程、规则的重新制定或重大修订等。

（二）运营风险评估

1. 评估方式

运营风险评估主要运用自评估、情景分析、记分卡等方式进行评估。

自评估指业务流程的参与者、经营管理活动的实施者根据运营风险管理的基本原理，采用一定的方法，对业务流程、经营管理活动中存在的运营风险状况与控制措施效果进行的定性评价活动。它利用业务人员、管理人员和风险管理专家的专业经验对业务中可能存在的风险进行评估和度量，其最终目的在于识别、评估和降低运营风险。

情景分析（Scenario Analysis，SA）是一种专业的运营风险管理方法，是指在识别情景的基础上，分析和评估情景发生频率与影响程度，并将结果应用于运营风险计量和管理的工具。

影响程度和发生频率记分卡简称记分卡，是利用预先设计的系列衡量指标，对已被识别的相关运营风险事件的影响程度及其发生频率进行记分。记分卡也是运营风险评估重要且有效的工具。

三种方法中自评估是国际银行业广泛使用的。以下重点阐述自评估这一方式。

2. 工作流程

自评估工作流程依照流程的先后顺序分为自评估项目的发起、风险与控制措施的识别及评估、行动方案的制订（包括评估结果和行动方案的审批流程）、行动方案的执行与监督、自评估项目结果的汇总报告五个主要流程。

3. 组织形式

自评估分为自上而下、自下而上两种形式。

自上而下是指评估工作开展的步骤首先是从上级行或总行开始，其次自分行逐级转移到下级机构，最后到基层。在下移的过程中，一方面，评估数据越来越丰富、越来越具体、越来越全面；另一方面，评估数据逐步得到修正、完善。

自下而上是指评估工作开展的步骤首先是从下级机构或基层机构开始，其次评估结论逐级汇总，从而形成不同层级的评估结论；或者由具体的岗位人员在日常工作中开展自我评估，将评估信息逐级上报，上级机构进行研究、论证、解答或落实。自下而上的组织形式的最大优势就是评估工作事先没有任何主观的判断，其数据来自基层、来自业务前沿，更能真实反映机构或产品运营风险控制的本来面目。

小知识

自上而下与自下而上的自评估

商业银行每年初下发自评估计划就是典型的自上而下的组织形式。分行等实施的岗位自评估就是典型的自下而上的组织形式，即由岗位员工根据岗位职责、业务及管理流程，识别本岗位各环节的风险点，针对风险发生损失的可能性确定风险，并提出化解、防范现实风险的针对性措施或建议。

4. 开展方式

自评估可以采用引导会议法、调查问卷法、情景模拟法、专家预测法等方式开展。目前业界主要采取三种方法开展自评估：引导会议法、调查问卷法、引导会议和调查问卷相结合的方法，并主要以引导会议和调查问卷相结合的方法为主。

5. 实施方法

第一，以流程为基础的方法。自评估部门确定自评估对象，组织收集与自评估对象有关的有效文件、规章制度和体系文件并梳理业务流程，结合业务人员的意见编制详细的流程图，填写流程描述、环节描述并对流程和任务赋予编号，以便统一汇总。此后，自评估人员从流程出发，分析和识别流程中每个节点可能存在的影响流程目标实现的风险因素以及制定管理这些风险的控制措施（包括流程内控制措施和流程外控制措施），针对剩余风险情况制订相应的行动方案，最终将全部评估成果上报给上级业务部门和风险管理部门。图 4-3 是以流程为基础的自评估具体流程。

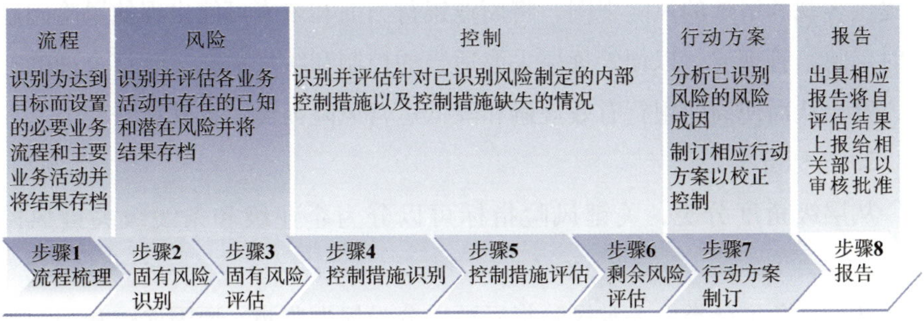

图 4-3 以流程为基础的自评估具体流程

第二，以风险分类为基础的方法。自评估部门根据运营风险分类框架，主要利用研讨会的形式，针对每个最低层级的风险类型可能存在的风险逐一与参与评估的业务人员和风险管理人员进行讨论。研讨会上可以举出相应的外部风险事例，并具体列出可能的风险点。图 4-4 是以风险分类为基础的自评估主要流程。

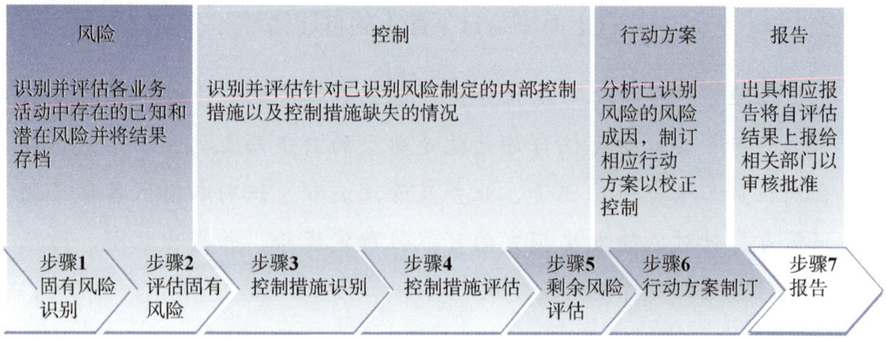

图 4-4　以风险分类为基础的自评估主要流程

（三）关键风险指标管理

1. 定义与作用

关键风险指标是基于运营风险与某些数量指标具有内在的紧密联系的假设，通过研究这些数量指标的变化来反映运营风险水平的变化的。关键风险指标依附于某一产品线或实体中已识别的运营风险，具有可计量性和一定的预警功能，能帮助商业银行提升风险透明度和风险意识，使管理层发现和重视当前与未来可能出现的运营风险问题。

作为商业银行对运营风险进行识别和监测的重要工具，关键风险指标的设计和使用得到了巴塞尔委员会和各国监管机构的重视。关键风险指标成为一个被业界认可且普遍使用的运营风险识别、评估和监测工具。它既可以用于监测运营风险影响因素的变化，是预测运营风险事件的早期预警工具；又可以用于监测商业银行风险变化的趋势，对商业银行目前运营风险水平和趋势提供客观和清晰的风险视图，将商业银行当前和未来可能出现的风险问题及时反映给管理层，以便管理层采取适当的控制和缓释措施，制订合理的行动方案，从而使商业银行有效规避和降低运营风险损失，提升竞争能力。

2. 指标分类

从层级角度分类，关键风险指标可以分为企业级和条线级关键风险指标。

从设计角度分类，关键风险指标可以分为损失监测、原因追踪和控制失败的关键风险指标。

从风险类型分类，关键风险指标可以分为员工能力、系统能力、流程效果和外部环境类的关键风险指标。

从事件类型分类，关键风险指标可以分别归属于不同事件类别，个别指标也可以作为跨事件类别的综合类指标。

3. 设计原则

根据国际领先银行的实施经验，商业银行在选择指标和开发整套关键风险指标时主要遵循以下四个原则：

第一，重要性。关键风险指标的选择要覆盖当前整体范围内的运营风险重点环节，可能不是面面俱到，但必须抓住运营风险易发的领域或风险严重的领域。

第二，事前预警和事后监测相结合。指标体系中的部分指标要对运营风险有预先警示的作用，部分指标要在事后对运营风险事件的损失情况有所计量。

第三，风险容忍。指标体系的建立并非要覆盖商业银行业务条线的所有运营风险点。根据成本效益原则，商业银行对部分运营风险可以不进行监测，但对其损失必须进行监测。

第四，开放性。关键风险指标体系是一个动态的、开放的架构。随着商业银行业务的发展和风险偏好的转移，商业银行对关键风险指标的选择也应不断地做出相应的调整和完善。

4. 指标设计

从识别的关键风险领域以及从关键风险领域分析得出的风险诱因和控制失败三个方面出发，商业银行分别设计关键风险指标，可以得到关键风险指标框架，如图 4-5 所示。

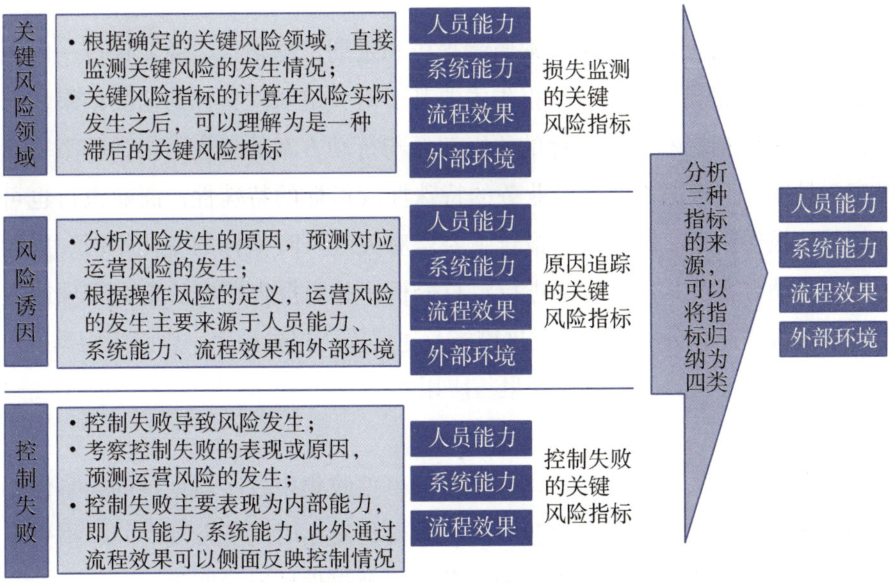

图 4-5　关键风险指标框架

案例

关键风险诱因和关键风险指标示例

关键风险诱因和关键风险指标示例如表4-3所示。

表4-3 关键风险诱因和关键风险指标

风险	关键风险诱因	关键风险指标
客户、产品与业务活动	产品复杂性、 销售人员培训	客户投诉数量、 非正确操作罚款
就业政策与工作场所安全性	人事政策（等级方面）、 薪酬结构、 安全措施	员工投诉数量、 员工跳槽率、 工作拖延
实物资产损失	建筑物位置	保险
业务中断和系统失灵	系统质量、 支持政策、 持续经营计划	系统延误时间
执行、交割和流程管理	管理与监督、 人事政策（资格方面）、 交易数量、 后台部门员工培训、 薪酬结构	失败交易数量、 清算延迟、 交易过程失误

5. 监控报告

关键风险指标报告包括日常监测报告和定期汇总报告，商业银行一般执行矩阵式报告路径。日常监测报告主要基于对关键风险指标的监测结果，编制包含对关注指标和异常指标的原因解释与行动方案的报告。报告频率一般设定为月度，但根据不同部门业务的特殊性或指标的特殊性，商业银行也可选择其他报告频率。定期汇总报告主要是对关键风险指标的变化情况、原因解释、行动方案及其落实情况进行汇总分析，并对报告期内的重大事项或重点问题进行描述和分析，提出改进措施及建议等。报告频率一般设定为季度。

（四）运营风险损失数据收集与应用

1. 定义

运营风险损失数据是指运营风险损失事件收集中各字段记录的与事件相关的详细信息。这些信息主要包括损失事件的发生时间、发现时间、损失金额、回收金额、损失事件分类、业务条线以及事件情况说明等。

2. 损失数据收集

第一，收集范围。运营风险损失数据收集范围应全面覆盖所有重要的经营管理活动。运营风险损失数据收集范围包括但不限于以下情况：一是因发生运营风险而形成实际或预计财务损失的事件；二是因发生运营风险而形成实际或预计财务损失，但通过保险及其他手段收回部分或全部损失的事件；三是与信用风险、市场风险等其他风险相关的运营风险损失事件。

第二，数据来源。一般来说，损失数据的收集存在两个来源：内部损失数据、外部损失数据。内部损失数据指的是商业银行内部在历史上发生的运营风险损失数据。外部损失数据是其他机构经历的损失事件信息，又可以分为两类：外部公开的损失数据和外部数据协会提供的数据。

第三，数据收集流程。损失数据收集流程分为运营风险损失事件识别、数据记录、数据审核、数据入库、数据更新、入库数据维护、分析报告、监督检查等步骤。

3. 损失数据应用

损失数据在商业银行运营风险管理中的应用集中体现在以下三个方面：

一是通过对商业银行运营风险损失情况进行统计分析，明确商业银行运营风险分布状况，在实际工作中主要以各类运营风险分析报告的形式呈现。

二是通过损失数据反映出的规律和特点，可以准确定位运营风险管理薄弱环节，与自评估、关键风险指标等专业工具形成联动，找准管理重点，提升管理效率。

三是通过对一定历史时期损失数据的积累，逐步实现对运营风险的科学计量和资本的合理配置，从而通过资本的激励约束作用促进运营风险管理，形成管理的良性循环。

（五）运营风险的控制缓释

根据运营风险发生频率和产生的损失强度，运营风险可以分为四种类型：A 类为低频、低损风险，B 类为高频、低损风险，C 类为高频、高损风险，D 类为低频、高损风险。商业银行应对不同种类的风险使用不同的风险缓释措施。风险类型与风险缓释措施对应图如图 4–6 所示。

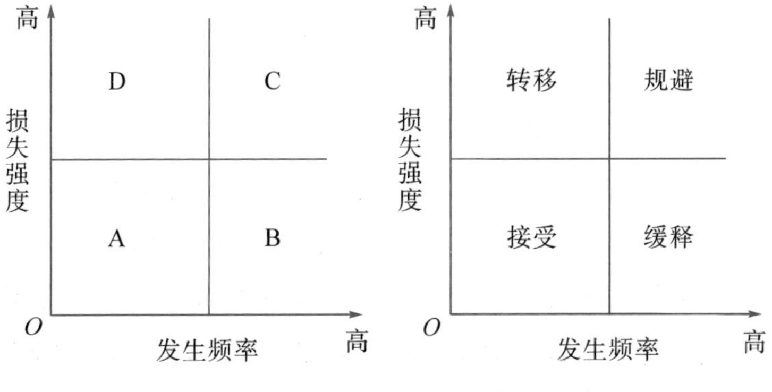

图 4–6　风险类型与风险缓释措施对应图

对于低频、低损，属于能够有效控制和对商业银行影响较小的风险，商业银行通常会选择接受并以自身资本作为承担可能损失的准备，同时加强内部运营风险的管理。

对于主要是商业银行在日常经营过程中发生的失误和错误而引起损失的风险，由于发生频率较高，商业银行可以对其发生进行预期，其损失也可以被定位为预期损失，纳入产品成本中，即商业银行可以通过内部处理或借助保险缓释风险。

对于一些低频、高损风险，商业银行需要采取专门的策略加以管理，如业务连续性管理、保险等，使得商业银行在面临重大突发事件时，减轻其后果的严重性，并能够做到业务的持续运营。

（六）业务连续性管理

业务连续性管理（Business Continuity Management，BCM）是当自然灾害、人为破坏和技术故障等原因影响到业务运营或造成业务中断的事件发生时，商业银行为确保关键业务能在一定时间内持续运营或及时恢复的一整套管理体系，包括政策、制度、流程和工具等。其范围应涵盖商业银行全部业务功能，特别是涉及商业银行生死攸关的关键业务功能以及与业务功能相关的人员、系统、基础设施和利益相关方等。其目的是通过建立健全包括预防、预警、指导、响应、决策、处置、持续改进等完整的业务连续性管理机制，有效降低灾难事件或突发事件对商业银行资金及声誉造成的损失，提高商业银行的风险防范能力和风险抵御能力。

从国际先进银行及诸多知名企业的实践经验来看，业务连续性管理是应对小概率事件最有效的方法。业务影响分析（BIA）和应急预案是业务连续性管理中的重要环节。

业务影响分析是识别和计量各项业务中断造成的影响或损失的过程。通过业务影响分析，商业银行识别涉及正常运转的关键业务，明确业务连续性管理重点，并根据业务的关键程度实现差别化管理，确定各项业务恢复的优先顺序和恢复资源需求，为业务连续性策略和预案的制定提供依据。业务影响分析应客观全面，符合业务实际情况。

业务影响分析的主要内容包括业务分类及业务类别重要性分析、关键资源重要性分析、财务影响分析、非财务影响分析、中断容忍度分析、汇总评价结果等，通过定性及定量的分析、赋值、加权汇总，最终得出各业务的恢复目标、恢复顺序，信息系统的恢复目标、恢复顺序以及基础设施与办公资源、人员、供应商等恢复策略。业务分类及业务类别重要性分析首先要确定业务范围、业务分类维度、业务分类标准等内容，之后对业务功能进行分类、评级、赋值，作为业务恢复目标和恢复优先级的定性评价依据。关键资源重要性分析是梳理支持业务运行的信息系统、人员、场地、重要数据及文档、外部供应商、关联机构等关键资源，识别依赖程度，确定关键资源及业务恢复目标和恢复优先级。财务影响分析是通过计算业务中断时的财务损失，作为业务恢复目标和恢复优先级的定量评价依据。非财务影响分析是通过分析业务中断对国家金融稳定、合规性要求、服务水平、声誉等方面的非财务影响，赋予相应分值，作为业务恢复目标和恢复优先级的定性评价依据。中断容忍度分析是通过对业务中断时间及业务信息丢失时间点的容忍度分析，赋予相应分值，作为业务恢复目标和恢复优先级的定性评价依据。汇总评价结果是通过加权平均上述评价结果的分值，对业务功能进行重要性排序，并整理业务及关键资源的对应关系。

应急预案是商业银行指导特定业务连续性突发事件场景下的应急处置行动指南，是一套全面的书面行动计划，明确了突发事件应急响应及恢复过程中的任务、行动、数据和资源。应急预案由各个部门根据各自的职责范围在突发事件发生前制定，以确保在因突发事件导致业务中断时，可以在预定的业务恢复目标范围内恢复业务运营。

应急预案中主要描述应急响应及恢复过程中的处置策略、组织架构及流程。预案的内容包括但不限于以下各项：

（1）明确预案编制目的、适用范围以及对应的信息系统，根据业务影响分析结果，列出业务的恢复时间目标（RTO）和恢复点目标（RPO），明确强制决策时间点。

（2）明确突发事件应急处置的组织、职责和人员分工，其中应包括应急决策组、应急指挥组以及应急执行和保障组重要人员的职务、联系方式等。

（3）明确突发事件场景、应急处置操作流程、业务替代手段，并明确每一步的执行角色、行动、工作要点，明确关键资源应急处置、启动应急执行和保障组、业务应急处置、启动应急指挥组、影响评估、危机公关、灾难预警、启动应急决策组、上报监管、强制决策、灾难宣告、灾备切换、灾难结束宣告、业务重续等关键状态的启动条件、要点等。

案例

覆巢之下亦有完卵——“9·11恐怖袭击事件”后业务持续性案例

2001年9月11日，当世界贸易中心在恐怖袭击下倒塌的时候，很多金融机构设在世界贸易中心的总部遭到了彻底摧毁，业务瞬间瘫痪。由于业务持续性管理成熟度的区别，这些公司的结果大相径庭。

RLI保险公司。尽管该公司在世界贸易中心北楼的80层，在倒塌中丧失了办公室和设备，但其平时通过远程数据中心进行磁带备份，并把磁带保存在位于皮奥里亚的总部，因此该公司客户业务系统在9月13日15时之前就恢复了运转。

摩根士丹利公司在新泽西州有灾难备份中心，在“9·11恐怖袭击事件”发生后的第二天即宣布恢复业务。

雷曼兄弟公司在新泽西州有灾难备份中心，“9·11恐怖袭击事件”发生两天后，6 000名中的1 200名员工开始工作，固定收入业务仍可以继续进行。

德意志银行于1993年建立灾难备份中心，“9·11恐怖袭击事件”后很短时间内，德意志银行就在距离纽约30千米的地方恢复了业务。

纽约银行的数据中心位于世界贸易中心附近（两个街区外），“9·11恐怖袭击事件”中通信线路全部中断并造成连锁反应，对业务产生重大影响。“9·11恐怖袭击事件”后，2001年10月18日，纽约银行声明，恐怖袭击破坏了部分计算机系统，一些分支机构被迫关闭，其第三季度的利润因此下降了33%。

统计数据表明，至少有一半以上的没有做灾难备份的公司，在这场灾难后完全垮掉了。

第四节　国别风险的计量与管理

一、概述

（一）定义

国别风险是指由于某一国家或地区经济、政治、社会变化及事件，导致该国家或地区借款人或债务人没有能力或者拒绝偿付金融机构债务，或使金融机构在该国家或地区的商业存在遭受损失，或使金融机构遭受其他损失的风险。其中，地区是指不同的司法管辖区或经济体，在进行风险管理时，视中国香港、中国澳门和中国台湾为不同的司法管辖区或经济体。

小知识

常见的国别风险误解

误解 1：国别风险就是主权风险。

解析：主权风险和国别风险不能画等号。国别风险主要包括七种风险类型，即转移风险、主权风险、传染风险、货币风险、宏观经济风险、政治风险、间接国别风险。

误解 2：涉外业务出现的所有风险都属于国别风险。

解析：仅仅由于特定债务人自身原因导致的风险并不属于国别风险。例如，债务人经营不善、投资失误等导致无法履行到期义务而违约，这属于个体信用风险，不属于国别风险。

误解 3：只有境外机构才会受到国别风险影响，境内机构不会受到国别风险影响。

解析：境内机构的内保外贷等内外联动业务和跨境业务都会直接受到国别风险的影响。另外，高度外向型的境内客户会受到间接国别风险的影响，境内机构必须对此高度重视。

（二）主要类型

按照表现形式的差异，国别风险主要划分为转移风险、主权风险、传染风险、货币风险、宏观经济风险、政治风险、间接国别风险七大类。

1. 转移风险

转移风险是指借款人或债务人由于本国外汇储备不足或外汇管制等原因，无法获得所需外汇以偿还其境外债务的风险。

案例

阿根廷突然冻结美元存款

2002 年 1 月 10 日，阿根廷政府突然宣布强制冻结美元存款及部分比索定期存款，这项措施的实行使外国驻阿根廷机构的存款也被冻结，以至于这些机构没有足够的钱用于日常支出，面临“弹尽粮绝”的局面。这种外汇管制可能给在阿根廷的中资企业和与阿根廷有贸易往来的中资企业带来不利影响，降低其偿债能力，进而给相关商业银行带来转移风险。

2. 主权风险

主权风险是指外国政府没有能力或者拒绝偿付其直接或间接外币债务的可能性。导致主权风险的因素众多：一是主权债务危机导致商业银行债权人无法足额收回本金或利息，从而使得商业银行直接蒙受损失。二是主权债务危机往往导致投资规模大幅下降，影响债务国的经济增长，进而给商业银行带来经营风险。三是债务危机容易形成恶性循环，外部资金流入的减少，使债务国无法筹措到充足的建设资金，从而进一步加剧债务危机。四是主权债务危机容易导致主权政府宏观政策变化，造成商业银行经营环境的不稳定。五是债务危机可能引起一系列的社会危机或严重的社会后果，给商业银行带来各种风险。

根据国际货币基金组织（IMF）的相关统计，主权国家债务违约后债权人对债务的回收率较低，近十几年的主权违约数据显示，有 50% 的违约国能够最终偿还所有欠债；而以违约金额为标准，近十几年间的主权政府违约后债权人对债务的回收率仅有 31%。

3. 传染风险

传染风险是指某一国家（地区）的不利状况导致其他国家（地区）信用评级下降或信贷紧缩的风险，尽管这些国家并未发生这些不利状况，自身信用状况也未出现恶化。总体而言，国家（地区）之间的传染风险主要有贸易传染、金融传染和预期传染三种效应。

小知识

东南亚金融危机中的风险传染

在 1997 年的东南亚金融危机中，泰国实行了货币贬值政策，泰铢大幅贬值。由于泰国周边国家的货币大多数同美元挂钩，泰铢贬值后，泰国的出口竞争力相对得到增强，但与泰国出口结构相似的周边国家为了维持本国产品的出口竞争力，可能竞相使本国货币贬值，即“竞争性贬值”。基于这种预期，国际投机者要对这些国家的货币做空，而投机性抛售会对这些国家的货币产生巨大的贬值压力，这就是贸易传染效应。

金融传染效应则反映在欧洲国家的金融机构在泰国和印度尼西亚等地的投资。泰国金融危机导致欧洲国家金融机构的投资损失，使得欧洲国家的金融机构调整其全球区域投资组合以降低风险，从而抽逃在印度尼西亚等地的投资，诱发印度尼西亚等国的货币危机。

由此可见，危机传染的贸易效应、金融效应和预期效应是同时作用的，尤其是预期传染效应伴随着危机传染的全过程，并发挥着极其重要的作用。

4. 货币风险

货币风险是指由汇率不利变动或货币贬值导致债务人持有的本国货币或现金流不足以支付其外币债务的风险。货币风险往往是由不适宜的汇率制度直接导致的。

首先，汇率大幅波动或货币贬值将使得持有该种货币的国外商业银行直接遭受资产损失。其次，货币贬值或汇率大幅波动将引起该国的债务人，尤其是出口行业的债务人遭受资产损失，从而可能给商业银行带来违约风险。最后，货币贬值导致主权政府的外币债务数额大幅上升，容易出现主权债务危机，给持有该国主权债券的金融机构造成重大损失。

案例

2002 年阿根廷货币危机

2001 年年底，阿根廷公共债务总额占国内生产总值的比重为 54%，受阿根廷比索贬值的影响，2002 年年底该比重已上升到 123%。2003 年，阿根廷需要偿还债务本息达 296.14 亿美元，相当于中央银行持有的外汇储备的 2.9 倍。这大大超出了阿根廷政府的承受范围，最终导致阿根廷政府出现了主权债务危机。比索危机爆发后，阿根廷政府将国内银行体系的美元资产和债务按不同比价转换为已大幅贬值的阿根廷比索，这使许多商业银行在破产边缘挣扎，并且阿根廷政府新制定的破产法使商业银行更难收回坏账。

5. 宏观经济风险

宏观经济风险是指债务人因本国政府采取保持本国货币币值的措施而承受的高利率风险。宏观经济风险的传导途径主要有三条：第一条，高利率导致国内的债务人的融资成本上升，容易造成融资困难，部分利润率较低或借贷比例较高的债务人容易出现信用风险；第二条，高利率将缩减信贷规模，使得部分有信贷需求的债务人难以得到信贷支持，从而出现资金链断裂等风险；第三条，实行高利率容易引起外部投机资金的大量融入，提升金融产品、房地产等的价格，造成金融泡沫，当投机资金集体撤离时，容易给该国造成较大的经济冲击，给商业银行带来各种风险。

案例

巴西提高基准利率抑制通货膨胀

2011年7月，巴西中央银行货币政策委员会决定将基准利率提高至12.5%。巴西提高基准利率主要是为了控制消费过度增长，防范通货膨胀上涨超出政府预期目标。

巴西提高基准利率后将进一步吸引外国投资，给巴西带来更多的美元，美元与巴西货币克鲁塞雷亚尔的汇率也因此持续下降。在本国货币克鲁塞雷亚尔持续坚挺、美元汇率疲软的情况下，巴西出口产品更加昂贵，影响到巴西出口企业的竞争力，造成部分客户的偿债能力下降，进而给商业银行带来违约风险。

6. 政治风险

政治风险是指债务人因所在国家（地区）发生政治冲突、政权更替、战争等情形，或者债务人资产被国有化或被征用等情形而承受的风险。政治风险的发生往往是由一个国家（地区）政治制度僵化、政治或经济环境不稳定、宗教冲突等因素导致的，因此政治风险一旦爆发，短期内难以快速消除，其后果较为严重。

首先，商业银行可能受到政治危机的影响而遭受损失。例如，出现政权更迭时，新政府往往不承认前任政府的债务，因此直接导致商业银行债权人无法收回本金和利息。又如，部分主权政府直接对部分资产实行国有化或征用，也会给外国金融机构带来直接的损失。其次，政治风险往往对宏观经济造成较大的冲击，经济增长放缓，甚至出现政治制度重大变革，从而改变一个国家的根本经济制度。例如，苏联解体直接带来了数个国家根本经济制度的重大变化。最后，政治冲突如果不能很好地得到解决，往往会引发一系列的其他风险和危机，产生严重的社会危机，给商业银行经营带来损失。

小知识

“阿拉伯之春”

“阿拉伯之春”是自2010年年底起在北非和西亚的阿拉伯国家和其他地区的一些国家发生的一系列以“民主”和“经济”等为议题的社会运动，这些运动多采取公开示威游行和网络串联的方式，其影响之深、范围之广吸引了全世界的高度关注。

这场运动以北非国家突尼斯的本·阿里政权被民众抗议推翻为肇始，形成一场规模空前的民众反政府运动，之后运动如潮水般席卷整个阿拉伯世界。政治动乱和政权更迭对当地经济造成巨大的不良影响，也给中资银行带来了损失。一方面，部分中资企业在动乱中直接遭受资产损失，甚至发生人员伤亡，一些企业可能因为损失巨大而丧失偿债能力，给商业银行带来违约风险；另一方面，部分承包工程的中资企业无法按期完工，形成违约，进而给为此类工程开具保函的商业银行带来直接损失。

7. 间接国别风险

间接国别风险是指某一国家的经济、政治或社会状况恶化，威胁到在该国有重大商业关系或利益的本国借款人的还款能力的风险。间接国别风险并不是商业银行直接的业务所带来的风险，而是由于商业银行客户的涉外业务可能受到国别风险的不利影响，导致该客户在偿付能力和意愿上出现问题，进而给商业银行带来的风险。目前，间接国别风险尚未纳入监管机构要求的正式的国别风险管理程序。

（三）相关监管规定

银保监会的相关监管规定要求商业银行建立与本机构战略目标、国别风险暴露规模和复杂程度相适应的国别风险管理体系。概括而言，国别风险管理体系主要包括四个方面：一是制定完备的国别风险管理政策制度和内部控制体系，建立正式的国别风险内部评级体系；二是对国别风险实行包括设定、审批、监测、报告等流程在内的限额管理；三是建立国别风险监测预警、国别风险应急预案、国别风险压力测试、国别风险报告、准备金计提等管理手段组成的国别风险动态监测与管理体系；四是为国别风险的识别、计量、监测和控制建立完备和可靠的管理信息系统。

二、国别风险识别

相关机构（部门）在与境外企业或境外个人发生授信、开展国际资本市场业务、申设或并购境外机构、代理行往来或采购由境外服务提供商提供的外包服务等经营活动中，应充分识别业务经营中面临的潜在国别风险，了解所承担的国别风险类型，确保在单一和并表层面上，按国别识别风险。商业银行应当确保国际授信与国内授信适用同等原则，对境外借款人进行充分的尽职调查，确保借款人有足够的外币资产或收入来源履行其外币债务；认真核实借款人身份及最终所有权，避免风险过度集中；尽职核查资金实际用途，防止贷款挪用；审慎评估境外抵押品的合法性及其可被强制执行的法律效力；建立完善的贷后管理制度。识别的方式包括但不限于国别风险评估、洗钱风险评估等。

（一）国别风险评估

在评估国别风险时，商业银行应当充分考虑一个国家或地区经济、政治和社会状况的定性与定量因素。商业银行可以从政治风险、经济风险和投资环境三个维度进行评估，结合洗钱风险评估结果，对已开展和计划开展业务的国家或地区逐一进行风险评估，分析中资银行和企业的机遇及风险，提出对策建议。在国际金融中心开展业务或设有商业存在的机构，还应当充分考虑国际金融中心的固有风险因素。商业银行应结合国别风险敞口情况，至少按年度对国别风险评估进行重检；在特定国家或地区出现不稳定因素或可能发生危机的情况下，应当及时更新对该国家或地区的风险评估。

（二）洗钱风险评估

识别国别风险应了解相关国家或地区洗钱风险评估结果。商业银行对境外借款人（交易对手）进行尽职调查时，应当严格遵守反洗钱、反恐怖融资和反逃税等法律法规，严格执行联合国安理会等国际组织的有关决议，对涉及敏感国家或地区的业务及交易保持高度警惕，及时查询包括联合国制裁决议在内的与本机构经营相关的国际事件信息，建立和完善相应的管理信息系统，及时录入、更新有关制裁名单和可疑交易客户等信息，防止个别组织或个人利用本机构从事支持恐怖主义、洗钱或其他非法活动。

三、国别风险计量

国别风险计量包括国别风险评级、国别风险敞口统计、限额设定、压力测试等。国别风险计量应当能够覆盖所有重大风险暴露和不同类型的国别风险，能够在单一和并表层面按国别计量风险，能够根据有风险转移和无风险转移情况分别计量国别风险。

（一）国别风险评级

1. 基本概念

国别风险评级是采用统一的分析框架和判定标准，用定量与定性相结合的方式，综合考虑政治、经济、财政、货币、经济杠杆、外部流动性、违约历史等风险维度，确定评级国家（地区）的国别风险等级的过程。国别风险评级主要包括初评、汇总、审核、审定、发布五个环节。

国别风险评级的主要作用是为商业银行业务发展战略制定、海外机构设立、授信审定、信贷授权、产品定价、信贷资产风险分类、国别风险限额设定、国别风险准备金计提、经济资本分配等工作提供依据和参考。

小知识

评级展望

评级展望是对国别风险评级在中长期内（一般为6个月至1年）的潜在变化方向进行评估的结果。确定评级展望要考虑国家（地区）政治外交环境、经济金融环境、制度运营环境、社会安全环境等变化和影响。评级展望包括以下类型：

(1)“正面”的评级展望表示评级有上升趋势。

(2)“稳定”的评级展望表示评级大致不会改变。

(3)“负面”的评级展望表示评级有下降趋势。

(4)“待定”的评级展望表示评级上升或下调仍有待决定。

2. 评级方法

国别风险评级针对政治、经济、财政、货币、经济杠杆、外部流动性和违约历史等风险维度以及特例调整事项，采取定量评价与定性评价相结合的方式，对国别风险的各个风险维度和风险因子进行评价，将各个风险因子的得分加权平均得到一个反映该国家（地区）风险状况的综合得分，即国家（地区）评级结果。

一般来讲，评级机构应按年度开展国别风险评级重检。但在风险敞口国家（地区）的国别风险状况发生（或有迹象表明很可能发生）重大变化时，应立即触发国别风险评级的重检，并开展相关应急处置工作。

3. 评估方法

国别风险评估从政治风险、经济风险、投资环境三个主要维度对一个国家（地区）进行分析评价，并对该国家（地区）的政治、经济总体情况，评级结果，需关注事项，评级展望进行阐述。国别风险评估报告主要分为四个部分：一是从政治稳定、社会安全、政府干预、国际关系四个方面分析政治风险。二是从宏观经济、金融状况、财政状况、国际收支、主权债务、双边经贸六个方面分析经济风险。同时，国别风险评估利用经济学人智库（EIU）数据、万得（Wind）资讯数据制作宏观经济数据图、银行业不良贷款率数据图、财政收支情况图等，以反映一个国家（地区）宏观经济运行环境、银行业风险和财政风险等。三是参考世界银行营商环境指数，从法律环境、税收环境、投资便利性、基础设施建设、行政效率五个方面分析投资环境风险。四是分析中资企业的投资机遇及风险，另外在海外机构所在地国家（地区）增加对商业银行监管环境、中资银行业务发展机遇及风险分析的阐述，在此基础上提出防范国别风险的对策建议。

（二）国别风险评估

国别风险评估以本年度国别风险评级结果为基础，对一国（地区）的政治环境、经济指标、监管要求、投资环境、重大事件进行分析评估，并对中资企业投资机遇与国别风险的防范提出针对性建议。商业银行基于经济学人集团旗下的经济分析智囊机构（The Economist Intelligence Unit，EIU）、埃信华迈（IHS Markit）、巴塞尔反洗钱指数（Basel AML Index）、世界银行及当地央行等外部机构数据，对核心宏观经济指标、财政收支、国际收支、外债情况、汇率波动、双边经贸、金融状况等30余项数据进行深入分析，最终形成本年度国别风险评估报告，对授信审批、信贷业务管理、境外业务拓展等相关工作提供参考和支持，为跨境金融服务提供指引。

（三）国别风险压力测试

1. 定义和作用

国别风险压力测试是指通过特定的方法和程序，测试不同假设情景对国别风险状况的潜在影响。国别风险压力测试工作包括确定压力测试方法、设计压力情景、执行压力测试、定期向董事会和高管层报告测试结果。国别风险压力测试旨在帮助商业银行相关部门和机构的业务经营人员和风险管理人员更全面地理解其面临的国别风险状况，提前揭示压力情景下特定国家（地区）外币信用评级可能出现的变化，为国别风险防控和业务经营管理提供决策参考。

2. 国别风险压力测试方法

国别风险压力测试主要采用“自下而上”的方法确定承压指标压力情形下的取值，进而利用压力传导模型计算出压力情景下和无压力情景下国家（地区）外币信用评级的变化情况，并将该评级变化作为压力情景下国家（地区）外币信用评级的恶化程度，之后将恶化程度叠加到承压国家（地区）外币信用评级上，得到压力情景下国家（地区）外币信用评级。

四、国别风险控制

（一）国别风险监测

1. 定义和作用

国别风险监测是通过商业银行内的管理政策与机制，将信息与分析有效结合，对国别风险进行防范的一套工具与流程。国别风险监测的核心在于对危机相关的信息进行持续的收集与分析评估，以跟踪风险发展趋势，及时启动应对机制，尽量避免或降低国别风险可能造成的损失。国别风险监测包括国别风险限额日常管理、超国别风险限额处理、国别风险监测预警等。

小知识

国别风险监测与国别风险评级的关系

在国别风险管理的整体框架中，国别风险监测与国别风险评级是一个有机的整体，组成了整个国别风险识别与评估体系。虽然两者有很多相同的指标，但是仍然存在差别。国别风险监测主要是对指标的相对变化量或变化率进行监控，而国别风险评级主要是对指标的绝对量进行比较和分析。国别风险监测工作中，完成对风险指标及风险事件的信息收集与监测后，还需要通过风险评估与分析对风险事件可能的发展方向及可能的影响范围进行前瞻性判断。国别风险评级模型为风险事件的评估提供了分析框架。

2. 主要内容

一个国家（地区）可能发生债务危机或货币危机，表现为宏观经济指标出现较严重的恶化或本国货币出现较严重的贬值等；标准普尔、穆迪、惠誉三大评级机构（其中任意一个机构或多个机构）对一个国家（地区）的主权外币长期信用评级降级。发生较严重的国别风险事件，可能造成较严重损失或影响业务可持续性，如政权更替、战争、恐怖袭击等政治风险事件，外汇管制、贸易规则的突然改变等转移风险事件，地震、洪水、大范围流行病等自然灾害事件。

国别风险监测预警分为蓝色预警信号、黄色预警信号、红色预警信号三个等级。

拓展阅读

国别风险红色预警信号示例

出现以下情形，应确定为红色预警信号：

（1）标准普尔、穆迪、惠誉三大评级机构（其中任意一个机构或多个机构）对商业银行持有风险敞口的国家主权外币长期信用评级6个月内降幅超过3级，且对商业银行业务有重大影响。

（2）发生类似2009年迪拜债务危机等特别重大的国家债务危机，且对商业银行业务有重大影响的事件。

（3）发生类似2008年系统性金融危机，影响全球金融市场，且对商业银行业务有重大影响的事件。

（4）发生类似2011年日本大地震等对一个国家（地区）的经济产生重大影响或对公众利益造成特别重大损害，且对商业银行业务有重大影响的自然灾害事件。

（5）发生类似2001年美国“9·11恐怖袭击事件”等造成全球金融市场严重动荡，且对商业银行业务有重大影响的政治风险事件。

（6）影响当地的分支或附属机构业务正常开展时间达8个小时（含）以上，且对商业银行业务有重大影响的事件。

3. 框架和业务流程

国别风险监测预警是通过对一系列能够体现国别风险的指标要素及事件进行监测、记录、分析，并根据监测及分析的结果触发相应的风险控制措施的功能。实现这一功能，除了建立监控指标体系、设立风险预警信号等国别风险监测预警核心工具之外，还需要建立商业银行内部的信息传递、报告路线、决策流程等一套管理机制。

（二）国别风险准备金

1. 定义

国别风险准备金是指作为商业银行资产减值准备的组成部分，在客观谨慎判定国别风险对资产质量影响的基础上，专门计提的用于吸收国别风险导致潜在损失的资产减值准备。

2. 计提范围

（1）信贷资产。其计提范围如下：各类境外贷款，具体包括短期境外贷款、中长期境外贷款；各类境外垫款，具体包括境外机构信用证垫款、境外机构银行承兑汇票垫款、国际担保垫款、非应计国际担保垫款；其他贸易融资。

（2）债券投资。其计提范围包括境外发行体发行的可供出售债券、持有至到期债券、贷款和应收款项债券。

3. 计提方式

国别风险准备金计提采用逐项评估、组合计提的方式，具体如下：对计提范围内的各项资产，逐项考虑风险转移和风险缓释金额，估算扣除风险转移和风险缓释金额后的资产风险敞口净值；将各项资产风险敞口净值依据相应国别风险分类，对属于同一国别风险等级的资产，采用组合方式计提国别风险准备金。

4. 风险转移

由中国主体提供的风险缓释、使国别风险转回到中国的资产，无需计提国别风险准备金，具体包括：

（1）境内外联动信贷资产。内保外贷、信用证项下福费廷（中国境内机构承兑）、信用证下汇票贴现（中国境内机构承兑）、票据保付贴现（中国境内机构保付）等。

（2）其他保证人主要经营所在地在中国境内的信贷资产和债券投资。

（3）跨主权国际金融机构（如世界银行、国际货币基金组织、亚洲开发银行、金砖国家新开发银行、亚洲基础设施投资银行等）提供担保的业务。

（三）国别风险应急处置

1. 国别风险应急预案的定义和作用

国别风险应急预案是应对国别风险突发事件及国别风险恶化时，为降低风险、控制损失而预先做出的关于行动方案和管理程序的计划与安排。国别风险应急预案需要及时处理陷入困境国家的风险暴露，明确在特定风险状况下应当采取的风险缓释措施以及必要时应当采取的市场退出策略。

2. 国别风险应急处置措施

国别风险应急处置根据国别风险监测预警信号等级的不同，分别采取蓝色预警、黄色预警、红色预警等分等级处置措施。

国别风险应急处置措施包括但不限于以下方面：及时分析报告，梳理国别风险敞口、受影响的业务明细等；发布风险预警或风险提示；对国别风险评级进行重检；进行专项国别风险压力测试；紧急下调或冻结该国额度、停止业务准入；及时平仓或启用净额结算；启动贷款清收或债务重组，降低当地货币敞口；出售转让当地股权；缩短敞口期限；提取额外准备金；关停当地分行，依据当地法律开展债务清偿、资产处置、贷款清收、销户、税务注销等清算工作；将当地业务剥离或转让；明确信息披露要求；其他必要措施。

第五节　其他风险的管理

本章前几节详细阐述了信用风险、市场风险、运营风险、国别风险的计量与管理。除此之外，商业银行在经营管理过程中还会面临其他风险，如声誉风险、流动性风险、战略风险、合规风险、行为风险、集中度风险、模型风险、资产证券化风险、估值风险等，这些风险相对于前面提到的风险而言，计量更加困难。商业银行更多是针对每一类风险的特点，从管理机制和工具方面进行差异化管理。

一、声誉风险

（一）定义

声誉风险作为一种次生风险，主要指由商业银行经营、管理及其他行为或突发事件导致媒体关注或者形成负面报道，可能对商业银行形象、声誉、品牌价值造成负面影响或损害的风险。

与商业银行的其他风险相比，声誉风险较为特殊，声誉风险主要具有以下特征：

第一，成因多样化。声誉风险的成因十分复杂。一部分声誉风险来自银行内部管理，如经营不善和管理问题；一部分声誉风险属于其他风险伴生物；还有一部分声誉风险来源于银行外部环境，包括竞争对手的策略、舆论恶意导向以及行业变化等因素。任何对商业银行产生负面影响的事件都是声誉风险的成因，因此声誉风险与其他风险相比较为抽象。

第二，风险难以量化。商业银行的其他风险，如信用风险和市场风险都可以通过一些指标进行量化。通过分析这些指标的变化过程，商业银行风险控制部门就可以及时识别风险，并制定相应的风险处置措施。但在防范声誉风险过程中，由于声誉风险产生于市场对商业银行的负面评价，究竟这些负面评价能够给商业银行造成多大的影响是很难度量的。

第三，风险传播快。新媒体时代，信息传播速度加快，商业银行的声誉风险事件传播非常迅速。一旦商业银行对外发声渠道出现问题，负面评价将会被公众迅速传播，引发声誉风险。如果媒体播报不强调客观事实，而是注重关注度，对商业银行的行为“添油加醋”，或者采用“标题党”的方式吸引读者，往往容易产生误导，从而导致声誉风险事件升级、事态扩大。

第四，风险具有关联性。商业银行的其他风险与声誉风险密切相关而产生。商业银行十分小的操作失误，或者是内部结构的良性变更，都有可能在发酵之下形成外部舆论压力，引发商业银行的声誉风险。同时，在信息化背景下，声誉风险的危害不断扩大，声誉风险也有可能进一步引发其他风险。

拓展阅读

声誉风险的分类

对声誉风险事件进行分类有助于及时有效处理商业银行声誉风险事件。不同的声誉风险，适用不同的方法和原则进行处理。一种分类是按照声誉风险事件涉及的媒体影响力、报道范围、损害程度、持续时间等，分为不同影响级别的声誉风险，如重大声誉风险事件、较大声誉风险事件、一般声誉风险事件、潜在声誉风险事件。另一种分类是以导致声誉事件发生的原因为标准对声誉风险进行划分，如将声誉风险事件划分为以下几类：

第一类，因国家相关机构发布的新政策而引发的商业银行声誉事件，包括网上评论、窗口质疑、公共场所言论等。

第二类，因商业银行的规定引发用户或新闻媒体质疑、反对、抵制等行为。

第三类，在执行中央银行、商业银行的规范中，客户公开质疑、抵制、与窗口人员发生冲突等过激行为。

第四类，在提供服务过程中出现失职行为而引发的商业银行声誉事件。

第五类，因商业银行工作人员的违法犯罪行为而引发的商业银行声誉事件。

第六类，因理财产品、创新金融产品等高风险产品而引发的商业银行声誉事件。

第七类，因服务链中的客户、中介机构、担保机构的行为以及商业银行的失察行为而引发的客户对商业银行指责的商业银行声誉事件。

第八类，在商业银行经营场所发生的客户之间的纷争，导致社会舆论对商业银行管理行为质疑的商业银行声誉事件。

第九类，因自动取款机等银行自助设备故障而引起的商业银行声誉事件。

第十类，因制度、管理不规范，不到位引起的商业银行声誉事件。

第十一类，因内部员工或第三方披露负面消息而引起的商业银行声誉事件。

第十二类，因侵犯他人知识产权或采取不正当竞争行为等引起的商业银行声誉风险事件。

（二）声誉风险管理

1. 识别与排查

声誉风险作为次生风险，各业务部门对可能引发声誉风险的事件应事先做好识别和排查，通过前移关口，预防和减少声誉风险事件的发生。具体措施包括：一是早识别，准确定位，确保不留下未识别的声誉风险隐患。二是在识别和排查时要有关联性思维。风险事件相互依赖，声誉风险可能是以其他类型的风险造成的衍生风险的类型存在的。此外，多个风险事件有可能同时发生，共同影响商业银行的声誉。三是全覆盖，按照内外部、业务模块、部门单位等条件将各类声誉风险因素进行分类汇总，对各类声誉风险制定有针对性的应对和处置措施，有助于风险管理部门更好地理解声誉风险因素之间的关系，进而从总体上把握声誉风险，制定合理有效的应对措施。

2. 监测与预警

一是舆情监测。商业银行应确定每日舆情监测的牵头部门，实行全天候、24 小时值班制度，重大舆情随时发现，随时报告。舆情监测任务层层落实，责任到人。牵头部门将每日监测到的负面舆情信息及时通报相关业务部门。分支机构声誉风险管理部门监测到涉及所辖机构的负面舆情或接到提醒后，及时转发各分支机构业务部门进行调查了解，同时做好媒体沟通工作，避免负面影响持续扩大。各业务部门在日常工作中监测到负面舆情或了解到可能存在声誉风险隐患时，应及时通知总部。

二是指标监测。声誉风险从产生、积聚到形成往往有一个过程，而在这一过程中，其会通过一系列相关指标表现出来。商业银行应通过建立一系列可以反映商业银行声誉风险的指标，如社会满意度、监管部门行政处罚、新闻媒体正面或负面报道频率、客户投诉率等，对声誉风险状况进行监测和预警。

案例

某商业银行的声誉风险管理系统

某商业银行于 2016 年 9 月投产使用声誉风险管理系统。该系统涵盖新闻舆情提示、网络舆情提示、声誉风险隐患提示、声誉风险隐患事件排查和台账管理、声誉风险应急演练、通知、报告多项功能，以系统信息流转取代电子邮件传递方式，以系统统计功能取代手工台账管理，实现了信息的及时反馈、完整存储和充分共享，有效督导了声誉风险管理各项工作机制的规范、准确执行。同时，该系统大大促进了该商业银行内部各级机构的上下联动，实现了流程化、动态化的声誉风险管理，大幅提升了管理质效，并为中国银行业提升声誉风险管理的信息化和规范化水平，优化声誉风险信息和数据的记录存储模式，提供了先进经验，在行业内具有示范作用。

3. 应对与处置

声誉风险累积到一定程度就会发生质变，形成声誉风险事件，声誉风险事件如果不能有效处置，极易演变为声誉危机，因此各商业银行必须重视应急处置机制建设。具体措施包括：一是在各个层面设立声誉风险事件应急管理机构，各个分支机构要有声誉事件处置工作小组。二是制定声誉风险应急预案，优化应急处置流程，定期开展应急预案演练。三是发生风险事件时要快速做出应急反应，尽力消除不良影响；同时，尽量缩短报告路线和处理时间，做到职责明确、路线清晰、操作性强，提供便捷、快速的协商渠道。四是善用各种渠道，在问题发生时及时消除公众的猜疑和不满，避免负面报道或传闻产生不利影响。

4. 声誉修复

商业银行在遇到声誉风险问题时，除了在最短时间内平息风波外，还应从源头着手，从根本上解决问题，建立临时性声誉风险化解机制与持续性声誉风险化解机制相结合的声誉风险化解机制。

临时性声誉风险化解机制是指对已经发生的声誉风险事件在最短的时间内采取的解决机制，其可以避免事态的扩大化。持续性声誉风险化解机制则是指对于已发生的声誉风险进行跟踪处理，从根源上杜绝同类事件再次发生的机制。

案例

花旗集团应对声誉风险的案例

2004 年 9 月，因违反日本银行法，花旗集团日本子公司被日本金融厅责令暂停经营部分业务。该事件令花旗集团的声誉受损，业务大幅下滑。为了控制和化解声誉风险，花旗集团采取了一系列应对措施——宣布建立一个独立的全球合规部门，强化内部程序；免去了 3 名资深管理人员的职务；花旗集团首席执行官就日本子公司严重违规行为公开道歉。正是得益于以上有力的举措和负责任的态度，花旗集团成功化解了这场声誉危机，重新赢得了市场的信任。

风波平息后的阶段是“后风险时代”，商业银行应将其作为观察期处理。在这一阶段，商业银行应对旧有体制进行新一轮审查，根据已发生的声誉风险，及时修订、调整、完善相关产品及制度和流程，从源头上避免声誉风险事件的再次发生。在这一时期，商业银行还应关注新制度和新体系的运作，查找新的声誉风险隐患。

二、流动性风险

（一）定义

流动性风险是指商业银行无法以合理成本及时获得充足资金用于偿付到期债务、履行其他支付义务和开展正常业务的风险。流动性风险体现在以下两个方面：一是自身融资能力方面，在不影响日常经营或财务状况的情况下，商业银行无法及时有效地满足资金需求的风险；二是市场流动性方面，由于市场动荡或市场深度不足，商业银行无法以合理的市场价格融入资金或变现资产以获得充足资金的风险。

（二）流动性风险管理

1. 政策和程序

政策和程序具体包括但不限于以下内容：流动性风险识别、计量和监测，包括现金流测算和分析；流动性风险限额管理；融资管理；日间流动性风险管理；压力测试；应急计划；优质流动性资产管理；跨机构、跨境以及重要币种的流动性风险管理；对影响流动性风险的潜在因素以及其他类别风险对流动性风险的影响进行持续监测和分析。商业银行应当综合考虑业务发展、技术更新以及市场变化等因素，定期对流动性风险管理策略、政策和程序进行评估，必要时进行修订。在推出新产品、新业务和设立新机构之前，商业银行应当在可行性研究中充分评估其可能对流动性风险产生的影响，完善相应的风险管理政策和程序。

2. 限额管理

根据监管要求和内部管理需要，商业银行可以对部分重要的流动性风险管理指标设置限额。流动性风险限额包括监管部门设立的监管指标限额和内部管理指标限额。内部管理指标限额根据货币政策和市场资金环境、商业银行业务策略和活动、风险承受能力、融资能力、限额使用效率、收益能力、资本消化潜在损失的能力等因素设定，按年进行重检和调整。

3. 日常资金头寸管理

日常资金头寸管理是流动性风险管理的一项基础工作，其核心任务是以合理成本及时获得资金，确保具有充足的流动性头寸，及时满足支付需求。商业银行一方面要保持足够的头寸，满足日常和临时性的清算支付需要，另一方面又要提高资金效益，减少低收益资金占用，将备付水平控制在合理范围内，这是日常资金头寸管理的基本要求。日常资金头寸管理的具体内容包括头寸分级管理、确定每日资金融入融出安排、日间头寸监控等内容。

4. 应急管理

商业银行应针对流动性临时中断、信用评级大幅下调、出现重大声誉风险、交易对手大幅减少融资金额、主要交易对手违约或破产、特定的流动性风险内部监测指标达到触发值、本机构发生挤兑事件、母公司或集团内其他机构出现流动性危机并可能导致流动性风险传染、市场大幅震荡、流动性枯竭等情形制订流动性应急计划。有关流动性风险管理更详细的内容，可参见大型商业银行综合管理丛书——《大型商业银行资产负债管理》。

三、战略风险

（一）定义

战略风险是指由于经营策略不当或外部经营环境变化等原因导致的风险，包括经营环境剧烈变化、战略假设、决策或执行不当以及战略管理能力缺陷等对银行经营业绩、市场竞争力和可持续发展产生严重负面影响的风险。

战略风险产生于商业银行运营的各个层面和环节，与市场风险、信用风险、运营风险、流动性风险等交织在一起，具有伴生性、全局性、长期性等特点。

近年来，随着外部经济环境的变化，各家商业银行提出了很多的战略，明确了各自的战略目标和定位。一方面，商业银行越来越重视战略的制定；另一方面，战略风险管理的重要性也日益凸显。

拓展阅读

近年来主要上市商业银行的战略目标和定位

表4-4为近年来主要上市商业银行的战略目标和定位。

表4-4　近年来主要上市商业银行的战略目标和定位

银行	战略目标和定位
中国工商银行	坚持“三大一化”：大零售、大资管、大数据和信息化
中国建设银行	坚持普惠金融、住房租赁、金融科技三大战略
中国农业银行	立足“三农”，城乡联动，走向国际，建设服务多元的国际一流银行
中国银行	建设服务多元化、海内外一体化的大型跨国银行
交通银行	打造国际化、综合化的财富管理银行
招商银行	坚持“一体两翼”：以零售银行为体，公司和同业金融为两翼，打造轻型银行
兴业银行	坚持“一体两翼”服务体系+七大核心业务群
民生银行	建设特色鲜明，拥有全球竞争力的跨界互联、聪慧共赢、平台型现代金融服务集团
浦发银行	围绕“spdb+”互联网金融战略，为客户搭建共赢金融生态圈
光大银行	综合金融、大零售、互联网金融

资料来源：赵建. 商业银行战略管理的反思和重塑［J］. 中国银行业，2017（1）：67-70.

（二）战略风险管理

1. 识别

战略风险识别的目的是充分识别外部环境和内部经营活动中可能影响战略决策、执行和战略目标实现，可能对经营业绩、市场竞争力和可持续发展造成重大损失或负面影响的内外部风险因素，以便对其进行控制和管理。

内部因素包括但不限于发展战略、经营策略、经营计划、结构调整、产品创新、组织变革、资源配置等。

外部因素包括但不限于宏观经济指标、技术进步、行业发展、市场结构、监管政策及法律法规变化、利率市场化、同业地位、外部评级等。

2. 评估

战略风险评估是指采用一定的方法，对战略风险的严重程度进行分析和评价。战略风险评估包括战略风险整体评估和战略风险专项评估。

战略风险整体评估指对商业银行整体所处的战略风险状态进行分析判断，一般每年评估不得少于一次。评估内容包括但不限于：战略决策和制定者的能力和经验；战略目标与企业文化、价值观、发展方向和风险偏好的一致性；战略决策与外部环境（如经济、行业、技术、竞争状况、监管及其他条件）的一致性；战略制定时信息的全面性、系统性和准确性；资本、组织架构、人员和系统等资源配置方面的支持；战略修正和调整的灵活性和弹性；战略风险因素监测的持续性和有效性；出现战略风险因素时，危机处理能力和处理预案；战略决策不当的负面影响；战略调整及战略风险处置的成本等。

战略风险专项评估是指对识别出来的突发的、特定的战略风险因素的严重程度、影响范围、持续时间、控制成本以及未来发展变化趋势等进行分析判断。战略风险评估时，商业银行需要根据全行的经营业绩、市场竞争力和可持续发展的影响程度，将战略风险分为不同的影响等级，如高风险、中度风险和低风险三个等级。

3. 监测

战略风险监测是对各种战略风险识别对象及相关因素进行监控，对比指标的偏离程度和发展变化趋势。监测内容包括但不限于：战略规划执行情况、战略风险整体状态和变化；行业或区域风险变化、监管政策变化、风险偏好执行情况变化、关键风险点控制情况变化；新产品创新和产品竞争情况的变化；法律法规的变化；相关领域内的政策变化、主要业务指标和同业竞争态势的变化；分支机构和附属机构本地区的政策、监管要求变化，主要经营指标变化；等等。

4. 报告

战略风险报告分为年度报告和专项报告。年度报告根据定期监测结果和年度战略风险整体评估情况，对全行战略风险的识别、评估和管理的整体情况进行描述，并提出风险控制建议。专项报告在专项监测、专项评估的基础上，对突发的、特定的风险识别对象导致的战略风险提出风险控制建议，形成专项报告。年度报告的内容一般包括描述战略风险定期监测情况、识别情况、评估结果、计量结果、风险控制和管理情况、处置方案和成本以及战略风险管理改进措施等。专项报告内容一般包括描述专项监测、评估结果、风险因素的影响程度和范围、未来变化趋势、处置方案以及成本等。

5. 处置

战略风险处置是在风险识别、监测、评估后，综合平衡成本与收益，针对风险状况拟定处置方案。中度风险和低风险的处置一般由风险因素相关部门拟定处置方案，待高级管理层审定后，由风险因素相关部门具体实施，形成处置结果报告并及时向高级管理层汇报。高风险的处置一般由风险因素相关部门拟定处置方案，待高级管理层或董事会审定后，高级管理层组织相关部门具体实施，形成处置结果报告并及时向董事会汇报。

四、合规风险

（一）定义

合规风险是指因未能遵循法律、规则和准则而可能遭受法律制裁、监管处罚、重大财务损失和声誉损失的风险。

拓展阅读

近年来因不合规导致巨额监管处罚的商业银行

近年来，因违规问题遭受巨额监管处罚的商业银行不胜枚举。从国际同业看，汇丰银行、法国巴黎银行、德意志银行等国际知名银行都受到过巨额处罚。据统计，2016 年全球商业银行共遭到 420 亿美金的处罚。2017 年，巴基斯坦哈比银行的纽约分行和拉脱维亚 ABLV 银行因合规问题被关闭，美国富国银行受到了资产“零增长”的严厉处罚。

从国内同业看，2016 年以来，中资银行的海外机构共遭受了 63 次处罚，处罚金额合计达 15 亿元人民币。2017 年，银监会开展“三三四”专项治理，开启了金融业“强监管”“强问责”周期的大幕，全年共开出行政处罚 3 452 件，处罚机构 1 877 家，是 2016 年的 3 倍，罚没金额 29.32 亿元，是 2016 年的 11 倍。2018 年以来，强监管态势延续，监管文件出台频率大幅提高，给商业银行的合规工作提出更高要求。除了罚款以外，监管处罚还与市场准入、履职评价、监管评级相结合，强化了处罚的威慑效应。

（二）合规风险管理

从合规风险管理的角度看，商业银行需要在借鉴国际先进银行经验的基础上，结合本行实践，建立一个科学先进、务实管用、满足监管要求、符合银行实际、覆盖全集团的合规管理体系。大型商业银行尤其要注意优化境外机构合规管理框架，加强监管沟通与检查整改，满足监管合规的更高要求。

1. 组织架构

商业银行合规管理组织架构包含了内部各层级、各机构的合规管理职责划分、合规管理部门的设立、层级管理人员和合规管理人员的配备。

商业银行董事会、监事会、高级管理层、合规管理部门、其他职能部门或机构的合规管理职责都应进行清晰的划分。商业银行应不断加强“三道防线”建设，推动合规管理运行机制的顺畅有效运行。业务条线、分支机构一线员工和管理人员作为第一道防线，承担合规主体责任，应主动实施有效的自我合规控制；合规管理部门是第二道防线，应履行全面的合规管理职责，并建立独立的报告路径；审计部门是第三道防线，对商业银行合规管理的有效性进行独立、客观的监督。

从业内实践来看，商业银行的总行大多独立设置合规管理部门，负责合规风险管理，或者将关系较紧密的内部控制、法律风险等职能包含在内进行统一管理。在分行层面，国内商业银行一般设立合规管理部门或设置合规岗位，而汇丰银行、花旗银行等外资银行则普遍采取业务条线合规官与区域合规管理部门并存的模式。部分国内商业银行也在尝试由总行向各一级分行派驻合规官或合规总监，以提高合规管理的规范性和有效性。

2. 合规政策与制度管理

合规政策是商业银行制定的用于明确合规管理目标、原则、流程、组织架构、职责及权限、系统、制度及文化等合规管理体系诸要素的书面文件。合规政策既是指导商业银行内部合规管理体系建设有效实施的纲领性文件，也是对外表明商业银行坚持合规经营和履行企业社会责任的重要宣言。

合规政策的制定必须经过商业银行内部多方面充分论证，综合考虑监管要求、银行情况、同业良好实践等，以求契合合规风险管理的实际需求，获得全行上下最广泛的认可和支持。合规政策对全行具有普遍约束力，需要由商业银行高级管理层审定后提交董事会审批生效，并在行内颁布实施，同时向监管部门备案。

制度管理是商业银行运营的载体和手段。商业银行内部制度是否健全、有效，对外部有关法律、规则和准则的传导和转化是否及时、准确，将直接影响商业银行合规管理的精细化水平高低。规章制度管理，首先应将外部监管要求及时、准确地转化为商业银行内部行为准则与工作规范。对内部具体的规章制度，商业银行对计划、起草、审查、审议、公布、解释、重检、修订、废止等阶段实施全流程管理，明确管理规范与要求。商业银行通过有效分层、分类，建立具有内在逻辑关系的制度树，形成全面覆盖商业银行各项业务与管理活动、层级分明和体系严密、便于操作与执行的制度体系，避免制度的遗漏、重叠和相互矛盾。

3. 合规审查

合规审查是合规管理部门主动识别、量化、评估、监测和报告合规风险的体现。审查的对象包括内部规章制度的制定和修改、业务流程的制定和修改、新产品的开发、新业务的拓展、新客户关系的建立等方面。商业银行通过对业务、产品、制度建立强制性与常态化合规审查机制，可以在事前环节将合规管理嵌入业务流程，防范制度、流程、产品设计中的漏洞及缺陷，确保从源头控制合规风险的产生。

案例

摩根大通银行的合规审查避免了雷曼迷你债券风暴

2008 年全球金融危机发生前，多家银行向客户推销高收益率的雷曼迷你债券。摩根大通银行也计划开办该项业务，但当销售部门经过多个环节的内部审批流程后，合规官却于最后环节叫停。这只后来成为多家银行梦魇的雷曼迷你债券，在合规审查环节被封杀在摩根大通银行的产品名单中，为该行避免了损失，使该行赢得了高于同业的良好声誉。

4. 合规检查

合规检查是发现违规、处置违规、做好违规整改等工作的基础和前提，是合规管理的一项重要基础性工作，也是合规部门履行合规管理职责必须拥有的基本权力和职能。除了配合好外部监管检查外，各分支机构合规部门要独立行使合规检查权，有计划、有重点地开展合规检查，努力提升独立发现违规问题的能力。在检查方式上，可以根据具体情况采用突击检查、飞行检查、专项检查、普查等多种方式；在检查方向上，商业银行要突出问题导向，针对监管法规、行内重大基础规章制度的遵循情况进行检查，针对违规多发业务、管理领域进行检查，针对内控合规基础薄弱、案件或违规事件频发的机构进行检查。商业银行要从违规导致的案件、监管处罚、财产损失、声誉损失等事件中，查找违规问题集中和严重的环节、部位、领域、机构，锁定合规检查的关键点，提高合规检查的针对性。为避免重要合规管理事项的重复检查或遗漏检查，商业银行应建立跨条线的协调机制，整合来源各异的检查计划，促成重复项目的合并开展，落实不同部门间检查结果的共享，在整体上优化检查资源配置、节约管理成本、提高综合管理效能。

5. 违规处置与问题整改

违规处置与问题整改是事后合规管理的重要环节。其中，违规处置是合规管理部门强有力的抓手。商业银行对未履行或未正确履行合规职责的行为进行处罚以及对违规行为者进行责任追究，可以扭转职责不清、责任落实难的状况，提高政策制度的执行力，牢固树立合规风险管理的权威性。违规处置并非单纯的惩戒，而是以此反向勉励员工提高合规意识，自觉履行合规职责。商业银行应倡导主动发现、主动暴露、主动避免违规事件的发生和主动纠正已发生的违规事件。

对自主发现或外部监管部门、内部审计、监察部门、风险管理部门、业务主管部门等发现的违规问题，商业银行要分级分类进行处置，根据违规的性质、严重程度，综合运用好各类处置手段，对机构和人员的违规行为进行违规认定并严肃问责。对轻微违规、一般违规的机构，商业银行可以采取责令整改、通报批评、公开约谈机构负责人等方式快速处理，及时纠正。对严重及特别严重违规的机构，商业银行要通过暂停业务、调整授权、调整考核等级等方式严肃问责。对轻微违规、一般违规的人员，商业银行可以采取批评教育、通报、调整绩效分配、降低考核档次、调整工作岗位等方式处置；对严重及特别严重违规的人员，商业银行要移送纪检监察部门处理。商业银行应通过切实抓好对违规问题的实质性整改，解决制度、流程、系统等设计及运行的根源性问题，从根本上减少屡查屡犯问题的发生。

在检查发现并及时处理违规的基础上，深入推动问题整改，举一反三，从制度、机制、流程、机控等方面落实一系列改进和完善措施，是从根本上走出“屡查屡改、屡改屡犯、屡犯屡查”怪圈的关键所在。问题整改应综合利用检查成果，结合发现的问题开展制度评价，研究梳理制度缺陷和系统、操作流程漏洞，不断进行修订与优化改造。商业银行应通过及时落实和强化整改措施，不断自我规范经营管理行为，强化自我纠偏机制建设，全面提升自我管理能力。

6. 合规考核评价

科学合理的合规考核评价体系有助于纠正“重业绩、轻管理”的倾向，引导员工和各级机构综合考虑经营与合规的关系，减少违规行为发生的可能性，促进商业银行快速、稳健发展。

合规考核评价的对象为所有机构和员工。合规考核评价的内容应包括合规管理组织机制建设情况、管理制度建设情况、合规管理活动开展情况、报告履行情况以及是否发生合规风险、合规风险事件的严重程度、后续处置情况等方面。

《银行业金融机构绩效考评监管指引》中，监管机构提出了风险合规考评要求，强调银行业金融机构应当突出合规经营和风险管理的重要性，合规经营类指标和风险管理类指标权重应当明显高于其他类指标。目前，合规指标在各商业银行的考核体系中都占有较大比重，具体指标构成与权重可根据管理需要进行调整，最终结果纳入机构与个人的绩效考核中，以加强合规管理的内生动力。

拓展阅读

完善的合规管理体系具备的“五性”特征

衡量一个合规管理体系是否完善，可以从五个方面加以判断：一是专业性。合规管理工作的专业性很强，合规人员既要熟悉国家法律、监管规定、本行制度，也要熟悉商业银行业务实践。二是独立性。合规管理工作要保证独立性，既要避免利益冲突，也要避免外部干扰。三是权威性。合规部门做出的决定要具有强制性，要做到令行禁止，而不是选择性执行。四是全面性。合规管理要做到全员化、全流程、全覆盖，即所有员工必须置身于合规管理体系之中，所有产品从产生到终止都在合规管理范围之内，所有机构都在合规组织体系的管辖之中。五是有效性。商业银行通过开展合规管理工作，案件和严重违规事件的数量大幅度减少，监管处罚的频率和金额降低，因违规导致的财产损失和声誉损失减少。

五、行为风险

（一）定义

2008 年全球金融危机中，部分金融机构不当销售按揭担保证券成为引发危机的导火索。危机之后，发达国家金融市场又相继发生了不当销售、操纵价格、违反制裁、纵容洗钱、内幕交易等一系列丑闻。不当行为是导致这些风险事件的重要原因，不仅包括个体员工的不当行为，还包括一些群体性的不当行为。

面对金融危机以来金融机构的各种不良行为，国外金融监管当局在对传统审慎监管机制反思的基础上，提出了与之并行的行为监管模式，也促成了各国金融机构纷纷开始研究并加强对行为风险的管控。

行为风险与行为监管在金融危机之后的兴起，主要得益于英国、澳大利亚等国的推动。2011 年，英国金融服务管理局（Financial Supervision Authority，FSA）在其发布的《零售行为风险展望》中指出，零售业务的行为风险（conduct risk）是金融机构零售业务行为给金融消费者带来不良后果的风险，如隐瞒产品信息、销售误导和欺诈、泄露个人金融信息、歧视以及不当债务催收等，这些风险有的以个案形式出现，有的也会在行业内大面积发生。2013 年新成立的英国金融行为监管局（Financial Conduct Authority，FCA）发布了“风险展望”，将行为风险的关注领域进一步从零售业务扩展到批发业务。之后，美国、欧盟以及全球其他地方的大型商业银行也纷纷跟进，发表了一系列关于不当行为定义和内涵方面的标准。

从国外来看，各方对不当行为的界定基本上比较清晰和统一。他们将行为风险定义为由员工和商业银行在经营、管理、市场运营中的行为引起的一种风险。这些行为可能是故意为之，也可能是疏忽，但总体来说，错误和不道德行为居多。行为风险能相应地带来一系列负外部性（negative externalities），包括对消费者、市场诚信、有效竞争、公共利益的损害。

从监管实践看，国外监管机构更侧重于将商业银行作为一个机构整体，监管其行为对外部的影响。在一定程度上，我们可以将国外的行为风险理解成机构行为风险或产生外部影响的行为风险。

（二）行为风险管理

2008 年全球金融危机之后，行为风险的监管以英国、澳大利亚、美国等为代表，其中英国、澳大利亚成立了专门的金融行为监管机构，成为审慎监管与行为监管并行的典型代表。

英国于 2013 年成立金融行为监管局（Financial Conduct Authority，FCA）。金融行为监管局的常规监管做法如下：一是前瞻性监管。金融行为监管局主动评估金融机构是否将消费者的利益和市场的诚信度作为运营核心，必要时高级管理人员需要承担个人责任。二是基于事件的响应式监管。当出现重大风险时，金融行为监管局迅速反应，找到问题根源，防止损害扩大。三是专题和产品线监管。金融行为监管局侧重于对涉及多个金融机构、领域、行业的业务和产品进行功能性监测和分析，调查对消费者和市场的潜在风险来源，确保能够在单个风险全面扩散前解决问题。

澳大利亚证券和投资委员会（Australian Securities and Investment Commission，ASIC）作为行为监管机构，负责澳大利亚整个金融体系（银行业、证券业、保险业）的市场健全和金融消费者保护。澳大利亚证券和投资委员会的监管目标是推动良好的消费者和投资者保护，反对不当行为，维护金融体系的信任和诚信，促进金融体系的强大和创新发展。

美国未设立独立的行为监管机构。2010 年，美国成立消费金融保护局（Consumer Financial Protection Bureau，CFPB），主要负责 100 亿美元总资产以上的银行机构的消费者保护和行为监管。美国消费金融保护局的监管有三个特点：一是行为监管非常积极主动，在信贷投放时就提出了很多要求和进行干预，如要求对消费者进行负担能力的测试等。二是多与美国司法机构共同合作，分工开展调查和处罚。美国消费金融保护局采取向行政法官发起司法听证的行政诉讼方式，或者采取依据自身诉讼权向联邦法院提起民事诉讼的方式来对被监管对象执法。三是处罚力度大，这是美国行为监管的一个主要特征。近年来，美国监管机构对欺诈性营销、操作利率、伪造文件等误导消费者和损害市场秩序的行为开出了一批巨额罚单，处罚金额动辄几千万美元到几十亿美元，如对美国富国银行在住房抵押贷款的不当收费、强制客户购买不必要的汽车抵押保险做出 10 亿美元的处罚，对德意志银行操纵伦敦同业拆借利率（London Interbank Offered Rate，LIBOR）行为做出 25 亿美元的处罚。

从国内的监管要求看，虽然国内并未采取双峰并行的监管模式，也没有明确系统的行为风险定义，但对行为监管和员工行为管理的要求并不少，主要体现在以下三个方面：

一是员工行为。2014 年，《中国银监会办公厅关于进一步加强银行业务和员工行为管理的通知》（银监办发〔2014〕57 号）要求商业银行加强个人存款开户和网银业务管理，强化商业银行员工行为管理和认真履行监管职责，并提出了一系列禁止性行为、监督监测、考核相关的要求。2018 年 3 月，中国银监会发布《银行业金融机构从业人员行为管理指引》，进一步强化从业人员的行为管理要求。

二是与人员和业务相关的专项治理。2017 年，银行业监督管理工作会议强调：强化监管，将行为监管的内容融入日常经营管理和监督工作中。2017 年，全国金融工作会议强调：加强宏观审慎管理制度建设，加强功能监管，更加重视行为监管。同年，监管部门开展“三套利”“四违反”“四不当”“十乱象”的整治，这些都与行为治理密切相关。

三是消费者保护。2012 年，中国银监会、中国证监会、中国保监会和中国人民银行分别成立金融消费者保护机构。2013 年，中国银监会发布《银行业消费者权益保护工作指引》，要求不得出现误导性陈述、不得强制销售等，构建完善的体制机制，履行保护消费者义务，同时明确消费者有权监督金融机构保护工作，鼓励其对侵害消费者利益的行为、机构与人员进行检举和控告。2018 年 10 月，中国人民银行和中国银保监会联合发文，对消费者投诉统计分类按照国家级标准进行了规范，在金融机构建立投诉受理与处理工作机制、制定行为规范、完善保障措施和强化监督管理方面提出了具体要求。

总体来看，国内的监管既有员工方面的行为要求，也有类似国外关于机构层面的行为风险监管要求。从具体的关注点来看，国外的行为风险侧重于机构的零售业务和金融市场业务，国内的行为风险更关注信贷业务与内部员工的行为；消费者保护是国外行为风险关注的重点，国内则处于起步阶段，关注的重点更侧重于商业银行的行为对自身和宏观金融稳定的影响。

六、集中度风险

（一）定义

集中度风险是指单个风险暴露或风险暴露组合可能给商业银行带来重大损失或导致商业银行风险状况发生实质性变化的风险。

存在集中度风险的情形如下：

（1）交易对手或借款人集中风险，即由于商业银行对同一个交易对手、借款人或多个风险高度相关的交易对手、借款人具有较高的风险暴露而产生的风险。

（2）地区集中风险，即商业银行对同一地区交易对手或借款人具有较高的风险暴露而产生的风险。

（3）行业集中风险，即商业银行对同一经济、金融行业具有较高的风险暴露而产生的风险。

（4）信用风险缓释工具集中风险，即商业银行由于采用单一的抵质押品、由单个担保人提供贷款担保而产生的风险。

（5）资产集中风险，即商业银行高比例持有特定资产的风险，特定资产包括贷款、债券、衍生产品、结构性产品等。

（6）表外项目集中风险，即商业银行从事对外担保、承诺形成的集中风险。

（7）其他集中风险，即商业银行识别的其他可能给商业银行带来损失的单个风险暴露或风险暴露组合，如期限偏长贷款过于集中而产生的风险。

（二）集中度风险管理

集中度风险管理包括集中度风险的识别、评估和计量、监测与预警、控制与报告、压力测试等内容。一是商业银行各具体风险的牵头管理部门对负责的单一风险项下的影响集中度风险的潜在事项或因素进行识别、分析。二是商业银行采用定性、定量等方法从多个角度充分评估面临的集中度风险水平。三是商业银行研究、开发可量化的集中度风险评估方法，并定期将集中度风险评估结果报送组合集中度风险牵头管理部门。四是商业银行汇总分析各单一风险影响因素清单及涉及的风险种类、组合维度和敞口信息，并对组合集中度风险的影响范围予以识别。

集中度风险管理有两大核心内容，一是单一客户或交易对手的集中度风险，二是行业集中度的管理。

单一客户或交易对手的集中度风险，即对同一借款人、交易对手或多个风险高度相关的交易对手或借款人具有较大的风险敞口而产生的集中度风险。2018 年 5 月，中国银保监会正式发布《商业银行大额风险暴露管理办法》，将集中度核算对象由“贷款”变更为“大额风险暴露”，大大扩充了集中度管控的范围，也有利于真正实现对单一客户或交易对手风险敞口的全面掌握。

行业集中度一般通过行业限额进行管理，行业限额是指商业银行集团能够和愿意承担的某一行业总的信用风险暴露上限。行业限额是有效传导集团统一风险偏好、控制行业集中度风险、提高风险回报水平的有效工具。行业限额管理的一般做法是区分行业类型，如优先支持行业、选择支持行业和逐步压缩行业等，设定不同的限额，并在全行统一限额基础上，对部分存在行业风险集聚的一级分行设置区域差别化限额。

七、模型风险

（一）定义

模型风险是指由于模型未正确研发、未正确进行系统开发或部署、信息输入错误、计算过程错误或被不正确使用等各类原因造成的，对应用领域产生不利影响并可能导致损失的风险。

近年来，全球银行业由于模型使用不当、设计不当等原因造成的模型风险损失案例屡有发生，最高甚至产生数十亿美元的损失。表 4-5 为麦肯锡咨询公司在全球做的模型风险损失案例（不完全统计），部分展示了模型风险管理不当造成的损失。

表 4-5 模型风险损失案例（不完全统计）

模型风险事件类型	案例银行	案例描述	损失	年份
模型治理不当	摩根大通	激进地使用了一款风险对冲工具，导致该商业银行连续四天突破 VaR 值限额	60 亿美元	2012
	高盛	错误使用了监管要求的交易对手风险资本计量模型，导致与爱尔兰中央银行签订的清算合约违反了欧盟相关规定	2. 24 亿英镑	2010
无效验证	瑞银	错误的衍生品定价模型及估计调整	1. 26 亿美元	1997
		股票衍生工具部门出现模型风险事件	2 亿瑞士法郎	1997

表4-5(续)

模型风险事件类型	案例银行	案例描述	损失	年份
数据错误	荷兰银行	两类事件：一是产品瑕疵，即实际支付方式与约定支付方式不同；二是模型错误，即模型得出了错误的估值	N. A.（不适用）	2010
模型开发/实施失误	安盛	电脑编码错误导致风险计量模型算出的资产组合优化投资策略错误	2.42 亿欧元	2010

（二）模型风险管理

2008 年全球金融危机以后，美国、欧盟等发达国家或地区的监管机构逐步建立起一整套模型风险管理监管框架，显示出逐步趋严的监管态势，其导向值得关注。

2011 年 4 月，美国联邦储备委员会与美国货币监理署联合发布《模型风险监管指引》。基于金融危机后的实践与反思，这份监管文件极大地扩展了模型风险管理的范畴，将商业银行所有模型都纳入监管范围。此外，该文件涉及模型开发、应用、验证、治理、政策与控制所有方面，旨在为商业银行模型风险管理提供全面指引。从整体来看，美国已搭建起模型风险管理的全面、全流程监管框架，并聚焦于模型验证的深度分析，如对模型验证的效率和标准化的研究、探索更多的定量方法以更好地实施挑战者模型、情景与压力测试以及持续监控等。

相较于美国，欧盟的监管机构正聚焦于扩大模型风险管理的监管范围，制定模型风险管理的战略，包含业务模型及非金融风险（声誉风险、网络风险、模型风险）等，并准备为模型风险计提相应运营风险资本，提出相应的资本预留要求。

对比国内，2012 年的《商业银行资本管理办法（试行）》中对资本计量高级方法验证有专门的规定，但尚未对商业银行的整体模型风险管理建立专门的监管规制。

从管理实践来看，模型风险管理有三个重点：第一，将模型风险管理嵌入模型全生命周期的各阶段，包括但不限于模型研发、模型 IT 开发与测试、模型投产前验证、模型审批、模型部署上线、模型使用、模型投产后验证、模型变更与退出、模型风险评估与报告等。第二，通过模型验证，检验模型是否和设计目标及业务实践保持一致，识别模型潜在的限制和假设。模型验证是独立于模型研发、模型使用的活动，是模型生命周期管理中重要环节，也是实现模型风险识别和管控的关键步骤。第三，持续进行监测评估，进行模型库管理。

案例

美国银行的模型风险管理实践

在监管强约束下，美国银行业的模型风险管理是比较严格的。美国银行业普遍认为，模型风险管理得好是商业银行具有竞争力的优势之一。以美国银行为例，该行已经搭建了较完整的企业级模型风险管理架构和基本制度。

一是成立独立的模型风险管理部门。美国银行在 2011 年将原来散落在全行的有关业务条线的模型风险管理职能进行整合、扩充，单独成立了模型风险管理部门，专门从事全行各类模型的管理和验证。

二是成立模型风险各层级委员会。美国银行设立了企业模型风险管理委员会，直接向董事会和风险管理委员会报告模型风险管理情况，代表董事会对全行的模型风险治理负责。此外，美国银行的每个业务条线都建立了与模型风险有关的子委员会，对本条线的模型风险管理负责。

三是充实模型验证专业队伍。美国银行的模型风险管理部下设四个团队。根据 2015 年的统计，日常从事模型验证的人员总数为 150 人左右。2008 年全球金融危机后，美国银行长期雇佣安永咨询和毕马威咨询（40 人）开展日常验证。总体来看，美国银行日常从事模型验证的人员总数为 185 人左右。

四是实现模型风险的全面管、分类管。以强大的模型风险管理部门和外部咨询力量为依托，美国银行的模型风险管理范围已经涵盖了全行 1 000 多个模型，不仅囊括了风险类模型，还包括了营销、日常决策、定价等全部模型类型，此外还有外购模型。同时，美国银行建立了企业级、部门级的模型清单，依据模型复杂程度、重要性、缺陷等维度将不同模型分为高风险、中度风险和低风险三类，实现了模型风险的分类管理。

五是实现模型风险的全流程管理。美国银行的模型风险管理涵盖了模型开发、模型验证审批、验证后模型风险管理、模型变更控制、模型退出等各个环节，实现了全生命周期、全流程的模型风险管理。

六是建立模型的授权许可制度。美国银行验证团队在模型验证完成后，还会结合模型风险等级给予不同年限的模型使用授权许可，并定期根据模型使用情况重检许可，对超授权、无授权使用的模型进行审核提示，必要时报送首席风险官。

八、资产证券化风险

（一）定义

资产证券化风险是指资产证券化等创新产品和业务带来的相关风险。资产证券化业务的主要风险包括各类资产证券化产品的信用风险、市场风险、流动性风险和声誉风险；证券化基础资产的拖欠和损失风险；对特殊目的机构的信用支持和流动性支持风险；保险机构及其他第三方提供担保的风险。

（二）管理历程及内容

资产证券化起源于20世纪70年代的美国。1970年，美国首次发行抵押贷款转手凭证，20年时间里美国市场被不断地探索与开拓，创造出包括住房抵押贷款支持证券（RMBS）、资产支持证券（ABS）、商业房地产抵押贷款支持证券（CMBS）、债务担保证券（CDO）等各类证券化产品及以非实物资产为依托的证券，丰富了金融产品种类。资产证券化于20世纪80年代传到欧洲、拉丁美洲和非洲，于20世纪90年代传到亚洲，逐渐进入中国。资产证券化已越来越成为境外金融机构重要的资产负债管理和流动性管理工具，甚至是商业银行提高自身盈利能力、打造轻资产、交易型商业银行的重要手段。

资产证券化风险的管理包括发行的管理与投资的管理。

对于交易发行的资产证券化风险，商业银行应当评估资产证券化风险转移的程度，尤其是评估通过非合同形式对资产证券化提供的隐性支持。对于未能实质性转移风险的或提供了隐性支持的资产证券化，商业银行应当持有与未证券化风险暴露相当的监管资本，并公开披露对资产证券化提供隐性支持的情况及增加的监管资本。

对于产品投资的资产证券化风险，商业银行应当持续进行基础风险分析，不能完全依赖外部评级机构的信用评级进行投资决策。商业银行应具备必要的量化分析工具、估值模型和成熟的压力测试技术以评估所有相关风险。商业银行应当在单个交易、同一业务条线以及跨业务条线等多层面跟踪评估资产证券化的信用风险。

九、估值风险

（一）定义

估值风险主要是指金融工具公允价值估值的不可靠性和不可比性引发的风险，估值风险管理的目的是确保金融工具公允价值估值的可靠性和可比性，为信息披露透明度提供原则性规范。

（二）估值风险管理

估值风险管理是一项专业性很强的工作，从管理实践来看主要包括以下内容：

一是完善估值内控制度。估值风险的管理部门要牵头研究制定金融工具的公允价值估值政策，相关部门要分产品研究建立公允价值估值的内控制度和程序，内控制度应当与金融工具的重要性和复杂程度相匹配。

二是加强模型验证，确保估值模型的科学性。估值部门、交易部门、风险管理部门等相关部门应加强估值和验证队伍建设，不断提高估值水平和验证能力。估值所用模型应经过独立的模型验证，估值模型投入使用前或进行重大调整时必须经过验证。

三是加强估值参数管理，确保估值参数的可靠性与审慎性。在选择金融工具公允价值估值参数时，相关部门应当尽可能使用市场可观察的参数。参数选择顺序应当遵循先场内后场外、先当前后历史、先相同后相似的原则。在采用盯市估值时，相关部门应当考虑报价信息的频率、透明度和可获得性，且该报价是否代表实际持续发生的公平交易价格；应当考虑不同市场参与者的报价是否存在显著差异；应当考虑所持有金融工具与市场交易的金融工具之间的相似程度。相关部门要建立规范的审批程序，对重要估值参数进行审批。

四是严格履行新产品审批流程，把好新产品估值关。涉及金融工具公允价值估值的新产品，相关部门必须严格按照新产品管理办法的要求，明确相应的估值办法，验证所用模型，审批新产品。相关部门应通过建立对公允价值估值方法的后评估制度，不断总结和改进估值技术。

本章小结

风险管理是商业银行的核心竞争力，商业银行的业务发展要以风险管理能力为边界。本章在全面主动风险管理体系的框架下，对商业银行面临的重要风险进行介绍，包括风险的类型、重要风险的计量、各类风险的管理实践。

信用风险是商业银行面临的最主要风险，信用风险计量在商业银行风险计量中发展最为成熟。在计量信用风险的过程中，最为关键的是根据信用风险的定义和特点设计科学的计量指标。计量信用风险的指标主要包括债务人违约概率（PD）、违约损失率（LGD）、违约风险暴露（EAD）。

市场风险分为利率风险、汇率风险、股票风险和商品风险。市场风险计量可以分为以指标为基础的敏感性指标计量、以风险价值为基础的风险价值计量以及压力测试三类。市场预测分析、敞口管理、市场风险限额管理、监控、检查与风险报告、止损与套保/对冲、应急管理是市场风险管理的主要内容。

运营风险已成为商业银行的实质性风险之一。运营风险计量传统上主要指运营风险的资本计量，除此之外，一些特定类型的运营风险也会运用计量工具进行风险计量。运营风险识别、运营风险评估、关键风险指标管理、运营风险损失数据收集与应用、运营风险的控制缓释、业务持续性管理是运营风险管理的主要内容。

除了纳入第一支柱的三大风险之外，本章还介绍了纳入全面风险管理体系的国别风险、声誉风险、流动性风险、战略风险、合规风险、行为风险、集中度风险、模型风险、资产证券化风险、估值风险等其他风险。风险形态会不断涌现，商业银行要识别其本质特征并对其加以归类和进行有针对性的差异化管理。

第五章

信贷业务管理

本章提要

本章从信贷结构、风险控制流程和运行机制等方面阐述了信贷业务管理的主要内容。

学习目标

形成对商业银行信贷业务管理形成完整和系统的认识，深刻理解信贷结构管理的重要意义，理解信贷资产风险分类和拨备管理要求，掌握贷前、贷中、贷后管理以及不良资产经营和处置的要求与方法。

第一节 信贷业务管理概述

信贷业务是国内大型商业银行的主要传统业务，是当前和未来较长时期内商业银行盈利的主要来源，在商业银行资产组合中占据重要地位。信用风险是商业银行面临的主要风险，是信贷业务管理的主要对象，也是商业银行全面主动风险管理体系的重中之重。加强信贷业务管理，运用科学理念、有效手段主动管理好信用风险，对商业银行自身业务可持续发展和金融业整体稳定运行具有重要意义。

一、基本概念

信贷业务管理是针对可能产生信用风险的各类业务，实施系统性风险管理的方法体系。信用风险不只出现在贷款中，也发生在担保、承兑和证券投资等表内业务和表外业务中，其最本质的特征是借款人或交易对手违约，不能履行偿还到期债务、担保责任或其他约定责任。

信贷业务管理的主要目标是按照发展战略和风险偏好，识别、分析、评估、应对可能出现的信用风险，承担、防范、缓释、规避、抵补可能出现的风险及损失，使风险控制在可承受范围内。与运营风险等风险不同，商业银行对信用风险的管理不是“零容忍”导向，而是强调合理确定风险容忍度，有效平衡资本、收益和风险，提升风险管理的价值创造能力。

二、基本理念

（一）坚持服务实体经济

实体经济是商业银行信贷活动价值创造的源泉，两者是共生共荣的关系。资金脱实向虚、在金融体系内“空转”是金融运行中容易出现的问题，也是金融危机爆发的重要原因。商业银行信贷活动一旦脱离实体经济，将引发很大的风险。国际金融危机的惨痛教训告诉我们：背离实体经济本源、脱实向虚，结果是滋生、放大和扩散风险，后果是灾难性的。

（二）坚持注重第一还款来源

注重借款人资信和第一还款来源是最基本的信贷业务准则。一些商业银行和信贷人员不注意把握实体企业生产经营及资金周转特点，形成了过于依赖抵押担保、忽视第一还款来源的信贷理念，把商业银行开成了“当铺”，这种违背规律的做法往往带来巨大损失。

（三）坚持“三性”原则

在信贷资产组合结构的安排上，商业银行应坚持安全性、流动性、效益性相统一的“三性”原则。戴蒙德和迪布维格（Douglas W. Diamond & Philip H. Dybvig）在1983年提出的银行挤兑模型（DD模型）中指出了商业银行的内在脆弱性。从全球商业银行发展史来看，违背“三性”原则往往容易诱发风险快速积聚，最终导致金融危机。

（四）坚持“三铁”要求

在制度执行上，商业银行应坚持“铁账本”“铁算盘”“铁规章”的“三铁”要求，树立实质重于形式的理念，纠正有章不循的不良倾向，做好第一还款来源的分析和穿透管理。

（五）坚持“三查”原则

面对信贷领域广泛存在的信息不对称问题，商业银行只有严格实施贷前调查、贷中审查、贷后检查相结合的“三查”制度，才能较为全面地掌握借款人经营状况的动态变化，及时采取风险防范措施。

（六）坚持“三平衡”

在信贷经营管理的决策上，商业银行应坚持资本、风险、收益三者的平衡。20世纪70年代末，美国信孚银行提出的风险调整资本回报率（RAROC）指标能够综合反映商业银行各项业务的风险状况及回报水平，至今仍得到广泛运用。

（七）坚持全面主动管理

所谓全面主动管理，“全面”体现为全员、全过程的管理方法，“主动”体现为主动承担风险、主动确定风险偏好、主动开展风险管控。风险管理并不是消极回避风险，而是在研究、把握风险演变规律的基础上，主动与客户共同识别和化解风险，承担必要的风险，确保当期风险敞口可控，管理预期风险趋势，平抑周期性风险因素冲击，促进稳健经营与创新发展。

案例

建立健全商业银行信贷管理机制

好的信贷质量、好的信贷结构源于好的信贷机制，信贷管理机制的优劣决定着商业银行信贷管理水平的高低和风险防控能力的强弱。某商业银行持续建设全面主动风险管理体系，坚持“五个到位”，构建信贷常态化、长效化管理机制。一是落实责任到位，构建责任明晰、认责精准的信贷责任体系；二是落实监督到位，全面履行信贷管理监督职责；三是落实人员到位，持续推动信贷管理条线队伍建设和信贷文化建设；四是落实考核到位，探索平衡风险收益的奖惩机制；五是落实管理到位，着力提升信贷全流程精细化管理水平，加强前、中、后台协同履职能力。信贷管理机制的健全为该行持续保持资产质量同业领先优势奠定了坚实的基础。

第二节　信贷结构管理

信贷结构是指信贷资金的投放与运用在不同区域、不同产业、不同行业以及不同期限上的配置比例。从实践来看，不同的商业银行由于信贷结构不同，市场竞争能力、服务实体经济能力以及风险管控效果会呈现出明显的差异。信贷结构决定资产质量，决定信贷业务的价值创造能力。因此，本书在阐述信贷业务全流程管理内容之前首先要介绍信贷结构管理。

一、目的与意义

（一）目的

信贷结构管理的根本目的在于将具体信贷业务纳入组合分析和管理的框架，多样化分散风险，并在风险收益平衡的基本原则下调整和优化信贷组合结构，最终达到在既定的风险容忍度下信贷组合风险回报比率的最优化。

（二）意义

信贷结构管理是商业银行实现资产组合管理的内在要求。从管理需求上看，随着资本市场和非银行金融机构的发展以及银行业面临的竞争加剧，传统银行业的总体利润水平不断下降。在这种背景下，由于信用分析失误而造成的任何单笔交易的错误决策和损失对整个银行业而言变得越来越难以承受，商业银行要求准确计量单笔业务对银行业整体信用组合的风险影响以及在此基础上进行科学合理的多样化分散风险的需求越来越强烈。同时，商业银行在传统信用分析中将所有信用产品分为“好”和“坏”，并以此做出“贷”或“不贷”的“二分法”越来越难以满足信贷管理的要求，而信用组合管理需要分析任何信用产品，其中也包括“好”的信用产品对整个组合可能产生的影响，因为信用质量优良的资产在某些经济形势下也可能变成“不好”的资产，甚至出现违约。此外，传统的信用分析通常只在贷前进行，对贷后信用产品质量的变化的分析往往因产品流动性差、持有期长而被忽略，随着贷款二级市场的发展，分析现有信用产品风险变化对整个组合的影响也越来越重要。

信贷结构是商业银行在实践中总结出来的重要管理对象。商业银行在经营中发现，业务结构会影响商业银行的能力和价值。同样市场环境下的不同的商业银行，资产结构不同，抗风险能力和市场价值也大不相同。例如，美国富国银行得益于业务结构较为合理，零售业务、小微金融业务等自身优势领域的资产占比较高，在金融危机中受冲击较小，危机后连年保持市值全球第一。反之，拥有 158 年历史的雷曼兄弟公司因持有大量次级抵押贷款相关资产，导致最终破产，并成为全球金融危机的导火索。

小知识

结构决定物质的质量

金刚石和石墨都是由碳原子构成的，专业术语叫“同素异形体”，但是碳原子组合结构不同，导致硬度和价值的天壤之别。因此，掌握了结构的规律，人们也可以通过技术手段（高温、高压环境下）改变碳原子的组合排列，使石墨变成金刚石。砼结构是建筑工程学术语，就是我们常说的混凝土。将水泥、沙子、石子等松散的材料以一定比例搅拌在一起，固化后成为高强度的建材，这种比例不是一成不变的，可以根据不同建筑的需要进行调整。调整有严格的工程技术标准，否则建材性能不达标，就会形成安全隐患。

二、实施路径

（一）政策传导

1. 信贷业务的风险偏好

商业银行在信贷领域依据经营特长、管理优势、资源配置、人员结构等方面的不同情况会有不同的风险偏好。例如，将零售业务作为战略重点的商业银行，需要评估自身是否拥有相关专家资源、是否掌握零售风险管理技术、能否依托先进的风险管理技术和业务流程实行批量化和专业化管理。

2. 信贷政策

信贷政策是推动资产结构调整的重要工具，大体上分为区域、行业、客户、产品四个维度。

第一，选择重点区域。区域政策是商业银行信贷政策的重要组成部分。在规划区域性信贷政策时，商业银行需要考察不同区域经济发展水平、资源禀赋、产业特色、信用环境等因素；同时，还需要考虑市场容量、未来前景等反映区域市场变化趋势的影响因素。

第二，把握行业趋势。根据行业成长性的不同，行业可以划分为朝阳行业、夕阳行业、过剩产能行业等。商业银行应考察不同行业产能利用水平、产能缺口等情况，制定行业政策及行业风险限额，合理规划不同行业间的资源配置。

第三，分析客户潜力。优质客户通常具有产品技术领先、行业地位重要、经营专业专注、内部管理规范、企业和股东责任感强等特点。商业银行可以综合宏观经济趋势、客户所处行业生命周期、企业经营状况和财务效益等因素评估客户发展潜力。

第四，设计产品结构。产品结构设计既是满足客户需求的过程，也是安排风险管控方案的过程，体现了商业银行主动优化资产结构、管理风险的能力。在统一偏好下，商业银行根据不同客户的不同特征设计的不同的产品方案也会呈现不同的风险资产分布状态。

案例

探索建立信贷政策框架体系

某商业银行2007年即开始制定年度信贷政策，经过十多年的优化完善，目前已形成“1+70”的政策框架体系。“1”指年度信贷结构调整要求，包含行业政策、客户政策。“70”指70余个单独的行业信贷政策。该商业银行还实施了“九宫格”式政策管理架构。所谓“九宫格”式政策管理架构（见表5-1），即基于行业三分类和客户三分类，将所有信贷客户划分为九类，不同类别的行业、客户在产品配置上执行不同的标准和政策要求。该商业银行将授信产品按风险程度由低到高排序，用A~E五类划分（A类产品主要为低风险产品，

E类产品为高风险产品）。这种管理方式充分体现了信贷结构管理的思想。

表 5-1　“九宫格”式政策管理架构

行业类别	客户类别		
	优先支持类客户	选择支持类客户	压缩退出类客户
优先支持行业	A、B、C、D、E	A、B、C、D、E	A、B
选择支持行业	A、B、C、D、E	A、B、C、D、E	A、B
逐步压缩行业	A、B、C、D、E	A、B、C、D、E	A

（二）管理工具

1. 风险限额

在对资产组合的风险和收益进行分析的基础上，商业银行采取设定风险限额的方式管理资产组合。在此阶段，商业银行对资产组合风险的分析主要是定性判断，即把商业银行现有的资产组合做一个大致的划分，哪些属于较优质的资产组合，需要继续扩大规模；哪些属于高风险的资产组合，需要采取措施进行严格控制。商业银行虽然可以通过制定信贷政策指导分支机构按照集团的政策导向进行资产结构调整，但缺乏硬性的资产组合风险限额进行引导和约束。具体来说，限额控制应从以下几个方面入手：

一是对行业信贷投放进行资产组合限额管理，分散行业集中度风险。商业银行在分析存量信贷资产的集中度、考虑各行业总量合理布局的前提下，对重点行业提出资产组合管理限额。在行业限额的设定过程中，商业银行可以根据行业风险变化和实际投放情况预留一定的调整空间，以应对信贷市场的变化、平衡风险与业务发展。

二是对不同类型的客户进行资产组合限额管理，分散客户和授信的集中度风险。商业银行应合理安排信贷资源在不同类型客户群体中的投放，对风险较高的客户群体设定贷款总量上限，对单个客户的授信总量进行限额管理，防范过度授信引发的集中度风险；对大型企业集团客户的授信总量进行限额管理，防止过度授信引发的系统性风险。

三是对不同业务品种和期限进行资产组合限额管理，分散业务集中度风险和流动性风险。在业务品种资产组合管理中，商业银行应鼓励增加对风险控制成熟度高、收益稳定的业务品种的授信，对个别风险度较高、期限风险较大以及处于尝试阶段的业务品种实行限额管理。

2. 经济资本配置

经济资本配置是指将有限的经济资本在整个金融机构范围内分配给各个部门、业务单位和产品项目，以实现最大效率地利用稀缺和有成本的资本资源。这一过程主要是通过计量反映信用产品对整个组合“风险贡献”的经济资本量和反映其业绩水平的“风险调整资本回报率”来实施的。金融机构信用组合中不同的信用产品具有不同的风险收益特性，与组合中其他信用产品的风险相关性也不相同，因此对整个组合的风险影响程度也不相同。经济资本配置过程中反映单个产品对整个组合风险影响程度的指标是“风险贡献”。金融机构因投资某信用产品而使其所占用的金融机构的经济资本的比值被称为风险调整资本回报率，它反映该信用产品的风险和资本利用效率，也是目前金融机构流行的风险调整的业绩衡量（Risk Adjusted Performance Measurement，RAPM）的主要指标。通过计量地区、行业和产品等不同层次上信用相关业务形成的子信用组合的经济资本占用和相应的风险调整资本回报率，金融机构可以将有限的总经济资本配置到效率更高的地区、行业和产品，从而获得更高的风险回报。

3. 资产证券化

资产证券化是指将具有未来现金流的各种资产进行打包后以其未来现金流为还款来源在金融市场上发行可流通的有价证券（主要是公司债券或票据），从而实现资金融通的机制和过程。较早期的资产证券化品种主要是住房按揭贷款支持证券（Mortgage-Backed Security，MBS），随后发展到信用卡贷款、汽车贷款、公司应收账款等多种类型的资产支持证券（Asset-Backed Security，ABS）。资产证券化是商业银行解决流动性紧缺的重要手段，同时也成为信用风险转移的重要途径。

（三）工作机制

1. 定期评估机制

定期评估机制是指以业务结构、行业结构、区域结构、产品结构、客户结构为主要维度，同时考虑期限结构、担保结构、风险结构、收益结构，定期分析商业银行信贷结构指标及变化情况，采取“对照全行、对照同业、对照自身”的方法，评估商业银行信贷结构调整工作的遵循性、协调性和持续性，对是否出现异常偏离做出判断。

2. 主动退出机制

主动退出机制结合信贷结构调整需要，确定所辖非不良存量信贷主动压缩退出标的，采取“整体退出、压缩授信、产品置换、增加缓释”等多种手段减小风险敞口。商业银行对主动退出实行动态管理，退出总量原则上按对公贷款余额的一定比例确定，同时在年度计划和退出对象事前明确的前提下，结合实际，在退出总量和退出节奏的安排上留有弹性。

3. 协同管控机制

信贷经营、授信审批、信用风险管理部门在客户营销、授信审批、放款支用、贷后跟踪等信贷流程关键环节中落实信贷结构调整要求。经评估可能出现信贷结构偏离既定目标方向的，商业银行各部门在现行职责分工及工作流程的基础上，及时采取调整营销重点、审批标准、投放排序、贷后管理策略等必要管控措施。

4. 纠偏校正机制

对于超出合理区间的异常波动，商业银行应判断其合理性。对于长期持续偏离商业银行信贷结构调整目标要求的，商业银行及时采取调整信贷经营策略、风险管控标准、资源配置政策、绩效考核办法等方式予以纠正。

5. 考核督导机制

商业银行完善信贷结构调整成效考核办法，做好考核指标衔接，纳入关键绩效指标（Key Performance Indicator，KPI）。商业银行可以采取减值准备差别化计提、经济资本差别化考核、配置专项费用等方式，正面引导各分支机构加快主动退出；对未完成主动退出计划的，应给予必要约束。信贷结构显著偏离既定调整目标的，相关负责人应做合理性说明，并督促整改。

三、成效评价

合理性是科学评价结构优化成效的落脚点。结构优化是不同机构、在不同时期、站在不同起点、拥有不同条件、面对不同矛盾时做出的不同决策，其成效难以用统一标准衡量。同时，我们也要看到，结构优化是持续的、动态的、没有止境的，其基本特征在于“没有最好，可以更好；没有最优解，可以有满意解”。评价结构优化成效既要符合特定环境，又要符合商业银行经营管理一般规律。商业银行可以考虑围绕“合理性”开展评价。

从实践来看，合理的结构优化应具备以下特征：一是遵循性。商业银行各项主要结构安排应当满足服务实体经济、尊重发展规律、发挥比较优势的总体要求，既与经济、金融发展趋势相一致，又与自身业务战略和风险偏好相一致。二是协调性。商业银行资产组合主要比例关系应相互适应，主要指标应控制在合理区间，不会因片面追求个别指标而造成整体经营“捉襟见肘”的困难，特别是要在风险、收益和资本间保持较好的平衡。三是有特色。结构优化与商业银行管理能力相匹配，能够体现自身的比较优势。

案例

商业银行主动退出产能过剩行业

好的资产质量源于好的信贷结构。某商业银行立足自身发展需要，顺应经济发展规律，把握行业发展趋势，主动调整信贷结构。2016 年，该商业银行预判火电行业产能过剩趋势将进一步显现，提前将火电行业由优先支持行业调整为选择支持行业，引导信贷资源逐步退出产能相对过剩的火电行业。2017 年，受到国家政策、煤价高企等因素的影响，火电行业利润率锐减，火电相关企业存在大面积的亏损现象，贷款不良率上升。基于前期的信贷政策调整和前瞻性的风险管理，该商业银行的资产质量并未受到火电行业波动的影响，并提前退出了高风险领域。2018 年以来，该商业银行火电行业贷款累计下降 260 多亿元，主动压缩了火电行业风险敞口，确保了资产质量的长期稳定，实现了风险未至而管理先行。

第三节　贷前管理

贷前管理是信贷业务风险管理流程的初始环节，也是信贷业务开展的基础环节，主要包括贷前尽职调查、客户评级、债项评级和贷款项目评估等。商业银行通过贷前管理能有效地了解客户风险，推进风险管控关口前移。其中，客户评级主要从客户未来违约概率角度考量；债项评级主要从具体债项未来损失情况角度考量；贷款项目评估主要是针对固定资产建设项目的分析论证。

一、贷前尽职调查

贷前尽职调查是指为向信贷业务决策和管理提供有效依据和支撑，相关岗位信贷人员对客户信息及相关材料进行收集整理、调查核实、分析论证，并形成调查结论的工作过程。

（一）调查方式

贷前尽职调查的方式包括实地调查和间接调查。调查过程中，信贷人员应尽可能通过现场照片、现场录像、录音、电话记录、咨询函证、拷屏图像等各类书面文件或视听资料对调查过程予以记录。

实地调查是指信贷人员赴相关现场（包括客户生产经营现场、保证人生产经营现场、项目建设地、抵押物或质押物所在地以及与信贷业务相关的其他现场），通过走访、账务核实、面谈等方式获取客户信息的调查方式。间接调查是指信贷人员从银行内部相关信息系统或客户以外的第三方机构获取客户信息的调查方式。

（二）调查流程

贷前尽职调查的调查流程包括业务受理、调查前准备、实施调查、撰写调查工作底稿、调查审核和调查审定。调查前，商业银行要确定经营责任人、组建调查团队、明确调查工作内容等。实施调查过程中，调查团队应采用实地调查与间接调查相结合的方式，对客户的资产质量、经营状况、偿债能力以及环境和社会风险状况进行调查分析，并将实地调查结论与间接调查结论进行相互验证，结论不匹配的应进一步调查核实。调查结束后，对不具备信贷业务办理条件的客户，调查团队应及时做好解释工作并返还相关材料；对具备信贷业务办理条件的客户，调查团队应根据调查结果完成相关调查报告。

（三）调查内容及要点

贷前尽职调查的调查内容可以分为客户基本情况调查、客户生产经营状况调查、客户财务状况调查、客户环境和社会风险状况调查、银行与客户合作情况调查、交易背景调查、融资用途和还款来源调查、项目基本信息调查、风险缓释措施调查等方面。

客户基本情况调查主要包含主体资格及经营范围调查、股权结构调查、组织架构和人力资源管理调查、信用状况调查、私人控股企业控制人及主要股东信用调查、关联关系调查、决议性文件调查、发展规划调查等内容。

客户生产经营状况调查主要包括生产经营运转情况调查、主营业务调查、市场营销情况调查、盈利模式及竞争力调查、上下游交易情况及成本结构调查、行业风险调查等内容。

客户财务状况调查主要包括财务审计报告形式审查、财务报表真实合理性审查、主要科目审查、财务状况分析等内容。

客户环境和社会风险状况调查包括但不限于以下内容：客户已采取的预防环境和社会风险的措施；相关生产、经营、排污等许可取得情况；节能评估审查和环境影响评价情况；安全生产和健康卫生标准执行情况；生产工艺、能效利用在行业中所处水平；劳动用工情况；对周边环境造成负面影响程度；监管部门的环保、安全生产历史记录；等等。

银行与客户合作情况调查主要包括客户与金融机构合作情况调查、现有授信方案执行情况调查、现有债项执行情况调查、授信需求调查等内容。

交易背景调查主要包括交易合同信息调查、交易证明文件调查等内容。

融资用途和还款来源调查主要包括融资用途调查和还款来源调查等内容。

项目基本信息调查主要包括项目立项材料调查、项目要件材料调查、项目资本金结构调查、项目资本金投入调查、项目资本金使用情况调查等内容。

风险缓释措施调查包括但不限于保证人调查、抵质押担保调查等内容。

二、客户评级

客户评级是从客户维度对客户违约风险的评价和预测，是信贷业务管理过程中的重要环节，是客户信用风险量化的核心体现，是信贷政策制定、客户选择准入、审批等全流程管理的重要基础。

（一）评级流程

评级流程包括评级发起、初始评级、系统评级、等级建议、等级审定和评级重检。

（1）评级发起。评价人员收集客户的基础资料并确保数据的真实性、准确性和完整性，然后将信息录入评级系统，在评级系统发起评级。

（2）初始评级。评价人员依托评级系统对客户进行定性评价和定量评价，计算客户初始的违约概率，并对应得到客户初始评级。

（3）系统评级。评价人员根据实际判断是否存在影响客户还款能力的特例调整因素，并根据影响程度对初始评级进行调整，得到系统评级。

（4）等级建议。评价人员基于系统评级，综合考虑模型中未涵盖的因素，提出信用等级建议。

（5）等级审定。有权审定人员根据客户评级资料，结合评价人员的信用等级建议，在权限内对客户系统评级进行审定，确定客户最终的信用等级和评级有效期。在审定时，有权审定人员要坚持审慎性原则。

（6）评级重检。在客户评级有效期内，如果客户的经营情况、财务状况发生了重大变化，或者存在信贷债务逾期等现象，评价人员需要及时对客户评级进行重检，以准确反映客户信用状况的变化。

（二）评级管理

为保证评级结果反映客户真实的风险水平，商业银行需要不断加强客户信用评级管理。评级管理包括数据质量管理、模型管理、评级推翻管理、更新管理和重检管理。

（1）数据质量管理。客户评级数据是客户评级的基础，因此加强数据质量管理是提高客户评级准确性的前提。对于客户基础数据，商业银行要建立数据审核机制；对于定性评价数据，商业银行应尽可能制定量化的评价标准；对于财务数据，商业银行应在评级系统中部署钩稽关系校验，建立财务反欺诈模型；对于特例调整数据，商业银行应尽可能实现机控。

（2）模型管理。为防范模型风险，商业银行应建立完善的模型管理机制，在模型上线前进行投产前独立验证，并定期对上线的模型进行监测和验证，确保评级模型有比较强的风险区分和排序能力，保证模型估计的违约概率与实际违约率的偏离度在合理的范围内。

（3）评级推翻管理。评级推翻管理是指最终审定的客户评级结果与客户系统评级结果不同。由于信用风险计量模型仅使用部分信息，商业银行应通过必要的专家判断保证内部评级考虑了所有相关信息。专家判断应考虑模型未涉及的相关信息。评级推翻管理应坚持审慎性、合规性、合理性原则。审慎性是指只有客户的系统评级结果不能真实反映信用风险水平时才能进行评级推翻管理，严格禁止以政策和资本套利为目的、人为拔高客户评级结果的评级推翻管理。合规性是指评级推翻管理要满足监管要求和商业银行内部的客户评级审定指引要求。合理性是指评级推翻管理应有充分的理由，且要将详细理由录入客户评级系统。

（4）更新管理。当客户评级即将失效，评价人员应即时对客户评级进行更新。如果评价人员没有及时对客户评级进行更新，则在考核政策中接受适当的惩罚。

（5）重检管理。对于评级有效期内出现评级重检信号的客户评级，商业银行要及时进行重检。对于系统能够识别到的重检信号（如信贷债务出现逾期），评级系统对客户评级发起重检。对于只能通过人工识别的重检信号，商业银行要建立客户评级重检的激励约束机制，保证客户评级重检的及时性，使客户评级结果始终真实反映客户当前的信用风险状况。

（三）评级应用

客户评级广泛应用于商业银行的客户选择、信贷政策、授信审批、限额管理、贷款定价、风险分类等经营管理活动中。

1. 客户选择

客户评级是商业银行选择客户的重要依据和参考。商业银行在选择客户时，通常优先选择客户评级较高、符合风险偏好的客户。对于客户评级偏低、信用风险偏高、不符合风险偏好的客户，商业银行原则上不宜对其开展信贷业务。

案例

某通信系统设备制造客户到某大型商业银行申请2 000万元的流动资金贷款。该商业银行按照评级流程对客户进行了评级，最终评级结果为12级，违约概率为4%。该商业银行的通信设备制造行业信贷政策规定，通信系统设备制造客户准入底线为信用评级不低于10级，资产负债率不高于70%，上一年会计年度盈利或经营性净现金流为正值。由于该客户的信用评级没有达到准入底线要求，该商业银行拒绝了该客户的贷款申请。

2. 信贷政策

在行业、客户信贷政策中，客户评级是非常重要的考量因素。商业银行根据客户评级制定差别化信贷政策，使信用良好的客户优先获得信贷支持，实现了信贷资源合理配置。

案例

某商业银行在客户政策中规定：按照客户信用评级和风险调整资本回报率（RAROC）将小企业客户划分为优先支持类客户、选择支持类客户、压缩退出类客户。

优先支持类客户是指信用等级为7级及以上的客户。

压缩退出类客户是指实际客户的风险调整资本回报率（RAROC）< 10%且信用等级为7级以下的小企业客户。

选择支持类客户是指未列入优先支持类客户及压缩退出类客户的客户。

3. 授信审批

客户评级是授信审批的重要参考依据。无论是客户综合授信，还是贷款审批，客户评级都发挥着重要作用。在对客户综合授信时，商业银行不仅要考虑客户的授信需求，而且要参考客户评级测算出客户的风险限额总量。在贷款审批中，如果客户评级达不到信贷政策要求，商业银行原则上应进行否决。

案例

某客户向商业银行申请一笔无抵押流动资金贷款。该商业银行按照评级流程对其进行了评级，最终评级结果为 12 级。该商业银行的信贷政策规定，以信用方式贷款的客户，信用评级必须为 8 级及以上。在授信审批的合规审查环节，授信方案因不符合信贷政策规定被退回了经办行。

4. 限额管理

为管控客户的授信集中度风险，国内大型商业银行普遍基于客户评级和风险限额等模型实施了客户风险限额管理。通常，客户风险限额与客户的可偿债资源（如有效净资产）、客户的信用等级紧密相关。客户的可偿债资源越多，信用等级越高，则客户风险限额越高。

案例

某大型制造企业是某大型商业银行的客户，有效净资产为 5 亿元，在该商业银行的客户评级为 10 级，上一年年末贷款余额为零。

该商业银行实施了客户风险限额管理，客户风险限额模型为：客户风险限额＝年末贷款余额+客户的有效净资产×客户评级调节系数。其中，信用评级 10 级对应的客户评级调节系数为 1.5。该客户的风险限额为 7.5 亿元（0+5×1.5）。

该商业银行在为客户授信时，原则上授信额度不应超过 7.5 亿元。

5. 贷款定价

科学的贷款定价是商业银行的核心竞争力。对贷款风险成本和资本成本的精准计量是科学贷款定价的重要组成部分。无论是计量贷款风险成本，还是计量资本成本，客户信用评级都是前提和基础。

贷款风险成本＝贷款的预期损失＝贷款余额×债务人违约概率×贷款的违约损失率

案例

某批发零售行业客户的信用评级为6级，对应的债务人违约概率（PD）为0.7%。该客户向商业银行申请一笔5 000万元的流动资金贷款，无抵质押担保。通过商业银行的债项违约损失率模型测算，该笔贷款的违约损失率（LGD）为45%。则该笔贷款的风险成本为：5 000×0.7%×45%=15.75（万元）。银行在贷款定价时，要覆盖这部分风险成本。

6. 风险分类

为提高贷后精细化管理水平，商业银行通常基于客户评级、债项评级等风险计量模型获得债务人的违约概率（PD）和债项违约损失率（LGD），然后计算出贷款的预期损失率（数值上等于债务人违约概率和债项违约损失率两者的乘积），并以预期损失率为核心指标将贷款风险分为更多类别，实现贷款质量精细化管理。

案例

某批发零售行业客户在某大型商业银行的信用评级为5级，对应的债务人违约概率为0.6%。该客户有一笔无抵押流动资金贷款，违约损失率为45%。那么，该笔贷款的预期损失率为0.6%×45%=0.27%。该商业银行基于贷款的预期损失率对贷款实施了12级分类。根据预期损失率与贷款12级分类的对应表，该笔贷款的风险分类为正常4级。

三、债项评级

债项评级是从债项维度对信用风险进行评价和预测，并按照违约损失率确定等级的过程。债项评级与客户评级一起构成了商业银行内部评级体系的两个维度。

（一）基本原则

（1）统一性原则。债项评级应按照统一的评级方法、标准和流程进行，以保证商业银行债项评级结果的可比性。

（2）客观性原则。债项评级应基于对债项预期损失或违约损失率的计量，对债项的风险进行客观评估。

（3）及时性原则。商业银行应及时对新增的债项进行评级，存量债项的特征如发生变化，商业银行应及时对债项评级进行重检。

（二）考虑因素

影响违约损失率的因素包括债项因素和债务人因素。其中，债项因素包括债务类型、债务用途、授信产品品种、合同金额、合同余额、抵质押品特征等。债务人因素包括出资人经济成分、客户所属行业、客户成立时间等。

（三）评级流程

为保证债项评级的统一性、客观性、及时性，债项评级流程包括评级发起和评级更新。

（1）评级发起。对于新增的债项，评级人员收集和整理客户基本信息、担保信息、债项合同信息等债项评级所需信息，并将其录入信贷业务流程系统，然后在系统中发起评级。对于存量的债项，系统定期统一发起批量评级。

（2）评级更新。如果债项合同条款发生变更、抵质押物状态和价值发生变动、债务人经营情况发生变化等，评级人员应及时对债项进行评级更新。

（四）评级应用

债项评级被广泛应用于贷款定价、信用风险经济资本计量、信贷资产风险分类、减值准备计提等经营管理活动中。

四、贷款项目评估

贷款项目评估是指商业银行对借款人申请使用信贷资金支持的固定资产建设项目，从项目建设的必要性、技术的先进合理性、财务效益、商业银行收益以及潜在风险等方面进行全面系统的分析论证，为贷款决策提供意见和建议的工作过程。

贷款项目评估管理是指保证项目评估工作高质量和高效率运行的架构、机制和管理制度体系，包括工作定位、管理架构、评估方法、作业规则和规范等方面。

在我国，贷款项目评估的理论和方法产生于20世纪80年代初，是在改革开放过程中不断学习西方经济管理经验，并且结合中国国情和商业银行实践逐步丰富和完善起来的。中国建设银行是我国大型商业银行中贷款项目评估工作开展最早、机制比较健全、制度比较完善的商业银行。目前贷款项目评估已成为包括中国建设银行、国家开发银行在内的多家大型银行固定资产贷款授信决策的必备环节。

小知识

评估简史

1980年，中国恢复在世界银行的合法席位，世界银行开始对我国贷款项目进行评估、发放项目贷款，并启发中国政府部门进行投资项目决策。其中的标志性事件是世界银行帮助中国设立商业银行转贷世界银行支持中国轻纺工业的技术改造贷款，即由原中国人民建设银行牵头设立了中国投资银行。中国投资银行引进世界银行的工业项目贷款审批机制，开展工业项目贷款评估工作，并于1983年颁布了《工业贷款项目评估手册（试行本）》，对中国政府和企业固定资产投资决策和信贷决策具有里程碑意义。同时，国内学术界对项目评估的理论与方法进行了激烈的探讨和极大的推动。随后，原中国人民建设银行也借鉴中国投资银行的贷款项目评估做法，为中央政府投资项目决策提供咨询并逐步建立自己的信贷决策程序，把贷款项目评估纳入固定资产贷款的信贷决策基本流程。目前，其他商业银行也借鉴中国建设银行固定资产贷款管理的经验，依据自身业务特点和风险管理制度等不同程度地推行固定资产贷款项目评估工作。

（一）定位

贷款项目评估是由商业银行内部精通信贷业务的专业人员按照规定的流程和一定的方法对借款人申请使用贷款的固定资产建设项目进行全面系统的分析论证，为贷款决策提供意见和建议的工作过程，其结论报告是一种专业化和科学化的综合结论。

贷款项目评估报告是商业银行根据贷款项目评估的目的与要求，在评估工作完成后，向包括贷款审批部门在内的使用者提供的关于项目主要情况和评估结果的综合性技术文件，是项目评估工作结果的文字载体。贷款项目评估报告不仅提供了项目财务数据测算的权威数据，还包括项目建设管理、工艺技术水平、市场竞争能力等方面的信息资料，并针对项目具体情况提出专业的意见和建议。商业银行经贷款项目评估后，确认项目不可行的，一般情况下不得进入审批流程；评估结论为可行的，才能组织报送有权授信审批机构进行审批。同时，评估报告的权威数据、提出的专业意见和建议也为贷后管理提供了工作依据。因此，贷款项目评估报告既是授信审批决策的必备文件，也是客户经理监控项目资金使用、项目建设生产和运行、回收贷款本息以及风险经理进行风险管控等工作的重要依据。

案例

中国建设银行的贷款项目评估工作

自20世纪80年代初原中国人民建设银行作为国家专业银行承担国家基本建设项目拨款和贷款任务时开始，原中国人民建设银行根据国务院有关文件的精神，结合学习世界银行对我国援助的贷款项目实施贷前评估的做法，推行贷款项目评估工作。1986年6月，原中国人民建设银行印发的《中国人民建设银行贷款项目评估试行办法》明确规定：凡是申请使用中国人民建设银行贷款的建设单位，在对拟建项目的经济合理性、技术可行性和建设必要性进行周密论证的基础上，大中型项目至少提前半年将项目建议书和可行性研究报告送中国人民建设银行总行和有关省、自治区、直辖市和计划单列市分行进行评估，并根据项目企业财务效益和国民经济效益评估结论，确定是否贷款。原中国人民建设银行正式将贷款项目评估流程定位为项目贷款的必备流程。1986年8月，原中国人民建设银行向国务院各部门，各省、自治区、直辖市和计划单列市计划经济委员会发出《关于报送建设银行贷款项目的前期工作有关文件及时组织评估的通知》，要求凡是未经原中国人民建设银行评估的建设项目，原中国人民建设银行不予提供贷款。

从商业化改革到股份制改造再到公开上市，虽然中国建设银行不断对信贷流程、信贷管理体制和风险管理体制等进行改革完善，但其始终坚持把贷款项目评估作为信贷管理的重要组成部分，要求所有固定贷款项目必须先经有权行开展项目评估再申报信贷业务审批。贷款项目评估已成为中国建设银行信贷风险管理的一个鲜明特色和业务优势，在支持国家重大战略项目、重大基础设施建设、促进中国经济高质量发展方面发挥了重要作用，并且为我国大型商业银行推行贷款项目评估管理树立了良好典范。在长期实践过程中，中国建设银行始终将贷款项目评估作为信贷管理流程中的必备环节，形成了区分不同行业、不同客户的评估方法体系，积累了丰富的贷款项目评估经验，培育了一支专业、专注的专家队伍。

拓展阅读

项目评估在其他部门的应用

除了商业银行开展贷款项目评估之外，政府、非政府组织、事业单位和企业等也开展项目评估工作。固定资产投资项目或基本建设项目的可行性研究、项目评价和投资项目评估等都是项目评估的应用。例如，政府投资项目要开展项目可行性研究，评价投资的社会效益；企业投资项目也会开展投资机会识别和投资效益评价的项目评估工作。

投资人的投资目的和项目类型不同，选择的评估方法不同。以评价指标体系为例，政府投资项目以国民经济评价指标为主，企业则以财务评价体系为主。

同时，如果政府、非政府组织、事业单位和企业的投资项目需要申请商业银行授信，那么它们的项目评估工作报告可以作为商业银行贷款项目评估的基础和依据，可以减少商业银行进行项目调查的工作量，为贷款项目评价提供借鉴。

（二）管理架构

贷款项目评估管理架构应与商业银行的授信审批架构相协调，实行分级授权的多级分工组织管理架构，采取“统一规则、集约管理、专业评估、分级作业”的管理模式。

（1）统一规则。商业银行应采用统一的贷款项目评估方法、标准和参数，制定统一的贷款项目评估作业流程。

（2）集约管理。商业银行应统筹运用所辖机构项目评估专业人才资源，加大项目评估业务向高层级机构集中的力度，从严限制低层级机构转授贷款项目评估作业权限。

（3）专业评估。商业银行应建立专职贷款项目评估人员队伍，运用专业方法和标准，做好项目、客户未来经营发展趋势的经济可行性、合理性、前瞻性、科学性、实质性预判。

（4）分级作业。商业银行应根据项目复杂程度、贷款额度和评估能力分级授权，各级机构对授权范围内的贷款项目组织评估工作，并依据规定对下级行评估报告开展审核工作。

从商业银行贷款项目评估工作管理架构的合理性角度看，集约管理和分级作业应统筹考虑。集约管理更有利于统一风险偏好，提升评估质量；分级作业更有利于灵活应对市场，支持前台营销。

商业银行应根据所辖机构项目评估人员情况、评估业务数量和质量、行业研究成果、资产质量情况、区域经济情况等因素，建立定性指标和定量指标相结合的评估能力指标体系，按照综合评价结果，从行业、客户、金额等多维度赋予所辖机构一定的贷款项目评估作业权限。同时，商业银行应建立贷款项目评估权限调整机制，对所辖机构贷款项目评估作业权限进行动态调整，提高贷款项目评估工作的灵活性和风险管控的针对性。

（三）评估范围

贷款项目评估范围是商业银行根据外部监管要求、信贷业务特点和信贷风险管理政策确定的。

目前，大型商业银行依据监管机构要求，在发放贷款前对使用商业银行信贷资金发放固定资产贷款的投资建设项目进行评估，包括本外币贷款项下的基本建设、更新改造、房地产开发和其他固定资产投资项目。

项目融资①属于一种特殊类型的固定资产贷款，纳入贷款项目评估范围。

随着商业银行资产管理业务的飞速发展，按照穿透性原则，基础资产为固定资产的股权或债权投资、资产并购等其他类型的信贷产品也可以进行贷款项目评估。

另外，商业银行也可以比照贷款项目评估为企事业单位固定资产项目建设提供投资机会选择、项目评价、工程咨询、财务效益估算等咨询顾问服务。

（四）评估方法体系

贷款项目评估方法体系是商业银行基于资金时间价值原理，以财务评价为核心，对某一项目整体以不同的视角进行综合评定的方法体系。贷款项目评估方法体系管理指商业银行结合经营范围和客户的性质，确定贷款项目评估方法、标准和参数，构建评价指标体系，统一贷款项目评估规则。

商业银行应根据国家发展改革委和原建设部联合出版的《建设项目经济评价方法与参数》（第三版）中关于建设项目经济评价工作的若干规定、建设项目经济评价办法和建设项目经济评价参数以及原中国银监会发布的《固定资产贷款管理暂行办法》和《项目融资业务指引》，并结合商业银行自身实际情况制定贷款项目评估方法。

① 项目融资具备以下特征：第一，贷款通常用于建造大型生产装置、基础设施、房地产项目或其他项目，包括对在建项目或已建项目的再融资。第二，借款人通常是为建设、经营该项目或为该项目融资而专门组建的企事业法人，包括从事该项目建设、经营或融资的既有企事业法人。第三，还款资金来源主要依赖该项目产生的销售收入、补贴收入或其他收入，一般不具备其他还款来源。

贷款项目评估围绕项目财务评价开展项目背景分析、项目投融资分析、市场分析、经营活动预测与指标分析、项目建设与经营风险分析等。在此基础上，商业银行进行基础财务数据测算与分析，并根据国家现行财税制度及有关规定，测算项目的收入、成本、净利润等财务效益指标，分析测算项目的偿债期限、投资回报率、净现值和内部收益率等，以判断项目的盈利能力和清偿能力。一个完整的贷款项目评估方法体系应包含如下内容：

1. 借款人评价

借款人评价是指商业银行通过全面分析借款人的历史沿革、资本结构、管理水平、资信状况、财务状况以及经营状况等，评价借款人的经营管理能力、可持续发展能力和未来偿债履约能力。

2. 项目设立背景分析

项目设立背景分析包括项目设立的动因、项目设立的宏观经济环境和项目设立的微观经济条件等评价。评价内容涵盖项目要件核查、工艺技术和设备评估、建设条件评估、生产条件评估等。

3. 项目投融资分析

商业银行对项目投融资分析的重点在于对投融资项目的审核，通过对比对方资料，审核项目建设内容的完整性与投资合理性，检查是否存在漏项、缺项或增项，是否低估或高估投资额并判断其对项目效益和商业银行风险承受的影响。项目投融资分析包括固定资产投融资分析、流动资金投融资分析、资本金来源分析、投融资结构分析等的评价。

4. 项目产品的市场分析

项目产品的市场分析包含市场调查和市场预测两大部分，是评价项目财务可行的前提和基础。市场调查包括项目产品定位和目标市场、市场供给和需求现状、产品价格分析等内容，是进行市场预测的前提和基础。不同的市场预测方法具有不同的使用条件、应用范围和预测精度。评估人员可以根据预测周期、产品生命周期、预测对象、数据资料、精度要求、时间和费用限制等因素选择适当的方法，也可以采用几种方式进行组合预测，相互验证或修正。

5. 财务评价

财务评价是项目评估的核心，是在项目设立背景分析、项目投融资分析和项目产品的市场分析的基础上，根据企业收入—成本—利润的基本方法预测项目收益，分析项目财务可行性和还款能力。财务评价的一般步骤包括项目生产规模的确定、生产负荷的确定、评价指标及参数的确定、财务评价因素的归集、编制项目财务预测报表。

6. 效益指标分析

效益指标分析是对项目的效益指标进行评估，根据风险偏好的不同构建不同的指标体系、采纳不同评价标准以及接受不同的评估结果。项目效益评价指标一般包括投资回收期、借款偿还期、销售利润率、投资利润率、财务净现值、内部收益率等。其中，内部收益率是判断项目可行性的重要指标，因为项目效益评价指标评判的标准以内部收益率是否大于基准收益率为依据。一般来说，如内部收益率≥基准收益率（股东或商业银行对项目的期望收益率），项目可行；如内部收益率<基准收益率，项目不可行。

在完成项目效益评价指标测算的同时，商业银行还需要进行不确定性分析，即分析不确定因素的变动对投资经济效益的影响敏感程度，从而找出对投资经济效益影响较大的敏感因素及其对投资经济效益的影响程度，以便集中注意力，制定应变对策。

7. 风险分析

分析项目风险时，商业银行应重点突出项目特有风险并进行深入分析和挖掘。项目风险分析遵从先定性后定量、定性分析和定量分析相结合的原则。其中，定性分析主要依靠评估人员和信贷决策人员的经验进行判断，而定量分析的引入能更加精准地揭示项目风险程度。

8. 总体评价

商业银行通过对项目全面系统的评价，在对影响项目的各种因素进行归纳总结的基础上，形成总体评价。总体评价应直接、明确地表明是否建议给予贷款支持。对于符合商业银行信贷投向要求、项目建设合规可行、经济评价可行的项目，商业银行形成建议支持的结论及提供具体金额、期限、利率、担保方式，并就需要引起注意的事项或建议做出专门说明。对于项目经济性方面存在一定问题的项目，在评估阶段尚无法做出明确判断的项目以及存在评估人员无法合理预期的不确定性因素，需要基于一定附加条件或假设前提才能做出评估结论的项目，商业银行可以建议有条件支持，并列明条件。对于项目在信贷政策、项目合规性、项目经济性等方面存在较大问题而不宜介入的项目，商业银行形成不建议支持的结论。

（五）作业规程管理

作业规程是贷款项目评估实施过程的规范化、制度化，是评估结论科学性的重要保障。评估管理部门通过作业规程设定作业岗位、明确岗位职责、制定作业流程和细化作业要求，规范业务流程与操作，提高项目评估质量和防控操作风险，确保项目评估工作满足信贷风险管理的需要。

贷款项目评估作业规程管理的主要内容是定岗定责和确定作业流程。定岗定责指根据大型商业银行的贷款项目评估工作要求、业务流程和工作量设定工作岗位和岗位职责。贷款项目评估岗位包括评估受理岗、综合管理岗、评估岗、评估报告初审岗和审核岗等。确定作业流程指确定贷款项目评估实施过程、评估方式和评估报告形成过程。

评估实施过程包括成立评估团队、制订评估方案、收集信息资料、开展评估调查、组织评估论证、编写评估报告等。评估方式是指根据项目调查分析深度和评估报告要求差异而确定的贷款项目评估工作形式，一般包括正常评估、预评估、简要评估、调评合一、专项咨询意见、借用其他金融机构评估报告等方式。评估报告形成过程包括报告编写、报告汇总、报告审核。

作业规程是适时而变的。引发作业规程变化的因素主要有三个：一是外部监管要求变化，如固定资产贷款管理办法、投融资体制等发生变化；二是商业银行内部管理要求变化，如风险管理机制、信贷管理机制、审批管理机制等发生变化；三是评估业务内生变化，如评估方法、评估方式、评估能力等发生变化。

拓展阅读

主要评估方式

（1）预评估。商业银行对虽然不具备项目评估发起条件，但因市场竞争、客户关系维护和业务发展而积极营销、急需评估的重大项目，可以发起项目预评估。申请预评估的项目评估材料至少应满足投资估算和财务测算的要求，以利于项目评估人员在分析评价中对项目评估参数进行适当假设。贷款发放前项目预评估假设条件成立的项目，其效力等同于正常项目评估。

（2）简要评估。简要评估是指商业银行在保证评估要素完整的情况下，根据评估重点的不同，对项目投资情况、项目还款情况等评估内容进行简化，以提高评估报告内容的针对性。简要评估的基础是高水平的专业化研究成果。

（3）调评合一。对于部分优质客户建设的小型项目，即所谓的“大马拉小车”项目，商业银行可以采用调评合一的评估方式，将客户尽职调查与项目评估一并实现。

（4）专项咨询意见。对于符合商业银行风险偏好但暂不具备评估或预评估条件的项目，商业银行可以由高职级评估人员开展阶段性评估工作，对建设项目合理合规性、经济效益可行性等方面出具专项评估咨询意见，供业务人员参考。

（5）借用其他金融机构评估报告。借用其他金融机构评估报告是指参加银团贷款或其他银团用信业务后，银团贷款牵头行建立了贷款项目评估制度，形成了贷款项目评估报告，使用者不开展贷款项目评估作业流程，仅对其他金融机构的评估报告进行审核（审定），并提出授信应注意的问题和建议。

（六）人力资源管理

贷款项目评估的专业化前提和基础是评估队伍的专业化，评估队伍必须具备应有的评估能力，因此人力资源管理是贷款项目评估管理工作的重要方面。贷款项目评估工作的人力资源管理，一是要把关人员入口，确保人员具有基本的素质和专业能力；二是加强人员培训，不断提高人员的岗位能力；三是建立高级人才库，提高高级评估人员待遇，统筹调度高级评估人员。

案例

A化工股份有限公司年产150万吨乙烯工程项目评估报告结论

一、项目基本情况

1. 投资方

A化工股份有限公司注册地址为××，法定代表人为××，注册资本为8亿元，全部资本金由上市公司A化工股份有限公司出具。借款人法律结构完善，资本结构、治理结构等较为合理。

2. 项目位置及建设条件

本次评价项目位于B市化工产业园区，地处我国经济活跃的华南沿海城市带，地理位置优越，建设条件完备。

3. 建设内容及规模

（1）主体工程主要建设内容包括年产150万吨乙烯装置、14万吨丁二烯抽提装置、35万吨裂解汽油加氢装置、2×20万吨聚丙烯（PP）装置、72万吨苯乙烯（SM）装置、40万吨高密度聚乙烯（HDPE）装置、2×90万吨乙二醇（EG）装置、17万吨碳四加氢装置。

（2）配套的公用工程系统包括净化水厂、空分空压、汽电联产装置、循环水场、供电系统、消防系统等；配套设施包括中心控制室、综合办公楼、中心化验室、污水处理厂、火炬系统、全厂性仓库等。

（3）厂区平面布置功能分区明确，满足工艺流程的要求，布置紧凑，且各功能区四周都设有环状道路，并与厂区道路相连形成环形路网，满足消防、安装和检修的需要。

4. 项目工艺技术设备情况

项目工艺技术已在同类乙烯项目上广泛应用，工艺技术成熟可靠。长周期设备共计624套，全部完成询价，其中298套完成招标。

5. 生产条件

（1）炼厂干气、石脑油、丙烷、丁烷等裂解原料由紧邻本项目的中国石油化工集团公司（以下简称“中石化”）××炼厂通过管道输送，双方已签订供应协议，能够满足项目的需求。

（2）项目产品分三部分，一部分返回中石化××炼厂，一部分供应园区内化纤企业和精细化工企业，还有一部分采用产销合一的方式，由项目公司直接向市场销售。目前项目公司已与多家下游企业展开洽谈业务，销售渠道较为畅通。

6. 建设参与人

项目设计、施工、监理等建设参与人都为主流石化项目选择的参与方。

二、评估结论

1. 投资

本次评估项目固定资产投资金额239.27亿元，其中静态投资230.55亿元、动态投资8.72亿元。铺底流动资金需求量为16.20亿元。主要生产项目投资173.49亿元，占全部固定资产投资金额的72.51%，项目投资水平较同类项目偏低。不能排除追加投资的可能性。

2. 融资

项目拟通过银团贷款的方式进行项目融资，拟牵头组建银团承担不超过50%的贷款份额。目前多家商业银行在积极推进该项目融资事宜，总额度或已超过其总融资需求量。另外，流动资金贷款事宜将于完工前6个月与银团协商确定，不包含在本次项目融资内。

3. 资本金落实

投资人拟投入资本金72亿元（资本金占固定资产投资金额的30%）。按商业银行信贷政策，项目企业应出具83.75亿元方能满足资本金占固定资产投资金额的35%的项目准入要求。根据投资人发送给银行的《关于我司建设150万吨乙烯项目自有资金来源的说明》及评估人员调查，企业具备出具83.75亿元资本金的能力。

第四节　授信审批管理

授信审批管理是商业银行信贷管理的关键环节，在传导风险偏好、做好客户选择、管控信用风险、提高资产质量等方面发挥着重要作用。本节重点介绍大型商业银行的授信审批管理，包括授信审批管理的工作范围和定位、授权管理、管理架构、管理机制、管理原则和管理要求以及授信审批业务流程与运作机制等内容。

一、概述

《中华人民共和国商业银行法》（以下简称《商业银行法》）规定：商业银行贷款应当实行审贷分离、分级审批的制度[①]。依据《商业银行法》的这一规定，我国大型商业银行普遍建立了审贷分离、分级审批的授信审批管理制度，形成了具有我国商业银行特色的授信审批管理框架和运作机制。

（一）工作范围与定位

1. 范围

授信，即授予信用。授信是指商业银行向客户提供信贷业务活动的总称，即商业银行向客户直接提供资金支持，或者对客户在有关经济活动中可能产生的赔偿、支付责任做出保证，收取一定的对价（利率或服务费）并承担客户到期违约的风险。从授信的定义不难看出，授信的内容包括向企业直接提供的资金和为企业提供的承担赔偿责任的保证，并承担客户到期违约风险。中国人民银行和银行业监管机构明确规定：商业银行对客户的授信既包括给予客户的信用最高限额（授信额度），也包括具体的贷款、贸易融资、票据承兑和贴现、透支、保理、担保、贷款承诺、开立信用证等表内和表外业务，还包括购买企业发行的公司债券、企业债券、短期融资券、中期票据等债券资产以及通过衍生产品等交易行为产生的信用风险暴露。

可见，商业银行的授信范围既包括给予客户的信用最高限额（授信额度），也包括具体的业务品种。因此，商业银行授信审批分为授信额度审批和单笔信用业务审批。授信额度审批是确定给予某一客户或集团在一定时期内最高信用上限和使用条件的决策过程，既包括有资金交付的贷款额度，也包括没有资金交付的信用额度。单笔信用业务审批是确定是否办理授信额度项下的某一种具体的信贷业务、业务量和具体条件的决策过程。在给予客户的信用额度未实际用信之前，信用额度只是一个数据而已，单笔信用业务的审批通过意味着授信额度变成真实的信贷资产或信用保证，形成现实的表内风险资产或表外或有负债，是实际的风险敞口。

随着企业和大型商业银行业务的多元化（集团化）、走出去（跨国化），依据监管要求和商业银行风险管理需要，在授信管理方面，商业银行要建立统一授信制度，对集团化企业、跨国企业实行综合授信，对商业银行的附属企业实行并表管理的并表授信。同时，为了避免商业银行对企业过度授信，商业银行联合授信得到推行。商业银行的表内和表外资产业务范围很广泛，

---

① 目前大型商业银行的信用卡业务、个人授信业务和小微企业授信业务等实行线上智能决策或简单的授信审批决策制度。这里主要指大中型客户的授信审批决策制度。

依据监管规定，需要纳入授信额度的具体业务必须具备如下特征：

一是合法合规的资金提供、信用担保、债券资产交易和衍生工具交易等。《商业银行法》明确规定：经营范围报国务院银行业监督管理机构批准。商业银行必须守法合规经营，其提供的服务品种必须符合《商业银行法》或银行业监管部门的规定。

二是承担客户违约风险。商业银行直接提供的资金必须要按合同收回本息，但每一笔资金都存在客户违约而不还本付息的可能。不直接提供资金的票据承兑、担保、开立信用证等信用保证业务存在客户违约由商业银行代偿、客户无力归还代偿资金的可能，企业发行的公司债券、企业债券、短期融资券、中期票据等存在企业无力兑付的可能以及衍生产品等交易行为存在交易风险的可能，因此只要是商业银行承担违约风险的业务就应该纳入授信范围，不承担客户违约风险的业务则无需纳入授信范围。

小知识

统一授信

中国人民银行在《商业银行实行统一授信制度指引》中规定，统一授信是指商业银行对单一法人客户或地区统一确定最高综合授信额度，并加以集中统一控制的信用风险管理制度。各商业银行应建立和严格实施银行业普遍遵循的统一的授权授信制度，制定本行的统一授信制度及实施细则，要做到以下四个方面的统一：

（1）授信主体的统一。商业银行应确定一个管理部门或委员会统一审核批准对客户的授信，不能由不同部门分别对同一客户或不同客户，不同部门分别对同一信贷品种或不同信贷品种进行授信。

（2）授信形式的统一。商业银行对同一客户不同形式的信用发放都应置于该客户的最高授信限额以内，即要做到表内业务授信与表外业务授信统一，对表内的贷款业务、打包放款、进出口押汇、贴现等业务和表外的信用证、保函、承兑等信用发放业务进行一揽子授信。

（3）不同币种授信的统一。商业银行要做到本外币授信的统一，将对本币业务的授信和外币业务的授信置于同一授信额度之下。

（4）授信对象的统一。商业银行授信的对象是法人，商业银行不允许在一个营业机构或系统内对不具备法人资格的分支公司客户授信。

2. 定位

虽然我国商业银行业务创新步伐加快，资产配置渠道随着资产规模的快速增长而快速多元化，但信贷资产和信用业务仍然是商业银行资产组合的重要组成部分，授信审批管理始终是商业银行风险管理的重要环节，承担着商业银行风险管理的重要责任。

第一，贯彻发展战略和引导结构调整。有效的授信审批决策可以通过客户选择、授信额度总量、业务产品配置和用信条件等控制行业或区域的授信总量，确定客户进退策略等，落实商业银行的发展战略和经营目标，把握信贷业务发展节奏，主动选择风险和调整信贷结构。同时，有效的授信审批决策能引导经营部门选择客户和推销服务产品，提高信贷结构调整的主动性。

第二，有效平衡收益与风险。授信审批通过对客户的风险识别，判断授信用途的国家法律、国家政策、行政管理等的合规和合法性，避免合规风险；在对宏观经济形势和行业发展分析的基础上，通过分析客户的借款资格、资本与资产实力、经营管理水平、资产负债情况、客户资信、偿债能力、还款来源等财务和非财务情况，判断客户的优劣，识别客户的违约风险；通过客户选择、授信方案（包括授信产品、价格、期限、额度、风险缓释措施等要素）比较贷后管理措施完善等审批决策过程，达到优选客户和优化授信方案的目的，使风险最小化。同时，授信审批还要通过客户选择、授信业务品种配置、价格取舍和担保措施选择、授信条件完善等方案的优化，促进信贷业务健康发展和提高客户回报，贯彻收益覆盖风险的原则。

第三，培育健康的风险文化。授信审批是商业银行风险管理的主要部分，是承前启后的关键环节，授信审批管理通过组织架构、业务流程机制和管理目标等体现商业银行的风险文化理念；通过客户的选择、具体业务的审批和授信条件的设置等过程与内容，贯彻和传导商业银行的风险偏好与信贷政策，持续培育稳健审慎、全面主动的风险文化。

（二）管理原则

授信审批管理必须贯彻《商业银行法》和监管要求，体现如下原则：

1. 制约

《商业银行法》规定商业银行贷款应当实行审贷分离，强调的是商业银行业务部门与授信审批部门应该相互分隔、相互制约。在实践中，商业银行的授信业务流程包括客户调查、客户信用等级评价、授信审批、信贷发放和贷后管理等主要业务环节。这些业务环节不能、也不可能由一个业务部门或岗位完成，必须由不同的业务部门或岗位完成，明确不同部门、不同岗位相互独立的工作职责，以形成各部门、各岗位之间相互制衡的信贷管理体系。目前，商业银行普遍采取业务条线审贷分离模式，即采取授信审批流程与经营业务流程分开，由两个不同的业务部门条线进行管理。客户调查、贷后管理由业务经营部门条线管理，考核经营部门的核心是业务规模；授信由授信审批部门条线进行决策，考核授信审批部门的核心是风险控制。这样就突出了授信审批决策对经营部门的制约，经营部门的绩效考核会促使其争取业务发展的机会而牵制授信审批环节的过度强调风险，形成经营部门与授信审批部门的相互制约关系。

2. 全面

全面原则是《商业银行法》和监管部门授信管理的基本要求。授信审批管理应覆盖商业银行全部机构、全球客户和全部产品。全部机构授信审批管理包括管理境内外分支机构和子机构、附属企业等全部并表机构的授信业务，即并表授信。全球客户授信审批管理包括管理境内外的客户，将同一集团分布在境内的各成员企业纳入统一授信范围，即集团授信；将同一集团分布在境内外的成员企业纳入统一授信范围，即全球授信。全部产品授信审批管理包括管理由商业银行承担客户违约风险的表内和表外资金提供、信用保证、企业债券投资和衍生产品交易等所有用信产品，即统一授信。商业银行要实现授信管理全覆盖。

3. 独立

独立性是实现公正和制约的保证，没有独立性不可能实现公正地对其他部门或岗位的制约。我国商业银行为了保证授信审批对信贷经营的制约，让授信审批部门或岗位能够不受干扰地实施管理，从组织架构、流程机制到岗位设置等实行独立的制度设计，实行独立的管理运作体系。

（三）管理架构

我国大型商业银行普遍采取的三级［总行—分行—二级分（支）行］风险管理架构，按照“审贷分离、分级授权”的原则在商业银行内部也相应实行三级授信审批管理架构和业务运作体系（见图 5-1）。

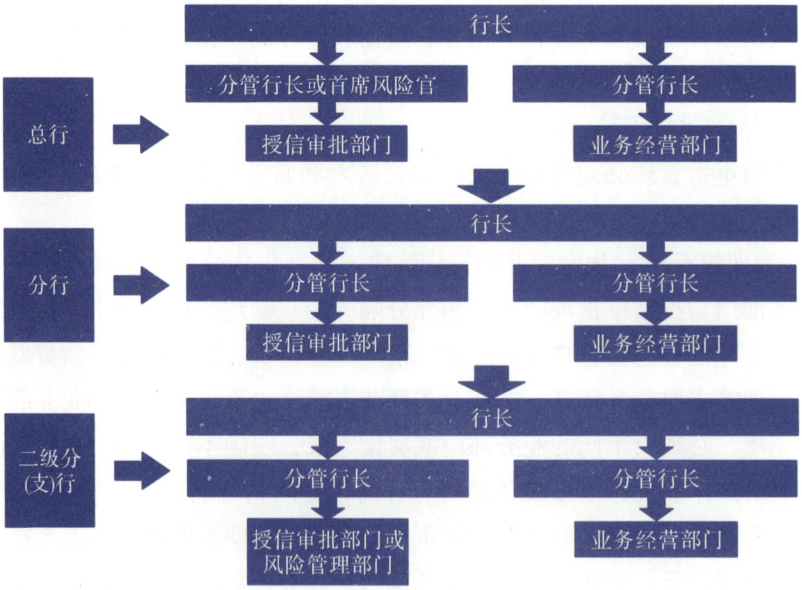

图 5-1 商业银行三级授信审批架构和业务运作体系

从图 5-1 可以看出，商业银行在总行、分行和二级分（支）行设立授信审批部门，其部门级别与业务经营部门一致，都为所在机构的内部一级职能部门。授信审批部门直接接受分管行长或首席风险官的领导，首席风险官不得分管业务经营部门。自上而下的领导分管和部门设置完全与业务经营部门分开，充分体现“审贷分离、分级授权”的独立性原则。

随着商业银行的风险管理要求不断提高，商业银行授信审批管理架构和业务运作体系在不断调整改进；同时，信息科技应用水平的提高，为商业银行授信审批管理架构和业务运作体系的调整与改进创造了条件。商业银行授信审批架构和业务运作体系的调整与改进主要体现在授信组织层级、授权维度和申报决策集中三个方面。授信组织层级由总行—分行—二级分（支）行的三级架构向总行—分行两级架构过渡，提升决策层级、提高审批集约能力、缩短管理半径；授权维度由“按行”单一维度向“按行、行业、客户、贷种”等多维度授权，提高授权灵活性和风险管控的针对性；申报决策集中由授信业务从经办行到有权审批行“逐级层层审核申报”到“经办行到申报行[①]向有权审批行一级申报”，简化申报过程、提高决策层级、提高审批工作的集约化水平。

（四）授信审批决策机制

授信审批决策机制是指审批决策的决策人构成、决策人作用（权利职责）和相互关系，是授信审批管理的核心，直接决定商业银行的风险文化、审批决策质量和决策效率。在授信审批决策机制中，决策人的构成和相互关系是机制的核心。目前，大型商业银行普遍采取集体决策和有权签字人核准的机制，即采取审批委员会制度，由审批委员会成员按一定的投票规则进行决策，在审批委员会成员决策的基础上，由有权签字人最后核定决策结论，审批委员会成员和有权签字人构成授信审批的决策人。

审批委员会的成员构成和相互关系在不同的商业银行存在差异，形成了各具特色的授信审批决策机制。目前，授信审批决策机制主要有以下两种模式：

1. 行政审批模式

行政审批模式下审批委员会成员构成和相互关系具有“行政管理”的特点，审批委员会成员一般由风险管理相关部门和业务经营相关部门加上若干专职贷款审查人员构成，风险管理相关部门包括风险管理部门、授信审批部门和信贷管理部门等，业务经营相关部门包括业务经营部门、国际业务部门、机构业务部门和投资银行部门等，由这些业务经营相关部门派出部门副

---

① 申报行指有权审批行的下一级行，无论申报行下辖有几级分（支）行，无需逐级审核，只需要由经办行直接报申报行经营主责任人审核后向有权审批行申报。

职以上人员参加审批决策会议，代表部门出具决策意见；另外设置所在部门副职以上职务的专职贷款审查人员若干，每次审批会议有1~2名专职贷款审查人员参加审批决策会议，代表个人出具决策意见。审批委员会按照一定的投票规则形成决策意见后，如果审批决策结论为同意，方可提交给分管行长、首席风险官或授信审批部负责人等有权签字人核准审批决策结论，分管行长、首席风险官或授信审批部负责人为受权人。行政审批模式具有如下特点：

第一，审批委员会成员主要由所在行风险管理相关部门和业务经营相关部门组成，这些部门都是所在行的业务经营管理部门，突出了行政管理特色，有利于部门管理目标要求的落实和传导。但是，由于业务经营管理部门都有自己的业务驱动指标，因此审批决策的部门中利益博弈明显。

第二，参加审批决策的人员由所在部门派出、代表所在部门出具意见，避免参加决策的人员的个人能力不足和受个人因素的干扰。但是，一方面，决策人员难以独立发表意见，易受各方面的影响因素干扰，审批决策的独立性较弱；另一方面，由于参加人是代表部门发表意见，难以对决策个人进行定责、问责，审批决策的制约力度较弱。

第三，参加决策的人员为部门副职以上人员及部门管理人员若干，每次参加审批决策的人员不固定，便于及时组织审批委员会。但是，参加决策的人员流动性高，难以保证审批决策的专业性，专业化水平和决策质量难以提高。

2. 专家审批模式

专家审批模式是相对行政审批而言的一种由没有行政管理职责的信贷专家进行决策的模式，即审批委员会成员由授信审批牵头人和专职贷款审查人员组成，授信审批牵头人由分管行长、首席风险官、授信审批部门负责人和风险管理部门负责人或专职贷款审查人员担任，审批牵头人是受权人；专职贷款审查人员是具有一定职级的资深信贷管理人员，仅履行授信审批决策的职责，不承担行政管理职责。专职贷款审查人员按照一定的投票规则进行决策表决，由审批牵头人形成的决策结论即审批会议决策结论。审批会议决策结论为同意的，审批委员会按程序报所在行“一把手”行使一票否决权。专家审批模式具有如下特点：

第一，有利于增强决策的独立性。一方面，审批委员会由专职贷款审查人员组成，没有业务经营部门的人员参加，实现了上级与下级的分离、经营条线与审批条线的分离，审贷分离彻底；另一方面，专职贷款审查人员履职权利不受所在行业务经营部门的约束，要求专职贷款审查人员必须独立发表决策意见，严禁其他人员干预专职贷款审查人员行使决策权。原则上，专职贷款审查人员的绩效考核不直接与所在行的单项指标和部门考核指标挂钩，充分保障专职贷款审查人员独立行使决策权。这就要求专职贷款审查人员有高度的责任感，能够处理好控风险与促发展的关系，否则容易过度强调风险而逃避审批失误的责任。

第二，有利于提高审查人员的专业性。商业银行围绕专职贷款审查人员制度，形成了对专职贷款审查人员的选拔标准、职级、任职年限和绩效考核等一系列管理制度，保证专职贷款审查人员必须是长期从事信贷经营和信贷风险管理的资深人员，并保证岗位的相对稳定性；同时，专职贷款审查人员的职级相对较高，多相当于审批部门正职或副职职级，但其岗位职责除授信决策外不承担其他行政管理工作，岗位职责单一。商业银行通过对专职贷款审查人员的专业、经历和岗位职责的限定，确保其专业化水平。但是，专职贷款审查人员长期从事审批工作，对市场的了解较少，思维和工作方法等也容易固化。

第三，有利于风险偏好和信贷政策充分衔接统一。独立的专职贷款审查人员制度实现了授信审批的业务条线统一岗位职责、统一业务指导和统一绩效考核要求，岗位人员相对固定，岗位职责专一，工作连续性强。相对于业务经营部门委派的审批决策人员而言，专职贷款审查人员更容易统一认识和行为，这有利于统一对内外部信贷政策的把握，确保顺畅传导风险偏好。

拓展阅读

中国建设银行的专职贷款审批人制度

1999年，中国建设银行在总结世界银行、国外商业银行以及国内商业银行的授信审批决策机制的经验和不足的基础上，创建了专职贷款审查人员制度和专家审批模式，实现了从传统的行政审批模式向专家集体审批模式的转变，全行实行专职贷款审查人员的“独立审批、集体决策”的专家审批模式。中国建设银行是采取专家审批模式的典型代表，独立专家审批模式已经运行了20余年，已成为中国建设银行信贷风险管理的竞争力优势之一。

（五）智能审批

智能审批是指商业银行利用计算机的模拟能力，实现计算机对客户的额度授信或具体业务的审批决策流程，替换现行人工的审批决策流程。由于智能审批在提高决策效率、避免道德风险、降低管理成本和改善客户体验等方面有明显的优势，因此大型商业银行在不断努力探索扩大智能审批决策的应用范围。同时，互联网、物联网、移动通信、大数据处理技术和计算机人工智能等技术的发展与广泛应用以及信贷风险管理数据积累，为智能审批决策提供了可能。目前，大型商业银行的信用卡授信、个人贷款业务和部分小额贷款业务基本实现了线上审批，大型商业银行正在积极推行小微企业的线上审批方式。线上审批方式基本上实现了计算机决策流程替代了人工审批流程。线上审批方式是基于大数定律①、单户授信金额小和期限短，采取评分卡②模型由计算机自动决策的审批方式，是较简单的智能审批方式。

目前，新型互联网银行对中小企业授信基本实现了网上信贷智能审批，国际上大型咨询机构正在研发商业银行智能审批系统，商业银行正在积极探索扩大人工智能和大数据处理对大中型客户授信审批决策的支持，因此商业银行智能审批的发展趋势风头正劲。大型商业银行立足智能审批，应以信息服务与流程服务为出发点，统筹规划、整体推进，以全球化、全方位、全流程、全生命周期管理为设计理念，整合客户管理、决策管理、批复管理、总量管理、合同管理、债项管理、档案管理、押品管理等信息管理功能，实现审批、放款、贷后跟踪全流程一站式管理服务，构建一体化平台。大型商业银行立足客户和行业，通过流程管理、数据应用融合和大数据及人工智能技术的应用，打造风险预测、预警、决策的智能化应用服务体系，实现对客户授信的集中发起、整体审批、集中监控，有效采集客户各渠道信息，识别关联交易信息，通过用户画像，有效识别并呈现客户全面风险信息，服务全流程风险管控；同时，实现全球授信管控、7×24 小时服务支持、全球应用版本无缝升级、全局流量控制，为集团客户提供一站式管理服务。智能审批的建设应重点关注以下几个方面：

1. 决策规划管理

除互联网、物联网、移动通信、大数据和人工智能技术的应用之外，商业银行实现全面智能审批还需要大量的经济社会、政府管理、法律法规、行业、客户的经营状况和财务状况等方面的数据，需要科学的方案与模型设计以及巨量数据的收集与结构化，必须执行科学的智能审批建设规划，对现有历史数据的采集、结构化处理、参数体系设计、模型设计、制度设计、系统研发、压力测试与推广、系统总结与完善等进行细致规划和决策以及变革业务运作思想和流程。一方面，商业银行要确定业务推进进程，按照各行业务规模、业务管理水平和科技开发水平，按先易后难的策略，推进从大数据审

---

① 大数定律（Law of Large Numbers）是一种描述当试验次数很大时呈现的概率性质的定律。信用卡透支和个人贷款的还款来源是个人工资性收入，若确认有稳定职业、授信仅占收入的一定比例、期限不长，其违约的概率较低。

② 评分卡是指根据客户的信用历史资料，利用一定的信用评分模型，得到不同等级的信用分数。商业银行根据客户的信用分数，分析客户按时还款的可能性，据此决定是否准予授信以及授信的额度和利率。

批决策向智能审批决策过渡，从中小型客户和稳定行业的授信或期限短的信贷产品的智能审批决策向大中型客户授信和全产品审批决策过渡，从智能审批决策与人工审批决策相结合向完全智能决策过渡。另一方面，商业银行要确定数据积累与处理、模型研发到系统研发，系统推广到系统升级等研发进程。

2. 数据收集与处理

智能审批决策需要对客户和授信业务进行政策法规、外部监管以及商业银行内部信贷政策等合规性的确认，在行业分析、财务分析和非财务因素以及客户控制人行为分析等基础上对客户进行画像，分析授信产品风险曲线。因此，商业银行需要大量的政策法规、制度、信贷政策等信息，行业发展的经济、技术、企业经营与财务信息等，信贷资产分布与质量等信息，必须收集和整合各类数据，为建立智能审批决策系统做必要的准备。

3. 方案设计管理

大中型客户的授信业务品种多、金额大、期限长，客户发展、经营和财务情况复杂，因此商业银行必须建立更加庞大和更加复杂的风险分析模型，在此基础上建立开放的信息处理平台和业务处理平台。第一，商业银行应建立客户财务和非财务分析模型，绘制客户统一风险画像。第二，商业银行应建立基于“大数据+人工智能”模式的宏观风险预测体系，可以及时、准确地感知市场变化带来的风险，制定更有针对性的行业、区域、产品等领域的信贷政策。第三，商业银行应通过知识图谱、计算机视觉、专家系统、神经网络和深度学习等技术，深入分析各类信息间的内在联系，简化流程和信息处理的复杂度，进而建立起量化的标准分析模型，加入专家知识规则库，实现系统自动判断和机器自学习。

拓展阅读

新型商业银行的智能审批实践

目前，新型商业银行的线上审批决策是利用梯度提升迭代决策树（Gradient Boosting Decision Tree，GBDT）机器学习模型进行智能决策。例如，新网银行自建了九大母模型决策系统，包括信用评分模型、履约能力指数模型、恶意透支指数模型、消费倾向模型、资金需求指数模型、个人稳定性指数模型、社交活跃度模型、网络使用倾向模型、游戏沉迷指数模型。这九大母模型下又各自有300多个子模型，每个子模型又有数千个风险计量、风险判断因子，用于实时评估风险，为风险画像。

4. 人才队伍建设

商业银行要实现智能审批就要进行数据收集和处理、系统研发以及系统推广后的结果检测分析和系统改进等，这些管理工作主要集中在总行层面，需要既熟悉信贷又熟悉大数据处理和模型设计的复合型人才队伍。商业银行应加快人才培育，更好地适应智能审批的发展趋势。

二、授权管理

我国《商业银行法》规定：商业银行分支机构不具有法人资格，在总行授权范围内依法开展业务，其民事责任由总行承担。中国人民银行在《商业银行授权、授信管理暂行办法》中明确要求商业银行实行一级法人体制，必须建立法人授权管理制度。商业银行必须依法依规建立统一的法人授权管理制度，而授信审批授权是商业银行法人授权管理的重要组成部分，主要包括管理原则、受权人、授权形式、授权方式和授权标准等方面。

（一）管理原则

商业银行授权管理要遵循统一管理、授权适度、内容明确、区别授权、及时调整、权责一致六方面的原则。

（1）统一管理。我国《商业银行法》规定：商业银行分支机构不具有法人资格，在总行授权范围内依法开展业务。《商业银行授权、授信管理暂行办法》规定：商业银行应在法定经营范围内对有关业务职能部门、分支机构以及关键业务岗位进行授权，业务职能部门和分支机构以及关键业务岗位应在授予的权限范围内开展业务活动，严禁越权从事业务活动。授权人为商业银行总行，受权人为商业银行业务职能部门和商业银行分支机构。因此，商业银行的法人授权管理必须是商业银行业务职能部门和分支机构在总行一级法人的统一管理体制下，实行统一原则、统一标准和统一管理，不得多头授权。商业银行业务职能部门和分支机构在授权范围和权限内依法开展业务。受权人未经授权擅自开展业务活动，造成经济损失，应追究主要负责人和直接责任人的行政与经济责任；构成犯罪的，应追究有关人员刑事责任。

（2）授权适度。商业银行仅可以在法定经营范围内对其业务职能部门和分支机构实行逐级有限授权，授权不能超过其开办的业务品种范围和风险控制能力的一定限度，不可过度授权。下级机构对其辖内分支机构或个人进行转授权或再转授权时，转授权或再转授权不得大于其受权权限。

（3）内容明确。上级机构对下级机构进行授信业务授权时，应有书面形式的授权书，明确授权人和受权人的全称及其法定代表人姓名、授权种类、授权维度、授权数额、授权期限、限制越权的规定以及授权人认为需要规定的其他内容等，授权人与受权人应当在授权书上签字和盖章。

（4）区别授权。商业银行应根据各业务职能部门和分支机构的经营管理水平、风险控制能力、主要负责人业绩等，实行区别授权。商业银行应对不同级别的分支机构和业务经营部门，同级但所处市场经济环境、资产规模、业务量、盈利水平、内控机制和风险管理水平不同的分支机构和业务经营部门授予不同的审批权限。

（5）及时调整。商业银行对受权人的授权不是一成不变的，当各业务职能部门和分支机构的经营管理业绩、风险状况、授权制度执行情况、信贷检查结果以及主要负责人等情况发生改变，商业银行必须及时调整授权。

（6）权责一致。授权要与责任一致，即授信审批权限越大，承担的审批责任越大，对超权限审批或失职的处罚越重。受权人只能在其所授予的权限范围内行使职权，一旦遇到超越自身权限的业务，都要报上级机构审批。上级机构应对下级机构的转授权情况、授权执行情况实施监督管理，一旦商业银行业务职能部门和分支机构超越授权，商业银行应视其越权行为性质和造成的经济损失追究主要负责人及直接责任人相应的责任。

（二）受权人

受权人是授信审批授权管理的第一要素。授信审批受权人的确定应该坚持如下原则：一是权责一致，即按照商业银行授信审批架构和审批决策机制要求，对承担授信审批责任的机构或个人授予审批权限，对不承担授信审批责任的机构或个人不得授予权限；二是逐级授权，即授权必须按授信审批架构自上而下逐级授权，不可以越级授权，实行分级授权，总行对分行授权、分行对二级分（支）行转授权，这也有助于与逐级对下绩效考核和问责管理保持一致。

基于上述原则和现行授信审批架构，商业银行的受权人有两类：一类是纵向授权的一级分行、二级分（支）行和附属企业，受权人为机构。机构的授权层级随着授信审批架构的变化而调整，如果实行总行和分行两级授信审批架构，机构受权人层级就只有分行一级。另一类是横向授权的有权审批人，由总行、一级分行、二级分（支）行和附属机构一把手向个人授予审批权，受权人为个人。因此，授权从授权层次上可以分为直接授权和转授权。直接授权是指商业银行总行对总行有关业务职能部门和管辖分行的授权；转授权是指管辖分行在总行授权权限内对本行有关业务职能处室（部门）和所辖分支行的授权。

随着金融科技的发展和智能审批在授信审批环节的应用，一方面，商业银行授信审批流程的集中管理、管理架构层级减少，使受权人由以机构授权为主向以个人授权为主的转变成为可能。对个人授权的受权人比对机构授权的受权人的主体和责任更明确，更有利于体现权责一致原则，便于终身问责，极大地提高授权的约束力。因此，商业银行需要在不断改进授信审批流程机制的同时，研究完善受权人管理机制，及时调整受权人模式。目前，国际活跃的商业银行都已经过渡到了以个人授权为主的阶段，实行总行直接对个人授权。另一方面，计算机的自动审批（智能审批）已经从个人贷款业务向信用卡客户授信、小微企业贷款和中小企业贷款等业务领域发展，对计算机的授权管理成为授权管理日益重要的工作。商业银行要不断分析智能审批权限的适度性，通过大数据分析判断计算机授权的维度、权限大小和超权限人工干预等合适度，提高智能审批决策质量。

（三）授权方式

《商业银行授权、授信管理暂行办法》规定：商业银行授权、授信分为基本授权、授信和特别授权、授信两种方式。基本授权是指对法定经营范围内的常规业务经营规定的权限，没有基本授权的机构在办理相关业务时，需报上级有权机构审批。特别授权是指对法定经营范围内的特殊业务，包括创新业务、特殊融资项目以及超过基本授权范围的业务规定的权限。总行针对特定分行或附属机构的特定客户、特定授信业务的特别授权及对授权权限的调整都具有同等效力。当实行新的授权制度或办法，或者出现原授权期限已满、授权被撤销等情况，原授权应终止。

同时，授信审批授权是法人授权的组成部分，授权必须以法人授权书形式进行，不得以便函、业务办法或其他文字形式进行，更不得以口头、语音形式进行。

（四）授权标准

授信审批授权标准的确定应落实授权管理原则，体现所在行风险管理文化，充分考虑区域或下属机构的风险状况和风控能力，以保证授权权限的全面、科学、合理。

1. 确定依据

权限是受权人履职的法定依据，即有多大的权力办多大的事。权限的大小又取决于受权人履职的能力，即依其能授其权；受权人履职能力取决于其自身的工作能力，还受制于受权人所处地区的经济环境和信用状况、受权人的业务发展情况和风险状况、受权人的经营管理和风险控制能力等核心因素，因此商业银行应全面评判受权人履职能力和履职条件，合理确定授权标准。

一是受权人所处地区的经济环境和信用状况。自然、历史、政治和社会等因素决定了我国区域经济发展水平呈现出由东南沿海向西北内陆呈梯级逐步降低的格局。一般来说，经济发达地区包括信贷需求（金融资源丰富和优质客户多）、社会经济管理水平、企业质地和全社会信用状况等要好于经济欠发达地区，但也不尽然，个别省（市）在某些时段出现商业银行信贷资产质量与区域经济发展水平不相称。区域经济环境和信用状况存在的差异，是机构授权的首要依据。通常，授信审批授权可以适当向经济发达和信用状况较好的地区倾斜，授予更大的权限，以满足地区经济发展的贷款需求。

二是受权人的业务发展情况和风险状况。业务发展指标和资产质量指标是衡量分支机构业务发展水平和风险控制能力的最直接、最直观的指标。对于业务发展快、业务规模大、市场占比高、不良率低的分支机构，商业银行可以根据其业务发展需要给予较大的授权；相反，对于不良率较高的分支机构或区域不良率高的信贷业务品种，商业银行应该给予较小的授权甚至上收权限。

三是受权人的经营管理和风险控制能力。虽然业务发展指标和资产质量指标可以直接体现受权人的业务发展情况和风险状况，但不能完全代表其持续的经营管理和风险控制能力。因此，授权管理必须建立对分支机构的经营管理和风险控制能力的考核指标体系，考核的内容至少包括风险管理和授信审批的机构设置、人员配置、专职贷款审查人员资格与数量、制度建设与执行情况、合规管理和业务处理规范情况等方面，授权标准要充分考核受权人的经营管理和风险控制能力。商业银行根据考核结果对分支机构实行差别化授权。

2. 调整依据

根据受权人的经营管理业绩、风险状况、授权制度执行情况和主要负责人任职情况等及时调整授权权限是授权管理的重要工作，授权调整包括定期调整和不定期调整两类。定期调整是根据银行法人授权管理部门的要求，配合银行法人授权书调整的程序，商业银行对信贷审批授权进行的调整。不定期调整是在授权书有效期内，若受权人发生重大越权行为，或者受权人失职造成重大经营风险，或者受权人面临外部监管政策、市场环境、经营状况、资产质量以及风险管理能力发生重大变化的，商业银行应启动调整程序。

（五）授权的维度

商业银行除了对受权人的机构或个人实行差别化的授权以外，还要区分客户重要性、业务品种、行业类别、客户风险评级和担保方式等客户类别或信贷产品类别并实行差别化授权。

（1）按客户群划分。在我国，公有制经济和非公有制经济并存，客户的主营业务所处的行业在国民经济中的地位存在差异，由所有制性质、企业使命、行业地位和特性等决定的客户群的实力、生命力、发展稳定性等存在差异，从而形成优劣明显不同的客户群，因此商业银行要区分客户群的实力、生命力、发展稳定性等，实行不同的授权权限。

（2）按授信品种划分。商业银行一般可以按授信品种的风险程度高低进行授权，风险敞口大、期限长、风险程度高的产品授权小，相反则授权大。例如，商业银行区别固定资产贷款、流动资金贷款、非融资保证业务和低风险业务等业务并授予其不同的权限。

（3）按行业划分。商业银行可以根据行业发展和经营风险差异以及国家产业政策与银行信贷政策偏好等差异，对不同的行业授予不同的权限。例如，商业银行区别产能过剩行业、高污染行业、高能耗行业等行业并授予其较小的权限或不授权。

（4）按客户风险评级划分。商业银行根据其对客户风险评价的信用等级差异，区别不同信用等级的客户并授予不同的权限。

（5）按担保方式划分。商业银行根据担保措施对风险的缓释作用程度差异授予不同的权限。例如，商业银行区别信用方式与有抵押担保措施、保证金或国债质押等担保方式并授予其不同的权限。

三、授信申报管理

授信申报是授信业务从经办行发起申报到有权决策行的基本业务流程，是一个客户授信或一笔授信业务从业务条线传送到授信审批条线的过程。授信申报流程直接影响贷前与贷中、业务条线与授信审批条线的业务传递和配合的顺畅程度；同时，申报文件及内容是授信审批决策的基础和前提，直接决定授信申报质量和效率，因此授信申报管理成为授信审批管理的重要内容，能不断提高授信申报质量和效率。授信申报管理的主要管理内容包括流程程序、申报材料和合规审查等。

（一）流程程序

简化流程、提高效率是流程管理的基本管理要求。商业银行授信申报程序指业务条线向授信审批有权行的申报程序，包括业务发起、业务申报与前端业务处理流程等。一方面，业务经营条线自上而下分为总行业务经营部门、一级分行业务经营部门、二级分行业务经营部门、支行等，层级较多，而授信审批只有总行、一级分行或二级分（支）行三级或两级；另一方面，授信审批授权一般是以客户授信额度大小或业务品种多少以及金额大小等实行分级授权审批，同一级机构的不同客户和不同业务的有权审批行层级不一样，申报层级也不一样。因此，商业银行必须平衡和衔接好业务经营层级多与授信审批授权层级少的关系，制定清晰、合理的流程程序尤为必要。流程程序管理就是要不断适应授权层级的变化，并充分考虑业务发展和经营管理环境的变化，设计、反省和优化流程程序，均衡授信审批环节与业务条线的制约与协同性，提高申报质量和效率。

在商业银行的一般业务运营管理流程中，同一业务条线申报事项会自下而上逐级申报，但授信审批是跨条线、跨级别申报，有多种流程程序可供选择。从商业银行实践看，至少有三种可供选择的流程程序：一是由业务条线逐级审查申报，最后由申报行业务经营部门报送到有权审批行授信审批部门。在这种流程下，有权审批行以下的授信审批部门不参与、不把关、不了解业务申报和审批情况。二是由经办行业务经营部门报送上一级行授信审批部门，再由授信审批部门逐级审查申报到有权审批行授信审批部门。在这种流程下，有权审批行以下的业务经营部门不参与、不把关、不了解业务申报和审批情况。三是业务条线和授信审批条线联合申报到有权审批行或者由业务经营部门申报到同级授信审批部门再向上级业务经营部门申报，走“之”字形流程，最后申报到有权审批行的授信审批部门。这种流程下的每笔业务都需要两条线的部门审查和配合，两条线的每个层级都了解情况、审查把关，但流程长、协调环节多，效率极低。不同的申报流程程序决定了申报路径差异大，责任边界和申报效率也不一样。

同时，授信审批包括客户授信额度审批和单笔信用业务审批，两类业务审批必须有严格的申报流程程序规定。因为商业银行授信是在对客户进行专业的信用评价基础上给予授信额度和单笔信用业务，每一笔单笔信用业务金额必须控制在该客户的授信额度以内，因此授信申报必须执行“先评级，后授信，再支用”的授信申报、审批管理顺序，即先对客户进行信用等级评定并确定信用风险限额，后拟定额度授信方案、组织额度授信方案申报和审批，再按照额度授信方案办理单笔信用业务的申报和审批。

（二）申报材料

授信申报是指信贷经营部门在营销客户、维系客户关系、获取客户信息和对客户进行授信尽职调查的基础上提出授信方案，报授信审批部门组织授信审批。授信审批部门往往不直接接触客户，而是在业务经营部门申报的客户信息和授信方案的基础上进行审查决策。申报材料成为授信审批人员分析判断客户风险、审定授信方案或单笔信用业务可行性的主要信息来源和基本依据，申报材料的重要性不言而喻。分析判断客户风险涉及的信息很多，申报的对象和申报人员也很多，申报材料的内容、文本格式管理必须有统一的要求，否则经营条线无法申报、授信审批人员难以获得有效信息。申报材料的文本格式直接决定申报材料的质量。申报材料管理就是要根据授信审批的授权、决策水平、外部信息来源情况、内部信息积累与应用、现代信息处理技术应用水平、客户行业特征及信息披露等情况变化，不断调整和优化信息内容、文本格式和基本要求等，不断提高申报材料的全面性、有效性、针对性、及时性和标准化水平。

1. 申报材料的内容

申报材料要满足授信决策的要求，应具备了解客户与需求、了解业务风险与控制措施等核心内容。申报材料的内容一般包括申报请示的主要事项，申报方案及各要素的理由陈述，提供经营条线对客户授信方案以及平衡风险与收益的分析判断及风险控制措施安排。客户基本信息主要包括客户经营管理、财务状况、信用记录以及银企合作关系等方面的财务信息和非财务信息。

如果是固定资产贷款授信或比照固定资产贷款管理的用信授信，商业银行还需要进行贷款项目评估，提供项目评估报告。

2. 文本格式管理

文本格式是指申报文件的基本格式。文本格式直接决定申报信息的全面性、有效性、针对性、时效性和标准化，应由一级法人机构统一设计。合理的文本格式是提高授信审批质量的前提条件和基本保证，也有利于业务经营部门减轻文件写作量和提高申报速度。文本格式管理工作的重点是根据外部社会经济管理的变化、信息来源渠道的变化、行业及客户信息来源情况的变化、金融科技的应用以及审批决策方法的变化等，及时、不断地对授信审批决策的信息来源与需求变化进行分析论证，按全面性、有效性和标准化要求，不断完善文本格式，不断提高文本格式的合理性。

3. 申报材料要求

经办行在对客户进行尽职调查和贷款项目评估的基础上，分析行业和了解客户，提出授信申报方案或单笔信用业务需求，并经业务条线层层审核把关后，形成法定申报材料。申报材料必须满足合规性、充分性、及时性、差别化和标准化要求，保证质量。

（三）合规审查

合规审查是授信审批决策的重要前置环节，主要负责本级审批业务的受理、授信方案汇总和审核、申报材料归集和整理、合规性审查、决策前准备等工作，以及加强授信审批的审查管理。合规审查有利于提高授信的合规性、操作规范性和审批决策效率。

随着国内外政府监管部门对商业银行的合规监管和处罚力度不断加大，授信合规审查日显重要。围绕提高合规审查质量和效率，合规审查管理从岗位设置与流程要求、审查内容与标准、合规审查的基础管理等方面着力，不断提高合规审查水平。

（1）岗位设置与流程要求。由于授信合规的重要性，商业银行授信审批部门都设置合规审查岗，合规审查岗包括经办岗和复核岗，经办岗与复核岗属于不相容岗位，并坚持如下流程：业务受理→经办岗审查→复核岗复核→提交决策。

（2）审查内容与标准。合规审查的内容一般包括三个方面：申报业务的政策制度遵循性、申报材料要件齐全性以及申报材料内容完备性。合规审查标准包括法律法规、银行监管制度和规则、银行信贷政策和管理制度等。

（3）合规审查的基础管理。加强日常管理是提高合规审查质量和效率的重要方面。一是健全队伍，明确职责、清晰边界，加强考核。授信审批部门应该配备足够的、业务能力较强的合规审查人员，明确岗位职责和岗位边界，并对业务量、业务质量和工作效率进行考核。二是沟通协调，统一标准。商业银行应建立部门之间、上下级之间的沟通机制，使行内对政策理解和执行的差异尽量缩小。对于政策规定繁复、业务结构复杂的业务，商业银行总行牵头定期梳理编制合规审查要点及标准，加强指导；同时利用科技手段，将合规审查工作嵌入业务申报系统的流程中，不断探索实现智能化合规审查，规避人为的合规审查标准差异。三是商业银行加强合规审查人员培训、业务交流、监测检查等，提高合规审查人员的业务能力。

拓展阅读

某商业银行的授信额度方案审查

集团化是大中型企业发展的必然趋势，集团客户也是大型商业银行授信对象的主体。并表授信、跨分（支）行授信和全球授信的集团客户较为普遍。商业银行为整体管控集团客户的授信风险，需要汇总集团各成员的信息和需求、制订既满足客户需求又能有效控制集团型客户信贷风险的额度方案、汇总和审查授信额度方案。虽然授信审批实行分级授权，且授信额度方案审查的客户范围与授信审批一致，但集团客户不论规模大小或授信额度大小，都有可能跨商业银行分（支）行及其所属并表企业用信、跨境内外分支（子）行用信，因此商业银行需要确审查对象、流程与组织、审查内容等，以提高授信额度审批决策的质量和效率。

1. 审查对象

商业银行集团客户的授信额度审批权限在总行或一级分行。总行或一级分行的授信额度方案审查对象是由审批权限决定的，总行和分行各自审查自己审批权限内的客户授信额度方案。由于集团客户信息汇总、需求平衡和策略确定等工作十分复杂，因此，商业银行确定集团客户授信额度审查权不仅要贯彻授信审批的一般原则，还要考虑集团客户授信的复杂性，以便确定合适的总行和分行的授信额度审查对象范围，以加大额度授信的组织和推进力度，提高额度授信效率。同时，商业银行指定集团客户的牵头行，并合理确定主办行（授信额度汇总行）与授信额度审查的业务边界，有利于理顺业务条线与审批部门的管理，保证责任清晰、衔接有效、有序开展，降低额度授信流程的摩擦度。

2. 流程与组织

授信额度方案审查的流程包括业务指导、受理、调查核实、完善方案和复核等，由有权人复核后提交审批。日常组织管理主要包括制定规划、确定主办行、指导牵头行开展授信额度方案的尽职调查与方案撰写、具体方案审查等。授信额度方案审查的流程及组织工作应遵循及时性与连续性，并按照授权权限开展。

第一，及时性。授信额度审批流程规定：必须先有额度授信，后有支用业务。集团客户的额度授信是各成员企业额度授信的前提，因此商业银行必须及时对集团客户给予授信额度。商业银行要在每年年初制定规划，确定开展集团额度授信的工作计划和存量授信到期客户重新额度授信的工作计划，确保集团客户额度授信全覆盖且有序进行。对于首次与商业银行开展额度授信业务的集团客户，商业银行应及时指定集团客户的牵头行，明确集团客户的成员行，规定牵头行完成授信额度方案的时间，组织牵头行开展授信额度方案的尽职调查、方案撰写与申报工作，及时推动牵头行开展授信额度工作，并督促牵头行按时完成。

第二，连续性。对于授信额度有效期将要到期的存量集团客户，商业银行应提前组织开展新一期授信额度方案申报工作，确保集团客户的授信额度的连续性。

3. 审查内容

授信额度方案审查的内容主要包括形式审查、逻辑审查和实质审查，但随着信息、业务管理和审批决策机制等因素的变化，授信额度方案审查的内容需要不断调整。

第一，形式审查。形式审查主要审查资料的完整性、完备性、合规性、合法性、真实性等。

第二，逻辑审查。逻辑审查是在形式审查的基础上更进一步的审查，需要一定的专业知识与额度授信经验。逻辑审查需审查授信额度方案是否实现了宏观与微观、财务与非财务、传统与新兴业务要素的有机结合，要统筹考虑客户的综合金融服务需求和防范过度授信风险因素，要把握风险与收益的平衡。

逻辑审查应贯彻监管部门有关商业银行对集团客户额度授信工作的统一原则、适度原则以及预警原则，做到全面覆盖，风险、收益和资本约束相平衡，系统性安排等。

第三，实质审查。实质审查是指商业银行借助专业经验、知识与分析工具，对客户进行全面分析，审查可能的风险因子，为额度授信决策提供帮助。实质审查主要包括授信额度总量审查、授信产品及用途审查、授信期限审查、授信缓释措施审查、定价原则审查五个方面。

四、授信决策

授信决策是授信审批环节的核心，科学的授信决策是有效决策的关键，包括决策形式、决策规则等活动。商业银行的授信决策采取委员会的集体决策机制，建立统一的决策形式、决策规则和决策组织的基本管理制度，形成统一化、标准化和流程化的决策过程机制。

（一）决策形式

决策形式是授信决策过程的实现方式。由于商业银行的授信决策是集体决策，这种集体决策过程的实现方式一般分为会议审批和会签审批。会议审批是指“决策人”集中召开授信会议，在审批会议上，“决策人”在阅读申报材料的基础上与业务申报人员进行沟通和讨论，再做出决策结论的过程与形式。会签审批是指“决策人”不集中开会，分别独立审阅申报材料就做出决策结论的过程和形式。显然，会议审批可以与申报单位直接进行沟通，增加决策的有效信息量和讨论完善方案的机会，有利于提高决策的质量，但决策过程相对拉长，影响决策效率。决策形式的确定基于如下因素：

（1）授信额度或单笔信用业务的风险程度。一般来说，授信额度或单笔信用业务的风险程度较高的，“决策人”应采取会议审批；相反，授信额度或单笔信用业务的风险程度较低的，“决策人”可以采用会签审批。对于决策形式管理，商业银行要不断根据外部环境、客户和内部信贷产品的风险变化，审慎确定和及时调整两种决策形式的使用范围，在保证审批质量的前提下促进审批效率的提高。

（2）客户或单笔信用业务的复杂程度与信息充分性。一般情况下，针对中小客户的单一授信或存量额度重检，若申报材料质量较好，决策信息较充分，“决策人”可以依据申报材料做出决策结论，无须进行会议审批，可以采取会签审批。相反，“决策人”则应采取会议审批。例如，对于单一法人客户首次申报信用额度低、风险程度高、授信金额大、业务背景和交易结构复杂的单笔信用业务，创新类业务，“决策人”采用会议审批。

（二）决策规则

商业银行授信决策普遍采取集体决策下的一人一票的直接决策机制。由于授信额度大小和业务风险程度不同，因此参与决策的组成人数也不相同；同时，每一笔业务的“决策人”审批结论也可能不一样。那么，为使不同授信业务的“决策人”数量、“决策人”出具的审批结论统一，商业银行就应该制定统一的决策规则。决策规则包括“决策人”数量的确定和审批结论汇总规则。决策规则管理就是根据授信风险管理政策、外部环境和内部管理情况变化，商业银行确定和不断完善决策规则，并监督实施。

1.“决策人”数量确定

“决策人”的数量一般由客户分类和业务风险程度确定，客户规模越大、情况越复杂、业务风险程度越高，“决策人”的数量越多；相反，则可以减少“决策人”的数量。对于大中型客户的初次授信和新增授信，商业银行必须按最大化原则确定“决策人”的数量。

2. 审批结论汇总规则

审批结论分为同意、续议、否决三种类型，有权签字人或牵头审批人应对参加决策的审批人员的投票结果进行汇总，并出具审批结论。有权签字人或牵头审批人的汇总规则应体现审慎原则，坚持绝大多数一致的规则，即70%以上审批人员的一致结论才能成为审批结论。

拓展阅读

某商业银行的审批结论汇总规则

某商业银行授信审批结论分为“同意”“续议”“否决”，贷款牵头审批人按如下规则汇总：

（1）采取双人审批方式的，牵头人审批在充分研究专职贷款审查人员审批结论的基础上形成审批业务的审批结论，可以是“同意”“续议”“否决”。

（2）对于由1位牵头人审批和N位专职贷款审查人员参加的业务，根据审批人数的不同适用不同规则：当$2\leqslant N\leqslant 3$时，如果审批牵头人同意并只有1票“否决”或“续议”，则审批结论可以为“同意”；有1票“否决”和1票“续议”，或者2票“续议”，则审批结论可以“续议”或“否决”；有2票否决，则审批结论只能“否决”。当$N\geqslant 4$时，有超过2/3的票数“同意”，则审批结论可以为“同意”；“否决”的票数之和不少于1/3，则审批结论只能为“否决”；其他票数，则审批结论可以为“续议”或“否决”。

如果按照前述规则，审批结论为“同意”或“续议”的，有权签字人或牵头审批人可以确定为“续议”或“否决”，即有权签字人或牵头审批人具有一票否决权。

3. 额度汇总规则

针对客户额度授信和单笔信用业务授信决策，“决策人”即使都给予“同意”的决策结论，参加决策的审批人员也可能会根据授信风险状况减同意额度。如果一笔审批事项出现多个同意的额度，有权签字人或牵头审批人必须按一定的规则汇总。额度汇总规则也要贯彻审慎原则，坚持多数一致原则，一般采信倒数第二小的额度作为结论额度。例如，由牵头审批人和 4 位专职贷款审查人员审批的客户授信额度为 10 亿元，其中 2 位专职贷款审查人员同意 10 亿元、一位专职贷款审查人员同意 9 亿元和一位专职贷款审查人员同意 8 亿元，那么牵头审批人汇总额度最多只能为 9 亿元。

五、授信决策执行

授信决策执行是对授信决策意见及要求的具体落实，是授信审批管理意志能否得到充分体现和能否适应市场变化的重要环节，也是维护授信审批权威性的关键所在，其落实程度直接体现银行的风险文化和贷后管理的水平，直接影响银行的信贷政策和风险偏好传导、信贷资源配置和信贷风险控制制度的有效性。授信决策执行包括授信额度管理和放款管理两个关键环节。

（一）授信额度管理

授信额度管理包括建立集团客户授信额度的分解与调整、定期监测和动态跟踪等机制。

1. 分解与调整

授信额度是对某一集团客户给予的最高信用限额，可以按照一定的原则和方法在集团客户所属成员企业之间、信贷品种之间分解与调剂，并可以根据客户需求和客户风险状况适时调整。授信额度管理部门根据国内外经济和金融形势变化、产业和金融政策变化、客户经营和财务状况变化，合理分解授信额度，及时调整授信额度的成员结构和产品结构，突出体现对集团客户的授信额度分配向优质成员企业、低风险产品、高价格产品和低资本占用产品倾斜，以降低信贷风险，提高资产质量和效益。

2. 定期监测

在授信额度有效期内，授信额度管理部门应定期或不定期对集团客户组织一次全面的调查分析，及时了解集团客户的生产经营情况、财务状况以及信用状况，对授信决策意见的执行情况进行审查。对额度使用不符合商业银行的风险偏好、信贷政策、授信决策意见的情况，授信额度管理部门应及时整改。

3. 动态跟踪

商业银行可以将客户预计可能发生的一些重大事项设定为授信额度重检规则，当客户出现触发授信重检的事项或发生重大风险事件时，授信额度管理部门应组织申报单位对授信额度进行重检。

（二）放款管理

放款管理是指贷款申请经审批通过后，商业银行对贷款条件落实情况进行审核，审核通过后进行放款操作的过程。其中，放款审核是确保审批条件有效落实的关键环节，也是贷款从商业银行转出前的最后一个风险管控环节，因此放款审核不仅是一个简单的操作环节，更承载了重要的风险管控职能。

1. 意义

据不完全统计，放款审核环节较为薄弱的金融机构中，内外部审核检查发现的放款审核环节出现的问题数量达到20%以上，如审批条件不落实、抵质押担保悬空等风险极为突出，“先上车后补票”现象较为普遍，这些都成为不良贷款产生的重要原因。因此，加强放款审核环节管理，特别是实施审核放款发放的专业化操作，是信贷流程管理的重要措施。

2. 主要内容

放款审核主要包括合同审核、条件落实审核、支用审核等环节。

合同审核是指对商业银行与借款人、担保人已完成面签手续的法律文本的格式及要素填写的规范性与合规性进行审核，确保合同合法、有效。

条件落实审核是指对授信申报书及审批批复中要求的各项条件落实情况和业务办理要件的完整性、合规性进行审核。

支用审核是指对借款人支用申请的合规性进行审核，并可以进行部分外部重要事项查询审核（如客户是否涉案涉诉）。审核人员完成相关审核后，出具审核意见书并反馈客户经理，由其提交会计部门放款。

案例

商业银行对集中放款模式的探索

审批条件不落实或放款管理不到位通常会给信用风险的暴露留下隐患。为解决审批条件失效、抵质押担保悬空等问题，某商业银行大力推进放款中心建设，全面施行集中放款模式。一是在建设模式上，该行采取一级分行“大集中”，即一级分行放款中心承担辖内贷中发放环节职责，辖内分支机构不设放款中心。二是在基本职责上，该行要求基本职责包括大中型客户信贷业务放款审核和会计放款两部分基本职责，同时还不断整合吸纳贷中环节其他职责、扩大上收业务审核范围。三是在管理操作上，该行实现全线上操作，打通了贷转存凭证无纸化传递渠道，解决了传递的合规及效率问题，集约化成效凸显。四是在队伍建设上，该行秉持风险管控专业化理念，加强放款中心团队建设，强化人员的独立性和专业素质，确保放款中心的一整套规章制度和操作规程得到有效落实。实践证明，集中放款模式极大地提升了放款审核的质量与效率，风险拦截成效显著。

第五节　贷后管理

贷后管理是指从贷款发放或其他信贷业务发生后直到本息收回或信用结束的全过程管理，可以说放款后就进入了贷后管理阶段。从广义来讲，本章第六节至第八节分别介绍的信贷资产风险分类、信贷拨备管理以及不良资产经营和处置也属于贷后管理，但是考虑到这三部分的重要性，故本书单独进行阐述。本节的贷后管理主要包括贷后检查、风险监控、到期管理等流程环节。

一、意义

贷后管理是信贷业务管理的一项基础工作，是防范信用风险的重要环节。

从客户变化上看，随着宏观经济等外部因素及经营管理等内部因素的变化，客户的风险状况总是处于动态的变化之中。好客户并非一直都好，预期能够偿还贷款本息的客户可能受内外部不利因素的影响，出现财务状况恶化等情况，甚至最终形成实质风险。贷后管理旨在有效地跟踪客户，掌握客户风险变化情况，对风险状况恶化的客户及时采取有效的应对和补救措施，减少或避免损失。

从流程占用时间上看，贷后管理是信贷业务存续期间内所占时间较长的阶段，需要花费大量的时间、人力成本完成贷后管理各项工作，是一项系统性工作。

重贷前审批、轻贷后管理的问题是中国银行业多年的痼疾。加强贷后管理能力，规范贷后管理行为，对不断提升防范、控制和化解信用风险的能力，促进信贷管理工作良性发展具有重要意义。

二、管理方法

（一）贷后检查

贷后检查是指检查人员对影响信贷资产安全的各类因素进行跟踪和分析，及时识别风险预警信号及金融服务商机的过程，是整个贷后管理的关键环节。

贷后检查方式可分为现场检查和非现场检查。现场检查是指到客户、保证人或利益相关方等的生产经营所在地、项目建设地、押品保管地等进行实地检查。工作方式可以根据客户具体情况选择，如与管理人员、财务人员、普通工作人员等进行面谈，主要了解股权结构、管理人员、关联企业变动情况、生产经营情况、融资与对外担保情况以及金融需求等；查看生产、经营情况，包括生产设备开工运转、产能利用、员工数量增减等；收集信贷资金用途延伸核查材料、财务报表等资料。如有必要，检查人员可以通过调阅客户的会计账簿、记账凭证等核查财务数据等。非现场检查是指通过现场以外的渠道收集和了解相关情况。检查渠道可以根据客户具体情况选择，如电话等通信方式访谈，视频远程监控，查询媒体、互联网信息，查询银行内部信息系统信息等。

贷后检查按类别分为日常检查和专项重检。日常检查是常规、持续性检查，按照检查内容及方式的不同，分为首次检查、月度检查、季度检查和年度检查。专项重检是指因风险事项、特定情形等，对客户及其业务启动的实时性、针对性的专项检查与判断。

（二）风险监控

风险监控是指对信贷客户在银行集团（母行及附属机构，下同）办理的，由银行集团实质性承担信用风险的各类业务以及经办机构的经营过程开展监控的管理行为，包括风险信号的收集、甄别、核查、分级、跟踪等一系列过程。

监控内容主要包括客户信用风险、违规行为和机构信用风险管控能力。客户信用风险是指由客户自身经营所处行业、区域、产品交易结构、抵质押品及其他风险缓释措施，外部环境等因素形成的信用风险，以及与其他类型风险（包括但不限于市场风险、运营风险、声誉风险等）交叉传递导致的信用风险等。违规行为是指政策或制度执行不到位，规定动作不落实等引发信用风险等行为。机构信用风险管控能力是指各级经营机构的经营行为、信用风险管控有效性、信贷政策制度执行情况等。

案例

分级预警与差别化管控

预警信号是指各类可能直接或间接引发客户违约、信贷资产本息损失，或者造成客户还款能力下降、还款意愿下降的风险事项或信号。按风险事项或信号的驱动因素不同分类，预警信号包括宏观风险、客户管理风险、经营风险、财务风险、履约风险、账户行为风险、担保风险以及其他风险等。

为进一步提升管理精细化、专业化水平，加强信用风险管理的前瞻性、主动性，某商业银行执行客户分级预警机制，实施差别化管控。对于由系统自动触发或通过人工监测等发现并录入的预警信号，经甄别和核实后，该商业银行按照分级预警机制的核心定义对客户预警级别进行划分。红色预警为严重预警，橙色预警为较严重预警，蓝色预警为一般预警。贷后跟踪会议对客户的最终预警级别进行审议。对红色预警和橙色预警的客户，该商业银行按照“一户一策”的原则制订风险处置化解方案，并根据客户风险变化趋势、处置化解进展等情况，动态调整预警名单。

（三）到期管理

到期管理主要包括催收、授信调整等内容。

催收是指债权人自身或委托催收机构敦促债务人偿还欠款的行为，是风险控制工作的一项止损措施。时间是风险控制过程中至关重要的因素，时间越久，具有损害结果的事件发生的可能性就越大，并且也会增加风险管理的难度与成本，因此催收工作不是只有到期才开始催收，而应做到提前提醒（预催收），及时沟通，在合法合规范围内对债项和利息进行催收。若债项到期，债务人尚未归还本息，商业银行应当按规定对债务人进行定期催收，采取扣收存款、上门催收、公证送达、申请支付令、申请仲裁、申请执行公证文书、诉讼等方式及时中断诉讼时效，确保商业银行债权的实现或信贷损失的最小化。若债项到期，本息正常回收或提前回收，商业银行对客户解除担保，退还抵质押品权利凭证（他项权利凭证）、质物。

授信调整是指对贷款合同的要素进行变更。商业银行开展授信调整原因是多方面的。例如，对于优质客户，商业银行通常希望保持贷款份额；对于遇到暂时经营困难的客户，商业银行适当调整贷款合同，可能会起到帮扶客户和化解风险的良好效果；对于现金流出现变化的客户，商业银行及时的授信调整可以使还款计划、还款周期更符合实际情况。授信调整的方式有很多种，但本质上都是对某个贷款合同要素的变更。例如，针对贷款期限要素，商业银行可以通过展期的方式延长贷款期限；针对贷款本金要素，商业银行可以通过借新还旧的方式接续贷款；针对贷款主体要素，商业银行可以通过变更借款人的方式由新借款人承担原借款人全部或部分债务偿还责任。无论采用何种方式，办理授信调整都必须遵循有利于支持客户正常经营、有利于贷款风险化解的原则，因此在实际操作中商业银行会设定具体办理条件并进行审批。贷款正常回收是最主要的到期管理目标。授信调整是辅助性手段，初衷和目的也是确保贷款的顺利回收。

案例

商业银行对完善贷后管理机制的探索

贷后管理问题一直是困扰商业银行的"老大难"问题。为改进并提升贷后管理质效，夯实信贷资产质量基础，近年来，某商业银行始终致力于完善贷后管理工作机制，在贷后管理探索中取得积极成效。一是采用"一户一策"措施，根据不同的客户特征和需求，采取相应的贷后管理方案，做到精准把脉、精细操作；二是完善贷后跟踪会议机制，通过集体会议，分析存量客户贷后变化情况，对客户进退策略、再融资方案、观察名单、退出客户名单等进行会商诊断；三是扎实做好到期管理，加强客户账户资金监测，根据客户风险状况和业务发展需要，在符合规定的条件下灵活开展展期、再融资、变更借款人等业务，实施差异化催收，做好成本与收益的有效匹配；四是加强信贷文化建设，营造良好的氛围，抓好贷后示范行建设，总结归纳好的经验和做法，在全行复制推广。

第六节　信贷资产风险分类

通过信贷资产风险分类，商业银行可以及时掌握资产质量的变化，提前发现风险隐患，揭示贷后管理中存在的问题，为采取有针对性的措施化解风险提供充分的依据。可以说，信贷资产风险分类是商业银行信贷管理中的一项基础性工作，在提高资产质量、提升信贷管理精细化水平等方面发挥着重要的作用。

一、概述

（一）目的

科学的信贷资产风险分类是资产质量管理的基础。其本质是依据一定的规则和标准，将信贷资产划分为不同的档次，揭示信贷资产的风险状况，进而实施不同的管理动作。因此，信贷资产风险分类既是统计概念，也是管理概念。风险分类结果揭示信贷资产的实际价值和风险程度，真实、全面、动态地反映信贷资产质量，为判断信贷资产损失准备金是否充足提供依据。在信贷资产风险分类过程中，商业银行要及时发现信贷管理过程中存在的问题，加强信贷业务管理。

（二）国内监管规定及实践

1998 年，中国人民银行发布《贷款风险分类指导原则（试行）》（银发〔1998〕151 号），提出了五级分类概念。2007 年，中国银监会发布《贷款风险分类指引》（银监发〔2007〕54 号），进一步明确了五级分类监管要求，并要求商业银行至少将贷款划分为正常、关注、次级、可疑和损失五类，后三类合称为不良贷款。五级分类核心定义如下：

（1）正常：债务人能够履行合同，没有足够理由怀疑债务人不能按时足额偿还债务。

（2）关注：尽管债务人目前有能力偿还债务，但存在一些可能对偿还产生不利影响的因素。

（3）次级：债务人的偿还能力出现明显问题，完全依靠其正常营业收入无法足额偿还债务，即使执行担保，也可能会造成一定损失。

（4）可疑：债务人无法足额偿还债务，即使执行担保，也肯定要造成较大损失。

（5）损失：在采取所有可能的措施或一切必要的法律程序之后，债权仍然无法收回，或者只能收回极少部分。

根据《贷款风险分类指引》的规定，在五级分类的框架内，商业银行可以根据自身管理能力和管理需要细化分类标准。例如，部分大型商业银行把信贷资产细分为 12 个级别，在五级内部细分档次，如正常一级、正常二级、正常三级、正常四级、关注一级、关注二级、关注三级等。

（三）国际监管规定及实践

为增强全球银行业资产风险分类标准的一致性和结果的可比性，2017 年，巴塞尔委员会发布《审慎处理资产指引——关于不良暴露和监管容忍的定义》（以下简称《审慎处理资产指引》），明确了不良资产及重组贷款等的认定标准。

1. 不良贷款（non-performing loans）的相关规定

《审慎处理资产指引》明确三种应分类为不良贷款的情形：在适用《巴塞尔协议Ⅱ》的框架下，所有违约的风险敞口；所有发生信用减值的风险敞口（信用减值指根据适用的会计准则，因债务人信用状况恶化导致的资产估值向下调整）；未违约或减值，但是属于逾期超过 90 天以上或无论是否发生逾期，有证据证明债务人根据合同条款无法足额偿还本息的情形。

《审慎处理资产指引》同时强调，抵质押情况不能直接影响是否分类为不良贷款，仅能将抵质押物作为影响债务人是否还款的激励因素。同时，抵质押情况并不影响逾期贷款的界定及状态，一旦逾期超过一定天数，商业银行必须根据不良贷款的核心定义认定为不良贷款。

2. 重组贷款（restructured loans）的相关规定

重组贷款是指因债务人发生财务困难，商业银行对债务合同做出的有利于债务人调整的贷款。对于现有合同赋予债务人自主改变条款或再融资的权利，债务人因财务困难行使该权利的，相关资产也属于重组资产。《审慎处理资产指引》对于财务困难、合同调整涉及的情形做了详细列举。

关于重组贷款与不良贷款的关系，《审慎处理资产指引》规定：重组前为不良贷款的应保持为不良贷款，重组前不为不良贷款的应根据核心定义来确定分类，多次重组的应关注风险。

3. 国际同业分类执行实践

美国货币监理署（Office of the Comptroller of the Currency，OCC）在2001年4月发布《信用风险审计手册》（*Rating Credit Risk - Comptroller's Handbook*）（并于2017年6月进行更新），将贷款风险分类分为pass（正常）、special mention（关注）、substandard（次级）、doubtful（可疑）、loss（损失）五类，并对各类贷款进行定义。

欧洲中央银行（The European Central Bank，ECB）在2016年9月发布了不良贷款定义，将贷款区分为不良贷款及良好类贷款，根据该定义，当借款人出现因财务困难导致无法正常还款的迹象，或者借款人逾期超过90天时，都要作为不良贷款，但未对贷款多级别分类进行明确要求。

汇丰银行将信贷资产质量分为strong（强大的）、good（优质的）、satisfactory（令人满意的）、sub-standard（不合格的）以及credit impaired（信用受损的）五类，并将各类别及其外部信用评级、内部信用评级与巴塞尔模型计算的12个月违约概率进行匹配。

二、分类方法

（一）基本原则

（1）真实性。分类应真实客观地反映贷款的风险状况。

（2）及时性。商业银行应及时、动态地根据借款人经营管理等状况的变化调整分类结果。

（3）重要性。对影响贷款分类的诸多因素，商业银行要根据核心定义确定关键因素并进行评估和分类。

（4）审慎性。对难以准确判断借款人还款能力的贷款，商业银行应适度下调其分类等级。

（5）独立性。金融资产风险分类结果取决于商业银行在依法依规前提下的独立判断，不受其他因素影响。

（二）考虑因素

根据《贷款风险分类指引》的规定，商业银行进行贷款风险分类时应主要考虑以下因素：借款人的还款能力、借款人的还款记录、借款人的还款意愿、贷款项目盈利能力、贷款的担保情况、贷款偿还的法律责任、银行的信贷管理状况。其中，对借款人还款能力的考量是核心，并以借款人正常营业收入作为贷款的主要还款来源；贷款的担保作为次要还款来源。这里所说的借款人还款能力包括借款人现金流量、财务状况、影响还款能力的非财务因素等。

（三）其他关注因素

信贷资产风险分类是一个定量分析与定性分析相结合的过程，除考量上述因素外，还需把握以下几方面因素：

（1）严格执行监管规定。商业银行必须严格执行监管部门对于某些特定情形的风险分类限制。例如，本金或利息逾期，同一借款人对商业银行或其他商业银行的部分债务已经不良等情形至少划分为关注类；逾期超过一定期限（90 天），其应收利息不再计入当期损益的至少划分为次级类。

（2）逾期天数是重要的显性因素。无论是在监管规则中还是在商业银行实践中，本息逾期都是最重要的显性风险信号，可以覆盖前述七个方面的考虑因素中的还款能力、还款记录、还款意愿、贷款项目盈利能力等。在个人类贷款、小微企业贷款风险分类方式上，《贷款风险分类指引》直接采用了脱期法，即根据贷款逾期天数进行五级分类。

（3）加强关注类信贷资产管理。关注类信贷资产接续正常类与不良类信贷资产，其风险程度介于两者之间。由于判断关注类信贷资产的主观因素较多，不能简单以关注类信贷资产的多少来判断银行业金融机构风险程度的高低。如果一家银行业金融机构经营管理较为审慎，则可能除了刚性规则以外，仍有因加强管理等因素形成相当规模的关注类信贷资产。

（4）把是否发生损失作为不良信贷资产确认的核心。从五级分类的核心定义来看，判断信贷资产是否最终会出现损失是非不良信贷资产劣化为不良信贷资产的关键。

三、分类影响

（一）对商业银行的影响

首先，最显性的影响是资产质量相关指标（如不良率）的变化。资产质量相关指标的结果和趋势可以作为判断一家银行业金融机构风险状况的重要依据。其次，风险分类的级别变化会引发拨备的变动，如果整体出现分类劣化，就需要更多地计提减值准备，从而会对拨备后利润产生影响。最后，形成的不良贷款会进入不良贷款处置的环节，符合条件的可以采取核销、批量转让等非常规处置手段，这个过程还会涉及责任认定等工作。

（二）对借款人的影响

每家商业银行的贷款分类信息会上传至中央人民银行征信系统，任何金融机构都可以查询，一旦在一家商业银行出现不良信贷资产，可能会引发其他金融机构对该借款人经营策略的改变。通常有信贷余额的商业银行会尽力压缩敞口，提前清收贷款；没有信贷余额的商业银行则不会介入。因此，对于借款人而言，形成不良信贷资产会导致资信记录受损、融资能力下降，且通常极不希望成为不良贷款企业。从这个角度讲，商业银行的信贷资产风险分类工作也是化解风险的重要手段。

案例

商业银行资产质量管理实践

一、建立资产质量管理指标体系

（一）资产质量七大核心指标

资产质量核心指标包括不良贷款率、纯新发放不良贷款率、新暴露不良比率、关注类贷款占比、关注类迁徙率、逾期贷款率、垫款率。

核心指标从存量贷款和新增贷款、已发生风险和潜在风险、静态指标和动态指标等维度，全面衡量商业银行及各级机构的资产质量。

（二）资产质量三类综合指标

商业银行基于风险属性和统计学意义将资产质量各指标区分为结果性指标、趋势性指标和过程性指标，考量各项指标的协调性和均衡性，以此综合判断资产质量形势和趋势。

结果性指标主要包括不良贷款率、新暴露不良比率、逾期贷款率、拨备覆盖率等。

趋势性指标主要包括关注类贷款占比、逾期与不良贷款剪刀差、逾期未减值贷款占比、再融资贷款增速等。

过程性指标主要包括逾期贷款月度间波动、不良贷款暴露与处置序时进度等。

（三）分支机构资产质量评价指标

除上述指标外，针对境内一级分行设置的评价指标，主要包括还原核销后不良率、当地同业排名情况等。

二、做好资产质量管控“五个坚持”

（一）坚持压实责任

商业银行应科学制定资产质量考核目标及标准，严格执行计划，明确各级机构资产质量控制目标；针对不同机构实行差别化管理，对稳中向好、稳中有降、稳中可控的机构提出差别化管控要求。

（二）坚持突出重点

商业银行应推进重大风险项目化解工作，督导落实资产质量管控要求，前移风险关口，加强对导入风险、低信用风险业务、异地和跨境业务的管理，守牢不发生系统性风险的底线。

（三）坚持协同联防

商业银行将新暴露不良计划、关注类贷款等考核分解到相应条线，通过协同联防强化管理力度，提高资产质量管控的及时性和有效性。

（四）坚持抓早抓小

商业银行严格逾期贷款管理，提高逾期贷款监控频率，督促相关分行提前着手化解风险，使逾期贷款率持续保持在较低水平。同时，商业银行应坚持严格的风险分类标准，释放部分大额客户风险，主动管控资产质量“灰犀牛”事件，以分类为手段推动风险及早化解。

（五）坚持结构调整

商业银行应持续发挥拨备计提对资源配置和风险过度扩张的约束作用，区分行业、产品、客户，实施差异化的拨备计提，引导全行落实信贷结构调整，退出高风险领域贷款。

第七节　信贷拨备管理

信贷拨备是对信贷资产价值减损情况的风险估计和会计反映。通过计提弥补损失的准备金，商业银行可以及时识别风险损失，挤出资产账面的“水分”，预留财务资源应对未来冲击，为商业银行的稳健经营和持续发展奠定坚实的基础。从重要性看，拨备是银行实现风险、资本和收益三平衡的关键。首先，拨备与信用风险紧密相关。如果说五级分类制度是对银行风险进行“体检”和“诊断”，那么拨备制度就相当于“治疗”和“吃药”。只“诊断”不“吃药”，不良贷款的“病灶”就难以根除。其次，拨备与资本充足紧密相关。拨备监管制度是整个资本监管体系的重要组成部分。资本抵补非预期损失，拨备抵补预期损失。拨备计提不足，损失将直接冲减资本，资本充足将形同虚设。最后，拨备与经营核算紧密相关。会计要求真实核算成本和利润。不良贷款相当于银行生产出的“残次品”，这部分损失如果不计入成本或核算不准确，将极大地扭曲成本和盈利，埋下市场动荡乃至金融危机的隐患。因此，商业银行普遍将拨备管理作为风险管理的核心工具和重要内容，投入大量资源和精力进行研究和运用。在实践中，大型商业银行不断拓展拨备应用的场景和边界，将拨备管理融入信贷业务全流程，更加注重发挥其在风险偏好传导、结构调整、风险化解等方面的作用。

一、拨备管理的意义

（一）基本概念

根据财政部规定，拨备是金融企业对金融资产进行合理估计和判断，对其未来现金流量低于账面价值部分计提的、计入企业成本的、用于弥补资产损失的准备金。根据金融资产类别，拨备可以分为信贷拨备和非信贷拨备，其中信贷拨备占绝大部分。因此，通常意义下的拨备管理指的就是信贷拨备管理。具体而言，拨备具有以下三个特点：

（1）拨备产生于信用风险损失。金融工具提取的拨备用于弥补预期信用损失。

（2）拨备体现为财务成本。拨备不是凭空而来的，而是需要拿出“真金白银”。从财务角度看，拨备直接冲减当期收益。在极端情况下，当收益不足以覆盖时，拨备还将耗用资本。拨备对商业银行的盈利和资本充足水平有直接影响。

（3）拨备提取遵循一定的规则和方法。拨备将不确定性的风险成本转化为可计量、可比较的财务成本。鉴于上述转化过程对商业银行财务信息的重大影响，会计准则明确规定了拨备提取的规则和方法，防止商业银行披露虚假信息或不合理的经营业绩。

（二）管理意义

（1）在监管层面，拨备是提高商业银行抵御风险能力的“定海针”。在商业银行监管理论框架中，拨备与资本分别用于抵补预期损失和非预期损失，两者密切相关。拨备计提水平决定商业银行对预期损失的吸收能力，也影响资本充足率计量的可靠程度。因此，监管机构一直以来都对拨备指标实施严格监管，建立以拨备覆盖率和拨贷比为核心的拨备监控体系，确保商业银行具备足够的风险抵补能力。

（2）在投资者层面，拨备是观察商业银行稳健经营能力的“信号灯”。商业银行保持拨备平稳增长是对资本市场释放的正面信号，表明商业银行有能力在保持资产质量稳定的同时预留出利润应对未来经济下行的冲击，具有稳健经营的策略和能力，有助于商业银行提升长期市场价值和建立良好的品牌形象。

（3）在内部管理层面，拨备是检验风险管理水平的“试金石”和平抑顺周期效应的“调节器”。作为风险成本，拨备可以衡量信用风险管控的成效和代价。信贷资产质量劣化越快、不良贷款处置损失越高，当期拨备计提就越多。商业银行属于亲周期行业，经营表现受经济周期影响较强，通过发挥拨备的逆周期调节作用，商业银行可以适度“熨平”经济波动对业绩的影响，稳定市场预期。

二、会计准则的要求

2018年1月1日，《企业会计准则第22号——金融工具确认和计量》（财会〔2017〕7号，以下简称新准则）正式生效，明确要求金融机构应按照“预期信用损失方法”计量拨备，旨在解决原准则拨备计提的不充分、不及时问题。新准则确立了拨备计提的审慎性导向，一定程度上赋予了拨备前瞻性抵御“极端损失”的职责，是对拨备理念和方法的一次重大变更，为商业银行审慎风险管理提供了准则依据，同时为商业银行应对周期性危机提供了重要工具。

（一）主要变化

新准则要求金融机构以预期信用损失为基础确认和计提拨备。同旧准则相比，新准则在以下方面发生了显著的变化。

（1）减值损失由“已发生损失”变更为“预期信用损失”。与“已发生损失”相比，“预期信用损失”要求“前瞻性”确认损失准备。在实际执行中，金融机构需要对未来一段时期的宏观经济进行乐观、中性、悲观情形预测，并评估三种情形发生的概率以及每种情形下的损失，减值损失等于三种情形下损失的加权平均值。

（2）计提范围由金融资产扩大为整个金融工具。除贷款、债券等金融资产外，新准则要求对授信类表外业务、贷款承诺、租赁应收款、合同资产等金融工具采取预期信用损失模型确认减值损失，以更加准确地反映这些业务的实际风险。

（3）部分良好贷款需要确认全生命周期减值损失。新准则要求将金融工具按照风险状态划分为三个不同阶段，已减值贷款划分为第三阶段，良好贷款划分为第一阶段和第二阶段，第一阶段为信用风险较低的金融工具，按照一年期减值损失计提拨备，第二阶段为信用风险显著上升的金融工具，按照整个生命周期的减值损失计提拨备。

（二）核心要求

基于上述变化，新准则计提拨备的核心要求如下：

（1）强调前瞻性信息的使用。在旧准则下，损失评估往往围绕历史信息的采集、整合与筛选；在新准则下，商业银行必须在历史数据的基础上，通过分析和评估经济变化、市场波动、地缘政治等趋势性因素对违约风险的潜在影响，从而前瞻性地计量预期信用损失。

（2）强调个体信用风险差异。在旧准则下，计提拨备主要采用组合计提模式，大量债项适用相同的计提比例；新准则综合考虑了历史数据、内评结果、风险缓释方式、宏观经济信息等多种因素，基本实现了一债一率，更具敏感性。

（3）强调审慎性原则。在旧准则下，计提拨备的标准可以大体理解为资产组合的历史平均损失情况；在新准则下，计提拨备要考虑到“悲观情景”甚至是一些“极端危机情景”下的损失，从而适时提前确认损失，缓解顺周期效应。

（三）实施影响

（1）在监管层面，新准则促进了会计准则与监管标准的统一和兼容。一方面，预期信用损失借鉴了巴塞尔协议信用风险内评法计量框架，是对风险监管理论中预期损失概念的实践和完善，与监管的前瞻性要求相一致；另一方面，巴塞尔委员会在统一不良资产定义时也吸收了信用减值的概念，将信用减值确认为不良资产的基本特征之一，并建议推广至全球银行业应用。

（2）在投资者层面，新准则提高了理解和分析拨备的专业门槛。预期信用损失方法的复杂度和灵活度较高，其中既涉及宏观经济指标的预测，也涉及减值参数的估算模型，加之存在一定程度上的管理层主观判断，因此需要投资者花费更多时间和精力判断拨备计提的合理性。

（3）在银行业层面，新准则降低了拨备计提的波动性和周期性。预期信用损失方法对损失的确认时点大大提前，同时在计量损失时考虑了一系列潜在的有利情景和不利情景，这在一定程度上帮助商业银行实现了即期对未来损失的抵补，部分风险得以提前消化，拨备计提更加平滑。

三、拨备管理的内容

（一）计提范围

商业银行应根据监管规定和会计准则的要求，确定需要计提拨备的各类金融业务。按照新准则的要求，商业银行应对除以公允价值计量且其变动计入当期损益的金融资产外的金融工具计提拨备。具体到信贷业务，拨备计提范围为商业银行发放、提供信用以及承担信用风险而形成的各类表内、表外信贷业务。其中，表内信贷业务包括贷款、垫款以及票据贴现等，表外信贷业务包括贷款承诺以及信用证、保函、承兑汇票、票据保付、委托付款、风险参与等。

（二）计提比例

拨备管理的中心问题在于如何确定合理的计提比例。根据会计准则的要求，商业银行应获取有关过去事项、当前状况以及未来经济状况预测的合理且有依据的信息，建立与业务规模、数据基础、管理能力等相匹配的预期信用损失模型，按照模型确定每笔业务的计提比例及总体的计提水平。

（三）计提时间

计提时间主要涉及以下的三个问题：一是在资产处于何种状态时应当计提拨备（时机），二是对资产状况核查并计提拨备的频率（频率），三是拨备计提的跨期安排对商业银行盈余状况的影响（跨期安排）。

在新准则下，对于信用风险较低的业务，商业银行应在金融资产初始确认时即按未来 12 个月预期信用损失计提拨备，在确认信用风险显著上升后，改按存续期预期信用损失计提拨备。在频率安排上，商业银行应至少按季确认资产风险变化情况并计提拨备。在跨期安排上，一般由信用风险管理部门与财务管理部门商讨确认当期及未来的拨备计提计划，确保财务资源安排与风险管控要求相匹配。

（四）支用拨备

拨备管理是“蓄水池”式管理。银行一方面要及时补充拨备覆盖新暴露的风险损失，另一方面要适时支用拨备处置不良贷款出清风险，从而确保拨备对风险的覆盖始终保持在合理水平。短期支用拨备出清风险，虽然可以改善资产质量，但是同时会增加财务成本的压力，因此需要银行统筹平衡，合理安排拨备支用的规模和节奏。

（五）监测指标

商业银行一般通过监控以下指标表现评估拨备管理情况：

（1）拨备覆盖率：拨备覆盖率=拨备保有额/不良贷款余额×100%。该指标是衡量拨备计提是否充足的重要监管指标，主要反映商业银行对贷款损失的弥补能力。监管规定要求该指标一般不得低于 150%，在满足一定条件下最低可放宽至 120%。

（2）拨贷比：拨贷比=拨备保有额/贷款余额×100%。该指标衡量拨备对全量贷款的覆盖情况，评价更为审慎。监管规定要求该指标一般不得低于 2. 5%，在满足一定条件下最低可放宽至 1. 5%。

（3）信贷成本率：信贷成本率=当期拨备计提额/贷款余额×100%。该指标从财务成本角度，衡量当期拨备计提成本情况。该指标需与资产质量相关指标结合监测。在资产质量稳定的情况下，信贷成本率高，说明商业银行主动加大计提力度，经营较为审慎；在资产质量出现劣化的情况下，信贷成本率高，说明商业银行被动增提拨备，需要关注经营的可持续性。

（4）信贷损失率：信贷损失率=当期拨备支用额/贷款余额×100%。该指标衡量贷款的实际损失水平。信贷损失率越小，说明贷款实际损失水平越低。

（5）还原核销后不良率：还原核销后不良率＝（不良贷款余额+当期拨备支用额）/贷款余额×100%。该指标反映考虑处置成本后的不良贷款情况。例如，A 银行和 B 银行虽然年末不良贷款率相同，但 A 银行暴露较少、因核销处置支用拨备较少，而 B 银行暴露较多、处置不良贷款支用拨备较多，那么 A 银行的还原核销后不良贷款率将低于 B 银行，反映出 A 银行的资产质量管控成本相对较低。

四、拨备计提的影响因素

根据会计核算要求，商业银行贷款当期增加计提的拨备将计入损益表中的“信用减值损失”科目，构成银行经营的信贷成本，对银行经营成果具有重大影响。

（一）信贷成本驱动因素

拨备计提金额（信贷成本）主要取决于以下三类因素：

1. 规模变动因素

规模变动因素是指贷款因发放所增提的拨备，属于开展信贷业务的必要成本，与贷款新增总量成正比。大体上，银行新增 1 万亿元贷款，因规模变动而计提的拨备大致在 100 亿~200 亿元。

2. 风险衍化因素

随着风险的产生和化解、不良贷款的暴露和处置，贷款损失的可能性和幅度随之不断变化，计提的拨备也相应增加或减少。风险衍化因素是信贷成本的主要构成，集中体现了银行资产质量的管控质效。从风险周期看，风险衍化因素可以进一步细分为以下因素：

一是潜在风险新增。例如，贷款风险分类由正常下迁为关注。1 亿元正常类贷款下迁至关注类，将计提拨备 1 000 万~2 000 万元。反之，如果贷款风险化解、分类上迁，已计提的拨备将随之回拨。

二是不良贷款暴露。例如，贷款风险分类进一步下迁形成不良贷款，银行将相应继续增提拨备。1 亿元关注类贷款下迁至次级类，将计提拨备 2 000 万~3 000 万元。

三是不良贷款处置。不良贷款经处置出表，视最终损失当期将增提或回拨拨备。例如，1 亿元不良贷款年初已计提拨备 8 000 万元，年末完成核销、形成全额损失，那么当期要增加计提拨备 2 000 万元，用来覆盖高于年初预计的损失。反之，如果处置不良贷款的损失低于已计提的拨备，那么拨备将实现回拨。特别地，银行回收以前年度已核销的贷款将全额回拨拨备。

3. 宏观经济因素

宏观经济因素是指银行预期宏观经济变化重新计量损失所增提的拨备。

根据会计准则的要求，拨备计提结果应前瞻反映宏观经济变化。当预期经济周期转入下行时，银行应通过调整减值模型和参数等方式，重新校准贷款损失的估算结果，增强对未来风险的抵御能力。

（二）信贷成本变化规律

一是信贷成本随经济周期波动。从历史表现看，中外大型银行信贷成本均具有明显的周期性特征，国外银行信贷成本的顺周期性高于国内银行。2008 年金融危机爆发后，美国和欧洲大型银行信贷成本率均在短期内迅速攀升，分别达到 4.6%左右和 1.9%左右的历史高点，并在危机后均逐步回落至 0.5%左右的水平；同期，国内大型银行的信贷成本率基本保持稳中有升趋势，近年来基本稳定在 1.0%左右的水平。

二是信贷成本受监管政策引导。基于防范系统性风险的目的，国内监管部门对商业银行拨备覆盖水平实施强监管，引导银行及时和前瞻补充拨备，保持风险抵补能力充足。例如，2011 年，中国银监会发布《商业银行贷款损失准备管理办法》，发布拨备覆盖率 150%和拨贷比 2.5%的底线标准，督促银行加大拨备计提力度，国内大型银行信贷成本因此大幅增加。

三是信贷成本受风险偏好约束。信贷成本率代表了银行可接受的风险损失水平，银行会据此统筹安排经营策略和业务目标，确保信贷成本率在可接受范围内运行。例如，汇丰银行对批发和零售业务的信贷成本率设定明确的底线约束，作为集团统一的风险偏好。又如，国内农商行和城商行客户选择倾向于高收益、高风险客户，并且自身风险管控能力较弱，因此信贷成本率往往高于大型银行。

五、拨备管理的原则

（一）以抵补能力为核心

拨备管理的核心是要确保商业银行具备足够强的风险抵补能力，保障持续经营和稳健发展。一要注重指标监测，确保监管达标、运行平稳，同时与资产质量各类指标保持协调、相互印证；二要注重分类管理，确保计提拨备的基础真实可靠；三要注重前瞻分析，预判经济走势和风险趋势，强化风险高发领域、管理薄弱区域的拨备计提，为未来的风险暴露做好储备。

（二）以会计政策为遵循

拨备管理应遵循会计准则、审计披露、会计政策等内外部会计制度的要求，持续完善治理架构、职责分工、流程机制、内部控制、考核运用等支持体系，确保拨备运行顺畅、管理有效。重点是要设计出一套与商业银行自身风险、财务管理模式相适应的责任体系及决策机制，明确谁算拨备、谁审拨备、谁定拨备，既体现风险、财会、经营等各条线的协作与制衡，又保证计提结果合理、模型风险可控。

（三）以风险偏好为导向

商业银行要充分发挥拨备风险管理工具的作用，以财务成本的约束推动商业银行风险偏好自上而下传导。例如，为引导拓展先进制造业、战略客户、绿色信贷等优质客户，商业银行可以在考核时对这些领域贷款计提的拨备进行打折，激励经营机构增加信贷投放；反之，通过提高对产能过剩行业的拨备计提成本，可以约束经营机构风险过度扩张的冲动，促进信贷资源的腾挪利用和信贷结构的持续优化。

（四）以价值创造为主线

商业银行要持续提升拨备管理的精细化水平，围绕价值创造做实做细信用风险管控的关键环节，真正实现信贷成本的稳定可控，提高核心竞争力。商业银行主要采取以下举措：一是通过稳定资产质量"节支"，加强风险防范化解，避免资产质量快速劣化，减少拨备计提；二是通过优化信贷结构"提质"，发挥良好的信贷结构对资产质量的支撑作用，大力拓展绿色金融、先进制造业等优质客户，不断夯实资产质量基础和降低信贷成本；三是通过减少处置损失"降耗"，多措并举处置不良贷款，加大盘活和回收力度，实现处置回收价值最大化；四是通过回收已核销贷款"增收"，制定并持续跟踪监控处置方案执行情况，促进已核销资产"应收尽收"和"早收快收"。

案例

商业银行拨备管理实践

某商业银行在拨备管理方面的实践经验可以概括为：一个完备模型、两项基本原则、三大应用领域和四项保障措施。

一、一个完备模型：全面识别信用风险因素

科学、完备的模型是拨备管理的基础。模型构造的关键是对风险因素的识别。在充分挖掘历史损失及内评违约数据的基础上，该商业银行运用先进的数理统计方法，开发出业界领先的预期信用损失模型，实现了对以下各类信用风险因素的广泛识别和精确计量：

（1）宏观层面的经济前景风险。经济前景对拨备计提具有基础性、全局性的影响。模型包含常用的30个宏观经济指标在内的指标池。模型跟踪并预测经济指标在各类情景特别是不利情景下的变化趋势，从而及时做出前瞻性调整，系统地增提或减提拨备。

（2）中观层面的资产组合风险。理论和实践数据表明，经济变化对资产组合的风险传导路径具有显著的差异性，这要求模型能够识别和区分资产组合的周期性表现。模型结果较好地反映出了资产组合风险上的差异性。由于历史违约率低、对经济周期相对不敏感，零售类业务的计提水平一般低于公司类业务，基建行业的计提水平一般低于制造行业和批发零售行业。

（3）微观层面的客户及债项风险。在前瞻性信息外，模型同时关注合理且有依据的客户及债项信息，如客户的风险分类、信用评级、企业规模、逾期时间等以及单笔贷款的期限、担保方式、产品等，综合上述信息精准“画像”，实施差别化拨备计提。

二、两项基本原则：风险为本、稳健为先

拨备的性质决定拨备具有风险和财务的双重属性，受到风险压力和财务能力的共同制约。对一家商业银行而言，如何把握和平衡好两者的关系，既是策略选择，也是实践经验。从防范化解风险、维护金融稳定的大局出发，风险管理应当是商业银行拨备管理的首要因素和核心要求。

（1）坚持按照风险为本的原则管理拨备。保持拨备计提的充足性，发挥拨备对风险过度扩张的约束作用。通过行之有效的拨备管理，该商业银行在全行上下形成风险的主动管理意识：以统一的拨备政策树立“成本”意识，明确开展风险业务必有风险成本；以刚性的拨备考核树立“代价”意识，明确风险管理不好就要付出代价；以动态的拨备目标树立“主动”意识，关注风险发展趋势，研究风险衍化规律。

（2）坚持按照稳健为先的原则管理拨备。保持拨备指标的平稳性，释放稳健经营、业绩扎实的积极信号。该商业银行不依靠拨备“洗大澡”，即不通过一次性计提大额拨备甩包袱、冲利润；不压低拨备“做业绩”，即不通过不恰当的减提拨备虚增盈利、迎合市场预期。该商业银行做好拨备的统筹管理，处理好不良暴露、不良处置和拨备计提之间的衔接关系，合理安排拨备资源的计划与分配，在此基础上实现拨备的稳定可控。

三、三大应用领域：结构调整、质量管理、风险化解

拨备管理贯穿于信贷业务全生命周期，如图 5-2 所示。

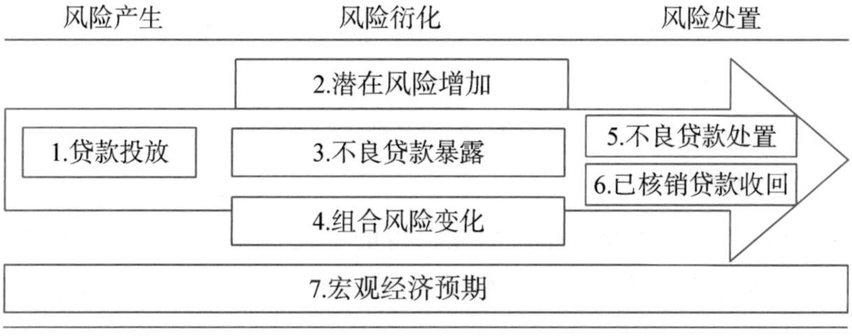

图 5-2　拨备管理贯穿于信贷业务全生命周期

（1）风险产生阶段。商业银行根据外部形势变化和内部政策要求，实施差异化的拨备计提政策，引导信贷结构调整，促进信贷资源优先配置于国家政策支持的区域、行业和客户，及时退出产能过剩、高碳排放等高风险行业，在推动国家产业结构升级和绿色转型的同时，夯实信贷业务高质量发展的客户基础。

（2）风险衍化阶段。商业银行主动管控风险，稳定资产质量；强化风险监控预警，加强对延期贷款、房地产行业贷款的到（逾）期管理和潜在风险排查，制定风险应对预案，实现风险的早识别、早预警、早介入、早化解；统筹衔接不良暴露和拨备计提，在成本可控的前提下推动重点领域风险释放出清。

（3）风险处置阶段。商业银行多措并举减少不良贷款处置损失，最大化回收贷款价值；灵活运用借款人变更、担保方式变更等手段，加大现金回收力度；充分运用债委会机制和重组、市场化债转股等手段实现重大项目处置突破；逐级落实已核销资产经营管理主体责任，加大激励力度，充分调动已核销资产回收工作积极性。

第八节　不良资产经营和处置

不良资产经营和处置是通过催收、重组、减免、债权转让或以物抵债等手段，达到压缩商业银行不良贷款余额、减少债权损失、推动化解风险、增进价值创造等目的的商业银行经营管理活动。本节主要介绍不良资产经营和处置的概述、经营和处置流程、经营和处置手段。

一、概述

不良资产经营和处置的主要对象为不良贷款，其特点与正常贷款差异较大，因此开展管理和处置工作时关注的风险点以及采取的方法、手段也存在明显的差别。为尽可能降低不良贷款对商业银行的负面影响，控制经营风险、减少债权损失，商业银行都十分重视不良资产经营和处置工作。

（一）业务范围

不良资产经营和处置涵盖商业银行的不良贷款（含次级、可疑、损失类）和已核销呆账资产（含已核销的呆账贷款、贷款表外应收利息以及核销后应计利息），其中主要对象为不良贷款，本节如无特殊说明，都指不良贷款的经营和处置。

（二）业务特点

1. 经营与处置对象的特定化

不良贷款经营与处置的对象是已出现或即将出现风险的贷款，主要是指信贷资产风险分类进入次级、可疑和损失类的公司类贷款和个人类贷款。

2. 经营与处置手段的多样化

不良贷款经营与处置手段既包括常规催收、法律追索、贷款重组、债权减免、以物抵债、呆账核销等常规性手段，同时还包括批量转让、资产证券化、不良资产市场化债转股债权转让等创新手段。其中，个人类不良贷款目前不适用债权减免、批量或单户转让、不良资产市场化债转股债权转让等手段。

3. 经营与处置程序的规范化

不良贷款经营与处置既包括按照法律规定的外部程序进行的催收和诉讼，也包括重组、减免或核销等处置方案的申报审批，均要按照授权权限履行商业银行内部审批流程后方可执行，做到程序规范、防范风险。

（三）工作目标

对于不良贷款的经营与处置工作而言，管理是过程，处置是目的，其工作目标与正常类贷款经营管理的盈利目标有着显著的区别，主要体现在压缩不良、减少损失、创造价值三个方面。

1. 压缩不良

不良贷款的经营与处置工作的首要目标是尽快压缩不良贷款规模，尽量降低不良贷款率，为商业银行资产质量改善打好基础。根据不良贷款项目情况，商业银行充分利用再融资、变更借款人、调整还款期限、变更担保方式等重组手段，消除项目违约因素，增强风险缓释措施，降低风险敞口，从而实现不良贷款风险分类的盘活上迁；或者通过呆账核销和批量转让，实现不良贷款的出表；或者通过催收、贷款减免、债权转让、以物抵债等手段实现债权回收，减少风险敞口。

2. 减少损失

不良贷款的经营与处置工作目标也体现为最大限度减少债权损失。贷款项目出现不良后，由于多种因素的制约，实现债权无损或全额回收异常困难。同时，基于不良资产的“冰棍效应”，商业银行如果不及时采取止损措施可能导致债权损失的不断扩大。因此，不良资产经营处置部门应积极采取措施，制订科学、可行的处置方案，通过催收、贷款减免、债权转让、抵质押物处置等手段力争实现全部或部分债权回收，尽最大可能减少债权损失，避免不良债权进一步恶化。

3. 创造价值

不良贷款的经营与处置工作在创造价值上主要体现在以下几个方面：一

是对暂时资金短缺、经营困难，但有发展潜力、需要重点支持的客户，通过重组、新增信贷投入甚至破产重整等手段，协助其完成资产与债务重组，实现盘活上迁，从而创造经济价值。二是对不良贷款客户利用重组、减免等手段，减轻企业债务包袱，推动企业轻装上阵继续发展，对地方经济发展、税收、就业等宏观环境改善做出贡献，从而创造社会综合价值。三是通过对已核销资产的处置，包括利用债权转让、贷款减免、以物抵债等手段回收现金，直接反映为商业银行损失准备金的回拨，实现真金白银的超值回收，进而体现创造价值。

（四）基本原则

不良贷款经营和处置工作需要把握以下三项基本原则：

1. 依法合规性

不良贷款经营与处置工作必须在国家法律法规的制度框架内，按照规定流程规范操作，禁止违法、违规处置不良贷款。

2. 效率和效益最大化

商业银行应充分利用有效的处置手段，加快处置速度，提高处置回收率。选择与运用资产处置手段时，商业银行应遵循成本效益和风险控制原则，合理分析，综合比较，择优选用可行的处置手段，力争达到处置效率和效益的最大化。

3. 创新性

在遵守监管机构合规要求的前提下，商业银行通过体制、机制、方法以及手段的创新，不断提高处置能力，建立符合现代股份制商业银行要求的不良贷款经营管理模式，提高集约化、市场化和专业化水平。

二、经营和处置流程

不良贷款经营与处置主要包括资产接收、尽职调查、计划方案制订、处置方案制订和申报审批、组织处置方案实施、已核销资产管理等流程。

（一）资产接收

资产接收是指不良贷款经营处置部门按照交接规定，将不良贷款客户从贷款原经营机构接收至本部门进行管理。资产接收是信贷资产正式进入不良贷款处置阶段的开始步骤，涉及的原经营行（部门）与不良贷款处置应按照各自部门职责履行交接手续。不良贷款档案资料接收完毕后的一定时间内，资产保全部门与贷款原经营机构共同派人走访借款人和担保人，对借款人、保证人及抵质押物情况进行现场核查。

（二）尽职调查

尽职调查主要适用于公司类不良贷款，是指通过对债务人（含借款人、保证人、抵质押人，下同）的主体资格、经营管理、债权债务和抵质押物等情况进行全面和审慎的调查核实与分析判断，揭示债务人及抵质押物可能存在的风险因素，查找有利于债权回收的资产线索，并提出相应处置措施。

尽职调查工作要遵循及时性、真实性、准确性的原则，通过现场调查和非现场调查等手段，全面掌握债务人的经营状况、利害关系人债务往来、资产和抵质押物等情况。项目处置团队应该按照工作计划确定的内容、方式和时间要求组织实施调查工作，必要时可以委托律师、会计师、资产评估师等中介机构开展调查，或者聘请中介机构参与调查。发现债务人出现生产经营停止、破产重整、重大诉讼仲裁等严重影响信贷资产安全事件或者抵质押物发生毁损或灭失风险时，项目处置团队应及时组织现场尽职调查。

（三）计划方案制订

商业银行在尽职调查的基础上，确定处置工作计划并根据计划方案执行情况和项目变化情况定期重检，更新处置计划方案。处置计划方案具体包括计划处置方式、预计处置回收金额、预计处置费用、预计处置时间、预计还款来源等内容。商业银行建立不良资产项目例会制度，通过集体研究的方式确定处置计划方案，并根据实际情况定期对处置计划方案进行重检和优化。

处置计划方案制订后，商业银行按照确定的处置计划方案开展处置工作。处置计划方案实施过程涉及授权审批事项的，制订处置方案，并根据授权权限和程序申报审批。

（四）处置方案制订和申报审批

商业银行综合考虑内部风险管理、财务能力、尽职追偿等因素，对符合处置条件的不良资产制订处置方案，根据行长授权书的要求，实行分级审批，审批通过后方可实施。

审批管理遵循集体审批、独立表决、权责对称、合规高效的原则，严格按照国家法律法规、政策和商业银行内部有关规章制度执行。

审批方式分为会议审批和会签审批。

（五）组织处置方案实施

商业银行根据批复通过的处置计划方案组织清收、处置不良资产。符合呆账标准的资产按程序申报核销，已核销呆账资产进入核销后管理。

（六）已核销资产管理

已核销资产是指按照呆账核销条件和程序进行核销账务处理的资产。具体管理要求如下：

（1）除根据法律法规规定的权利义务已终结的情形外，金融企业仍然享有已核销债权和股权等合法权益，要按照“账销案存、权在力催”的原则，比照表内债权和股权的管理方式加强管理，建立保全和尽职追偿制度，实现核销前与核销后管理的有效衔接，最大限度减少损失，充分维护资产权益。

（2）金融企业全面查找各项关联财产线索，发现有效财产后，要及时进行资产保全；对可恢复执行的中止或终结裁定，金融企业在获取财产线索证据后，及时向法院提请恢复执行。同时，金融企业要对已核销资产做好台账记录、立卷归档、专人管理，加强追索，维护权益。

（3）对于列入国家兼并破产计划核销的贷款；经国务院专案批准核销的债权；法院裁定终结执行或被法院判决（或仲裁机构裁决）借款人不承担（或部分承担）责任，并且了结债权债务关系的债权；法院裁定通过重整协议或和解协议，根据重整协议或和解协议核销的债权，在重整协议或和解协议执行完毕后；自法院裁定破产案件终结之日起已超过2年的债权；金融企业按规定采取打包出售、公开拍卖、转让、债务减免、债转股、信贷资产证券化等市场手段处置债权或股权，受让方或借款人按照转让协议或债务减免协议履行相关义务完毕后，其处置回收资金与债权或股权余额的差额；被法院驳回起诉，或者超过诉讼时效（或者仲裁时效），并经2年以上补救未果的债权，符合上述条件之一的债权与债务或投资与被投资关系，可以完全终结，不纳入账销案存资产管理。

（七）重点关注

不良资产作为特殊问题资产，其日常管理非常重要。商业银行通过财产线索查找，时效管理，存款查询、甄别与扣划，谈判，抵质押品管理等，不断提升不良资产的精细化和智能化管理水平，为不良资产处置工作增进价值创造提供支持。

1. 财产线索查找

商业银行定期对不良贷款开展财产线索查找。查找范围包括不良客户的存款、理财等金融资产，应收账款、土地使用权、房产、车辆、机器设备、对外股权投资、存货、商标专用权、专利权、著作权等财产权。在财产线索查找的基础上，商业银行针对不同的财产线索类别，采取有效的监控管理措施。

2. 时效管理

诉讼时效是指民事权利受到侵害的权利人在法定的时效期间内不行使权利，当诉讼时效期间届满后，权利人再行使请求权的，人民法院就不再给予强制保护的诉讼制度。值得注意的是，诉讼时效期间届满后，义务人虽然可以拒绝履行其义务，权利人请求权的行使仅发生程序上的障碍，实体权利本身及请求权并不消灭。当事人超过诉讼时效后起诉的，人民法院应当受理。受理后，如另一方当事人提出诉讼时效抗辩且查明无中断的，人民法院判决驳回当事人的诉讼请求。如果另一方当事人未提出诉讼时效抗辩，则视为其自动放弃该权利，人民法院不得依照职权主动适用诉讼时效，应当受理支持当事人的诉讼请求。

根据《中华人民共和国民事诉讼法》的规定，普通诉讼时效为 2 年，从债务到期之日起算。诉讼时效的中断是指在诉讼时效期间进行中，因为发生一定的法定事由，致使已经经过的时效期间统归无效，待时效中断的事由消除后，诉讼时效期间重新起算。

根据上述法律要求，商业银行通过一定措施开展时效管理，包括定期催收和中断诉讼时效。对新接收的不良贷款项目，商业银行应及时开展催收；对存量不良贷款，商业银行应定期催收客户归还全部逾期贷款（垫款）及欠息，并取得回执。对无法取得回执的客户，商业银行应视具体情况采取扣收存款、公证送达、起诉、申请支付令、申请仲裁、申请执行公证文书、申请实现担保物权、申请破产还债等方式及时中断诉讼时效。

3. 存款查询、甄别及扣划

查询不良贷款客户的存款既属于日常管理工作的部分内容，也是项目进行减免、重组、批量转让、呆账核销的必要环节。有助于掌握债务人的资金情况，同时通过扣划查询到的资金，回收债权从而进一步降低风险敞口。存款查询还可以起到中断对客户的诉讼时效的效果。商业银行对账户进行账户查询、甄别及扣划，扣划完成后向被扣划人发送扣款通知书，或者以法律认可的其他方式履行相应的通知义务。

4. 谈判

根据不良贷款处置实践，不良资产处置谈判分为债权追索型谈判和资产交易型谈判，债权追索型谈判指商业银行与债务人（如借款人、保证人、抵质押人以及债务人的实际控制人等）之间的谈判，谈判以债权追索为主要目的。资产交易型谈判指商业银行与其他第三方投资人（如不良贷款客户重组人或不良资产的投资人等）之间的谈判，谈判以资产处置为主要目的。

5. 抵质押品管理

不良贷款项目中的抵质押品管理，主要是指对抵质押品状态的监控、价值评估和处置工作。商业银行会在日常管理中对抵质押品的管理和使用状况、价值和变现能力等风险事项进行持续监控，防止因管理不善导致其价值贬损或实物毁坏、灭失。如发现抵质押品的风险事项，商业银行将采取相应的风险控制或资产保全措施。抵质押品保全措施以诉讼保全为主，适合抵质押品的诉讼保全措施有查封、冻结、扣押。

三、经营和处置手段

商业银行综合运用各类手段经营和处置不良贷款，最大限度减少商业银行债权损失并恰当处置不良资产。经营和处置手段主要包括催收及法律追索、重组、批量转让、不良资产证券化、呆账核销等。商业银行通过催收、法律追索、处置抵质押物等手段行使债权人权力；通过变更合同要素、债权减免等手段控制和降低不良贷款风险；通过单户转让、不良资产市场化债转股债权转让、批量转让等手段将债权转移给市场投资者；通过不良资产证券化运用市场机制发现不良资产的真实价值，提高商业银行不良资产快速处置能力；通过呆账核销实现不良资产出表。

（一）催收及法律追索

1. 常规催收

常规催收是相对于法律追索而言的，是指商业银行作为债权人，在贷款形成不良以后，通过和平催收、友好协商的方式，要求借款人、担保人履行还款或担保义务。常规催收主要包括电话催收、上门催收、信函催收和公证催收四种方式。常规催收主要适用于商业银行与债务人尚未达成处置方案、尚未采取法律追索手段，或者债务人尚未进入破产重整、破产清算等法律程序的不良贷款的催收。

2. 法律追索

法律追索是指商业银行作为债权人，按照法律的规定，通过采取诉讼、仲裁、申请支付令、申请执行公证书、申请实现担保物权、申请债务人破产等方式，促使借款人或担保人偿还贷款、承担担保责任、处置抵质押物，以达到清收债权、保全资产的目的。法律追索一般适用于借款人或担保人不主动履行义务，经过常规催收无效的情况以及有转移财产、逃避债务嫌疑的，借款人或担保人发生重大诉讼、违法犯罪情况可能危及商业银行债权安全的情况。相对于常规催收而言，法律追索的优点在于申请法院等司法机关通过国家强制力回收债权，其缺点一是处置时间可能较长，二是实现债权的费用可能较高，加大商业银行债权实现的成本。因此，法律追索是作为常规催收手段的必要补充，在与借款人、担保人协商无果且债务人不配合的情况下考虑使用。

3. 委外催收

目前，商业银行不良贷款的委外催收主要适用于个人类不良贷款及已核销公司类贷款。

个人类不良贷款委外催收是指按规定程序委托外部合法机构（以下简称受托机构），运用诉讼、仲裁、强制执行等司法程序以外的其他合法方式回收符合规定的个人类不良贷款本息并支付一定报酬的经营行为，适用于个人类不良贷款（含已核销个人类贷款）的催收。

已核销公司类贷款委外催收是指按规定程序，采取全部风险代理的方式，委托合法外部机构（以下简称受托机构），运用合法方式回收已核销公司类贷款并支付一定报酬的经营行为。已核销公司类贷款包括已核销公司类贷款的本金、利息以及相关代垫费用。催收可能对商业银行其他权益造成不良影响的、已有受托机构代理委托行进行催收、核销后能够自行催收的等特殊情况的贷款，商业银行不得委外催收。

（二）重组

从广义上来说，不良贷款重组是指除呆账核销、批量转让以外处置手段的统称，主要包括变更合同要素、债权减免、债权转让以及其他手段等，债委会框架下的重组、破产重整也属于此范畴。在实际操作中，多种重组手段可以组合使用。狭义的不良贷款重组是指不良贷款的借款人、担保人不能按原借款合同或担保合同的约定偿还债务和履行义务时，商业银行在充分评估不良贷款风险的基础上，通过与借款人、担保人、第三人达成协议或依据法院（仲裁机构）的裁决，对构成贷款的各项要素（包括借款主体、还款金额、借款期限、适用利率、结息频率、担保方式等）进行调整，以控制及降低风险，减少损失的资产保全措施。

1. 变更合同要素

变更合同要素主要包括再融资、贷款期限调整、变更借款人、变更担保方式、担保类表外业务变更等情形。其中，再融资主要针对存在临时性还款困难客户以及债权存在瑕疵的客户，其可以帮助企业渡过难关，同时也保全商业银行的债权。对于确已无力还款，或者仅依靠政府补贴、商业银行续贷勉强维持经营的客户，或者债权债务关系复杂、资不抵债且不能通过兼并重组盘活资产的客户以及具有“僵尸企业”特征的客户，不能采用不正当方式掩盖或延缓风险暴露，应果断退出低质量信贷业务，腾挪信贷资源。

2. 债权减免

债权减免包括贷款减免和保证责任免除。贷款减免主要适用于公司类不良贷款，是指在借款人发生财务困难、无力及时足额偿还贷款本息的情况下，为盘活不良贷款，最大限度回收债权，通过减免借款人部分还款义务实现剩余债权回收的处置手段。贷款减免应坚持遵循以减促收、审慎减免、贷免分离、先还后免、保留完整债权的原则。如借款人、担保人或承诺还款的第三人不能按还款承诺全部偿还未减免的债务，商业银行有权解除贷款减免协议，并对全部债权进行催收。对于实施贷款减免的业务，商业银行在尽职催收、协商谈判、方案论证与评估、申报与审批和执行管理等环节进行流程控制，防范和控制操作风险与道德危险。

保证责任免除是指经商业银行与保证人协商，在其承担部分保证责任的前提下，免除其对剩余贷款的保证责任。保证责任免除适用于保证人有还款意愿，且经评估测算，保证人还款金额不低于其实际偿还能力的情况。对于保证合同存在瑕疵的，保证人还款金额应不低于商业银行从瑕疵保证中依法可以受偿的金额。保证责任免除事项不影响商业银行就剩余贷款向借款人、其他保证人以及抵质押物的继续追索。

3. 债权转让

债权转让主要包括不良资产单户债权转让和不良资产市场化债转股债权转让，主要适用于公司类不良贷款的转让。

不良资产单户债权转让是指将一户不良资产按照市场价格实行买断型转让的处置方式。单户债权转让的转让底价原则上不低于债权本金及代垫费用之和，国家政策另有规定的从其规定。投资者应是具备贷款业务资格的金融机构，主要包括政策性银行及商业银行、金融资产管理公司、信托公司、财务公司、金融租赁公司、汽车金融公司等。以下债权原则上不得对外转让：借款人或担保人为政府机构的贷款；涉及国防、军工等国家安全和敏感信息的贷款；借款合同或担保合同中有限制转让条款的贷款；个人类贷款；转让后可能对商业银行产生不利影响的贷款。

目前，不良资产市场化债转股债权转让是指商业银行向市场化债转股实施机构转让不良债权，实施机构以债转股为目的收购债权并积极推动将债权转为对象企业股权的处置方式。商业银行办理该类业务时满足以下基本条件：一是发展前景良好但遇到暂时困难，具有可行的企业改革计划和脱困安排；二是主要生产装备、产品、能力符合国家产业发展方向，技术先进，产品有市场，环保和安全生产达标；三是信用状况较好，无故意违约、转移资产等不良信用记录。对于扭亏无望、已失去生存发展前景的“僵尸企业”，有恶意逃废债行为的失信企业，债权债务关系复杂且不明晰的企业，不符合国家产业政策、助长过剩产能扩张和增加库存的企业，金融业企业以及其他不适合实施债转股债权转让的企业不得办理该类业务。

4. 其他手段

其他手段主要包括抵质押物解除、抵质押物处置、以物抵债、新增信贷投入。

（三）批量转让

1. 概述

不良资产批量转让与催收、法律追索、重组、呆账核销等并列为不良资产处置的手段之一。商业银行通过对一定规模（3 户/项及以上）的不良资产进行组合，定向转让给资产管理公司，从而实现不良资产处置的市场化、规模化和快速化，助力商业银行加快不良处置，提升处置效益，优化信贷结构。

2. 适用范围

批量转让不良资产的范围包括商业银行在经营过程中形成的不良信贷资产和非信贷资产，具体有按规定程序和标准认定为次级、可疑、损失类的贷款，已核销的账销案存资产，抵债资产，其他不良资产。

不得进行批量转让的资产包括债务人或担保人为国家机关的资产，经国务院批准列入全国企业政策性关闭破产计划的资产，国防军工等涉及国家安全和敏感信息的资产，个人贷款（包括向个人发放的购房贷款、购车贷款、教育助学贷款、银行卡透支、其他消费贷款等以个人为借款主体的各类贷款），在借款合同、担保合同或其他相关协议中有限制转让条款的资产，国家法律法规限制转让的其他资产。

3. 基本要求

不良资产批量转让应坚持依法合规、竞争择优、尽职履责原则，实施卖断型转让，不得提供回购担保或者安排任何显性或隐性的回购条件。

（1）依法合规。商业银行应严格遵守国家法律法规以及监管部门、商业银行内部的相关规定，不得存在隐匿或伪造资料、与债务人串通、擅自放弃资产相关利益、逆程序、减程序转让等违法违规行为。相关利益方在工作开展过程中应予以回避。

（2）竞争择优。商业银行应采取公开转让方式，充分发挥市场竞争机制，实现不良资产回收价值最大化。

（3）尽职履责。商业银行相关人员应认真履行岗位职责，认真查找并全面披露相关财产线索，合理评估资产价值，做好各类风险防控。

4. 业务特点

（1）提高不良资产处置效率。商业银行将不同地区、规模、行业和担保方式的一定户数和金额的不良资产合理搭配，借助市场化方式定向转让给有资质的资产管理公司，有利于提高商业银行不良资产处置效率，畅通处置出口。

（2）充分挖掘不良资产价值。商业银行应遵循市场化方式，通过组织买方尽职调查、资产推介和公开转让等程序，依靠市场力量整合资源，充分挖掘不良资产价值，提升处置效益。

5. 主要环节

不良资产批量转让主要包括资产组包、卖方尽职调查、资产估值、转让方案制订及审批、要约邀请、组织买方尽职调查、确定受让方、发布转让公告、资产交割等环节。

（1）资产组包。转让方应确定拟批量转让不良资产的范围和标准，对资产进行分类整理，对一定户数和金额的不良资产进行组包。

（2）卖方尽职调查。转让方应按照国家有关规定和要求，通过审阅档案和现场调查等方式，真实反映不良资产状况，充分披露资产风险。现场尽职调查样本资产应综合考虑行业、地域、资产余额等因素。

（3）资产估值。在卖方尽职调查的基础上，收集、甄别和确认财产线索；对重点财产线索进行现场尽职调查，收集历史资料、外部评估报告、市场交易案例等资料，科学评估各类财产线索价值并估值。

（4）转让方案制订及审批。转让方对资产情况、尽职调查情况、组包和估值情况、受让方确定流程等进行阐述，并履行内部审批程序。

（5）要约邀请。转让方可以选择招标、竞价、拍卖等公开转让方式，根据不同的转让方式向资产管理公司发出邀请函或进行公告。

（6）组织买方尽职调查。转让方应组织接受邀请并注册竞买的资产管理公司进行买方尽职调查，充分披露资产相关信息，确保各家注册投资者获得的信息一致。

（7）确定受让方。遵循市场化原则和国家有关规定，按照确定的交易流程及时间确定受让资产管理公司，并签订资产转让协议，收取转让价款并进行账务处理。

（8）发布转让公告。转让方和受让资产管理公司要在约定时间内在全国或省级有影响的报纸上发布债权转让通知暨债务催收公告，通知债务人和相应担保人。

（9）资产交割。按照资产转让协议的约定，转让方应及时完成资产档案的整理、组卷和移交等后续工作。

（四）不良资产证券化

1. 概述

不良资产证券化是指商业银行作为发起机构，将不良资产信托给受托机构，由受托机构以资产支持证券的形式向投资者发行受益证券，以该资产产生的现金流支付资产支持证券收益。不良资产证券化在拓宽商业银行不良资产处置渠道的同时，丰富了各类投资者的投资品种。按照基础资产的不同，不良资产证券化分为公司类不良资产证券化和个人贷款类不良资产证券化。

2. 业务特点

不良资产证券化具备发行市场化、产品标准化、参与机构多样化的特点，有助于商业银行运用市场机制发现不良资产的真实价值，提高不良资产快速处置能力。

（1）发行市场化。与商业银行常规的处置手段不同，不良资产证券化在公开市场发行，优先档发行利率随整体债券市场波动，次级档价格取决于基础资产和投资者预期。其发行后拥有更加丰富的处置手段和资源，商业银行作为资产服务商对超额回收可分享资产收益。

（2）产品标准化。不良资产证券化是在商业银行市场公开发行的标准化产品，发行过程中除律师、资产评估师外，评级机构从资产池结构、现金流分布预测、压力测试等方面对产品进行了深入的分析，由公开市场形成和发现价格。

（3）参与机构多元化。从发行方看，主要参与者包括发起人、承销商、信托机构、律师、会计师、资产评估师、评级机构、资金保管机构等。从投资方看，主要参与者不仅包括各家资产管理公司，还包括商业银行、券商、基金管理公司等。我国资本市场投资渠道相对有限，不良资产证券化产品能够丰富金融产品种类，通过产品分层设计，满足不同风险偏好投资者的投资需求。图 5-3 为不良资产证券化参与主体结构图。

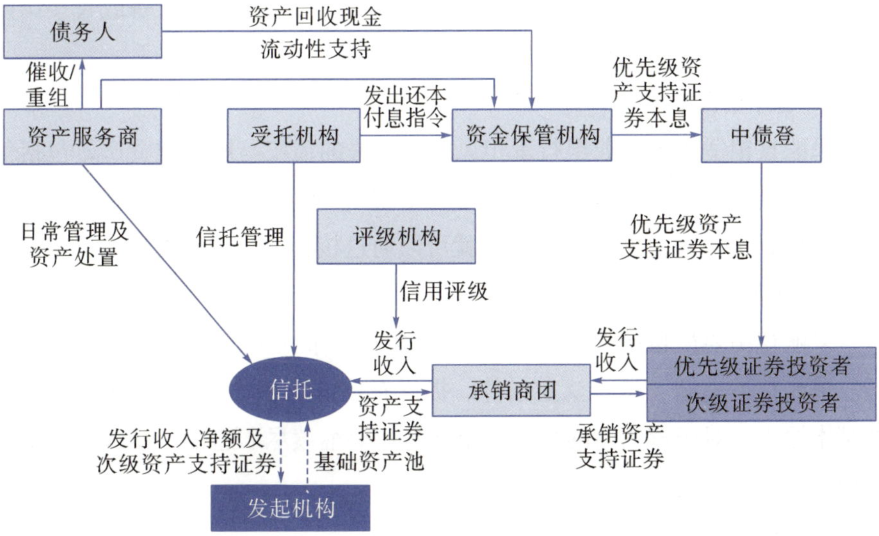

图 5-3 不良资产证券化参与主体结构图

3. 主要环节

不良资产证券化主要包括组建资产池、尽职调查、资产估值、交易结构设计、发行证券化产品、设立信托、发行结果报备、资产后续清收等工作环节。不良资产证券化在组建资产池、尽职调查、资产估值等环节的工作与不良资产批量转让相似，与之不同的工作环节主要如下：

（1）交易结构设计。商业银行应根据基础资产情况、市场情况，对证券分层、收益分配、信托设立、各参与机构职责、信用增级等事项进行事先的安排以保证发行成功。

（2）发行证券化产品。报备后，证券化产品在中介机构的参与下在全国商业银行间和债券市场上市发行并交易。

（3）设立信托。商业银行作为委托人，信托公司作为受托人，基础资产池作为信托财产，未来受益凭证持有人作为受益人，信托依法设立。

（4）发行结果报备。证券产品发行结束后的规定时间内，商业银行应向中国人民银行和中国银保监会报告产品发行结果。按照规定向中国银保监会报送与信贷资产证券化业务有关的财务会计报表、统计报表和其他报告。

（5）后续资产清收服务。证券化产品存续期间，受托机构按照相关法律法规履行信息披露义务，评级机构对基础资产池进行跟踪评级。按照资产服务协议约定，服务机构对信托财产项下的资产进行管理清收。

（五）呆账核销

1. 基本概念

呆账是指金融企业承担风险和损失的，符合财政部《金融企业呆账核销管理办法》认定条件的债权和股权资产。

核销是指金融企业将认定的呆账冲销已计提的资产减值准备或直接调整损益，并将资产冲减至资产负债表外的账务处理方法。

2. 适用情况

呆账核销适用于商业银行承担风险和损失的债权与股权类资产，包括信贷和非信贷资产。上述资产出现不良后，如果符合财政部《金融企业呆账核销管理办法》规定的认呆条件，就可以通过核销方式进行处置。

3. 原则

呆账核销要严格按照财政部《金融企业呆账核销管理办法》的规定执行。呆账核销遵循“符合认定条件、提供有效证据、账销案存、权在力催”的基本原则。对于核销后的呆账，金融企业要继续尽职追偿，尽最大可能实现回收价值最大化。

4. 条件

按照财政部《金融企业呆账核销管理办法》的规定，呆账认定的条件包括破产、关闭、解散、撤销、自然灾害、意外事故、注销、吊销、未履行年度报告公示、强制执行、终结执行、终止执行、中止执行、破产重整、破产和解、诉讼调解、执行和解、驳回起诉、裁判免责、要件遗失、丧失诉讼时效、停止经营、超期投资、打包出售、公开拍卖、转让、债务减免、债转股、信贷资产证券化、债券投资损失、基金投资损失、案件损失、国务院专案、不良超期、死亡、宣告失踪、宣告死亡、触犯刑法、丧失完全民事行为能力、丧失劳动能力、涉嫌诈骗、追索共 42 类。呆账核销按照借款人符合的核销条件申报，要求借款人和担保人都要符合核销条件。

5. 材料及程序

呆账核销材料包括共性材料和个性材料。共性材料是每个核销项目都要提供的材料；个性材料是每个项目按借款人、担保人或其他债务人符合的核销条件分别提供的核销要件材料。符合条件的小额农户贷款、无抵押（质押）、抵押（质押）无效、抵押（质押）物已处置完毕的个人类贷款、银行卡透支款项，可以采取清单方式申报核销，无需提供共性材料和个性材料。

呆账核销分项目核查、申报准备、申报与审批、账务处理、材料归档五个工作步骤。呆账核销在内部运作，不得对借款人和担保人披露。未经批准，商业银行不得向监管部门之外的单位和个人披露呆账核销安排与实际核销情况。

本章小结

可以预见，在当前及未来较长一段时间内信贷业务仍然是大型商业银行资产组合中的重要组成部分，直接影响商业银行的价值创造能力和风险状况，是商业银行经营管理的重中之重，也是商业银行战略转型的重要基础。本章主要介绍了信贷管理的核心概念、基本原理、信贷结构调整、信贷业务全流程管理等内容。这些知识既有理论支撑，又是近年来大型商业银行管理实践的提炼和总结，对商业银行同业强化信贷业务管理、高等院校深入了解信贷业务风险特征、管理流程以及信用风险管控方面的知识都有借鉴意义。通过本章的学习，商业银行要积极树立科学的信贷管理理念，深刻认识信贷结构、资产质量、授信审批、不良经营和处置等全流程管理的意义与要求，不断提升信贷管理能力。在当前新的发展阶段，商业银行要主动顺应经济结构转型升级，坚持稳健均衡、协调发展理念，有效支持实体经济，加快信贷结构调整，强化信贷业务基础管理，筑牢风险底板，拓展能力边界，构建全面、主动的信贷管理体系知识框架，将商业银行信贷业务管理的核心内容在实践中加以应用和完善。

第六章

交易与投资业务风险管理

本章提要

交易与投资业务是商业银行业务转型的重要领域。本章重点介绍交易业务、投资业务、资产管理业务的业务类型，面临的关键风险点及其管理实践，其中关键风险点的识别与不同的管控方式是本章的重点与难点。

学习目标

对我国大型商业银行交易投资业务的类型、主要业务的发展状况、大型商业银行的管理实践有较为全面的认知，理解交易与投资业务的关键风险点，掌握交易业务的限额管理与主要限额指标、流程管控、不同性质交易对手的管理、投资业务的组合管理与信用风险管控、资产管理业务的穿透管理。

导入案例

巴林银行（Barings Bank）破产

1995年2月25日，英国历史悠久的巴林银行陷入破产危机，以1英镑的象征性价格被荷兰金融巨头——荷兰国际集团（International Nederlanden Group，ING）收购。这一事件的始作俑者为巴林银行新加坡分部的交易员尼克·里森（Nicholas Lesson）。巴林银行倒闭事件通常被用作运营风险管理的经典案例。从事件的过程来看，运营风险并不是唯一的风险因素，还伴随着市场风险，这是最致命的因素。里森导致巴林银行走向覆灭主要是以下两大投机行为：第一，里森看好日本经济和股市，不断累积购买日经225股指期货；第二，里森隐瞒巴林银行管理层大量出售跨式期权和勒式期权。但日经指数持续下跌，1995年1月的神户地震更是导致日经指数暴跌，里森损失惨重，给巴林银行造成巨亏。这一事件不仅暴露出巴林银行内部控制存在巨大缺陷，也揭示了交易与投资业务风险管理的重要性。

第一节　交易业务风险管理

一、概述

交易业务是在金融市场上以特定金融产品为标的进行的业务，有特定的金融工具和交易对手，有市场报价或可以利用模型进行估值。交易的目的通常为在短期的价格波动中获利。交易的对象既包括债券、股票、基金、衍生品、期货，也包括与这些业务相关的业务。交易的场所包括场内与场外。交易的方式包括自营、做市和代客。

20 世纪 90 年代以来，随着我国金融市场的发展，商业银行交易业务取得了快速发展。1994 年，银行间外汇市场创设，商业银行的外汇业务从此开始迅速发展。20 世纪八九十年代开始，商业银行逐渐在债券市场上开展一、二级市场的投资与交易，赚取投资收益和价差收益。越来越多的商业银行成立金融市场交易部门，集中处理自营、代客、承销、发行等业务，涵盖债券、人民币、外汇、大宗商品、衍生品、贵金属等众多业务品种。交易业务已成为公司金融业务、个人金融业务外，商业银行非常重要的一个业务板块。

目前，商业银行常见的交易业务有外汇交易、债券交易、衍生产品交易、贵金属交易、大宗商品交易等。近年来，随着市场的发展以及业务的创新，国内商业银行开始涉足基金、信用风险缓释工具等新业务。

（1）外汇交易。外汇交易包括外汇买卖业务、结售汇业务、外汇期权业务等，前两者占比最高。其中，外汇买卖业务按照交易类型的不同，可分为即期外汇买卖业务、远期外汇买卖业务、外汇买卖掉期业务三类；按客户类型的不同，可分为对公外汇买卖业务、个人外汇买卖业务。结售汇业务按照交易类型的不同，可分为即期结售汇业务、远期结售汇业务和人民币与外币掉期业务三类；按客户类型的不同，可分为对公结售汇业务和个人结售汇业务。

（2）债券交易。债券是政府、金融机构、工商企业等机构通过资本市场直接向社会筹措资金时向投资者发行且承诺按一定利率支付利息并按约定条件偿还本金的债权债务凭证。按照债券发行地域的不同，债券可分为国内市场债券和国际市场债券，国内银行的债券交易以本币债券交易为主，包括银行间市场交易以及交易所市场交易。按照利率特征的不同，债券可分为固定利率债券、浮动利率债券和零息债券。按照发行体性质的不同，债券可分为国债、地方政府及准政府机构债券、公司债券。按照偿还期限长短的不同，债券可分为短期债券、中期债券、长期债券和永久债券。

（3）衍生产品交易。衍生产品是从传统的基础金融工具衍生出的金融产品，主要有远期、期货、期权和掉期等。“衍生”是相对于基础资产而言的，其价值或未来收入取决于基础资产的未来价值。基础资产可以是货币、债券、股票、商品等。商业银行常开展的衍生产品有普通利率互换、普通远期利率协议、普通货币利率互换、普通利率期权、互换期权、结构性利率互换、结构性远期外汇买卖、结构性货币利率互换等。

（4）贵金属交易。贵金属交易是指黄金、白银、铂金、钯金等贵金属品种的交易。黄金和股票、期货、债券、外汇并列世界五大主要投资品种，是国际金融市场的重要投资工具。目前上海黄金交易所有黄金、白银、铂金等品种的交易。商业银行已开展的贵金属业务包括黄金、白银和铂金等在内的个人实物贵金属、个人账户贵金属、对公积存金业务、黄金寄售、贵金属租借、黄金远期和代理贵金属买卖等。

（5）大宗商品交易。在金融市场上，大宗商品指同质化、可交易、被广泛作为工业基础原材料的商品，如原油、有色金属、农产品、铁矿石、煤炭等。目前，商业银行主要开展的是大宗商品套期保值交易，是客户与商业银行签订大宗商品衍生品交易合约，对其在生产或者贸易过程中使用或库存商品进行套期保值的业务。按照交易背景的不同，大宗商品套期保值交易分为贸易融资项下大宗商品套期保值交易和非贸易融资项下大宗商品套期保值交易。目前，商业银行主要开展的可交易的品种为铁矿石、铜、锡、原油、燃料油等。

小知识

交易账簿和银行账簿的区别

交易账簿和银行账簿的准确划分是资本管理办法和监管机构的基本要求。账簿划分工作应涵盖涉及市场风险的表内、表外所有金融工具和商品头寸。交易账簿包括为交易目的或为对冲交易账簿其他项目的风险而持有的金融工具和商品头寸。为交易目的而持有的商品头寸是指短期内有目的地持有以便出售，或者从实际或预期的短期价格波动中获利，或者锁定套利的头寸，包括自营业务、做市业务和为执行客户买卖委托的代客业务而持有的头寸。银行账簿由所有未划入交易账簿的金融工具和商品头寸组成。按照交易账簿的定义，商业银行以自有资金开展的债券交易、代客的外汇交易、商品交易、衍生品交易等，绝大多数都属于交易账簿的业务。

二、关键风险点

交易业务面临的风险很多，不同的交易业务面临的风险也不一样。全面风险管理中的很多风险都是交易业务日常管理的内容，其中最主要的包括市场风险、信用风险与交易对手信用风险、流动性风险、运营风险、声誉风险以及合规风险。这些风险交织在一起，再加上交易业务往往集中交易、集中管理，使得全面风险管理在交易业务的风险管理中体现得更为充分。

（一）市场风险

交易业务面临的风险首先就是市场风险，市场风险广泛存在于各类交易业务中。债券交易面临利率波动的市场风险，外汇交易面临汇率风险和利率风险，期权交易面临汇率波动率大幅变动带来的市值损失，衍生产品面临挂钩基础资产的利率、汇率、商品等风险。大型商业银行的市场风险主要体现在两个方面：一方面是债券交易等业务直接承担的市场风险，另一方面是平盘对冲的剩余敞口面临的市场风险以及不完全对冲面临的市场风险。金融危机以来，随着金融市场基础资产价格的大幅波动，一些企业的衍生产品交易出现巨亏。相比较而言，国内大型商业银行因为治理架构相对成熟，对金融工具的风险认知比较清楚，风险偏好谨慎、敞口相对不大，尚未像企业那样因为衍生品交易出现重大市场风险亏损。但从国际银行业的经验来看，盲目扩大风险敞口，最终遭受重大市场风险损失的事件仍时有发生，这些案例不断提醒我们，交易业务的管理首先要认清风险敞口和风险大小，管控住市场波动的冲击。

（二）信用风险与交易对手信用风险

（1）信用风险。类似信用债、信用风险缓释工具的交易都面临发行人信用状况变化带来的价格波动。近年来，信用债违约风险不断攀升，从打破零违约开始，信用债违约逐步成为市场的常态。2014 年，“超日债”违约，打破国内债市刚性兑付，成为国内首例债券违约事件。2015 年，中国保定天威集团有限公司公告确认未能按期支付所发行的 2011 年度第二期中期票据利息，其发行的“11 天威 MTN2”成首只违约国企债券。债券违约既直接影响相关交易，还可能通过市场信用利差的波动对其他债券和业务产生影响，增加商业银行面临的信用风险。

（2）交易对手信用风险。交易对手信用风险可以分为违约风险和国家风险。违约风险是指交易对手因为流动性不足、管理不善等原因无法履行付款义务而导致的损失。国家风险是指虽然交易对手具有完成交易或履约付款的能力，但由于其所在国家管制变化而违约导致的损失。例如，对于买入看涨或看跌外汇期权而言，如果汇率大幅升值或贬值，客户可能拒绝履行被执行的义务，这就会构成违约风险。金融危机之后，国内商业银行开始重视对由市场风险引发的交易对手信用风险的管理。

案例

次贷危机与交易对手信用风险

2007 年爆发的次贷危机通过金融衍生产品的风险放大效应演变为信用危机，进而发展成为流动性危机，使雷曼兄弟公司、美国国际集团（AIG）等单个金融机构的违约风险迅速传染给其他交易对手，导致全球金融机构摇摇欲坠，并迅速蔓延到实体经济，最终演变成全球性金融风暴。次贷危机证明，金融衍生产品的交易对手信用风险在全球金融市场高度关联下，内生性风险与外生性风险并存，具有较快的传导效应。

（三）流动性风险

充足的市场流动性是开展交易业务的一个重要基础，但在一些特定情况下，或者一些特定的产品，往往容易出现流动性不足的情况，使得商业银行在需要交易时无法及时进行，被动持有过多的风险敞口。一是债券交易。在市场资金紧张、面临违约压力时，商业银行可能因缺乏市场流动性而无法及时出售。二是个别时点各币种流动性不一致，可能出现难以及时平盘的情况。三是海外市场大宗商品衍生品交易在亚洲交易时段不活跃，客户若选择即时成交，面临无法成交或只能部分成交的流动性风险。

（四）运营风险

运营风险是指由不完善或有问题的内部程序、人员以及系统或外部事件造成损失的风险。交易业务在开展过程中，因为系统、人员、流程的缺陷，再加上外部事件的影响，很容易发生运营风险。例如，交易人员在交易过程中由于疏忽或系统使用不当导致交易基本信息出错，买卖方向互调，交易金额位数增加，类似的事件并不少。又如，报价风险，即因计算机设备自身的软硬件、网络设备及通信、业务系统内部缺陷等因素导致报价大幅偏离市场及同业水平。国内一些商业银行在新业务的开展过程中，出现了贵金属报价、外汇报价等多次风险事件。再如，IT 系统风险，即系统对客户交易功能出现异常等。类似的一些风险事件，看起来好像都有一定的偶然性，但反映出来的是商业银行管理基础的薄弱。相对来说，交易业务的市场风险、信用风险造成的损失容易在内部消化，而交易业务的运营风险来源于系统、人员、流程的缺陷往往容易与外部发生联系，对金融市场或客户产生不利影响，进而对商业银行的声誉等产生影响。在某种程度上，这种影响甚至比直接的损失影响更大，是交易业务必须特别关注的风险。

（五）声誉风险

一方面，交易业务的交易结果直接体现在公开的市场报价与成交上，一旦成交就会留下公开的记录，使得交易业务的风险事件极易快速传播。例如，2013 年的“乌龙指事件”。2013 年 8 月 16 日 11 时 5 分，上证指数出现大幅拉升，大盘一分钟内涨幅超过 5%，最高涨幅 5.62%，指数最高报 2 198.85 点，盘中逼近 2 200 点。一个机构的交易就导致了指数的异常，对市场和机构都产生了严重的不利影响。另一方面，交易业务的结构相对更为复杂，客户对产品和风险的认知并不充分，极易引发后续的争议。特别是在衍生产品交易方面，双方信息不对称，弱势一方出现亏损后极易引发法律诉讼，从而使另一方面临重大声誉风险。1994 年，宝洁公司与信孚银行进行复杂的汇率与利率互换交易，累计损失 1.57 亿美元，但宝洁公司成功诉讼信孚银行商业欺诈，信孚银行被认定为欺诈以后名声扫地，业绩持续下跌，最终走向衰落。一些金融机构的代客衍生产品交易也面临一定的声誉风险。为追求中间业务收入，部分金融机构不能善尽告知义务，盲目营销，导致资金实力不强、风险承受能力较弱的客户从事高风险的衍生产品交易，客户出现损失后很容易给商业银行带来声誉危机。

（六）合规风险

交易行为的合规管理一直是一个难点，发生的案例也很多。2011 年，凯恩能源公司（Cairn Energy PLC）聘请汇丰银行协助其将 35 亿美元兑换成英镑，在该笔交易前，汇丰银行外汇交易员马克·约翰逊（Mark Johnson）蓄意在自营账户大量买入英镑，抬高英镑价格，以损害客户利益为代价为汇丰银行赚得约 800 万美元的收益，该事件被定性为“非法预先交易（Front Running)”。国内的例子也不少，2008—2012 年，某商业银行市场交易部交易处高级经理通过“扭曲”交易价格实现向自己的丙类账户输送利润。近年来，国内外监管机构对影响金融市场的交易行为处罚力度明显加大，需要不断加强对交易行为的管理。

三、交易业务风险管理

与国外领先商业银行相比，国内商业银行的交易业务无论是业务发展还是风险管理都处在探索和完善过程中。对大型商业银行而言，交易业务的风险管理一是要有集团视野，从集团层面进行统筹；二是要立足业务管风险，对交易业务全流程实施风险管控，开展交易业务的全集团、全流程的全面风险管理。

（一）交易业务管理

1. 主要内容

交易业务管理包括但不限于确保每一笔新增交易符合授权、授信、限额、策略的政策规定；对交易的对外报价、成交价格进行管控，保证公允；对单笔大额交易、交易集中度较高的交易对手、交易账户的敞口和盈亏情况及时进行监控报告；对未到期业务做好组合管理和单笔管理，根据风险计量结果严格执行风险预警、止损和盯市交保。

2. 实现方式

商业银行通过制定偏好、政策与限额，按日监控业务和执行情况，从单笔和组合层面落实政策限额要求，进行日常业务管理。

第一，风险偏好与风险政策。在统一的风险偏好和整体风险容忍范围内，商业银行根据发展战略、风险管理能力、外部市场环境变化、股东的价值回报要求等因素确定交易业务风险承担水平。交易业务风险政策包括总体的政策及与各项具体业务相关的政策。交易业务风险政策在风险偏好的引领下，明确具体的执行要求和标准。

案例

某商业银行的交易业务限额体系

某商业银行在交易业务限额体系中，从组合、产品、单笔层面，设置了交易限额、风险限额、止损限额和压力测试限额。

交易限额是指投资级以下及未评级债券最大名义余额、外汇业务最大隔夜敞口。

风险限额是指人民币债券组合风险价值（VaR）占市值的比例限额、市场风险资本口径的 VaR 限额。

止损限额是指交易账户债券单笔止损比例、贵金属交易止损比例。

压力测试限额是指收益率曲线每上升 100 个基点的债券组合市值最大下降比例、压力损失占市场风险经济资本的最大比例。

第二，限额管理。交易业务的限额一般包括交易限额、风险限额、止损限额、压力测试限额等类型，还可以根据需要设定集中度限额、交易对手限额、期限限额等。交易限额是对总交易头寸或净交易头寸规模的限制。风险限额主要包括风险价值限额（VaR 限额）和敏感性指标限额，用来规定正常市场情况下由市场风险因子的变动而可能造成的最大损失额度。止损限额规定单笔头寸或某个组合在一定时间内可以容许的最大损失额度，从而及时阻止损失的继续扩大。压力测试限额是规定极端不利市场情况下或压力情景下可以容许的最大可能损失额度。交易业务限额限定时，商业银行根据不同的交易产品类型设定不同的限额，如在债券交易中设立日终余额、组合风险价值（VaR）、单笔最长持有期限、单笔止损比例等交易限额；又如在外汇交易中设立隔夜敞口、日间敞口、期权 Delta 敞口、掉期交易每点价值等限额。

（二）交易流程管控

1. 含义

交易流程包括从分支机构客户发起交易到总行对外交易或平盘的全过程。

交易流程管控有很多种方式，制定风险政策与限额、开展监控检查、进行风险评估是常见的方式。针对交易业务面临的关键风险点，将风险管控融入业务流程，也是对交易性业务进行风险流程管控的一种常见做法。风险管控融入业务流程是指在业务发起至业务终结的全流程中，风险管理部门在关键风险点或风险环节履行风险准入、风险分类、风险核查、风险监控、风险报告等职责，其结果直接对业务运行或经营管理产生影响的风险管理动作。不同的商业银行在具体的融入点上存在一定的差异，但在关键环节，有风险条线的参与是一种重要的实践。

2. 主要内容

交易流程管控主要包括以下五个方面的内容：

第一，识别确定交易流程关键风险点。基于不同的业务特点和流程，风险管理部门确定不同产品业务流程的关键风险点。例如，衍生品交易流程中的关键风险点可以包括核查客户交易的实需背景，认定业务套期保值效果，监控合格金融质押品减免和追加标准，及时报告进入关注范围的客户和交易，管理市值重估，处理超预警、超限额、超授信事项等环节。

第二，开展穿行测试。风险管理部门对交易业务关键风险点进行穿行测试和管控功能评估，及时发现薄弱环节，提出完善和改进的措施，通过流程的 IT 化建设提升风险机控水平，以打造全流程自动化风险管控体系为目标，完善交易流程管控。

第三，融入关键流程。风险管理部门在关键风险点或风险环节履行风险准入、风险分类、风险核查、风险监控、风险报告等职责，其结果直接对业务运行或经营管理产生影响。

第四，交易流程风险评价。风险管理部门在完善风险管理融入交易流程的基础上，建立交易流程风险评价机制，根据监管、市场、业务、IT 架构的变化，对交易流程进行及时的优化更新。

第五，构建分工合作机制。融入关键流程的很多动作，如分类、审核客户交易实需背景，认定业务套期保值效果，监控合格金融质押品减免和追加标准，及时报告进入关注范围的客户和交易，管理市值重估，处理超预警、超限额、超授信事项等，都需要各分支机构、经办行的风险管理人员按照操作要点认真执行规定动作。因此，构建合理的分工合作机制是交易流程管控的重要保障。商业银行要完善总行、分（支）行，前、中、后台在交易全流程的分工合作机制，提升管控实效，尤其是在交易流程管控中发挥好分支机构的作用。

（三）交易对手管理

交易对手可以分为以金融机构为代表的同业端交易对手和由对公企业、个人客户组成的客户端交易对手两大类。不同类别的对手对应不同的风险特点与管理模式。

1. 同业端交易对手的管理

（1）交易对手的选择。商业银行选择交易对手时首先要求交易对手应是合格的交易主体，具有从事金融交易的资格及有效授权。其次交易对手要达到一定的准入标准。国际大型商业银行通常都设有专门的部门进行交易对手的信用评级，尤其在场外交易中，这一条件最为重要。很多商业银行都要求交易对手达到其确定的内部评级标准才肯与之交易。对于达到评级等基本要求的交易对手，商业银行还会根据交易对手的财务及风险状况审慎选择交易对手，严格执行业务主管部门和风险管理部门有关交易对手选择的各项规定和要求。对于境外金融机构交易对手，商业银行禁止与已冻结国家（地区）常规授信额度或境外金融机构常规授信额度的交易对手开展常规额度授信业务，并关注国别风险对交易对手信用风险的影响，审慎开展业务。

（2）交易对手的额度管控。与商业银行开展衍生产品业务的交易对手必须已在商业银行核定了授信额度，交易对手叙做交易形成的风险敞口应纳入授信额度进行管控。商业银行通过设定授信额度的方式来降低信用风险，使交易对手的头寸暴露水平保持在信用限额以内，可以把商业银行可能的风险损失控制在一定的范围之内。

（3）交易对手的风险缓释。采取有效的风险缓释措施是交易对手风险管控的一个重要手段。在国际惯例中，场外金融衍生品交易需要签署包括国际掉期及衍生工具协会主协议在内的一系列的文件，并要求做市商向最终用户提供风险提示和每次交易前的确认函。在国内市场开展场外衍生产品交易时，交易各方应签署中国银行间市场金融衍生产品交易主协议等文件。

案例

无效协议导致巨额损失

20世纪80年代，英国伦敦郊区的两个自治镇分别与其交易对手签订了总名义本金超过60亿英镑的利率互换合约。由于利率的逆向变化，两个自治镇出现了潜在的巨额亏损。最终，英国上议院仲裁宣布地方政府与交易对手间的合约无效，造成交易对手1.2亿英镑的损失。

2. 客户端交易对手的管理

客户端是指与商业银行分支机构叙做交易的交易对手，包括商业银行、非银行金融机构、非金融机构、企业等。客户端交易对手的管理主要包括交易前的尽职调查、交易时的客户和产品匹配度评估以及交易过程中的风险提示三个方面。

（1）交易前的尽职调查。重点是对客户的风险承受能力和风险偏好做好尽职调查。对于客户的风险承受能力，商业银行应着重考察以下几点：客户对于拟购买产品或拟开办业务的风险程度或可能的潜在损失有较高的认知水平；交易规模与企业实力相匹配；衍生产品交易应确保客户具备真实交易背景，避免开展无实需背景的投机性衍生产品交易。对于客户的风险偏好，商业银行应着重考察以下几点：客户拟涉足的产品或业务是否符合国家政策要求（如是否符合国家关于国有企业开展境外衍生产品交易的相关规定）；客户拟涉足的产品或业务是否与企业的发展战略相一致；客户拟开展的产品和业务是否获得董事会的批准或董事会授权机构的批准。

（2）交易时的客户和产品匹配度评估。商业银行按风险程度由低到高将产品分为不同的风险等级，同时根据客户的信用风险程度、经营属性、产品认知能力、过往交易履约记录等，将叙做业务的客户分为积极拓展、巩固发展、审慎控制和严格限制等不同的类别，并进行交易时的客户和产品匹配度评估，以确保客户叙做的交易类型与其资金实力、风险偏好、风险承受能力相适应。

（3）交易过程中的风险提示。商业银行在交易前做好对客户产品知识的普及工作，帮助客户了解产品结构，详细分析产品的风险及收益所在，并提出可行的方案或建议，严禁不加选择、盲目营销的行为。同时，商业银行针对产品结构、挂钩指标的历史波动情况、未来可能的变动趋势对客户进行详细介绍，对产品的潜在风险进行充分解释，并按不同情景说明客户在各种市场条件（甚至包括极端情形）下可能的损益情况，提示客户是否设立止损点。交易后，对于交易出现的重大损益波动，商业银行应及时与客户进行沟通，帮助客户评估风险趋势，及时采取应对措施。

拓展阅读

从雷曼兄弟公司"迷你债券"事件看
为什么要向合适的客户推荐合适的产品

"迷你债券"由雷曼兄弟公司发起的特殊目的机构——太平洋国际金融公司发行，通过中银香港、东亚银行、花旗银行等20家银行向中国香港的客户销售，所募集的资金用于购买雷曼兄弟公司发行的AAA级债务抵押凭证（CDO），通过CDO产生的现金流（包括利息、出售价值等）对"迷你债券"还本付息。"迷你债券"虽然冠以"债券"之名，但实质是一种包含了债务抵押凭证（Collateralized Debt Obligation，CDO）、利率互换、信用违约互换（Credit Default Swap，CDS）的结构性债权产品。2008年9月，雷曼兄弟公司申请破产保护，"迷你债券"的资产池出现偿付问题，触发"迷你债券"的提前清偿程序，"迷你债券"投资者血本无归，采取游行、投诉、诉讼等方式，要求商业银行全额回购债券。自此，商业银行、客户、监管当局之间陷入旷日持久的纠纷和责任调查之中。本次事件以银行承诺打折回购债券为结局。例如，中银香港等承诺：不论"迷你债券"的市值情况如何，银行将以本金价格的60%向客户回购债券，对于部分年长客户按照本金价格的70%回购，承诺回购的前提是银行不承认自己有任何过失。"迷你债券"事件告诉我们，在代客资金交易业务中，商业银行并非是风险中立的，在不利的市场条件下，客户或交易对手承担的市场风险会转化为商业银行承担的信用风险。因此，在开办代客资金交易业务时，做好客户选择工作、严格执行客户准入政策、向合适的客户推荐合适的产品，是商业银行控制风险的重要环节。

（四）交易产品管理

交易产品管理主要是对产品的风险进行评估、对产品的准入进行把控、对产品的清单进行管理，必要时还包括产品的退出。在交易产品管理中，新产品的管理是其中最重要的内容。对新产品进行风险评估和审批是从源头上对新增风险进行控制的有效方法。对于拟投资或拟交易的新业务、新产品，商业银行在其推出前必须履行审批程序，进行严格审慎的独立分析和论证，对新产品的产品特征、风险回报、市场影响等方面形成清晰准确的认识，建立较为完备的风险管理程序，确保新产品的风险可控。

（1）新产品的界定。新产品可以分成两大类：一类属于全新的产品，是过去交易中没有涉及过的产品种类，这类产品需要经过全面细致的风险评估和审批；另一类产品是由现有产品稍做改动而产生的，如在原有产品的基础上仅仅是期限变化、增加一些期权条件，或者改动部分条款等。这类产品本身的风险特征和已有产品基本类似，虽然原则上也需要履行包含四个环节的审批流程，但实际操作中对此类产品的风险评估过程会更加简化，审批时间大大缩短。

小知识

何为新产品

金融市场业务中具有下列任意一项特征的产品或业务可以被视为金融市场业务新产品：

（1）该产品类型以前从未被包括在商业银行金融市场业务的各类组合和账户中。

（2）该产品至少包含一种目前没有定义过或定量过的新型风险，如新的利率因子、新的汇率因子、新的波动率因子、新的信用风险因子以及证券化产品的新的资产池等。

（3）该产品具有新的交易流程。例如，该产品的法律处理流程与已有产品有显著的差别，则该产品需要在新的市场上进行交易从而具有新的流程等。

（4）该产品对于前台交易、中台风险管理、后台账务处理或其他相关环节具有新的技术要求。例如，该产品不能由现有的风险计量方法识别或计量风险，则该产品不能根据现行办法进行估值、损益计量、会计处理等。

（5）按照内外部要求或规定正式发文暂停开展又拟恢复开展的产品，如债务抵押凭证（CDO）、信用违约互换（CDS）、优先信托抵押产品等复杂产品。

（2）新产品管理的基本要求。一是合法合规。新产品应符合监管要求，包括符合国家相关法律法规和外部监管机构的规定。二是风险可控。商业银行应能够对该产品进行准确的定价、估值、损益计量和会计处理，并能够识别、计量、监测和控制该产品包含的风险，能够对风险进行充分的抵补、转移、对冲或缓释。三是风险收益平衡。新产品蕴含的风险应在商业银行的风险偏好范围之内，收益基本能够覆盖风险，达到风险和收益的平衡。

（3）新产品的风险管理程序。新产品的风险管理程序可以分为新产品的识别、新产品的风险评估、新产品的风险审批和新产品的后续管理四个环节。在新产品的识别阶段，业务经营部门应填写新产品识别表，提供待定新产品的描述及判断其可能是新产品的原因。风险管理部门判定该产品是否属于新产品。在新产品的风险评估阶段，风险管理部门需要分析新产品包含的各类风险、风险管理方法、风险和收益情况、估值（定价）方法以及各类风险的计量、监测、控制方法等，并确定新产品的风险等级。风险管理部门还应提出独立于业务部门的风险评估意见。在新产品的风险审批阶段，风险管理部门应将新产品的相关审批材料（包括风险分析和评估材料）征求财务会计部门、结算部门、法律合规部门、技术支持部门等相关部门意见后，报高级管理层审批。审批通过后，业务经营部门才可以开展新产品业务。在新产品的后续管理阶段，业务经营部门需要及时出台或更新涉及新产品的相关规章制度，明确产品定价、风险管理、会计核算、人员配备、系统设施配备、操作流程、内控措施等方面的制度要求；根据需要进行授权、授信、限额以及系统、数据、岗位等调整，保证新产品业务的开展符合内部管理各项规定，并获得充分的支持和保障。在新产品业务开展后 3~6 个月内，风险管理部门应及时对新产品进行后续风险评价。

（五）交易系统管理

交易业务的一个显著特点是系统化。近年来，国内外商业银行因为系统操作、系统缺陷引发的问题时有发生，一方面使金融机构遭受了经济损失，另一方面影响了机构的声誉，对投资者也产生了不利的影响。作为整个交易业务风险管控的重要环节，交易系统管理是非常重要的组成部分。

一是系统化。开展交易业务的交易平台及相关的交易管理系统功能应尽可能完善。商业银行应尽可能避免以手工台账等方式开展交易，降低运营风险。在系统建设过程中，商业银行应实现前台交易、中台风险管理和后台清算核算的交易全流程系统直通，避免交易在多个系统中重复录入，减少清算环节的手工签章、递单等操作。

二是利用系统控制。商业银行应利用系统实现业务关键风险环节的有效控制，包括但不限于交易授权、授信、风险限额、价格偏离度、关联交易、业务关键风险点等，尤其是对外报价业务等红线、底线风险，系统控制手段包括但不限于设置价格偏离度红线刚性控制、价格偏离度预警提示、对预警提示的价格实行双敲复核、引入自动报价源等。

三是系统规范化管理。商业银行应加强用户权限管理，进行差别化权限配置，做好不相容岗位分离。商业银行应建立并严格执行系统用户准入、退出、权限变更等的制度和流程。商业银行应建立系统参数的统一管理机制，明确系统参数的定义和范围，参数申请、审批、设置、重检的操作流程。

四是商业银行定期进行交易系统突发事件的影响分析和风险评估、持续性策略制定、预案建设和维护以及演练评估，确保业务持续性。

（六）交易员管理

交易员岗位是商业银行的重要岗位。从近年来国内外市场的公开事件来看，一些机构对交易员岗位的制约不足、对交易员的管理不到位、交易员违规操作引发的问题时有出现，既造成了直接的损失，也对商业银行的声誉产生了不良影响。在发展业务的同时，商业银行需要建立规范的内部程序和流程，实现岗位分离与制衡。从业务实践来看，交易员的管理可以主要分为名单制管理、权限控制、交易操作的规范管理以及交易行为的监控检查等内容。

（1）名单制管理。交易员实行名单制管理，业务经营部门根据交易员准入要求提出推荐人选，经认定后列入交易员名单的人员才具备交易资格。交易员的选择应坚持德才兼备的原则，通过资格审核、尽职调查、测试评估、跟岗学习、推荐认定等环节，综合考察其业务技能和职业操守后进行认定。业务经营部门每年根据交易员考核结果对名单进行更新，对不适合继续从事交易的人员进行调整。

（2）权限管理。一是做好合理授权。交易员授权书明确管理层和相关交易员应有的权利和责任。授权书的内容包含授权产品、期限、交易时间和地点、交易限额、交易市场、交易策略等，并要求交易员确认其遵守行为与道德准则。二是做好权责分离。业务经营部门分离授权、执行、保管、记录等不相容职务，以确保不同岗位之间权责分明、相互制约、相互监督，形成相互制衡机制，在提高员工工作效率的同时，使内部控制制度得到有效实施。

案例

魔鬼交易员“伦敦鲸”

2012年年初，摩根大通的超短期融资券（SCP）交易组合（包含各类衍生工具，用以对冲固定收益类产品的违约风险）的盯市价值出现下跌，面对可能遭受的损失，摩根大通并没有选择立即解除合约或平仓进行止损，而是先后选择平坦化（Flattener）策略及卖出大量信用保护的方式来降低损失。结果反而使信用风险暴露更大。由于交易策略演变为对赌，摩根大通最终受到外部市场的反作用形成了高达65亿美元的亏损。该事件中的主要人物布鲁诺·伊克希尔（Bruno Iskil）也因此被称为“伦敦鲸”。

（3）交易操作的规范管理。针对商业银行开展的各项交易业务，业务经营部门制定各自的操作规范和手册，用以标准化交易员的业务操作，确保业务操作合理、合规、留痕，并为后续运营风险管理、违规操作统计提供依据。部分同业会在每类业务的操作规范中，先强调在该业务中如何落实行为与道德准则的要求，之后再详细描述该业务操作的流程要求及具体步骤，乃至每步的系统图。

（4）交易行为的监控检查。业务经营部门通过对交易价格偏离度和交易对手集中度的定期检查分析、交易录音电话的抽查等加强对交易行为的监控检查。

第二节 投资业务风险管理

一、概述

投资业务是商业银行利用表内资金在金融市场上进行的以稳健获取持有期投资收益为主的业务，其典型代表是债券投资业务，包括利率债投资业务与信用债投资业务。传统上，商业银行在金融市场上的投资业务主要由各行的金融市场部门负责。近年来，随着市场和业务发展，同业业务部门已成为商业银行内部很重要的一个投资主体。在投资方式上，除了自主投资外，商业银行还发展出委托外部机构进行投资、购买债券型基金等新的投资方式。

（一）金融市场投资业务

金融市场部门是大型商业银行进行金融市场投资业务的主要部门，债券投资业务是其最主要的投资业务。

（1）债券投资业务。债券投资业务是商业银行金融市场业务的重要组成部分，也是商业银行资产负债管理中的一个重要组成部分。从规模上看，国内大型商业银行的债券投资规模都是以万亿元计。从债券投资结构上看，政府及央行债券投资规模呈逐年上升趋势，一般都超过50%。

（2）其他投资业务。近年来，商业银行陆续开展了一些其他投资业务，如购买债券型基金、创设信用风险缓释工具等。

拓展阅读

中国债券市场的发展

自1981年财政部重启国库券发行以来，中国债券市场经历了突飞猛进的发展。1989—2018年的30年间，中国债券存量从513.16亿元增长到 85.74 万亿元，年均复合增长率达到 28%。从各类型债券占比变化来看：首先，利率债构成了中国债券市场的主体，早期是国债，随后是政策性金融债和央票。2009 年地方债发行，2015 年地方债务置换背景下地方债快速扩容，目前地方债已成为市场最大的利率债品种。其次，信用债起步早，但发展迟。2005 年以来信用债才逐步发展壮大。最后，同业存单异军突起。2013 年同业存单发行后，占比迅速抬升，成为中国债券市场的重要构成部分。截至 2018 年年末，在主要的债券品种中，国债规模达到 14.88 万亿元，占比 17.36%，地方债规模达到 18.07 万亿元，占比 21.08%，政策性银行债规模达到 14.38 万亿元，占比 16.78%，金融债（不包括政策性银行债）规模达到 5.93 万亿元，占比 6.92%，同业存单规模达到 9.88 万亿元，占比 11.53%，信用债规模 20.57 万亿元，占比 23.99%，可转债和可交换债规模 3 880.14 亿元，占比 0.45%。

（二）同业投资业务

商业银行同业业务是指商业银行间开展的，以金融机构为交易对手方，以同业资金融通或获取收益为目标的各项业务，包括同业融资业务和同业投资业务。

同业融资业务是指同业拆借、同业存款、买入返售等低风险的资金拆借业务，同业融资业务期限较短，原则上不超过 1 年。同业融资业务具有显著的“融资性”特征，是商业银行调节资金头寸的重要工具。

同业投资业务是指金融机构购买（或委托其他金融机构购买）同业金融资产（包括但不限于金融债、次级债等在商业银行间市场或证券交易所市场交易的同业金融资产）或特定目的载体（包括但不限于商业银行理财产品、信托投资计划、证券投资基金、证券公司资产管理计划、基金管理公司及子公司资产管理计划、保险业资产管理机构资产管理产品等）的投资行为。

同业投资可以从两个维度来划分：一是以投资模式来区分，分为直接投资和通过特定目的载体投资两大模式；二是以投资的基础资产来区分，分为收益凭证、债券、非标准资产等。

近年来，同业业务的范围和规模日益扩大，特别是从 2011 年开始，在金融脱媒、利率市场化等多重压力下，低成本、低资本占用的同业业务迅速扩张，以银信合作、票据回购、同业代付、同业理财、远期收购承诺函等为代表的创新业务层出不穷，特别是在中小商业银行，同业业务的业务量、收入激增，部分商业银行的同业业务规模已大大超过其传统信贷业务规模，甚至成为商业银行运营的主要业务。

二、关键风险点

投资业务面临市场风险、信用风险、流动性风险以及运营与合规风险等关键风险点。

（一）市场风险

商业银行投资业务的市场风险中最主要的是利率类产品市值因利率走势而波动的风险，外币债券的市场风险除利率风险外还包含汇率风险。不同于交易业务面临的利率风险，投资业务面临的利率风险总体上属于银行账簿利率风险的范畴，因此市场风险中最重要的是利率风险中的再投资风险和期权风险。再投资风险指债券持有者在持有期间收到的利息收入、到期时收到的本息、出售时得到的资本收益等，用于再投资所能实现的报酬可能会低于当初购买该债券时的收益率。例如，长期债券利率为6%，短期债券利率为4%，商业银行为减少利率风险而购买短期债券。但在短期债券到期收回现金时，如果利率下降较多，商业银行就不容易找到高于原来收益的投资机会，还不如当期投资于长期债券，仍可以获得较高的收益。期权风险是因为某些企业发行的债券可能含有期权，如规定在债券到期前两年企业有权提前偿还。若到可以行使期权时市场利率下跌，企业可能会提前偿还债券，以更低的利率重新融资，而商业银行将不得不承担这一风险。对于大型商业银行而言，投资业务的市场风险管理除了考虑收益因素之外，还必须关注投资业务资产的估值受市场波动的影响，减少持有期市场波动对财务报表的影响。

（二）信用风险

信用风险也是投资业务面临的最主要风险之一，包括标准化的债券投资与非标准化的债券投资，本质上都面临着信用风险。在当前经济情况下，客户违约风险上升，带来非标准资产与信用债的信用风险大幅提升。同业投资业务以特定载体进行投资时，还面临着金融机构的信用风险。随着同业合作产品、合作形式的扩展与深化，同业业务的交易对手风险日益下沉。一方面，非银行金融机构的种类和数量持续增加，其整体实力通常不强，而业务偏好相对较高。另一方面，交易对手风险的下沉来自商业银行经营策略的选择。再加上产品多层嵌套、风险交叉传染，风险爆发的可能性和传染性都大大增加。

（三）流动性风险

流动性风险主要指投资无法以合理的价格变现而导致的损失。例如，2011年七八月份，由于一些城投债爆发风险，市场上的城投债一度出现无成交或低量成交的局面。持有城投债的机构若面临资金缺口必须出售城投债资产时，在这些债券流动性缺乏的情况下，只能大幅度折价出售。大型商业银行投资业务的规模都很大，光债券投资就有上万亿元的规模，这些投资除了考虑收益之外，必须考虑安全性和流动性的问题，这是大型商业银行流动性风险管理的重要组成部分。商业银行必须从品种选择、结构安排、期限控制等方面做好流动性安排。从同业投资的角度看，一些同业业务的盈利模式为通过短期负债获取低成本资金，然后将低成本资金投入买入返售、应收投资类等长期限资产中，以赚取利差收入。在市场流动性充足时，由于商业银行能从市场上滚动获取短期拆借资金，因此大部分商业银行能从期限错配中获利。一旦市场资金面紧张，过度的期限错配将使部分商业银行特别是中小商业银行难以融入足量资金，引发流动性风险，甚至因“羊群效应”而引发市场恐慌。

案例

2013年“钱荒”事件

2013年6月7日，包括隔夜、7天期、14天期、1个月期和3个月期在内的上海银行间同业拆放利率（Shibor）全线飙升。其中，隔夜拆放利率大涨135.9个基点至5.98%。资金交易系统出现历史最长延时，市场大面积出现违约。6月19日，由于流动性紧张，大型商业银行加入“借钱”大军，导致部分金融机构发生资金违约，银行间市场被迫延迟半小时收市，震动整个金融市场。6月20日，资金市场几乎失控而停盘，上海银行间同业拆放利率全线上涨，隔夜拆放利率更是飙升578个基点，达到13.44%，比6%左右的商业贷款利率高出一倍，创下历史新高，隔夜回购利率最高达到史无前例的30%。

（四）运营与合规风险

投资业务面临同交易业务类似的运营与合规风险。在同业投资方面，利用特定目的载体进行投资，利用监管套利，设计复杂的同业产品，通过多层嵌套及抽屉协议，实现资金向限制性行业投放、不良资产虚假出表以及将高风险的投资类同业业务伪装成低风险业务以规避宏观调控、监管规则以及自身资本和拨备水平的限制，增加了商业银行面临的运营与合规风险。

三、投资业务风险管理

（一）准入管理

投资业务准入管理的重点是把好产品关，做好行业和客户选择，这是控制基础资产信用风险最重要的手段。

（1）产品准入。商业银行坚持事前评估原则，先进行新产品风险评估，再开展新业务。商业银行在推出新产品前要充分识别和评估各类风险，由风险管理部门牵头，法律合规、财务会计管理等相关部门共同进行风险评估。新产品的推出必须满足政策到位、系统具备和风险可控的基本要求。

（2）行业选择。投资部门应根据行业政策，结合市场情况，明确重点行业投向。投资部门应根据行业信贷政策，结合利率水平、风险回报情况、市场供求等因素，明确投资的具体行业配置比例，按配置比例进行配置，满足行业限额管理要求。在进行行业配置时，为减小集中度风险，投资部门应对单一行业设置集中度限额，进行适度配置。不同行业的集中度限额标准可以有所不同，但实际的配置不应突破限额的规定。同时，投资业务的行业结构配置应根据经济周期变化、国家经济结构调整政策、市场环境的变化、业务发展战略的调整、风险政策的调整等内外部因素进行定期或不定期调整。

案例

某商业银行对信用债投资审批的实践探索

某商业银行在开展授信额度项下的债券投资前，应按照相关规定，报有权审批机构履行单笔审批程序。各分行在发起授信额度项下的专项债券投资时，必须首先报分行授信审批部门审议。分行授信审批部门应从发行体的信用状况、投资项目的合规性、主要风险点及控制措施、风险与收益平衡等方面进行审查，并出具明确意见。分行的审批意见应作为投资申报材料之一。除了要符合全行统一的信贷政策外，在单笔审批环节，该商业银行还确保该笔债券投资满足发行体准入标准。

（3）客户选择。制定投资对象的发行体准入标准，常见的准入标准分为两类：一是评级类标准，对内部评级、外部评级设定级别控制；二是评级之外的财务指标，如对净利润、资本充足率、不良贷款率、拨备覆盖率等财务指标设定不同的阈值要求。对于特殊类型的客户，商业银行可以在一般性的政策之外再进行特殊规定。

案例

某商业银行的客户和产品匹配机制

为加强金融同业客户的管理，某商业银行构建了业务和客户双维度管理的风险管理体系。

在客户管理上，该商业银行以金融机构客户底线政策和准入标准为基础，通过客户差别化管理和产品分层准入，建立客户和产品匹配机制，按照名单制管理原则定期更新客户黑名单、白名单。

在客户分类上，该商业银行按照客户性质、客户内外部评级和本行差别化客户政策，将金融机构客户分为优先支持类客户、选择支持类客户、压缩退出类客户三类；按照客户规模，将金融机构客户分为大型客户、中型客户和小型客户。

在产品分类上，该商业银行依据产品特征、业务期限、复杂程度等对金融机构客户涉及的产品进行风险分类，并按照风险由低到高分为不同的等级。

在产品分类和客户分类的基础上，商业银行建立产品和客户匹配机制，根据客户实际风险承担能力实施差异化产品配置政策。

（4）统一授信。从独立承担客户信用风险的角度看，信用类投资与传统信贷业务并无本质区别，因此信用类投资应纳入统一授信管理体系，先授信、后投资。

（二）组合管理

组合管理的内容很多，包括但不限于结构管理、期限管理、集中度管理等内容。

1. 结构管理

结构管理包括投资对象的产品结构、四分类账户结构或新会计准则下三分类账户的结构安排，以防范信用风险，合理规避利率波动对投资组合损益以及公允价值的影响。结构管理主要通过投资指引、限额等方式来进行。

案例

某商业银行外币投资的风险策略安排

某商业银行的外币投资组合以保障全行外币资金流动性为主要目的，兼顾收益性和安全性，防范利率风险，在授信额度、国别风险限额内进行投资。一是把握节奏，控制组合久期。在当年美元处于升息周期、英国脱欧的影响继续发酵、欧洲银行业危机仍未消散的情况下，当年外币投资继续先保流动性，兼顾收益性，并对外币组合久期增加上限管控。二是严格防范国别风险和发行体信用风险。若信用评级在 BBB-以下，商业银行应对当地政府债（含央行票据）投资总量进行控制，进行名单制管理。

2. 期限管理

一般来说，在其他条件相同的情况下，重定价期限或久期期限越长，利率风险越高。在构建投资组合时，商业银行应根据回报要求、市场收益率情况等，科学安排投资的期限结构，确定合理的平均久期，平衡风险和收益，在既定的回报要求下尽量降低利率风险。

常用的期限有剩余期限、重定价期限和久期期限等。对期限进行限额指标设定、进行持续监控是期限管理的重要方式。

期限搭配安排与组合的回报要求、组合的风险管理策略密切相关。投资组合的构建有积极投资策略与消极投资策略两种策略。积极投资策略是在预测收益率曲线陡峭化或平坦化、上升或下降的基础上调整投资组合的久期，以最大化收益或最小化投资风险。消极投资策略并不进行利率预测，组合管理者通常把市场交易价格视为均衡交易价格，并不试图寻找价值低估的品种，而只关注投资组合的风险控制。

积极投资策略下的期限搭配需要根据收益率曲线的形态以及对未来短期、中期、长期利率的预测，投资于收益率相对较高的某些期限或有利于未来获得更高收益的期限，并在投资量上进行搭配。例如，根据短期、中期、长期的市场利率情况以及对未来利率走势的预期，重点投资短期债券和长期债券，少量配置中期债券，构成债券投资的“哑铃型”期限搭配。

消极投资债券组合管理有两种策略：一是指数策略，力图使债券组合模拟债券指数的表现；二是免疫策略，即通过组合久期的构造，尽可能使债券组合避免市场利率波动带来的影响。通常的免疫策略是将债券持有至久期长度的期限，当长期、短期利率平行变化时，不论利率如何变动，到期时投资组合的价值将与预期的资产价值相同，而期末的资产报酬率也会等于目标报酬率。

小知识

久期免疫组合的构造

当利率上升时，投资者面临两种风险：一是利率风险，即债券的价格会因利率上涨而下跌；二是再投资风险，即利息收入再投资会随着利率上升而增加。两种风险方向相反，对债券价值的影响有互相抵销的作用。所谓免疫策略，是指构造这样一种投资组合，以至于任何由利率变化引起的资本损失（或利得）能被再投资的回报（或损失）所弥补。

对于债券投资者而言，如果利率下降，从短期看，债券价格将上涨，债券的短期投资者将会从利率下降中获取资本利得，投资收益增加。但是，如果从长期看，债券投资者的投资收益会减少，这是因为：债券到期时价格等于面值，利率下降导致债券利息的再投资收益率减少，从而使债券投资者在长期内的收益下降。

因此，利率的变动使债券投资者在长期持有与短期持有之间出现收益减少或收益增加两种相反的结果，这意味着它们之间必然存在一个“中期”。当债券投资者持有的时间为“中期”时，利率不管如何变动，债券投资者的收益不变。也就是说，从“中期”来看，债券投资者的收益基本不受利率变动的影响，这就相当于投资一个期限与这个“中期”相等的贴现债券，在持有的“中期”内，其投资收益不受利率变动的影响。因此，如果债券投资者建立的债券组合的久期等于这个“中期”，则可以实现投资收益不受利率变动影响的目标，这就是运用久期免疫策略构造的债券投资组合。

商业银行的投资业务一方面依靠自有资金的支持，另一方面还承担着全行流动性管理的需要，因此投资业务的期限管理除了考虑债券市场的走势之外，还必须从全行资产负债利率管理的角度以及流动性管理的角度出发，确定投资业务的期限结构安排。

3. 集中度管理

集中度管理是指通过设定不同的集中度指标进行集中度管控，如对单一债券发行体集中度、单一行业债券集中度、单一债券发行体的最大投资额、单一发行体债券余额占净资产最大比例、单一发行体债券余额占发行体未清偿债券总量最大比例等进行管控。

（三）投后检查与风险预警

投后检查的主要思路是借鉴信贷业务的贷后管理经验，对投资业务的信用风险进行管控，如建立投后管理台账，对投后管理台账中的发行体、经办人员按照信贷业务贷后管理办法的有关规定，开展投后检查工作（包括月度走访、定期检查、日常跟踪监控），并撰写投后检查报告。投后检查既包括一般内容，也包括特殊内容，如对非金融企业债募集说明书中约定的募集资金用途使用情况和作为偿债现金流来源的项目或资产的现金流情况进行重点关注。

风险预警包括投资对象的信贷业务预警信息、价格波动、评级调整、财务状况等预警信息，也包括重大市场指标波动、宏观政策变化、IT 系统风险等内容。风险预警执行时，市场类的预警监测一般由总行进行，信用类的预警监测则会更多地发挥分支机构的作用。分支机构发现预警信号后，应及时报告总行对应的业务经营部门和风险管理部门，由总行业务经营部门与风险管理部门、相关分行商讨后确定预警处理意见。如果涉及资产质量恶化或可能形成损失等重大风险事项，商业银行按照重大风险事项预警监测流程办理。

（四）风险分类

1. 定义

投资业务风险分类是按照风险程度的大小，把投资业务划分为不同风险等级的过程。风险等级可以包括正常、关注、次级、可疑、损失五大类，也可以在五级分类基础上进一步细化为 12 级。债券投资、同业投资等都需要进行风险分类。

2. 分类方法

投资业务风险分类通过定量分析和定性分析相结合的方法，基于内部评级体系的违约概率与违约损失率计算形成预期损失率，并在此基础上充分考虑宏观经济、财务状况、还款诚意、流动性、重估价格等因素进行调整，从而判断得出最终的风险程度评定结果。

同业业务基础资产风险分类可以采取直接分类和非直接分类两种方法。其中，直接分类是指对低风险或符合损失特征的基础资产直接分类为正常或损失的方法；非直接分类是指对不符合直接分类条件的基础资产，除不可穿透资产外，通过初始分类级别确定、客户风险因子调整、资产风险因子调整、综合调整四个步骤实施风险分类。

3. 投资业务与信贷业务风险分类方法的差异

承担信用风险的投资业务，尤其是作为企业融资手段的债券和贷款，同一发行体下的债券投资与贷款的信用风险实质相同，因此在风险分类的基本原理、方法上是一致的。但是债券可以上市交易，具有流动性、重估价格等不同于贷款的特点，因此投资业务的风险分类在具体方法、标准以及操作流程上，与贷款有一定的差异。以信用债为例，信用债风险分类以客户的风险特征作为基础，基于客户信用评级、违约损失率等定量指标进行初始分类，同时考虑同一发行体下贷款的分类情况，结合债券的流动性、重估价格等要素进行调整。商业银行根据发行体基本情况对信用债进行分类后，还可根据市场情况对债券分类结果进行调整。

4. 结果运用

风险分类是提高投资业务精细化管理的重要措施之一。一方面，商业银行要对风险分类较差的发行体进行重点监控预警，动态跟踪管理，并在投后检查报告中进行重点分析。另一方面，分类结果是减值准备计提的重要依据，商业银行要确保减值准备能充分覆盖风险。

（五）减值准备计提

减值准备是指依据减值判定规则，客观谨慎对投资的风险水平进行合理估计和判断，基于预期信用损失测算结果，专门计提的用于弥补资产损失的准备金。减值准备计提可以真实核算投资经营成果，提高商业银行的风险抵御能力。

1. 计提程序

减值准备计提程序包括数据收集、减值测试及减值损失测算、测算结果的审查和认定、审批、账务处理等环节。

2. 减值准备测算

减值准备测算是指在对投资业务交易对手基本面、市场价格、评级变化与资产分类等情况进行综合分析的基础上，通过对其未来现金流的稳定性、还本付息的可能性等进行预测，依据预期损失方法以及风险阶段判断标准确定该笔资产的减值准备。

预期信用损失的方法基于违约概率、违约损失率以及违约风险暴露进行测试。在前瞻性调整时，不同的投资业务可以设置不同的业务调整系数。业务调整系数可以综合考虑宏观经济预期、市场政策预期以及违约风险预期，通过业务打分卡等方式进行测算，并定期调整。

第三节　资产管理业务风险管理

一、概述

资产管理业务是指商业银行、信托机构、证券机构、基金管理公司、期货交易机构、保险资产管理机构、金融资产投资公司等金融机构接受投资者委托，对受托的投资者的财产进行投资和管理的金融服务。

资产管理业务有三大特点：一是资产范围广泛，可以分为标准资产、非标准资产；债权、股权；衍生产品、另类资产；自主投资、委外投资等不同维度的资产。二是交易结构复杂，合作机构（基金管理公司、信托机构、证券机构）多，产品嵌套多，成为跨市场、跨机构、跨业务的交叉性金融业务的典型代表。三是产品类型多样，有封闭式产品、开放式产品、净值型产品、非净值型产品、公募产品、私募产品等多种多样的产品类型。

随着金融体制的深化改革，我国资产管理业务迎来快速发展时期，商业银行、证券机构、信托机构、保险资产管理机构等各类金融机构争相发展资产管理业务，形成了具有跨行业、跨市场、跨地区运作特征的“大资管”格局。其中，银行业金融机构依托资金优势和客户优势在“大资管”中扮演着举足轻重的作用。以商业银行2004年推出首支理财产品为起点，商业银行资产管理业务已占据了整体资产管理业务的近1/3。

商业银行资产管理业务主要有四种运作模式：一是自主投资管理。商业银行发行理财产品，将募集资金直接投资于存款、货币市场工具、债券、其他资产或资产组合等。二是购买其他金融机构产品。商业银行通过购买其他商业银行的理财产品、证券公司资产管理计划、资金信托计划、保险资产管理计划、基金公司资产管理计划等，实现理财资金的运用。三是借助其他金融机构投资。商业银行将理财资金投资于其他金融机构的资产管理产品，商业银行提供投资项目并进行管理，承担投资风险，享有投资收益，受托资产管理机构收取资产管理费。四是委外业务。商业银行将理财资金委托给信托机构、证券机构、基金管理公司等其他金融机构进行投资，约定收益率，受托机构对日常投资承担主动管理或投资顾问职责。部分中小商业银行投资能力不足，此类业务在其理财业务中占比较高。

二、关键风险点

商业银行资产管理业务脱胎于表内业务，最初用于承接表内贷款，这导致商业银行在资产管理业务中持有的非标准债权类资产占比较大，由此带来其背后的风险管理逻辑和框架主要依赖于传统的信用风险管理模式和策略。在刚性兑付、金融工具缺乏、市场成熟度不够的环境下，资产管理业务不仅面对非标准债权类资产可能引发的信用风险，还面临信用风险、流动性风险、市场风险、合规与运营风险等多重风险相互交织的错综复杂的局面。

（一）信用风险

信用风险主要是指非标准债权类资产信用风险突出，债券信用风险逐步加大。一方面，商业银行资产管理业务中有很多的非标准债权类资产，这些非标准债权类资产投资的关键风险是信用风险。因为这些非标准债权类资产的准入标准一般低于商业银行内部信贷业务的准入标准，面向的都是在正常贷款渠道难以获得融资的客户，虽然收益高，但信用风险也大大增加。另一方面，标准化投资中的债券业务近年来也是风险不断，信用债违约事件频发，2018年，我国新增违约债券125只，违约金额1 209.61亿元，创历史新高。由于风险偏好的差异，商业银行自身投资的信用债违约较少，而资产管理业务触碰到的违约债券则较多。由于债券金额较大，一旦出现风险或违约，对单个资产管理产品会产生较大的影响。

（二）流动性风险

资产管理业务大多以资产池运作的方式开展，导致流动性风险加大。在资产管理业务中，通过滚动发行、集合运作、期限错配、分离定价等方式，资产管理机构将募集的低价、短期资金投放到长期的债权或股权项目，以寻求收益最大化，到期能否兑付依赖于产品的不断发行能力。资产管理机构一旦难以募集到后续资金，可能会发生流动性紧张，并通过产品链条向对接的其他资产管理机构传导。如果产品层层嵌套，杠杆效应将不断放大，更容易造成流动性风险的扩大。

（三）市场风险

资产管理业务是典型的交叉性金融业务，各种风险交叉传染，带来的市场风险不容忽视。例如，2015 年“股灾”中，监管部门对场外配资进行治理，由于监管政策协调不够，使得由过高杠杆配资引发的股市局部风险迅速传导到整个金融体系，资产管理业务也受到很大的影响。

（四）合规与运营风险

一是利用监管套利，设计复杂的资管产品，通过多层嵌套及抽屉协议，实现资金投向限制性行业、不良资产虚假出表，加大了合规与运营风险。二是非标准债权资产信息披露不充分，同时多层嵌套的资产管理产品夹杂多层法律关系，如果委托机构的主动管理缺失，通道机构尽职调查能力不足，很容易出现合规与运营风险，发生损失时也容易出现责任推诿。

（五）声誉风险

一是商业银行资产管理业务的客户大都不具备投资复杂金融产品的经验和专业能力，部分商业银行在销售理财产品时未能严格按照适当性原则对投资者进行甄选，一旦出现风险，商业银行可能因为不当销售承担很大的“刚性兑付”压力。二是资产管理业务主要涉及信托关系或委托代理关系，也有部分业务的法律关系不清晰，实质是债权债务关系，存在隐性刚性兑付。例如，部分资产管理机构以自有资金或资金池资金确保预期收益，无法与自身的资产负债业务充分隔离。三是传统银行内外部压力导致按约定收益率兑付的产品模式难以突破，合格投资者制度缺失强化了“刚性兑付”的惯性，维护金融秩序和商业银行声誉的考虑助推了“刚性兑付”变成现实。“刚性兑付”不但使风险在金融体系累积，而且抬高了无风险收益率水平，扭曲了资金价格，影响了金融市场的资源配置效率，容易使相关的金融机构产生声誉风险。

三、资产管理业务风险管理

资产管理业务作为新兴业务，与传统信贷业务相比，其交易主体类型多、风险表现形式复杂，需坚持风险隔离、风险自担、穿透管理、统一授信、集中托管、事前评估的风险管理原则，不断完善和提高风险管控水平。

（一）风险隔离

按照监管要求，原则上商业银行在尽职履责的前提下，不对客户资产价值的减损承担责任。换言之，资产管理业务中出现的信用风险、市场风险等应由客户承担，商业银行更多的是承担运营风险、流动性风险等风险。基于资产管理业务代客理财的属性，对于资产管理业务的风险管理，商业银行首先要构建风险隔离的管理体制，实现风险自担，也只有实现风险自担，才能真正做到风险隔离。

（1）业务隔离。商业银行应坚持资产管理业务与其他业务相分离，资产管理产品与代销产品相分离，资产管理产品之间相分离，资产管理业务运营与其他业务运营相分离。

（2）机构隔离。商业银行的分支机构不得为子公司的资产管理业务提供担保。

（3）风险隔离。目前，监管层出台的一系列制度明确规定对已出现违约风险的非标准债权资产，表内、表外不得相互置换或承接，商业银行资产管理业务要与自营业务在制度、人员、系统等方面实现隔离。资产管理业务的风险资产不得由信贷业务承接。严禁通过规避信用风险指标、资本充足指标、拨备和流动性风险指标等监管要求以及通过违反国家行业调控和信贷调控等监管政策去博取收益。商业银行应严格执行理财业务与信贷业务、自营业务与代客业务、商业银行理财与代销第三方机构理财、自有资产与托管资产的风险隔离，严防代销、托管等外部输入型风险。

（4）自我消化。商业银行应通过建立充足的减值准备等自身风险化解机制，以丰补歉，通过及时计提、有效使用风险准备金，持续提升业务自身的风险补偿能力。

（二）穿透管理

资产管理业务的产品结构比较复杂，基础资产是决定实质性风险的关键。穿透管理既是监管及会计准则的要求，也是风险管理的管理基础和管理需要。商业银行必须在了解资产构成的前提下开展业务，特别是结构化产品，要切实将风险管理穿透至资产底层。

1. 穿透的方向

一是从资产端考虑，识别产品的底层资产，最终投向应符合监管规定和合同约定，并将相关信息向投资者充分披露。

二是从资金端考虑，识别合格投资者是否为最终风险承担者，防止风险承担和资产类别错配，防止私募产品公众化。

2. 穿透管理的主要做法

一是禁止多层嵌套，产品嵌套层级不得多于两层。理财产品不得用于投资本行或他行发行的理财产品，理财产品投资的资管产品不得再“嵌套投资”其他资管产品。

二是坚持“开包还原”原则。商业银行按照穿透后底层资产第一还款主体占用授信额度（个人类业务除外）进行集中统一授信。

三是坚持穿透原则，真正做到了解基础资产。特别是对于资产池类产品，商业银行应切实将风险管理穿透至资产池底层，未能穿透的委外投资余额（含公募基金）不得超过资产管理业务投资总额的30%。

四是坚持集中托管原则。除监管部门另有规定外，资产管理业务的资金运用原则上应由本行托管。资产管理业务开展过程中涉及大量资金往来和日常管理，行内集中托管有利于及时全面掌握资金流向、盈亏情况和基础资产的风险状况，有针对性地采取风险管控措施，切实保证资金和业务安全。

五是对于委外资产的穿透，商业银行应加强对合作机构的管理，要求受托机构在投资过程中每日反馈估值，每月报告持仓情况，将资产穿透至底层。

（三）自主管理资产的风险管控

（1）业务开展前，商业银行设定风险政策和限额，明确产品和客户准入标准与流程，合理控制风险承担水平。资产管理业务的风险政策可以基于不同的资产管理产品维度来提出，如自主投资与委外投资、非标准化债权类资产投资与标准化债权类资产投资、权益类投资与债券类投资等。限额可设立包括非标准化债权类资产占理财产品净资产的比例、非标准化债权类资产占总资产的比例等总量占比限额；也可设立价格偏离度、久期、止损比例等投资交易限额。

（2）坚持事前评估原则，先进行新产品风险评估，再开展新业务。在发行新产品前，商业银行要充分识别和评估各类风险，由风险管理部门牵头，法律合规、财务会计管理等相关部门共同进行风险评估。新产品发行必须满足政策到位、系统具备和风险可控的基本要求。商业银行在建立产品清单的基础上，探索建立新产品风险评估和后评价机制。

（3）业务开展过程中，商业银行通过风险管理融入流程，确保政策落地、防范运营风险。在风险准入层面，商业银行进行产品风险、合作机构风险、业务风险的准入审核；在风险分类层面，商业银行进行资产管理业务基础资产分类认定、理财产品风险一般准备金核查的规定动作；在风险应对层面，商业银行进行风险事项跟踪、风险事项报告的规定动作。

（4）业务持续期间，商业银行进行定期风险分类、计提减值准备、预警与应急，以妥善管理和化解风险，定期做好资产管理业务风险报告。

①定期风险分类。按照“实质重于形式”原则，商业银行明确风险资产分类，准确识别、评估和控制穿透后的最终资产风险，充分披露底层资产信息。商业银行准确计量风险，合规计提相应资本和拨备，确保不同模式的资产管理业务能够根据底层资产的状况计量风险加权资产。资产管理业务的定期风险分类的重点是非标准化债权类资产、权益类投资、信用债三大类资产。商业银行对定期风险分类较差的资产进行重点监控预警，动态跟踪管理，结合内外部风险信息，审慎研判风险，并结合风险分类情况，主动采取应对措施，积极化解风险。

②计提减值准备。开展资产减值计提的目的是真实反映资产的价值，准确核算盈亏情况。对于传统信贷业务的减值计提，考虑有第一和第二还款来源，各家商业银行一般用组合计提和单项计提两种方法，且有财政部门或监管部门明确的方法做指导，已经相对成熟和完善。资产管理业务减值计提尚不成熟。从一些主要的实践来看，一是分主体进行，总行发行的理财产品，由总行作为理财产品管理人，对理财产品计提风险准备金；分行发行的理财产品由各一级分行作为理财产品管理人，对理财产品计提风险准备金。二是分资产管理产品和业务整体计提。

③预警与应急。预警与应急是指建立与交易业务类似的监测指标体系和重大市场风险应急管理办法，及时由分行向总行报告资产管理业务的风险事项。预警与应急中有两类是重点：一类是重点加强对流动性风险限额的监测，加强对突发流动性风险的防范，完善流动性应急预案，提升应急处理能力；另一类是针对债券违约等公开市场事件的应急处理。

（四）委外投资资产的风险管控

1. 委外投资业务的定义

委外投资业务是指商业银行作为委托方将资金委托至合作机构，由合作机构按照合同约定的投资范围和投资要求进行主动管理，商业银行或委托银行投资的实际出资人承担最终投资风险的投资业务。合作机构是指委外投资组合的管理人、投资顾问等承担投资、管理职责的机构，具体包括商业银行、信托公司、证券公司、基金公司、期货公司、保险公司以及上述机构具有资产管理业务资质的子公司和其他符合监管规定的机构。委托投资业务的类型主要包括公募基金投资、公募专户产品投资、非保本理财产品投资、合作机构主动管理的信托计划、资产管理计划等。当前，随着商业银行资产管理规模的不断扩大，委外业务量迅速攀升，委外形式变化多样，而如何对此类投资的底层资产进行穿透管理并展开尽职调查、审查审批和存续期管理成为商业银行委外业务风险管理的重点和难点。

2. 委外投资的优缺点

委外投资可以借助专业投资机构的力量实现投资收益，但大量的委外投资也容易造成自身投资管理能力的进一步弱化。在委外过程中，杠杆和信用风险偏好往往会被放大，管理的难度也会加大。

3. 委外投资的管理

（1）合作机构管理。一是明确合作机构标准，根据其资产管理规模、历史业绩表现、内控合规水平、服务保障能力等，择优选择符合条件的同业机构开展相关业务，并定期对准入标准进行重检，健全并完善准入和退出机制。二是在准入标准的基础上建立名单制管理制度。名单制管理包括黑名单和白名单的管理。交易对手黑名单包括禁止交易名单和关注名单。委外投资业务的合作机构可执行白名单管理制度。三是需要突破准入标准时，业务经营部门可以报委外投资业务合作机构牵头管理部门进行合作机构例外核准。四是加强对投资类委外合作机构的管理。商业银行通过资格准入、日常监督、业绩考核、规模调整、投资限制以及终止委托等方式，建立考评和动态调整机制，保证产品稳健合规运行，风险偏好合理可控。

（2）投资范围管理。产品应符合本行投资范围和风险偏好，且总行、分行以及子公司委外投资业务基础资产的投资范围仅限于产品清单内的品种。商业银行应审慎合规开展嵌套和通道业务，不得提供规避投资范围、杠杆约束等监管要求的通道服务。

（3）集中度管理。对于委外投资业务，商业银行应建立集中度管理制度，即单一合作机构的投资限额不应超过本业务条线委外投资总额的一定比例。因市场容量过小或业务经营部门为控制风险主动降低投资规模或产品数量需突破集中度限额时，业务经营部门应将相关情况报告风险管理部门。

（4）投后管理。委外投资业务应贯彻穿透管理原则。除公募基金和个别存在监管限制的情况外，商业银行应要求受托机构在投资过程中将资产穿透至底层并及时报告，包括每日反馈估值情况、每月提供持仓情况，以提升风险管控的时效性。同时，商业银行应开展风险信息的收集、风险监测和预警、合作机构白名单的重检与退出、风险检查和穿透测试、交易价格审查、估值管理、风险分类、减值准备、处置、核销等方面的工作，落实相关的监控、监督和检查要求。

本章小结

交易业务主要是以在短期市场波动中获利为交易目的，投资业务主要是以稳健获取持有至到期投资收益为交易目的，两者均以商业银行的表内资金为基础，与资产管理业务以客户的资金为基础开展代客理财相区别。业务性质不同、风险特征不同，相应的风险管理重点和手段也有较大差异。

交易业务面临的最重要的风险有市场风险、信用风险与交易对手信用风险、流动性风险、运营风险以及声誉风险。交易业务风险管理的重点是做好交易业务管理、交易流程管控、交易对手管理、交易产品管理、交易系统管理和交易员管理。

投资业务面临的最重要的风险有市场风险、信用风险、流动性风险以及运营与合规风险。投资业务在管理上应强化准入管理，做好组合管理，包括结构管理、期限管理、集中度管理等内容，积极开展投后检查与风险预警，做好减值准备计提。

资产管理业务不仅面对非标准债权类资产可能引发的信用风险，而且面对信用风险、流动性风险、市场风险、合规与运营风险等多重风险相互交织，错综复杂的局面。资产管理业务需坚持风险隔离、风险自担、穿透管理、统一授信、集中托管、事前评估的风险管理原则。

第七章

组合风险管理

本章提要

本章介绍了组合风险管理的目的和意义、工具和方法、流程和发展阶段，详细介绍经济资本、限额管理和压力测试三大风险管理工具的基本原理、方法以及在大型商业银行的应用。

学习目标

了解组合风险管理的目的、意义、工具、方法、流程和发展阶段，掌握信用风险、市场风险和运营风险经济资本的计量方法以及经济资本的应用，理解风险限额的定义、作用、分类以及国别限额、行业限额和客户限额等限额管理方法，掌握压力测试的流程、方法和治理。

导入案例

自1997年亚洲金融危机以来，金融风险出现了新的特点，即损失不再是由单一风险造成的。2008年全球金融危机出现了信用风险、市场风险、流动性风险等相互交织和转化的现象。商业银行很少因为单一风险事件而发生倒闭，但有部分商业银行因为不能对各类风险进行整体上的把控，或者不能对资产组合进行主动安排和积极管理，而发生重大损失甚至倒闭。比如2008年全球金融危机中，全球金融业都遭受了一次前所未有的重创，但不同金融机构在危机中的表现是不一样的。这其中的原因非常值得我们研究和思考。花旗银行、瑞士信贷、德意志银行等国际著名银行在金融海啸中损失惨重，计提大量减值准备，股价大跌；雷曼兄弟公司、贝尔斯通公司、英国北岩银行因面临破产而被接管。然而有些组合风险管理水平高、资产结构调整能力强的金融机构在危机中表现出前所未有的稳健。在2008年全球金融危机中，国际大型商业银行成功的经验和失败的教训从正反两个方面显示了组合风险管理的重要性，让全球银行业深刻认识到积极主动的组合风险管理将是未来风险管理发展的趋势。只有对资产组合进行合理的安排，平衡好资产组合层面的风险、资本和收益之间的关系，才能创造出更多的经济增加值，实现持续、稳健、高质量发展。

第一节　组合风险管理概述

组合风险管理是指资产组合层面风险的管理。其核心理念是以既定的风险偏好，挖掘那些与现在组合呈负相关或不完全正相关的资产，充分利用分散化的可能，在规模和整体收益基本保持不变的情况下将组合的风险降到最低，或者在可承受风险能力基础上实现价值创造最大化。组合风险管理和单一资产或交易层面的单一风险管理是相对应的。

一、目的和意义

（一）分散和降低风险

组合风险管理可以有效分散商业银行信贷资产组合的风险、降低整体风险水平。由于资产组合内的资产具有内在的关联性，只要资产之间不是完全相关的，就具有分散化效应，就能降低整体的风险。比如商业银行向客户 A 和客户 B 分别发放了 100 万元的贷款，两笔贷款各自的风险分别是 10 万元和 8 万元。那么两笔贷款形成的组合的风险未必是 10+8＝18 万元。只有当两笔贷款完全正相关时，风险才是 18 万元。否则，资产组合的风险是低于 18 万元的。

（二）提高回报水平

组合风险管理可以有效提升商业银行信贷资产组合整体风险调整资本回报的水平。组合风险管理以提升商业银行信贷资产组合的整体风险调整资本回报水平或经济增加值为管理目标，以行业、区域、产品、客户群等为管理维度，以资产相关性或违约相关性为基础支撑，建立最优化决策模型，并结合实际，科学制定限额政策，编制综合经营计划，确保有效实施。商业银行将理论与实践相结合，不断提升资本的风险回报水平。

（三）实现集约经营

组合风险管理是实现资本集约化经营的必要条件。商业银行运用经济资本、限额管理、压力测试等组合风险管理工具，统筹考虑资产组合内的相关性，科学地计量和管理各类资产组合与每笔业务的资本占用及经济增加值情况，并由此制定信贷政策，引导资本配置到低资本占用、高经济增加值的业务领域，实现资本集约化经营。

二、工具和方法

商业银行组合风险管理的工具和方法包括经济资本、限额管理和压力测试。

经济资本是度量资产组合风险大小的工具。商业银行在单笔资产风险的基础上，考虑资产之间的相关性，计量出在一定置信水平下的最大损失，为组合风险管理提供了量化支撑。应当说，经济资本是组合风险管理的重要基础。只有能够计量经济资本了，商业银行才真正具备了开展和实施组合风险管理的条件。

限额管理是实现资产组合最优化配置的工具。商业银行通过限额管理不仅能够分散化风险，防止将所有的“鸡蛋”放在同一个“篮子”里，降低资产集中度风险，还能够以资产组合的风险回报率最优化为目标对资产组合进行有效管理。

压力测试是评估资产组合在不利但可能发生的情景下损失的可能性的工具。商业银行通过压力测试可以对未来的不利情景做出合理的预判，从而提前采取措施，避免或降低极端不利情景对资产组合的影响程度，进行有效的预期管理。

三、管理流程

从系统的内在逻辑出发，组合风险管理的流程包括识别与计量、分析与报告、选择与安排、预警与应对。

（一）识别与计量

识别与计量组合风险是做好组合风险管理的第一步。只有识别与计量出来的风险才是易于管理的风险。影响资产损失的因素众多，且资产之间的相关性在实践当中要想计量准确也是非常困难的，因此识别与计量组合风险是一项复杂的系统工程。建立健全内部评级体系和完善的经济资本计量模型是准确识别与计量组合风险的基础和前提。

（二）分析与报告

分析与报告是指从敞口、风险、收益和资本等方面对组合风险进行分析、报告。商业银行要清晰地知道都有哪些敞口，各类敞口的大小和占比情况，风险总量及各类风险的经济资本结构，收益的结构分析，经济资本与账面资本、监管资本的比较情况。

（三）选择与安排

在进行组合层面的风险选择时，商业银行应充分了解风险，并具备相应的风险承受能力。在进行组合层面的风险安排时，商业银行通过业务结构、产品设计、流程控制、风险定价等对所承担的风险进行科学的安排，通过交易结构安排、担保、保险等风险缓释措施降低组合风险，实现预期回报。

（四）预警与应对

商业银行通过建立组合风险预警指标和系统，及时探测和发现风险信号，并提前进行合理的应对，可有效地防范和化解风险，降低损失。商业银行面临的风险包括系统性风险和非系统性风险。相对应的，商业银行可以将风险预警分为宏观经济预警和银行层面预警两个层次，分别设置宏观经济指标和客户财务指标作为预警指标。商业银行应建立完善的响应机制，当预警指标超过预警线时，及时、合理地对预警信息进行分析，并做出科学的决策和行动。

四、发展阶段

组合风险管理是风险管理发展的高级阶段。商业银行组合风险管理水平的提高是一个持续发展的过程，从低到高需要经历三个发展阶段。

（一）起步阶段

单一资产或交易的风险管理是组合风险管理的重要基础，也是组合风险管理的起步阶段。对单一资产或交易进行风险量化相对容易，商业银行一般通过内部信用评级等技术手段可以做到这一点。相对传统经验判断而言，这种初级风险量化技术的应用对推动商业银行风险管理的发展起到了很重要的作用。但由于尚未使用量化组合管理手段，商业银行只侧重于单笔审贷，管住的仅仅是一项一项的独立资产或交易的质量，管不住的是面临经济周期波动时资产组合的集中度风险，而这些风险对商业银行的影响远远超过单项资产或交易风险。

（二）发展阶段

经济周期理论证明市场经济的发展是有周期的，如何实现穿越经济周期的稳健经营，在金融危机中稳健生存下来，是每一个大型商业银行必须要思考和面对的重要课题。通过分析经济危机中不同商业银行的表现，我们可以发现组合风险管理水平高的商业银行往往具备更高的抗风险能力。通过金融危机的教训，大型商业银行开始重视组合风险管理，投入资源培养组合风险管理人才，成立组合风险管理团队，建设组合风险管理工具和系统。经济资本工具的开发和应用是这个阶段最重要的标志。

（三）成熟阶段

随着组合风险管理水平的不断提高，商业银行开始研发和推广应用限额管理。通过限额管理工具，商业银行在行业、区域、国别等维度合理设置限额，引导和驱动全行资产向高风险回报率、分散化效果好的领域配置，并通过资产证券化等手段实现资产组合风险、收益和资本之间的平衡，达到整体风险调整资本回报的最优化。

第二节　经济资本

一、概述

（一）定义

1965 年，澳大利亚的克里斯·马腾（Chris Matten）在《银行资本管理》一书中对经济资本进行了定义：经济资本是指商业银行在给定的置信水平条件下为弥补非预期损失①需要的资本金。从概念上可以看出，经济资本是一个统计学概念，是指商业银行为了弥补非预期损失应该具有的资本数量，而不是实际具有的资本数量。下面本书结合损失分布加深对经济资本这一统计学概念的理解。

图 7-1 是某一资产或资产组合的损失分布图，横坐标表示损失，纵坐标表示损失对应的频率。在图 7-1 中，*EL* 表示资产或资产组合的预期损失（损失分布的均值），*EC* 表示 95%置信水平下的非预期损失，也就是 95%置信水平下资产或资产组合的最高损失与预期损失的差额。

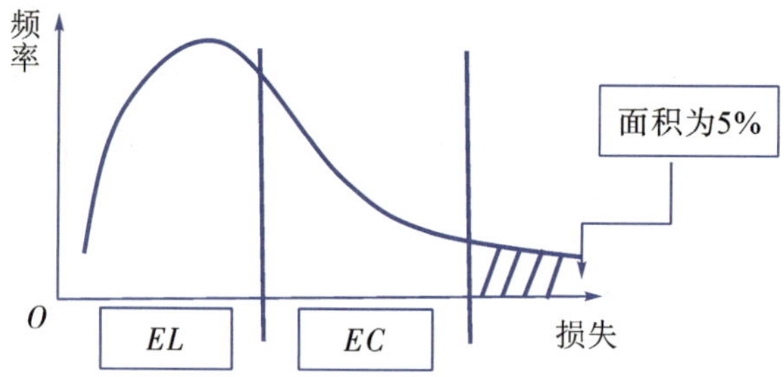

图 7-1　损失分布图

从图 7-1 可以看出，运用统计方法计量经济资本，除了要估计资产组合的损失分布外，还需要设定一定的置信水平。在商业银行的实践中，置信水平往往与商业银行要维持的目标外部信用评级有关，每个外部信用评级都会对应一个历史平均违约率，置信水平 = 1-历史平均违约率。目标信用评级一般在风险偏好中会有明确。例如，某商业银行在风险偏好中要维持 A 级的标普信用评级，则根据表 7-1，A 级标普信用评级对应的历史平均违约率为 0.053 3%，置信水平为 99.946 7%。

① 商业银行在经营过程中会发生各种损失，包括预期损失、非预期损失和极端损失等。预期损失是指商业银行采用一定的方法估计到的资产的最终偿付金额与合同金额之间的差额。非预期损失是指一定置信水平下的最大损失与预期损失之差。极端损失是指超过置信水平的损失。

表 7-1　评级与置信水平的对应关系　　单位:%

标普信用评级	AAA	AA+	AA	AA-	A+	A	A-
历史平均违约率	0.008 0	0.008 4	0.008 4	0.015 1	0.033 6	0.053 3	0.054 4
置信水平	99.992 0	99.991 6	99.991 6	99.984 9	99.966 4	99.946 7	99.945 6

（二）概念辨析

从经济资本的定义来看，经济资本与账面资本和监管资本差异较大。商业银行的账面资本是会计意义上的资本，是商业银行账面资本金的静态反映，也就是商业银行资产负债表中的所有者权益（总资产减去总负债后的净值），包括实收资本、资本公积、盈余公积、一般风险准备和未分配利润等。监管资本是中国银保监会为实现监管目标，对商业银行提出的资本要求，包括一级资本、二级资本等，是商业银行根据监管要求必须保有的资本水平。经济资本是一种虚拟资本，是商业银行根据内部风险管理需要，运用内部模型和方法计算出来的反映在一定置信水平和时间内，为弥补商业银行非预期损失所需要的资本。

二、经济资本计量

（一）信用风险经济资本计量

通常大型商业银行计量信用风险经济资本有四种方法：系数法、收入波动法、资产波动法和监管资本法。

1. 系数法

系数法就是为每类资产设置一定的经济资本系数来计量经济资本的方法。这种方法简单，也是最早被用来计量经济资本的方法。商业银行通常根据贷款的期限和贷款的质量对资产进行分类。计算公式为：经济资本 = 贷款余额 × 经济资本系数。其中，经济资本系数与贷款的期限和风险分类有关。经济资本系数 = f（贷款期限，贷款风险分类）。系数法的优点是比较直观，容易进行计算。缺点是由于在设定经济资本系数时，通常是根据业务经验，而不是根据资产组合损失的分布来估计的，因此计算的经济资本往往不是真正意义上的经济资本，只是经济资本的一个近似。在商业银行不具备估计损失分布的情况下，这种方法不失为一种较好的选择。系数的设定是一个重点，也是一个难点。商业银行通常可以考虑将某类资产作为标杆资产，标杆资产的经济资本系数设置为 8%，其他类资产的经济资本系数在 8%上下进行调整。如果某类资产的历史违约率或不良率比标杆资产高，经济资本系数可以在 8%的基础上向上进行调整；反之，则向下进行调整。

2. 收入波动法

商业银行的收入在不同的时期是不同的。从统计学角度看，假设商业银行的收入符合正态分布，可以得到收入风险值（EaR），即收入的变化率。收入是指扣除了贷款损失之后的净收入。

EaR 定义为 $\text{EaR} = k\sigma_r$。其中，k 是一个正的常数，σ_r 是指收入的标准差。

经济资本(EC)= 收入风险值(EaR)/无风险利率。

收入波动法的经济含义是指需要多少资本才能保证因此获得的无风险盈利可以抵消收入的一般波动额。

3. 资产波动法

资产波动法是基于资产组合损失的波动计量经济资本的一种方法，和经济资本的定义最为吻合，因此也是目前大型商业银行计量经济资本普遍采用的方法。资产波动法是一种自下而上计算经济资本的方法，其基本原理是先计量客户违约概率、单笔债项违约损失率和违约风险暴露，再考虑客户之间的违约相关性，得到整个资产组合的损失分布，最后基于损失分布估计一定置信水平下的最大损失。采用资产波动法计量经济资本的具体方法如下：

第一，估计损失分布。估计损失分布通常有两种方法：一种是模拟方法，包括历史模拟法和蒙特卡洛模拟法。另一种是经验假设。经验假设是根据商业银行的信用风险损失数据估计损失分布，一般认为信用风险损失符合具有厚尾特征的经验分布。具有厚尾特征的分布比较多，包括贝塔分布、威布尔分布、柯西分布等。在实践中，商业银行通常选择贝塔分布作为信贷资产组合损失的经验分布。

第二，设置置信水平。置信水平与商业银行的目标信用评级有关：置信水平=1-历史平均违约率。例如，标准普尔公司对某银行的外部评级是 A，对应的历史平均违约率是 0.053 3%，置信水平为 99.946 7%。

第三，计算经济资本。设 L 为资产组合的损失，EL_P 为资产组合的预期损失，UL_P 为资产组合损失的标准差，置信水平为 α。

根据经济资本的定义，$P(L - EL_P \leqslant EC) = \alpha$。

推出：$P(\frac{L - EL_P \leqslant EC}{UL_P}) = P(\frac{L - EL_P}{UL_P} \leqslant \frac{EC}{UL_P}) = \alpha$。

设 $CM = \frac{EC}{UL_P}$，则 $EC = CM \times UL_P$。

从上式可知，经济资本等于资本乘数 CM 与资产组合损失标准差 UL_P 的乘积。下面介绍 UL_P 和 CM 的计算方法。

资产组合损失标准差 UL_P 的计算采用自下而上的方式进行，共包括以下两个步骤：

第一步是计算单笔信贷资产的预期损失和损失标准差。预期损失的计算比较简单，计算公式为 $EL = EAD \times PD \times LGD$。对于实施内部评级高级法的商业银行，$EAD$、$PD$ 和 LGD 都可以通过商业银行内部的风险计量模型获得。对于实施内部评级初级法的商业银行，EAD、LGD 根据监管要求计算，PD 通过商业银行内部的评级模型计量。

单笔贷款 i 的损失的标准差可以采用以下公式计算：

$$\begin{aligned} UL_i &= EAD_i \times \sqrt{PD_i \times \sigma_{LGD_i}^2 + LGD_i^2 \times \sigma_{PD_i}^2} \\ &= EAD_i \times \sqrt{PD_i \times \sigma_{LGD_i}^2 + LGD_i^2 \times PD_i \times (1 - PD_i)} \end{aligned}$$

第二步是在单笔信贷资产预期损失和损失标准差的基础上，考虑资产之间的相关性，计算资产组合的预期损失和损失标准差。

资产组合的预期损失等于单笔资产预期损失之和，即

$$EL_P = \sum_{i=1}^{N} EL_i$$

由于资产组合损失的方差是单个资产损失协方差的总和，因此资产组合的 UL_P 为

$$UL_P = \sqrt{\sum_{i=1}^{N} \sum_{j=1}^{N} UL_i \times UL_j \times \rho_{ij}}$$

其中，UL_i 和 ρ_{ij} 分别表示单笔资产 i 损失的标准差、资产 i 与资产 j 之间的违约相关系数。违约相关性的度量比较复杂，在商业银行风险计量的实践中，一般采用较为简化的方法来计算。

资本乘数 CM 的计算采用以下方法：

假设资产组合损失 L 的分布符合参数为 α 和 β 的贝塔分布，则

$$\alpha = \frac{EL_P^2 \times (1 - EL_P)}{UL_P^2} - EL_P$$

$$\beta = \frac{1 - EL_P}{EL_P} \times \alpha$$

根据商业银行的风险偏好，设置信水平为 z，则 $CM = \frac{\mathrm{Betainv}(z, \alpha, \beta) - EL_P}{UL_P}$。

其中，$\mathrm{Betainv}(z, \alpha, \beta)$ 是参数为 α 和 β 的贝塔分布反函数的 z 分位数。

资产波动法对商业银行的要求较高，要求商业银行具备计量 PD、LGD、EAD 和违约相关系数的能力，且模型表现较好。如果评级模型的排序能力、准确性不高，采用资产波动法计算出的经济资本将与实际结果相差较大。因此，商业银行决定在采用资产波动法计算经济资本时，必须评估是否具备相应的条件。

4. 监管资本法

《巴塞尔协议Ⅱ》和商业银行资本管理办法给出了计量监管资本要求的方法。商业银行可以采用此种方法近似计算经济资本如下：

$$EC = K \times EAD$$

其中，K 为资本要求，可以通过违约概率(PD)、违约损失率(LGD) 和有效期限(M) 计算得到。

（二）市场风险经济资本计量

市场风险经济资本计量方法如下：

（1）基于 VaR 计算引擎，采用历史模拟法或蒙特卡洛模拟法，计算资产组合在 99%置信水平下持有期一天的 VaR(99%，1 天)。

（2）根据如下转换公式把资产组合 VaR(99%，1 天) 转换为市场风险经济资本：

$$EC_{\text{市场风险}} = VaR(99\%，1\text{天}) \times \sqrt{252} \times \frac{\text{norminv}(c，0，1)}{\text{norminv}(0.99，0，1)}$$

其中，c 是商业银行根据目标信用评级设置的置信水平，norminv 是指定平均值和标准差的正态分布函数的反函数。

（三）运营风险经济资本计量

运营风险经济资本计量借鉴监管资本计量方法，参见本书第四章第三节的内容。

三、经济资本管理

（一）经济资本配置

经济资本配置是商业银行实施资本管理的重要内容，也是商业银行主动运用经济资本工具指导战略和业务决策的具体体现。商业银行通过将经济资本合理配置到各个机构、各个行业和各项业务中，促进资本管理水平不断提高。目前，经济资本配置主要包括信用风险经济资本配置和运营风险经济资本配置。

1. 信用风险经济资本配置

商业银行通过以下分配公式将信用风险经济资本分配到债项 i 上：

$$EC_i = CM \times \frac{UL_i \sum_j \rho_{ij} UL_j}{UL_P}$$

其中，EC_i 是债项 i 分配到的经济资本，CM 是资本乘数，UL_i、UL_P 分别是债项 i 和整个资产组合的损失标准差，ρ_{ij} 是债项 i 和债项 j 之间的违约相关系数。上述分配方法能够保证各债项分配到的经济资本之和等于资产组合整体的经济资本，保证了分配的一致性。

2. 运营风险经济资本配置

由于国内商业银行的运营风险损失数据质量不高，因此通常采用新标准法来计量经济资本。商业银行可以采用以下公式将组合的运营风险经济资本分配到单笔业务上：

$$EC_i = \frac{K_{TSA}}{\sum K_{TSA,\ i}} \times K_{TSA,\ i}$$

其中，K_{TSA} 是按照新标准法计算出的全行的运营风险资本要求，$K_{TSA,\ i}$ 是按照运营风险新标准法计算出的单笔业务 i 的运营风险资本要求。

（二）绩效考核

价值创造是商业银行经营管理追求的目标。风险调整资本回报率（RAROC）和经济增加值（EVA）指标由于涵盖了风险与收益两方面的因素，体现了风险和收益对称的原则，更能反映经营绩效和价值创造。因此，这两个指标已成为国内大型商业银行的主要绩效考核指标。

通常在对一笔贷款做出放款决策时，商业银行要求贷款的风险调整资本回报率（RAROC）不能低于股东设定的最低资本回报率要求，即 RAROC=（收入-成本-预期损失）/经济资本≥最低资本回报率要求。也可将上式变换为基于 EVA 的放款决策条件：EVA=（收入-成本-预期损失）-经济资本 × 最低资本回报要求≥0。可见 EVA 与 RAROC 之间存在紧密的联系，即 RAROC=(收入-成本-预期损失)/经济资本=(收入-成本-预期损失-经济资本×最低资本回报要求+经济资本×最低资本回报要求)/经济资本=EVA/经济资本+最低资本回报要求。但两者之间也存在以下差别，因此在使用时应相互配合使用。RAROC 是一个相对指标，没有量纲，不受贷款规模的限制，不同规模的机构之间，其平均 RAROC 具有可比性；EVA 是一个绝对指标，在计算 EVA 时还需要设定资本的价格（最低资本回报率要求），这个价格依赖于商业银行决策层的经营风格，有时较难决定。不同商业银行的决策层经营风格不同，对资本价格的设定往往差异较大。

需要特别指出的是，在实际的经营管理中，商业银行需要用长远的视角来应用基于 RAROC 的绩效考核。例如，商业银行的一些战略性新兴业务或产品在刚推向市场时，由于市场份额较小，没有形成规模效应，且为了迅速占领市场，前期需要投入较多的营销成本，导致 RAROC 较低，甚至远低于股东要求的最低资本回报率要求。在此种情况下，商业银行需要预测新产品在未来几年内的市场份额、收益和成本情况，并测算 RAROC 的变化趋势，根据变化趋势做出产品发展决策、制定产品发展战略。

（三）贷款定价

随着利率市场化的不断深化，贷款定价能力已成为商业银行的核心竞争力。定价过高，好客户流失，市场竞争力下降；定价过低，收益不能覆盖风险，经营不可持续。合理的风险定价要求不仅要覆盖资金成本、运营成本、税负成本、风险溢价和资本成本等在内的各类成本，而且还要实现一定的超额回报要求。在贷款定价时，如何精准地计量各类成本是合理风险定价的关键，也是商业银行提高核心竞争力的根本。其中，资本成本是计量难度最高的，需要在完善的内部评级体系和经济资本模型的条件下才能实现。因此，商业银行应当积极主动地建立内部评级体系和经济资本计量模型，并将计量结果深入应用到贷款定价中，持续加以完善，不断提高核心竞争力。

第三节　限额管理

一、概述

如果一家商业银行经营的业务非常单一，资产主要集中于某个行业、区域或某几家客户，那么一旦该行业、区域或客户出现比较严重的风险事件，这家商业银行的资产将会遭受较大的损失，给商业银行的实质性风险造成影响，甚至出现破产危机。上述情况在历史上曾多次发生。1995 年，巴林银行由于未执行英格兰银行“英国银行的海外总资金不超过 25%”的规定，内部控制不健全而破产。受 2007 年次贷危机影响，美国发生了中小商业银行倒闭潮，不少商业银行的倒闭是由于集中度管理不善导致的。佛罗里达州的奥卡拉国民银行就是一个典型的案例，由于资产过度集中于建筑贷款，受次贷危机影响，最终倒闭。

在长期的经营管理活动中，根据稳健经营的需要，商业银行发现不能将所有的鸡蛋放在同一个篮子里，而应当将资产按照合理的比例配置到不同的“篮子”中，由于各个“篮子”之间的相关性不为 1，因此这样做的好处是可以有效地分散非系统性风险，从而降低整个资产组合的风险，即使有少数几个行业出现了较为严重的系统性风险，商业银行也有充足的资本抵御由此造成的损失。为每个“篮子”配置的资产的上限就是限额。商业银行以机构、行业、产品、投资对象、投资组合等为单位，对特定风险指标设置限额，并据此对各类和各级风险限额进行审批、监测、控制、评估和调整的整个管理过程称为风险限额管理。

为防范集中度风险①对整个金融体系稳定性带来的威胁，监管机构要求商业银行应当根据经营规模和业务复杂程度建立相适应的集中度风险管理体系，并开展集中度风险限额管理，采取有效的措施确保限额在经营管理中得到遵循。

---

① 集中度风险是指单个风险暴露或风险暴露组合可能给商业银行带来重大损失或导致商业银行风险状况发生实质性变化的风险。从实践来看，集中度风险的产生主要来源于交易对手没有分散化或资产组合过度集中于某一国别、行业、区域、单一客户。

（一）定义

风险限额是指商业银行为了防止在国别、行业、区域或客户等维度的资产过于集中，引发商业银行无法承受的损失，而在国别、行业、区域或客户等维度设置的愿意承担的风险总量的上限。

（二）作用

最初，风险限额管理的作用是管理集中度风险，随着经济资本和风险调整资本回报率（RAROC）等风险管理与绩效考核工具的出现和不断发展，风险限额管理也发挥着传导风险偏好、优化组合结构、提高价值创造的作用。

（三）分类

按照风险类型的不同，风险限额分为国别风险限额、信用风险限额、市场风险限额、流动性风险限额等。按照管理的维度和对象的不同，风险限额分为区域风险限额、行业风险限额、担保限额、资产集中限额和客户风险限额等。在组合风险管理中，比较常用的是国别限额管理、行业限额管理和客户限额管理。

二、国别限额管理

（一）定义

国别限额是商业银行为了防止风险过度集中于某个国家和地区，而在国别维度设置的国别风险敞口的上限。

小知识

国别风险敞口

国别风险敞口是最终境外债权，即扣除风险转移后的商业银行对境外客户的债权和股权。境外客户包括主要经营活动所在地在中国以外的公司类、机构类（含中央政府机构、地方政府机构、事业单位、银行和非银行金融机构）、零售类客户以及投资的非并表境外机构等。风险转移是指风险缓释在债权所在国家（地区）以外的其他国家（地区），从而将国别风险转换到其他国家（地区）的行为。

（1）由中国主体提供风险转移的，风险转移金额覆盖部分不再占用国别风险限额，剩余部分占用原债权所在国家（地区）的限额。

（2）由除中国以外的其他国家（地区）主体提供风险转移的，风险转移金额覆盖部分占用提供风险转移的主体所在国家（地区）的限额，剩余部分占用原债权所在国家（地区）的限额。

随着商业银行国际化战略的实施，商业银行将业务的触角已经逐渐延伸至多个国家和地区。不同的国家和地区具有不同的国别风险。为了有效管控国别风险，商业银行在开展跨境国际业务时，需要根据不同国家和地区的风险状况与水平，在战略层面统筹考虑资产的总体布局和业务发展规模，除了根据持有资本的情况和风险偏好设置一个总体的国别风险限额外，还需要根据国别风险情况为不同的国家和地区设置差别化的国别限额。

根据 2010 年中国银监会发布的《银行业金融机构国别风险管理指引》的规定，银行业金融机构应当对国别风险实行限额管理，在综合考虑跨境业务发展战略、国别风险评级和自身风险偏好等因素的基础上，按国别合理设定覆盖表内、表外项目的国别风险限额。有重大国别风险暴露的银行业金融机构应当考虑在总限额下按业务类型、交易对手类型、国别风险类型和期限等设定分类限额。

（二）主要内容

国别限额管理包括国别限额总量设置、切分、审批、调剂、监测和报告。

1. 总量设置

在设置总量国别限额时，商业银行一般要考虑以下两个方面的重要因素：

（1）商业银行实际持有的资本对经济资本的覆盖情况。商业银行的扩张规模要受到自身持有资本数量的约束，商业银行持有的资本数量与经济资本的差额就是未来潜在的业务可扩张发展空间。

（2）境内和境外的经济资本配置结构。商业银行需要在境内和境外存量经济资本比例结构的基础上，根据风险偏好和自身国际化战略的需要，确定境内和境外增量经济资本配置的比例结构。

2. 切分

当总量国别限额确定以后，为了防止风险过于集中于某个国家和地区，同时为了提高境外业务的风险回报水平，商业银行就需要为不同国家和地区设置差别化的国别限额。在设置国别限额时，商业银行不仅需要考虑不同国家和地区的国别评级情况，在条件具备的情况下，还应考虑所在国家和地区的信贷项目平均的风险回报水平。从理论上讲，为了有效管理国别风险、提高总体资产回报率，国别评级越高、平均风险回报水平越高，设置的国别限额也应越高。例如，商业银行可以根据国别评级情况设置国别限额（见表 7-2）。

表 7-2　国别评级与国别限额

国别评级	资本限额（亿美元）
1	4
2	3
3	2
……	……
15	0

各级别的名义限额可以通过以下公式计算得到：

名义限额＝资本限额/经济资本占用系数

3. 审批

国别限额管理部门将国别限额建议值提交有权审批机构审批。

4. 调剂

当某个国家和地区的国别限额被占用完，但确需增加限额时，经办行可向国别限额管理部门提出申请。国别限额管理部门根据需求，进行限额之间的调剂。

5. 监测和报告

一般情况下，涉及国别风险业务的机构（部门）应按月监测和报告国别限额遵守情况。在特殊情况下，相关国家或地区发生重大国别风险事件，涉及国别风险业务的机构（部门）应及时监测报告国别限额遵守情况。

国别限额占用的业务范围包括信贷相关业务、交易相关业务、清算和结算相关业务以及其他涉及国别风险的业务。信贷相关业务包括境外贷款、未提取承诺、贸易融资、担保、境外票据融资、境外应收账款等；交易相关业务包括外汇买卖、境外金融衍生品、境外有价证券和基金投资、买入返售资产、拆放同业等；清算和结算相关业务包括存放同业、存放境外中央银行等；其他涉及国别风险的业务包括对非并表境外机构的投资、境外租赁等。

国别限额以主要经营活动所在地原则确认［客户经营区域范围内营业收入贡献占比最高的国家（地区）］。

小知识

特殊情况下的国别限额占用确认规则

（1）以特殊目的公司（SPV）形式开展的飞机融资、船舶融资，按照具体承租人所在国家（地区），确认敞口所在国家（地区）。

（2）资产支持证券，按照该证券的基础资产所在国家（地区），确认敞口所在国家（地区）。

（3）企业在境外设立的、不能独立承担法律责任的分公司，按照总公司所在国家（地区），确认敞口所在国家（地区）。

（4）客户经营活动分布在不同国家（地区），且各国家（地区）营业收入占比相同，按照国别风险最高的国家（地区），确认敞口所在国家（地区）。

三、行业限额管理

（一）定义

行业限额是指商业银行在行业维度设置的信贷风险敞口的上限，可防止信贷风险过度集中于某一行业。

行业限额管理一般采用名义限额与经济资本限额双线并行的限额管理体系。名义限额使用风险敞口的概念，在实际操作中能够与业务人员的经验和传统管理模式较好地契合，是业务经营部门和风险管理部门日常主要使用的风险限额。经济资本限额主要是衡量风险暴露敞口占用的经济资本是否超过规定的经济资本。由于在计量经济资本时，充分考虑了行业之间的相关性，因此经济资本限额管理是传导和贯彻全面风险管理理念的重要工具。

（二）主要内容

行业限额管理的目标是对行业集中度风险进行管理，并优化行业信贷结构，使整个资产组合的价值创造达到最大化。由于各个行业之间的相关性不为1，因此商业银行为每个行业设置限额，可以防止资产过多地集中于某些行业，从而有效地降低行业风险集中度。在设置限额时，商业银行为风险调整资本回报高的行业设置较高的限额，可以提高整个资产组合的价值创造水平。

行业限额管理包括行业限额设置、行业限额监测、限额预警和控制。

1. 行业限额设置

首先，商业银行综合考虑风险偏好、当前持有的资本数量、经济资本总量和资本规划来确定银行集团资产组合整体的新增经济资本总量。

其次，商业银行根据战略规划，结合当前的信用风险、市场风险、运营风险、国别风险等各类风险经济资本的比例来确定拟新增的信用风险经济资本总量。

最后，风险管理部门和业务经营部门根据未来业务发展的计划，分析整个行业的变化趋势，衡量风险与收益的关系，在综合考虑以上因素的基础上，建立以RAROC最优化为目标的行业限额配置模型，再参考行业战略发展文件和交易审批专家意见对模型配置的限额进行调整。

2. 行业限额监测

行业限额监测公式包括：

名义限额使用率=行业新增余额/行业新增限额

资本经济限额使用率=行业新增经济资本/行业新增经济资本限额

3. 限额预警和控制

为防止超限额情况发生，同时尽可能优化行业内的资产结构、提高行业内信贷业务和信用债的风险调整资本回报率（RAROC），商业银行应建立科学的限额预警和控制机制。

案例

某大型商业银行建立的最优化模型

某大型商业银行以风险调整资本回报率（RAROC）最大化作为行业限额管理目标，建立了以下最优化模型：

$$\text{Max}\sum_{i} RAROC_i \times EC_i \times [1 + \eta(\delta_i^u) + d]$$

$$st.\ \sum_{i} EC_i \times [\eta(\delta_i^u) + d] = \Delta EC$$

其中，$RAROC_i$ 为行业 i 的风险调整资本回报率，EC_i 为行业 i 客户的经济资本总量，ΔEC 为新增的经济资本总量，$\delta_i = \frac{(RAROC_i - RAROC_{min})}{RAROC_{max} - RAROC_{min}}$。

u 为调节系数。u 越高，风险调整资本回报率高的行业获得的增长率越高。η 为经济资本最大增长率与最小增长率之差。d 为经济资本最小增长率。

则行业 i 的限额 $RL_i = EC_i \times [1 + \eta(\delta^i) + d]$

案例

某商业银行的三级限额预警和控制机制

当监测指标≥70%时，发出蓝色预警。此时，商业银行应当对行业内新增的贷款或信用债进行适当的关注，并采取一定的措施，避免超限额情况发生。各级业务经营部门应按行业限额要求，对出现预警信号的行业的客户进行风险调整资本回报率（RAROC）测算和风险排序，提前做好信贷资源安排和客户选择。

当监测指标≥85%时，发出黄色预警。当黄色预警出现时，说明行业新增的余额已经非常接近行业新增限额。此时，商业银行应对后续新增的信贷业务进行更加严格的控制，以防止超限额情况发生。原则上，选择支持、压缩退出客户余额（剔除低信用风险业务）不得新增，商业银行仅投向优先支持客户。

当监测指标≥100%时，发出红色预警。原则上，任何客户余额（剔除低信用风险业务）都不得新增。各级机构相关部门应采取措施，加大回收力度，限期压缩存量，尤其要尽快退出行业内风险调整资本回报率较低、风险较高的项目，直至红色预警信号消失。对于超过红色预警仍然发放贷款的行为，商业银行在经济资本上要给予适当的惩罚。

四、客户限额管理

（一）定义

客户限额是指商业银行综合考虑客户的偿债资源、偿债能力和信用状况，设置客户在未来一段时期内授信的最高额度上限。

（二）主要内容

客户限额管理是通过科学的方法测量出客户理论上的合理负债边界，从风险管理一侧为额度授信提供参考依据，既能满足客户的资金需求，还能防范由于对客户过度授信给商业银行带来重大损失。

客户限额管理包括设置客户风险限额、确定客户授信额度和授信额度重检。

1. 设置客户风险限额

（1）非零售客户风险限额设置。从理论上讲，客户风险限额是客户授信额度的“天花板”。商业银行在确定客户的授信额度时，除了考虑风险限额的约束外，还要考虑客户对于资金的需求、客户的综合贡献度以及同业市场竞争情况等。

第一，单一客户风险限额设置。目前，大型商业银行设置单一客户风险限额的主流方法包括基数乘数法和目标财务指标法。

基数乘数法的基本原理是：客户理论上合理的负债边界取决于两个因素，即客户的信用状况和可偿债资源。因此，客户风险限额是客户信用状况和偿债资源的函数（一般假设是线性函数），即客户风险限额 = 客户信用状况系数 × 偿债基数。客户信用状况系数与信用评级有关，一般信用评级越高，客户信用状况系数就越高。由于客户的净资产通常反映了客户投入企业运营的成本，因此偿债基数通常选择客户的平均净资产。

目标财务指标法的基本原理是：客户理论上合理的负债边界取决于合理的资产负债结构，即目标资产负债率。目标资产负债率通常与客户所属行业、商业银行的风险偏好、行业政策密切相关，可结合相关行业客户的财务状况、授信额度、违约状况等数据综合考虑设定。在目标资产负债率确定的情况下，由于客户的净资产是已知的，因此就可推导出客户的目标负债水平。目标负债水平就是客户理论上合理的负债边界。

第二，集团客户风险限额。与单一客户风险限额计算方法不同，集团客户的风险限额除了首先按照单一客户风险限额计算方法测算出整个集团的风险限额外，还需要对集团成员单位的风险限额进行以下调整：计算各成员单位的风险限额之和，若集团风险限额大于或等于各成员单位风险限额之和，则不再分配成员单位限额；若集团风险限额小于各成员单位风险限额之和，则按如下计算公式对各成员单位限额进行分配：

$$CL'_i = CL \times (CL_i / \sum_{i=1}^{n} CL_i)$$

其中，CL'_i为分配给集团客户各成员单位的最终风险限额；CL 为整个集团客户的风险限额；CL_i 为对各成员单位分别进行评级测算出的风险限额。

(2) 零售客户风险限额设置。零售客户风险限额设置以客户为核心，结合人力资本理论和行为经济学等理论，综合考虑客户人力资本未来价值和财产性收入未来价值，确定客户可承担的最大债务总量。

在人力资本方面，商业银行一是综合考虑人力资本价值，从收入成长性、收入波动性和尾部风险三个维度测量劳动收入未来价值；二是考虑客户可能因工作晋升而获得更高收入，预测晋升带来的潜在收入增长。

在财产性收入方面，商业银行将客户等价视为市场中的“企业”，考虑到个人的资产收入价值会基于一定的“市盈率”增长，测算个人的未来财产收入价值。

商业银行将人力资本未来价值和财产性收入未来价值进行汇总，得到最终的零售客户风险限额。其中，财产性收入价值主要来自商业银行代理国债、实物金、财务金、易存金、代理基金、代理债券、理财、托管、保险以及个人房产等。

2. 确定客户授信额度

在计算出客户的风险限额之后，商业银行应以客户风险限额为上限，综合考虑外部监管要求、商业银行的风险偏好、市场竞争情况、目标市场占有率、客户的信用需求与授信用途、客户综合贡献度等因素，来确定客户的总体授信额度及分项额度。如果授信额度超过了客户信用风险限额，商业银行应进行例外审批。一旦授信额度确定下来，除保全类客户外，在额度授信有效期内任意时点上，商业银行对客户提供的各类授信产品信用风险敞口之和不得超过该客户的授信额度。

另外，在商业银行对客户授信额度进行安排时，商业银行对客户的总风险敞口也是需要考虑的一个重要因素。商业银行对客户提供的金融产品越来越丰富，除了信贷产品外，还包括委托贷款、理财产品等非信贷产品。虽然这些非信贷产品并不会给商业银行带来信用风险，但这些产品却都是通过商业银行的资金进行运作的，一旦出现损失，会存在潜在的声誉风险。因此，商业银行也应考虑将商业银行对客户的总风险敞口作为确定客户授信额度的一项重要因素。

3. 授信额度重检

客户的授信额度具有一定的有效期。在有效期内，如果客户出现了管理层重大变动、财务状况变化、受到监管部门重大处罚、劳动收入或财产性收入出现重大变动（零售客户）等事件，或者有效期即将结束，商业银行应当及时对客户的信用风险状况和偿债能力进行重新评估，并按照程序对客户风险限额和授信额度进行重检。

第四节　压力测试

一、概述

压力测试最早被用来评估系统的性能、可靠性和稳定性，后来被商业银行应用到风险管理领域。1996 年，风险矩阵（Riskmetrics）首先将压力测试应用到风险管理中。同年，巴塞尔委员会发布《资本协议关于市场风险的补充规定》，强调了压力测试的重要性，要求商业银行应该在一系列模拟压力情景下测试投资组合，并在 2004 年正式发布的《巴塞尔协议 Ⅱ》中规定，采用内部评级法的商业银行在评估资本充足率时应建立合理的压力测试流程。2009 年 5 月，巴塞尔委员会发布《稳健的压力测试实践和监管原则》，强调压力测试应独立于其他风险管理工具，使压力测试成为验证评级模型准确性的重要工具和内部资本充足率评估程序的组成部分。

自 2003 年起中国银监会便组织各大商业银行开展压力测试。2007 年年末，中国银监会下发《商业银行压力测试指引》（2014 年进行了修订），规范中国银行业的压力测试工作。各大商业银行根据该指引要求，不断加强数据的及时性、完整性和准确性管理，为压力测试提供质量较高、颗粒度较细的数据，并开发压力测试系统，依托系统自动生成压力情景，开展不同层面的压力测试。

（一）定义

1995 年，国际证券监管机构组织最早将压力测试定义为：压力测试是指假设市场在极端不利的情形时，分析对资产组合的影响效果。1999 年，该机构对压力测试进行了重新定义：压力测试是将资产组合面临风险之极端但可能发生的风险加以认定并量化。国际货币基金组织将压力测试定义为：

压力测试是利用一系列方法来评估金融体系承受罕见但是仍然可能的宏观经济冲击或者重大事件的过程。2007 年，中国银监会在《商业银行压力测试指引》中将压力测试定义为：压力测试是一种商业银行风险管理和监管分析工具，用于分析假定的、极端的但可能发生的不利情景对商业银行整体或资产组合的冲击程度，进而评估其对商业银行资产质量、盈利能力、资本水平和流动性的负面影响。压力测试有助于监管部门或商业银行对单家商业银行、商业银行集团和商业银行体系的脆弱性做出评估判断，并采取必要措施。

虽然上述三种压力测试的定义在详细程度上有所不同，但其在本质上却是相同的，即压力测试是一种评估极端的但可能发生的冲击或压力事件对资产组合影响程度的分析方法和工具。相比较而言，《商业银行压力测试指引》关于压力测试的定义是专门针对商业银行的，更为具体、详细和有针对性。

（二）作用

从压力测试在商业银行经营管理中应用 20 多年的实践来看，压力测试主要起到了以下三个方面的作用：

一是对监管机构来说，压力测试能够让监管机构全面掌握和评估银行业整体的风险状况，从而为解决资本监管亲周期问题提供重要依据。各国监管机构都对本国的银行业开展压力测试工作进行了规定。欧洲中央银行规定，采用内部评级法的商业银行应建立合理的压力测试流程。美联储每年对资产规模在 500 亿美元以上的银行控股公司和受美联储监管的非银行金融机构开展年度压力测试［监管主导的压力测试（Supervisory Stress Test）或简称多德-弗兰克压力测试（Dodd-Frank Act Stress Test，DFAST）］，以评估商业银行在不利的经济环境下是否具有充足的吸收损失的能力，并披露年度压力测试的结果。英国金融监管服务局在对商业银行监管的政策指南中规定，使用市场风险内部模型法计算监管资本的商业银行，必须有严谨的压力测试计划，并将其分析结果作为评估商业银行资本是否充足的重要参考。《商业银行压力测试指引》规范了中国银行业的压力测试工作，对压力测试工作提出了要求。

二是对商业银行来讲，压力测试是主动风险管理的需要。全面的压力测试可以让高级管理层提前认识到商业银行抵抗极端情景下经济危机的能力，为提前主动采取积极的风险管理措施提供了理论上的支持，避免在极端情况下没有足够的资本来抵御风险。积极的风险管理措施包括重组、变现、终止和对冲风险头寸；增加风险缓释；提高信贷审批标准；调整风险限额；压缩资产负债规模，调整资产负债结构，包括增加拨备、留存收益、补充资本和增加流动性储备等；调整业务发展策略和定价策略；启动应急计划；等等。

三是对投资者而言，投资者可以通过商业银行的压力测试结果全面了解和掌握商业银行在不同压力情景下防御风险的能力，从而增强对商业银行风险管理能力和跨周期稳健经营能力的信心，这在经济下行期和金融危机时期尤其重要。从美联储在金融危机后组织开展压力测试，并公布压力测试结果的行动效果来看，压力测试确实增强了市场投资者对金融机构的信心。

（三）核心要素

压力测试包含五个核心要素：目标、对象、情景、承压指标和逻辑。

第一，目标。目标就是明确压力测试要解决的核心问题是什么。例如，国内银行业经常做的房地产贷款压力测试，目标就是要评估房价下降一定幅度（如 10%、20%、30%）等情景对商业银行资产质量的影响，根据压力测试结果选择是否需要采取必要的措施提前进行应对。如果压力测试结果发现这一影响非常大，那么商业银行就要采取相应的改进措施防止这些情景发生，或者使用提前增加资本、调整信贷结构等方法做好风险的防范。

第二，对象。以房地产压力测试为例，压力测试对象可设置为房地产开发和按揭贷款以及房地产上下游贷款等。与房地产开发不相关的贷款可以不参与压力测试。

第三，情景。情景的设计与压力测试目标关系非常密切。商业银行可以基于基础情景设计轻度、中度和重度压力测试三类情景。压力测试就是要评估压力测试对象在这些压力情景下的表现。情景设计的方法会在下文详细介绍。

第四，承压指标。常用承压指标包括资产价值、资产质量、会计利润、经济利润、监管资本、经济资本和有关流动性指标等。

第五，逻辑。压力测试的逻辑就是将情景与目标、对象联系在一起的业务逻辑。这个逻辑一般通过建立压力测试模型来解决。

（四）分类

根据压力测试针对的风险类型不同划分，压力测试分为信用风险压力测试、市场风险压力测试、运营风险压力测试和流动性风险压力测试。目前，开展最多的是信用风险压力测试，其次是市场风险压力测试和流动性风险压力测试，最后是运营风险压力测试。

根据压力测试开展的频率不同划分，压力测试分为定期压力测试和不定期压力测试。定期压力测试频率根据需要可以每年、每季、每月、每日执行。不定期压力测试根据监管机构、董事会、高级管理层的要求以及内外部环境的变化进行。对于信用风险、市场风险和流动性风险，商业银行一般都需要定期开展压力测试。信用风险宏观经济压力测试至少每年开展一次；流动性风险、汇率风险和商业银行账簿利率风险压力测试至少每季度开展一次；交易性市场风险压力测试至少每月开展一次。对于一些突发的影响市场和宏观经济的事件，商业银行应根据需要不定期开展压力测试。例如，开始于 2017 年的中美贸易摩擦，有些商业银行就及时开展了有针对性的压力测试，为高级管理层科学决策提供参考依据。

根据压力测试覆盖的业务范围不同划分，压力测试分为整体性压力测试和专项压力测试两类。整体性压力测试涵盖商业银行主要的风险和主要业务领域，反映商业银行集团整体的风险状况。专项压力测试针对特定的资产组合和风险类型，用于评估有潜在重大风险的业务领域以及快速发展的新产品和新业务的风险。

（五）EPS 压力测试

2014 年 2 月，美联储根据《多德-弗兰克法案》的法律授权，发布《对外国银行的强化审慎监管规则》（EPS），要求达到标准的外国银行机构及其所在银行集团自 2016 年 7 月 1 日起执行该监管规则，并定期向美联储报送压力测试报告。EPS 按照外国银行机构的资产规模和复杂程度将外国银行机构分为 4 档，分别对其适用不同的审慎监管规则。

如果美联储不认可外国银行机构的压力测试水平，将对其进行以下处罚：一是要求在美银行机构维持每日资产不低于上季度日均负债的 105%（第 1、2 档）或 108%（第 3 档）。二是在美附属银行机构需要单独开展年度压力测试，并报送美联储。三是提高在美银行机构在当地的流动性要求。

此外，第 2 档外国银行机构被要求至少按年度开展流动性压力测试，测试必须覆盖其全球的业务或其在美的所有业务，且必须与巴塞尔委员会流动性风险管理的原则保持一致；第 3 档和第 4 档外国银行机构（在美合并资产超过 500 亿美元以上的外国银行机构）被要求至少每月对其分行和附属公司开展一次流动性压力测试，且其美国首席风险官必须至少按季度评估流动性压力测试的情景，批准流动性压力测试的实施、方法和假设。

美联储要求参加 CCAR（Comprehensive Capita Analysis and Review）压力测试的银行控股公司（Bank Holding Company，BHC）必须满足一系列最低资本比率和杠杆率方面的要求，压力情景需持续 9 个季度。银行控股公司需要对资产负债表、损益表、现金流量表三表联动进行施压，估计出 9 个季度的详细指标，包括贷款组合的构成、贷款组合的特性、贷款损失估计、资产负债表变动预测、拨备前利润以及资本充足率水平等。美国货币监理署对于多德-弗兰克压力测试（DFAST）给出 4 档评估结果：完全信赖（fully reliable）、可信赖（reliable）、审慎可信赖（reliable with caution）和不可信赖（unreliable）。这些评估结果实质上也会影响银行控股公司的“骆驼评级法”（CAMELS）的评级结果。

（六）关注重点

国内银行业开展压力测试时间并不长，虽然积累了一定的经验，但应特别关注以下事项：

1. 压力测试模型的局限性

压力测试是一种基于数据的定量风险分析方法，通常采用历史数据构建回归分析模型。由于建模当中用到的数据往往存在长度不足、数值不准等质量问题，模型很有可能不能准确地反映压力情景下风险的变化，从而低估风险。因此，商业银行在压力测试中要充分征询专家意见，并对压力测试结果进行校准，以改善定量模型的局限性。

2. 压力测试情景的合理性

在设计压力测试情景时，商业银行要从压力测试的目标出发，兼顾好“极端事件”和“应对成本”之间的平衡。越是极端的事件，应对的成本往往就越高，当成本超出一个合理范围的时候，压力测试的作用就会大大降低，甚至失去应有的意义。虽然压力测试情景要设计极端压力情景，但极端并不意味着可能性微乎其微。因此，在设计压力测试情景时，商业银行应注意掌握压力测试情景有一定发生的可能性。如果压力测试情景在未来发生的概率几乎为0，那么就没有设计的必要。

比较好的解决方法是商业银行在压力测试中设计轻度压力、中度压力和重度压力三种情景，压力渐次增强。商业银行根据三种压力情景下的测试结果，分析能否在可控的成本范围内采取有效的行动和措施防范由于经济波动与极端事件对信贷资产造成的不利影响。

3. 高级管理人员的参与度

压力测试结果是要报告给高级管理层的，为高级管理层的决策提供决策依据。如果压力测试情景没有高级管理人员的深度参与，高级管理层可能对压力测试情景并不认可，自然地，压力测试结论也不会得到认同，压力测试工作效果和作用就很难实现。

4. 多个压力测试任务之间的一致性

随着压力测试工作的全面和深入开展，商业银行开展压力测试的任务越来越重，包括流动性管理、资产负债管理、资产质量管理等。这些压力测试都需要设计压力测试情景，如果情景差异较大，就不能进行整合。在开展压力测试时，多个部门要注意联动，形成合力。

二、压力测试流程

由于压力测试包含的要素较多，且彼此之间联系紧密，因此参与压力测试的部门也比较多。为了提高压力测试工作的效率和规范性，满足《商业银行压力测试指引》的相关要求，国内大型商业银行开展压力测试，可以采取如下压力测试流程：

（一）确定压力测试目标

做压力测试的首要任务是确定压力测试的目标。压力测试目标一般由监管部门或商业银行的高级管理层提出。例如，近年来，国家出台了较多的宏观经济政策对房地产市场进行宏观调控，房价有下跌的可能性，商业银行的高级管理层考虑到房地产贷款对于商业银行资产质量的重要性，需要了解在房价下降的压力情景下，商业银行的资产质量如何、商业银行持有的资本是否能够禁得起相应的冲击。

（二）确定压力测试对象

当压力测试目标确定后，商业银行需要进一步明确对哪些资产对象进行分析。例如，压力测试目标是房价大幅下降对商业银行资产质量的影响，商业银行就应当分析受房价影响的资产有哪些。对于受房价下降影响较大的房地产开发贷款、房地产按揭贷款以及房地产开发企业上下游贷款等应作为压力测试对象，纳入压力测试分析的范围。

（三）设计压力测试情景

压力情景设计分为两类：一类是历史情景，另一类是假设情景。按照压力程度不同，压力情景一般分为轻度压力、中度压力以及重度压力三种。三种压力情景按照顺序不断增强，其中轻度压力应比基准情况更为严峻，重度压力应反映极端但可能发生的情况。

1. 历史情景

历史情景是历史上曾经出现过的情景。以国内生产总值（GDP）增长率为例，收集我国的 GDP 增长率数据序列，通过统计方法计算出 GDP 增长率的均值和标准差，可以将低于当前 GDP 增长率均值的 1 倍、2 倍和 3 倍标准差分别作为轻度压力、中度压力和重度压力测试情景。由于历史发展阶段不同，历史上的 GDP 增长率和目前高质量发展阶段的 GDP 增长率有非常明显的不同。另外，有些极端的历史情景在未来再次发生的概率非常低，如“9・11 恐怖袭击事件”“黑色星期五”等。因此，这种压力情景设计方法有很大的局限性。

2. 假设情景

假设情景是专家根据历史上和当前的数据，结合业务经验，对未来可能出现的情景进行分析和预测。有些数据的时限比较短，如我国的房价数据，国内到现在为止，还没有出现房价大幅下降的情景。因此，专家可以结合别的国家和地区的数据作为参考，设计压力测试情景。

以前的压力情景设计是比较单一的、粗线条的，如房价温和下跌（未来一年内下跌 5%）和亚洲金融危机（未来一年内下跌 15%）的情景。随着商业银行对压力测试认识的持续提高，目前商业银行可以通过建立宏观经济模型，设计较为复杂、精细化的宏观经济场景。这种精细化的场景能够较准确地反映在压力情景下各个宏观经济变量之间的变动关系。具体的实现方法是通过自回归分布滞后（ARDL）模型建立房价与其他宏观情景变量［如 GDP 增长率、城镇居民可支配收入、社会消费品零售总额、消费者物价指数（CPI）等］之间的关系方程。将房价下跌的压力情景代入各个方程，商业银行即可得到其他宏观经济变量的估计。

（四）设置承压指标

承压指标用来反映压力情景对商业银行稳健程度的影响，一般包括资产价值、资产质量、会计利润、经济利润、监管资本、经济资本和有关流动性指标等。商业银行应根据压力测试任务，选择相应的承压指标。

（五）建立压力测试模型

确定承压指标后，商业银行接下来需要建立变动因素与承压指标之间的关系函数。也就是要建立压力测试模型，包括收集数据、清洗数据、建立指标、建立模型、模型测试等几个步骤。

（六）撰写压力测试报告

最后，商业银行要根据压力测试的开展情况和测试结果撰写详细的压力测试报告，在报告中针对压力情景下的风险情况提出改进意见和建议。

三、压力测试方法

压力测试方法包括情景分析和敏感性分析。情景分析旨在测量多个风险因子同时发生变化以及某些极端不利事件的发生对商业银行风险暴露和商业银行承受风险能力的影响。敏感性分析旨在测量单个重要风险因子或少数几项关系密切的因子在假设变动情况下对商业银行风险暴露和商业银行承受风险能力的影响。

影响商业银行风险暴露和商业银行承受风险能力的风险因子众多，因此商业银行采用情景分析方法开展信用风险、市场风险、流动性风险和整体性压力测试比较符合实际情况。

（一）信用风险压力测试

1. 自上而下（top-down）方式

在信用风险压力测试开展的早期，大部分商业银行比较青睐采用自上而下方式开展信用风险压力测试，且大多以著名的威尔逊（Wilson）信用风险宏观压力测试模型作为基本分析框架。其模型如下：

$$\mathrm{Ln}\left(\frac{y}{1-y}\right)=\alpha+\beta\sum_{i=1}^{N}x_i$$

其中，y 是承压指标，可以是某个特定资产组合的平均违约概率，也可以是不良贷款率。x_i 是第 i 个宏观压力因子，可以是 GDP 增长率、广义货币供应量（M2）增长率、固定资产投资增长率，也可以是贷款利率、房价、成交量等。α 和 β 分别是常数项和系数。

自上而下压力测试方法的基本逻辑是：设计的压力情景会导致宏观经济压力因子发生变动，从而根据上述方程定量计量出承压指标的变化。由此看来，这种方法浅显易懂、逻辑清晰。但这种方法也时常遇到以下挑战：一是因变量与解释变量的关系是否稳定，尤其在极端压力情景下，采用威尔逊信用风险宏观压力测试模型建立起来的关联是否可信。由于信用风险的非对称性，在极端不利情景下，信用风险和宏观因子之间的关系在正常情况下会发生较大的变化。因此，采用威尔逊信用风险宏观压力测试模型来评估压力测试对象在极端不利情况下的表现会出现一定的偏差。二是不利于商业银行根据压力测试结果制定有针对性的改进措施。由于这种模型建立的关系是一种宏观上的统计关系，没有对压力测试对象进行细致的结构性分析，即使压力测试结果给出的结论是在压力情景下，信用风险超过了商业银行的风险承受能力，但商业银行却不知道从哪些具体的方面入手可以有效地改进不利的状况以增强风险的抵御能力。

案例

宏观情景压力测试

（1）确定压力测试目标：定量分析 2018 年我国经济发展速度在不同情况下对全行资产质量产生的影响。

（2）确定压力测试对象：法人口径下的全行的信贷资产。

（3）设计压力测试情景（见表 7-3）。

表 7-3 压力测试情景

压力测试情景指标	2017 年	2018 年	轻度压力情景	重度压力情景
GDP 同比增速（累计,%）	6.9	6.5	5.7	4.2
M2 同比增速（累计,%）	8.2	8.2	8.1	6.9
CPI 同比增长（累计,%）	1.6	3	2	1.4
房地产价格（%）	5.6	5	-10	-30

（4）设置承压指标：将违约率和不良贷款率设定为承压指标。

（5）建立压力测试传导模型。首先，银行采用威尔逊（Wilson）信用风险宏观压力测试模型来构建宏观经济驱动因素和非零售贷款违约之间的关系，先将非零售贷款整体违约概率与宏观经济变量进行回归分析，得出不同压力情景下的违约概率；再采用 Z-shift 法，通过评级转移矩阵，实现非零售贷款整体违约概率到各等级客户压力情景违约概率的传导；之后根据压力情景下违约概率的变化预测新发生的违约贷款。其次，银行对个人住房贷款采用 Vintage 模型进行压力测试；对合格循环与其他零售贷款采用 Wilson 模型进行压力测试，根据房价下降幅度、国内生产总值（GDP）、生产价格指数（PPI）和广义货币供应量（M2）同比增长率等指标与违约率和不良贷款建立模型关系。

> （6）撰写压力测试报告。银行在压力测试报告中针对压力测试结果提出意见和建议：一是进一步支持国家战略，服务实体经济，践行普惠金融。二是落实全面风险管理，守牢风险底线不放松。三是加强前瞻性分析和研判，关注经济变化趋势和潜在风险。四是强化不良资产认定和处置，加大不良资产核销力度。

2. 自下而上（bottom-up）方式

在采用自下而上方式开展信用风险压力测试时，有两种比较常用且有效的模型：一种是采用商业银行的单客户内部评级模型，另一种是采用 Hazard（风险）模型。

第一，商业银行的单客户内部评级模型。目前国内大型商业银行的信用风险内部评级模型基本上都是介于时点评级（PIT）和跨周期评级（TTC）之间的评级哲学，模型很少会考虑宏观经济因子的变化。但这并不意味着宏观经济因子的变化不会影响信用风险内部评级结果，因为宏观经济因子的变化会影响客户的财务指标，客户的财务指标是信用风险内部评级模型的重要变量。因此，运用商业银行的单客户内部评级模型开展压力测试的基本逻辑如下：

根据压力事件生成由宏观经济因子组成的压力情景，再以单客户评级模型中的每一个财务指标 Y 的年度均值变动率为因变量，宏观经济因子为解释变量建立线性回归模型，将宏观经济因子的变化传导到评级模型之中。具体模型如下：

$$Y_t = \sum_{i=1}^{N} \theta_i X_{it} + \varepsilon_t$$

其中，$X_{it} = (X_{1t},\ X_{2t}, \cdots,\ X_{Nt})$ 是 GDP 增长率、M2 增长率、CPI 等宏观经济变量原始值、同比值、环比值等。

首先，假设整个敞口客户的财务指标年度变动率保持一致，通过以上模型，我们可以得到每个客户在压力情景下的各项财务指标值。

其次，将每个客户财务指标的变化输入商业银行的信用风险内部评级模型，计算出压力情景下每个客户的违约概率。

最后，将单客户违约概率（PD）值自下而上进行汇总，得到承压对象的平均违约概率。

第二，Hazard 模型。Hazard 模型是生存分析的一种，主要是将宏观经济因子与客户和时间段建立关联，并对违约概率进行建模。具体模型如下：

$$PD_{I,\ t,\ p} = F(\alpha_p + \beta_p' X_t + \gamma_p' X_{I,\ t} + \varphi_p' V_{I,\ t-p})$$

其中，X_t 是 t 时点宏观经济因子，$X_{I,\ t}$ 是客户违约的风险特征变量，$V_{I,\ t-p}$ 是随时间变化的特征变量。$F(x)$ 是 Logit 模型的逆变换。

由于 Hazard 模型中包含了宏观经济因子，因此受压力冲击影响的宏观经济因子变化会通过上述方程直接传导到客户的违约概率上，从而实现了压力情景到客户违约概率的联动分析。Hazard 模型的重点是建立预测能力强且对宏观经济因子比较敏感的模型。

参考以上以违约概率（PD）为承压指标的压力测试方法，我们可以对违约损失率（LGD）、违约风险敞口（EAD）等承压指标开展相似的分析，得到各种压力情景下的风险指标值；代入经济资本模型即可获得压力情景下的经济资本，用以评估目前商业银行持有的资本数量是否可以防御压力情景下的风险。

自下而上的压力测试从业务逻辑上看更加科学，代表着压力测试工作的精细化程度的提高，因此这种方法比自上而下的方法更加可信，可解释性也更强。具备条件的商业银行应以自下而上的压力测试方式为主开展压力测试工作。

（二）市场风险压力测试

市场风险压力测试比信用风险压力测试早许多年，相对比较成熟。大型商业银行都开发或外购了市场风险压力测试引擎，因此开展市场风险压力测试相对比较容易。市场风险压力测试采用与信用风险压力测试相同的流程，包括以下六个步骤：

（1）确定压力测试目标。大部分市场风险的压力测试目标是评估利率和汇率的不利变化对商业银行账户与交易账户估值和损益的影响。

（2）确定压力测试对象。市场风险压力测试对象包括商业银行账户中的利率敏感性资产和利率敏感性负债以及交易账户中的外汇、债券和金融衍生产品等金融资产。这是因为这些资产和负债极易受到市场风险的影响而产生损失。特别是当该类资产和负债规模比较大的时候，将其纳入市场风险压力测试范围相当重要。

（3）设计压力测试情景。压力测试情景包括单一情景和组合情景。单一情景是指包含一个关键风险因子的情景，组合情景则是指由多个市场风险因子共同组成的情景。在实际的市场环境中，利率和汇率的变化往往会影响众多市场风险因子同时发生变化，共同影响市场风险压力测试对象的估值和损益。因此，在设计市场风险压力情景时，商业银行首先要根据专家经验分析压力事件与各个市场风险因子之间的关系，再通过关系方程生成包含多个市场风险因子的组合情景。在设计压力情景时，设计的情景要有一定的发生可能性。

（4）设置承压指标。市场风险的承压指标包括承压对象的损益和 VaR，这是商业银行最关心的两个指标：一个代表收益，一个代表风险。

（5）设计压力测试传导模型。商业银行的市场风险管理系统中部署了各种估值模型，估值模型会生成承压对象在压力情景下的估值，减去当前的估值就可以得到具体的损益情况。当承压指标为 VaR 时，传导模型就变成了 VaR 模型，由 VaR 模型生成压力情景下的压力 VaR。

（6）撰写压力测试报告。商业银行要根据压力测试的开展情况和测试结果撰写详细的压力测试报告，在报告中针对压力情景下的市场风险情况提出改进意见和建议，并根据需要报送高级管理层和监管部门。

案例

利率风险压力测试

假设剩余期限为 10 年的人民币零息债券的票面价值为 100 万元，到期收益率为 7.69%。

承压指标：债券价值的变化。

风险因子：零息债券 10 年期到期收益率。

情景设计：专家经验认为 10 年期到期收益率明日上升为 10.96%。

压力测试方法：敏感性分析。

当前债券的市场价格为 $P=100/(1+y)^{10}=100/1.0769^{10}=47.67$ 万元。

如果到期收益率上升为 10.96%，则债券的市场价格变为 $P=100/(1+y)^{10}=100/1.1096^{10}=35.35$ 万元。

因此，在此情景下，商业银行将损失 12.32 万元。

以上是一个最简单的利率风险压力测试，承压对象只包含一种债券，且是持有到期的，期限结构非常简单，因此采用了敏感性分析方法。在实际的压力测试中，承压对象往往是包含了不同期限结构、不同信用评级、不同币种等较多类型的债券，这时多种市场风险因子会共同对承压对象的估值和风险水平产生影响。

（三）流动性风险压力测试

流动性风险是除了信用风险、市场风险和运营风险三大风险以外，商业银行面临的一种最主要的风险。在极端情况下，商业银行会因为流动性不足而破产。在 2008 年全球金融危机中，北岩银行就因为流动性问题被英格兰银行接管。因此，监管部门和银行业高度重视流动性风险管理。

2018 年 5 月，中国银保监会发布《商业银行流动性风险管理办法》，要求商业银行建立流动性风险压力测试制度，分析承受短期和中长期压力情景的流动性风险控制能力。商业银行的董事会和高级管理层应当对压力测试的情景设定、程序和结果进行审核，不断完善流动性风险压力测试，充分发挥其在流动性风险管理中的作用。流动性风险压力测试的频率应当与商业银行的规模、风险水平以及市场影响力相适应，常规压力测试应当至少每季度进行一次，出现市场剧烈波动等情景时，应当提高压力测试频率。在开展压力测试时商业银行应当审慎评估信用风险、市场风险、运营风险和声誉风险等其他类别风险对流动性风险的影响。

流动性风险压力测试的流程通常包括以下六个步骤：

（1）确定压力测试目标。流动性风险压力测试的目标是评估商业银行在市场过度波动时或经济危机时面临的流动性风险程度，提出改进措施，有效防范流动性极端事件对商业银行造成的冲击，提高商业银行在流动性风险压力情况下履行支付义务的能力。

（2）确定压力测试对象。流动性风险压力测试对象是商业银行的表内、表外资产和负债。

（3）设计压力测试情景。压力测试情景主要包括流动性资产变现能力下降；批发和零售存款存在大量流失；批发和零售融资的可获得性下降；融资期限缩短和融资成本提高；表外业务、复杂产品和交易等对流动性造成损耗；交易对手要求追加抵质押品或减少融资金额；主要交易对手违约或破产；信用评级下调或声誉风险上升；母公司或集团内其他机构出现流动性危机；市场流动性状况出现重大不利变化；跨境或跨机构流动性转移受到限制；中国人民银行融资渠道发生重大变化；银行支付清算系统突然中断运行；等等。

（4）设置承压指标。流动性比例、存贷比、流动性缺口率通常被用来作为流动性风险压力测试的承压指标。其中，流动性比例＝流动性资产/流动性负债×100%；存贷比＝银行的贷款余额/银行的存款余额×100%；流动性缺口率＝（90天内到期的表内外资产－90天内到期的表内外负债）/90天内到期的表内外资产×100%。

（5）设计压力测试传导模型。设计压力测试传导模型是指定量分析商业银行的各类资产和负债在监控时限内，分别在轻度压力、中度压力和重度压力情景下的变化情况，并根据变化情况计算承压指标的变化情况，分析压力情景下的流动性风险。

（6）撰写压力测试报告，报送高级管理层。商业银行要根据流动性风险压力测试的开展情况和测试结果撰写详细的流动性风险压力测试报告，在报告中针对压力情景下的流动性风险情况提出改进意见和建议。

（四）整体性压力测试

整体性压力测试就是在商业银行集团整体层面开展的压力测试。其总体涵盖各类主要风险和表内、表外各个主要业务领域，充分考虑各项业务间的相互作用和反馈效应以及风险因子与承压指标间可能存在的非线性关系，有效整合各类风险的压力测试，反映商业银行及商业银行集团风险的整体情况。

商业银行整体性压力测试开始于2008年的全球金融危机。全球金融危机使美国金融当局认识到了压力测试的重要性。2008年，美联储牵头，联合美国财政部下属的货币监理署、联邦存款保险公司、储蓄管理局等美国金融监管部门，开始实施监管资本评估计划，要求美国2008年年末资产超过1 000亿美元的19家最大银行控股公司都要开展政府组织的整体性压力测试，用来评估在高风险压力情景下各大商业银行的资本需求。

与一般压力测试不同，整体性压力测试有以下特点：

一是压力测试统一了压力测试情景。在实际的单项压力测试工作中，不同的部门往往有不同的压力测试情景，但整体性压力测试需要先将压力测试情景进行统一，再分别进行压力测试，最后进行整合。在整体压力测试工作中，商业银行要确定整体压力测试负责部门，统一发布压力测试情景。

二是整体性压力测试的目标和承压对象涉及方面多。整体性压力测试的目标包括评估商业银行集团层面风险、资本和收益之间的匹配程度、对收益和流动性的影响等；针对不同的压力测试情景，分别预测对资产负债表、利润表、资本充足率和流动性的影响。

三是提供了商业银行整体层面的评价视角。单项压力测试只是评估一个局部或几项业务，而整体性压力测试注重对商业银行整体业务的评估，范围比单项压力测试要广泛得多。

由于整体性压力测试具备上述特点，因此整体性压力测试需要整体性压力测试牵头部门与财务部门、准备金管理部门、风险管理部门、资本管理部门、流动性管理部门等多个部门共同参与，通力合作完成，建立多部门之间的协同工作机制。

四、压力测试治理

在2008年全球金融危机发生之前，多数商业银行的压力测试是独立进行的，很少与业务部门进行互动，基本没有开展整体性压力测试。董事会与高级管理层对压力测试的参与和认同对解决这一问题是非常重要的。商业银行要确保压力测试得到有效执行，发挥管控商业银行整体风险的作用，关键在于健全的压力测试治理体系，让压力测试成为支持和驱动风险决策的工具。

（一）治理架构

《商业银行压力测试指引》规定：商业银行应建立良好的压力测试治理结构，明确董事会、监事会（监事）、高级管理层以及相关部门在压力测试管理中的职责及报告路线，以保证压力测试工作顺利进行，并确保压力测试结果得到合理的运用。

在实践中，国内大型商业银行的压力测试治理结构一般如下：

1. 董事会

商业银行董事会承担压力测试管理的最终责任，履行以下职责：审核并批准压力测试政策，监督高级管理层对压力测试进行有效管理，审阅经高级管理层审定的有重大影响的压力测试报告，了解压力测试的关键假设，关注压力测试的结果及其影响，审议后续的重大改进措施，了解改进措施的风险缓释效果，在确定商业银行风险偏好和风险管理目标时考虑压力测试的结果。

2. 监事会

商业银行的监事会（监事）对董事会及高级管理层在压力测试管理中的履职情况进行监督评价，至少每年向股东大会（股东）报告一次。

3. 高级管理层

商业银行的高级管理层履行以下职责：根据外部监管和董事会要求，制定并修订压力测试政策，提交董事会审核批准；确定压力测试组织结构，明确各部门职责分工，建立保障支持体系，保证商业银行压力测试工作的顺利开展；审议压力情景设定，定期组织开展压力测试，评估压力测试结果对商业银行的影响，制定和落实风险改进措施，将压力测试结果运用到商业银行的各项经营管理决策中；向董事会报告压力测试的开展情况。

4. 职能部门

一般来讲，风险管理部门负责压力测试管理，压力测试的管理职能相对独立于业务条线。负责压力测试管理的部门（团队）具备以下职能：拟定压力测试政策，提交高级管理层审核批准；组织和协调各部门设计压力情景，实施压力测试，汇总并提交压力测试报告；推进全行压力测试体系建设，定期维护和更新压力测试体系；做好压力测试文档管理，保证文档结果的完备性。

其他部门根据分工履行好相关职责。例如，有些商业银行是由资产负债管理部门负责全行汇率风险、银行账簿利率风险、流动性风险压力测试的牵头实施，内控合规部门负责运营风险压力测试的牵头实施，业务经营部门配合风险管理部门开展各类风险压力测试。

（二）结果应用

压力测试结果广泛应用于大型商业银行的以下经营管理活动中：风险承受能力的确定、风险限额的设定以及战略发展计划、资本金计划和流动性计划的制定。同时，压力测试结果也被金融监管部门用来评估金融体系的稳定性。

风险承受能力是商业银行高级管理层在守住风险底线的基础上，出于主动风险管理的需要，根据自身的资本金状况和风险管理水平提出的对风险承担的最高容忍度。商业银行在确定风险承受能力时，应将压力测试结果作为重要的考量要素，以确保在未来可能出现的压力情景下，商业银行也有足够的能力将风险总量控制在风险承受能力范围内。

风险限额是商业银行根据自身资本金情况和实际承担的风险总量，对未来一段时期内业务和风险增长设定的边界与天花板，以防止风险过快增长超过商业银行的风险承受能力。商业银行在为行业、区域等维度设定风险限额时，根据压力测试结果可以前瞻性地预判各行业和区域在极端不利但可能出现的压力情景下的风险状况，从而据此制订差别化的风险限额策略和方案。

压力测试结果也经常被应用到战略发展计划的制订中。在战略发展计划的制订中，商业银行不仅要考虑当前的市场情况，还要分析未来市场情况的可能变化，尤其是一些不利的市场变化。例如，针对某项战略性业务，在未来几年内要发展多少规模？资产质量控制在什么范围内？这些都需要商业银行高级管理层依据压力测试给出的定量分析结果才能做出科学的决策，仅靠主观判断很难达成共识。

资本金计划是商业银行为满足资产扩大的需要而编制的筹集资本金的计划，是商业银行在满足最低资本金要求的前提下，对资本金计划的各项指标做出的合理安排。为了合理安排资本金计划，商业银行需要开展压力测试用于预测未来资本金的短缺情况。2008 年全球金融危机以后，美国监管机构高度重视压力测试工作，已将压力测试嵌入监管流程，用于评估金融机构的资本充足状况，进而决定其资本运作规划。

商业银行在制订流动性计划的时候，需要充分考虑未来不利的但可能出现的市场情景，运用压力测试识别出影响商业银行流动性和清偿能力的严重事件与市场状况变化，测算流动性缺口，提出有针对性的改进建议，对流动性风险进行有效的管理。

压力测试结果也被金融监管部门用于金融体系稳定性的评估。例如，美联储的 CCAR 压力测试的结果直接关系商业银行能否分红、派息。

本章小结

组合风险管理流程包括识别与计量、分析与报告、选择与安排、预警与应对。组合风险管理的工具和方法包括经济资本、限额管理和压力测试。

风险限额是指商业银行为了防止在国别、行业、区域或客户等维度的资产过于集中，引发商业银行无法承受的损失，而在国别、行业、区域或客户等维度设置的愿意承担的风险总量的上限。限额管理不仅能有效管控集中度风险，且可以发挥传导风险偏好、优化组合结构、提高价值创造的作用。国别限额管理、行业限额管理和客户限额管理是组合风险管理中常用的限额管理工具，各类限额管理的设置方法、基本原理和管理方法各不相同，要注意掌握。

压力测试是一种风险管理工具，对监管机构、商业银行和投资者都很重要，未来要着力推动其在商业银行经营管理中的应用。

第八章

未来风险管理的挑战与展望

本章提要

本章从全球经济、金融、监管以及社会责任要求、数字经济时代变革、金融科技等方面分析了银行风险管理面临的新挑战。在此基础上展望未来发展趋势，银行风险管理将以全面、主动、智能、共治为主要特征，依托预防预判、监测预警、管控处置三大支柱，不断演进完善。

学习目标

从多维度理解银行风险管理面临的新挑战，理解全面、主动、智能、共治特征的内涵，了解预防预判、监测预警、管控处置三大支柱建设的重点和意义。

风险管理作为商业银行经营管理的永恒课题，其理论发展和实践演进永无止境。展望未来，商业银行风险管理正面临着更加严峻的挑战，具体表现在：全球经济下行压力不断加大，局部区域经济衰退的可能性增加，金融风险的积聚、传染、化解应对变得更加复杂，金融科技从支持保障跃升为战略引领，对经济金融、社会生活、商业银行经营等各个方面产生了深刻的影响。金融科技在提升风险管理质量和效率的同时，也对风险管控模式革新及流程再造提出了更高的要求。智能化将成为商业银行风险管理体系建设的着力点。

第一节　风险管理面临的新挑战

一、全球经济走势

（一）全球经济下行风险加大

总体上，发达经济体增长普遍放缓。很多迹象表明，受全球经济增长放缓及贸易摩擦等因素的影响，美国经济的后续增速可能出现放缓；英国、欧盟和日本经济持续低迷，位于近年低位。新兴市场国家分化明显。印度经济增长强劲，巴西、俄罗斯则维持低位，南非和阿根廷甚至陷入衰退。2019年1月，世界经济论坛发布了2019年全球风险报告。报告分析，全球经济增长已经见顶，未来将呈现逐渐下行趋势。发达经济体的实际GDP增速预计将从2018年的2.4%下降到2022年的1.5%，中国经济增速预计将从

2018 年的 6.6%减速至 2022 年的 5.8%。同时，全球债务高企也加重了金融的脆弱性。全球总债务率已达到全球总 GDP 的 225%，显著高于 2008 年全球金融危机之前的比率。2016 年，有 1/3 的低收入国家存在债务危机问题。到了 2018 年年底，近一半的低收入国家正处于债务危机或面临债务危机的风险中。美联储持续加息"缩表"将对那些在低利率时期进行美元融资的国家产生负面影响。

（二）贸易摩擦带来的风险冲击不断加大

全球化进程中，国际金融市场的波动加大，地缘政治与经济局势愈发紧张，加之贸易摩擦的影响等，风险的复杂性日益增加，从而对风险管理构成了严峻的挑战。第一，贸易摩擦直接涉及制裁的企业的违约可能性增加，引发商业银行境内机构和境外机构的资产质量恶化，增大信用风险。第二，为应对贸易摩擦，主权国家在货币政策和汇率政策方面的变化会导致全球股票、利率、汇率、大宗商品等金融市场波动增加，跨境资本流动冲击加大，商业银行承担的市场风险和银行账簿利率风险显著增大。第三，贸易摩擦引发的争端可能向其他领域蔓延，所在国监管当局利用当地法律、监管法规在反洗钱、信息安全、IT 实施、消费者权益保护等领域对商业银行的境外机构进行处罚，会增加运营风险和科技风险。第四，世界主要大国之间的地缘政治和地缘经济的紧张局势正不断加剧，多边贸易规则和协定不断遭到破坏，影响国际关系的事件频发等，这些因素不断侵蚀全球贸易和经济增长的基础，不断加大对全球经济运行的冲击。

（三）地缘政治冲突风险加大

地缘政治冲突的实质是规范和价值观的分歧。随着冷战结束，全球从美苏两极格局转变为美国单极势力主导。但是，近年来，世界在向"多极化"和"多概念"的新兴地缘政治格局转变。大国实力的动态变化和规范、价值观的分歧影响着全球政治和经济。目前大国之间的地缘政治冲突主要体现在经济领域，但是也会对其他方面产生影响。全球化进程深刻地改变了世界的政治经济格局，而重新构建已经高度融合的国家之间的关系充满着潜在风险和不确定性。一些国家之间合作的减少和信任度的下降影响经济的发展。

二、经济新常态下的金融风险

（一）经济下行压力加大、新动能不足

长期以来，我国的经济发展高度依赖投资，资本对经济增长的贡献超过 50%。2012 年后，我国的投资增速开始放缓，2018 年年末，投资增速为 5.9%，较 2012 年下降 14.7 个百分点。伴随着投资的放缓，消费占 GDP 的比重虽然有所上升，但增速是下降的，出口受贸易摩擦影响，不确定性较

大。2018 年，我国的 GDP 同比增长 6.6%，增速较 2012 年下降 1.3 个百分点，经济进入“换挡”期。为实现高质量发展，我国正在培育经济增长新动能，“三新”（新产业、新业态、新模式）经济快速发展。2017 年，经济发展新动能指数增幅高达 34.1%。虽然增速很快，但“三新”经济增加值占 GDP 的比重还比较低，2017 为 15.7%，不足以抵消投资下降带来的冲击，存在经济增长动能不足的风险。

（二）金融风险的隐蔽性、复杂性迅速增加

一是来自我国宏观经济周期性或结构性变化对金融体系产生的系统性冲击。金融风险一直存在，只是过去我国经济的高速增长态势掩盖和对冲了部分金融风险。当前，经济增长速度由高速转为中高速，同时结构性调整显著，金融风险逐步显现，尤其是金融系统的顺周期效应开始日益显著。

二是来自金融体系内部的自身演化和逐步累积的风险。过去十余年，在金融机构混业经营强化的状况下，金融机构之间的关联性更加紧密且日益复杂，涉及的金融机构数量更加庞大，金融风险在我国金融体系内部的不同机构、不同市场、不同行业以及不同地区之间传染、关联、共振，甚至存在内部金融风险和外部金融风险相互反馈的情况，导致金融风险的急剧放大和扩散，即不断出现跨越市场的风险空间传染机制。2013 年金融机构同业资产的过度期限错配导致的“钱荒”及 2015 年场外杠杆配资导致股票市场的大幅波动就是典型案例。

三是我国经济金融体系之外的外部风险溢出。在很大程度上，我国金融市场已经和国际金融市场相互关联成为一个相互反馈的有机体系，在全球一体化的进程中，金融市场不可避免地受到不合理的国际金融货币体系的影响。

（三）“灰犀牛”风险累积，解决难度较大

一是中国社会杠杆率处于高位水平。尽管我国通过强有力的措施稳步降低杠杆率，但杠杆率总体水平还是偏高，特别是非金融企业杠杆率在世界范围内偏高。

二是经济高度依赖房地产。中国社会科学院的报告①显示，2000 年以来，房地产开发投资对我国经济增长的贡献度平均维持在 10%以上，占全社会固定资产投资的 15%。与此同时，我国住房空置率高企，西南财经大学中国家庭金融调查与研究中心的测算显示，2013 年我国城镇住房空置率高达 22.4%，远超美国和日本房地产危机时的水平（10%和 13%）。银行业对房地产的依赖逐年加深。2015—2018 年，商业银行房地产相关贷款②余额

---

① 《中国城市竞争力第 17 次报告》。

② 房地产相关贷款包括个人住房贷款和房地产开发贷款。

从 20 万亿元增长至 36 万亿元，占商业银行各项贷款的比例从 21%增长至 26%，我国银行业对房地产的依赖性显著增加。

三是地方政府债务不断攀升，隐性债务相对较高。2019 年 5 月末，财政部公布的地方政府债务余额达到 19.9 万亿元，占当年地方总收入（财政收入和政府性基金收入）的比重为 118.3%，处于国际货币基金组织（IMF）确定的 90%~150%的参考范围内。考虑到我国的实际情况，地方政府除了债券等显性债务外，还存在大量的隐性债务，主要包括城投债、政府和社会资本合作（PPP）、各类基金、政府购买服务等。根据相关机构的估算，2018 年年末，我国地方政府隐性债务余额约为 37 万亿元，总体债务合计达 57 万亿元，占当年地方总收入的比重达 337%，远超 IMF 确定的 150%的上限水平。

三、监管及社会责任要求

2008 年全球金融危机爆发以来，国际金融监管改革不断深化，《巴塞尔协议Ⅲ》的"一揽子"监管改革措施的最终定稿，大幅提升了未来全球商业银行业务的监管标准和要求，促进了各国监管机构的监管力度的持续加大，并对银行业的经营管理和风险管控提出了更加严格的要求。社会公众也对银行业在环保、气候变化等社会责任履行方面提出了越来越多的要求。这些监管改革和变革要求将深刻影响商业银行的风险管理体系。

（一）金融监管力度日益加大

首先，世界各国持续加大对违法和不道德行为的监管力度，监管重点转向金融犯罪、对避税行为的零容忍以及美国"9·11 恐怖袭击事件"以来相关个人和国家恐怖主义融资活动，评估商业银行在支付系统中的核心角色及其获取客户数据的方式，通过立法或监管规则要求商业银行加强监控、报告，并协助预防金融犯罪（如欺诈、洗钱、违反制裁、恐怖主义融资活动等）和有效收税（如海外账户纳税法案、自动化信息交换等）。

其次，各国政府越来越频繁地要求商业银行逐步符合境内外监管标准。商业银行不仅在境内守法合规，而且在境外也必须持续守法。例如，欧美国家的法律法规普遍要求具备域外效力。又如，美国的反洗钱、制裁、贿赂、欺诈、税收等方面的相关法律，其监管范围已在美国和其他司法辖区明显扩大，遭受监管处罚和制裁的外国机构屡见不鲜。再如，英国和欧洲多国的反贿赂法的域外适用以及英国企业高管审慎制度向全球英国银行高管人员的推广，并可能会扩大到员工行为、环境标准和普惠金融等领域。

最后，随着消费者保护期望的日益提高，商业银行对待客户的行为也将受到更严格的监管。例如，颁布禁止内幕交易、取消特定客户证券产品优先待遇以及消费贷款有效利率的计算等法令规则，对投资销售行为（如金融工具欧盟市场法令Ⅰ和Ⅱ)、按揭贷款（如英国按揭贷款分销评估）和激励措施办法（如向分销商支付一定比例的共同基金管理费作为回扣）加以监管。特别是那些信息不对称、高转换成本、不当和晦涩的建议、不透明或过于复杂的产品功能或者定价结构都可能受到更为严密的审查，产品捆绑和交叉补贴也将更为困难，金融机构必须定期告知消费者更廉价的选择。损害消费者权益的经营丑闻一旦发生，新的法规就会应运而生，并且往往具有回溯效力，给银行业造成巨大的成本损失。例如，德意志银行2016年受到美国司法部的巨额罚款处罚，这源于其在2008年全球金融危机前不当销售次贷产品的行为。

（二）环保及气候变化等社会责任要求日益强化

随着全球各国及社会公众对气候变化及环保关注度的持续提升，商业银行经营活动在环保中发挥的影响和作用也日益受到重视，相应的评价结果及披露要求已成为影响监管合规与市场投资导向的重要依据。例如，2012年2月，中国银监会出台了《绿色信贷指引》，要求商业银行在环保理念、政策制度、组织管理、流程管理、业务创新、内部控制和信息披露等方面加强环境和社会风险管理及对绿色经济发展的支持。商业银行应在绿色信贷、绿色债券、碳排放权市场等领域进行各种业务尝试，应树立绿色发展理念，制定积极开发产品和服务创新等产品策略。同时，与气候相关的风险应包含在企业风险管理框架中。

此外，市场投资机构更加注重环境保护、履行社会责任、完善公司治理等非财务信息，这些方面表现良好的企业，通常有长期稳定的发展。例如，MSCI（明晟）股票市场指数编制公司会对被纳入其指数的上市公司做ESG绩效评估。ESG投资简称“责任投资”，包括环境（environment）、社会（society）、公司治理（governance）三个方面，包括降低污染、节能绿色等环境指标，员工管理、供应链管理、客户管理、公益捐赠等社会指标，商业道德、信息披露等公司治理相关指标。越来越多的研究表明，ESG数据良好的企业，其抗风险能力较强，因此ESG也逐渐成为投资机构参考的指标。

四、数字经济时代的变革

在数字经济时代，“数字化”和“线上化”能够打破商业银行服务的空间和时间限制，不断延伸服务范围和边界，提升经营效率与用户体验。商业银行的线上渠道数量已在多个国家超过了实体网点的数量，且受访者普遍认为线上渠道能够带来优质服务和卓越体验。商业银行的互联网业务主要包括线上交易、线上支付、线上融资、线上供应链金融和开放银行等，互联网业务的不断推广与深入发展为风控模式提出了新的要求。传统风控的线下管理模式越来越难以适应线上业务管控的需要，迫切需要换一种管理模式。

首先，线上交易改变了商业银行的获客模式，将商业银行与客户的关系由业务人员关系驱动型转变为数据驱动型，从而对商业银行获取客户和维护客户提出全新的挑战，相应的风控流程也需要进行调整。例如，线上交易的大部分业务品种都是以信用方式来操作的，风险控制主要通过核查客户的存量资产和动态交易金额来完成，因此传统风控强调抵质押担保的管理模式难以适用。此外，传统风控还存在着资金用途无法核实、无法避免资金进入高风险活动的问题。

其次，大数据对传统风险计量与评估模式提出挑战。在传统风险计量与评估模式中，商业银行对客户及业务风险的计量和评估主要依据财务数据等结构化数据，对数据质量及数量有较高要求。大数据时代，全球数字信息爆发式增长，大量交易数据、消费行为数据、非结构化数据（视频和图片以及语音等）已不适用于传统风险计量与评估模式。商业银行急需在数据建模和分析的基础上，挖掘内部和外部数据蕴含的信息，改造传统风险计量与评估模式。

最后，传统风控难以适应线上交易的时效性。线上渠道具有 7×24 小时不间断服务的特点，能满足线上交易的时效性要求。风控的实时响应要求非常高，如反欺诈及预警等，对系统控制有着较高的标准与要求，商业银行过去的 IT 系统相对封闭，缺乏与外部供应商或合作伙伴的协作，难以快速应对风控的实时响应要求。

五、金融科技的挑战

金融科技的发展促进了商业银行在智能风控、智能客服、智能合规等各个领域的升级，大大提升了银行业的服务效率、风控效率、运营效率、管理效率、合规效率等。但是金融科技的深度应用在为商业银行带来发展机遇的同时，也对风险管理提出了新的挑战。

（一）金融科技在提升金融可获得性的同时降低了行业与客户门槛

风险虽然可以通过技术手段进行缓释，但不能被消灭。商业银行的经营环境并不会因为金融科技的运用而发生根本性改变，其面临的各类传统金融风险在新的技术环境下可能以更具隐蔽性、波动性和挑战性的形式出现。这主要体现在：一是信用风险方面，金融科技在提升商业银行信用风险管理水平的同时，也增加了金融服务的可获得性，客户门槛可能降低，从而引入更多的高风险客户群体。二是市场及流动性风险方面，金融科技的运用在指导投资决策、提升定价能力的同时，也扩大了资金体量，加剧了信息的传导和产品交付的频率，提升了终端供需向金融市场反馈的速度，从而放大资产流动性和市场价格的波动。三是运营风险方面，基于大数据和机器学习的反欺诈系统应用历史尚短，其稳定性与可靠性有待实践检验；同时，商业银行的风险存在着重大性、滞后性和隐蔽性等特征，尤其法律合规风险涉及监管政策、司法解释等多种外部影响，因此金融科技在实践中更应被谨慎对待。

（二）金融科技在提升服务效率的同时加大了金融体系的波动性

金融科技在提高资源配置效率、服务能力和风险管理水平的同时，加剧了银行业乃至整个金融体系的波动性。这主要体现在：一是增加了机构之间的关联性和金融体系的复杂性。金融科技加深了金融业、科技公司和市场基础设施运营企业之间的融合，增加了整个行业的复杂性，特别是部分科技公司在信息技术管理方面的局限性，可能导致风险在这三者乃至整个体系之间的蔓延，使得风险也越来越复杂。二是加速了业务风险的外溢。金融科技背景下，服务方式更加虚拟，业务边界逐渐模糊，经营环境不断开放，使得信用风险、流动性风险等传统金融风险呈现外溢效应。三是强化了“羊群效应”和市场共振，金融体系的顺周期性效应更加凸显。在风险服务效率提升的同时，风险传染的速度更快，金融市场参与主体的行为更加趋同，从而放大了金融体系的波动性。

（三）金融科技在改进传统风险管控的同时带来了新的管理课题

随着商业银行对 IT 系统依赖程度的大大加深，金融科技不仅使商业银行的传统风险形态面临新变化，其数据化、智能化的风险管理特征还可能从实质上改变商业银行的主要风险的权重和分布，使信息技术风险、网络风险、模型风险等日益凸显。这主要体现在以下几个方面：

一是信息技术风险。金融科技赖以生存和发展的大数据、云计算和人工智能等技术一旦出现算法缺陷等系统性偏差，将给商业银行造成巨大的经济损失。金融科技专业性强，商业银行创新需求旺盛，但专业人才队伍不足、技术不成熟，容易产生由技术风险和运营风险衍生的交叉性风险。商业银行高度依赖信息化系统，但以信息科技为代表的技术风险突发性强、隐蔽性高、处置难度大，一旦发生故障，商业银行将面临灾难。信息科技高速发展也为网络犯罪提供了便利，商业银行的信息系统成为黑客攻击的首要目标，并可能造成系统瘫痪、数据失窃和经济损失。

二是模型风险。随着商业银行对各类模型的大量使用，大数据模型、算法以及金融科技工具广泛用于商业银行前、中、后台的经营管理之中，其本身存在的缺陷可能造成系统性错误，导致失败决策并为商业银行带来风险。麦肯锡研究报告显示，美国某商业银行遭受了 60 亿美元的损失，部分原因是风险价值模型存在风险（操作人员缺乏建模经验，未进行逆向测试，模型也存在运行问题）；亚太地区某大型商业银行错误使用了利率模型，出现了假设不正确、数据输入错误、模型故障等失误，最终导致了 40 亿美元的损失。模型错误的原因包括数据质量问题、前提假设不适当、建模及 IT 开发等技术瑕疵，也涉及应用策略及操作流程等管理缺陷，商业银行需要采用多种风险控制措施予以应对。

三是网络风险。网络风险带来的后果愈发致命，大部分商业银行已开始将防范网络风险作为战略关注点。当前商业银行的经营越来越依赖于软件、系统和数据，网络风险不仅会危及商业银行运营，还会导致客户数据泄露等隐私保护问题。尤其是当前热门的人工智能技术，就是建立在强大的数据采集、存储和分布式计算等 IT 技术基础之上的。因此，IT 基础设施运营的安全性、稳定性对于模型风险的影响就逐步凸显出来。例如，黑客攻击引发的银行数据泄漏、系统服务失灵问题会间接引发模型风险。此外，芯片、存储、操作系统等硬件和软件技术的自主研发与生产对模型风险的扩散和传染也具有越来越重要的影响。近年来，黑客攻击、系统漏洞、网络病毒等对商业银行乃至金融体系稳定的危害性日渐严重，这些诱因更容易强化模型风险的系统性冲击效应。

第二节 建设适应新金融时代的风险管理体系

传统金融体系在 20 世纪下半叶和 21 世纪初得到长足发展。中国在改革开放的强势推动下逐步形成了与经济快速增长相适应的金融体系，其在支持经济高速增长、优化社会资源配置、服务实体经济、改善人民生活等方面发挥了非常重要的作用。随着经济发展方式的转变、经济新常态的来临和产业结构的调整，市场对金融服务的需求发生了本质上的变化。在传统金融体系遇到诸多难点、痛点时，以普惠性、共享性、科技性为主要特征的新金融逐渐浮现。尽管新金融在理论上有待完善，在实践上有待探索，但不可否认的是新金融时代已全面开启，商业银行的风险管理也必须适应这一重大转变，即在坚持体系化建设的道路上，全力服务新金融实践，持续建设以全面、主动、智能、共治为主要特征的风险管理体系。

一、主要特征

相比较传统风险控制体系而言，适应新金融的风险管理体系具有四大特征：全面、主动、智能和共治。其中，全面和主动是在继承以往实践的基础上，不断丰富完善，而智能和共治则是服务新金融实践比较典型的新特征。

（一）全面

在新金融时代，全面性的内涵也会发生变化，主要体现在：一是随着新的风险形态不断涌现，商业银行需要对这些新出现的风险形态加以甄别，根据其风险特征将其融入全面风险管理体系中，确保统筹考虑，不留下管理空白。全面风险管理体系应该是一个与时俱进、开放包容的体系。二是在坚持全面性的基础上向精细化方向推进。不同业务、不同类别的风险管理要在精细化、差别化上下功夫。精细化是真正检验管理水平的“试金石”。只有在这方面有大的提升，中国银行业才能在世界舞台上拥有竞争胜势。三是要建立集团层面的统一风险视图，特别是以客户为中心的统一视图，这是以客户为中心进行业务拓展、客户选择和风险管理的重要前提。

（二）主动

相比全面而言，中国银行业无论是在思想认识上还是在体制机制建设上，都需要在主动方面有更大的作为。这主要体现在：一是主动设定风险偏好，健全管理框架，在顶层设计中将风险偏好设定与服务实体经济、服务战略转型、服务价值创造紧密结合起来。只有这样，商业银行才能成为基业长青的百年老店。二是主动担当社会责任，围绕支持、服务实体经济进行转型创新，用金融这一“温柔的手术刀”破解社会难点和痛点。在支持实体经济的过程中，风险是客观存在的，如果商业银行因为有风险就躲避不做，那么实体经济就会因为得不到金融的支持而陷入困境，而这将是商业银行经营发展中最大的风险。金融与实体经济共生共荣。因此，破解这些难题需要主动担当的战略远见和周密的战略部署，使商业银行在更广阔、更坚实、更根本的基础上强化风险管理。

（三）智能

以人工智能、区块链、云计算、大数据、移动互联、物联网为代表的新一代信息技术加速突破应用，数字银行蓬勃发展，重构竞争格局，建设开放银行、生态银行已成趋势。因此，智慧风控体系建设成为银行业的当务之急。这一点是今后风险管理体系建设的重要方向。

在开放银行和生态银行蓬勃发展的大趋势下，我们靠行政手段和人海战术将无法支撑大型商业银行从“大象”到“猎豹”的转型。智能风控的目标是变“管控”为“赋能”，全渠道、无缝式地为政府、企业、个人，为长尾客户和弱势群体提供千人千面、无界无感的服务，营造最佳体验，实现“降本增效”。智能风控的核心特征可总结为 5 个“A”：

（1）自动（automated）。自动化不仅指以信息化手段替代手工作业流程，更是指具有数据自动采集、特征自动选取、模型自动迭代、评级自动完成、策略自动配置、流程自动控制等扩大认知、辅助决策的能力，并形成标准化、组件化、参数化的模型和数字化流程。

（2）实时（actual-time）。基于实时分布式计算和流式数据计算等新技术，智能风控要能够做到实时分析、监测，秒级、毫秒级下达风控任务，不仅实现管理上快人一步，也同时实现无感、高效服务，增加客户黏性。

（3）精准（accurate）。精准包括精准感知风险、精准识别风险、精准决策，把管理动作精准分配给相应岗位，针对细分领域设置针对性、差异化的风控策略。某商业银行于 2019 年上线的负面舆情监测工具“神投手”，基于流式数据和自然语言处理技术，对全网扫描、分析后，将舆情精准推送给客户经理，将大额风险暴露发送给经营管理人员，就是精准化的有益探索。

（4）敏捷（agile）。数字化社会中，敏捷是首要能力。对外，商业银行要做到敏捷感知、敏捷响应客户偏好；对内，商业银行要做到敏捷开发、敏捷协同，出险后迅速回收教训，实现敏捷进化。

（5）自适应（adaptive）。通过机器学习和深度学习技术，风控系统要能够自动感知外部变化、举一反三、融会贯通、自主迭代和演化。风控系统要具有思维能力，能模拟人脑采集到的外部数据，在输入数据后，能归纳、演绎和推理。

（四）共治

新金融的一大特征是共治。风险管理能力可以实现共享，从共享走向共治。未来商业银行不仅承担和管理来自一般企业、金融同业的风险，更要积极主动地向一般企业、金融同业、政府、社会公众以及高等院校输出风险管理能力和研究能力，促进全社会风险管理水平的共同提升。商业银行的风险管理，不仅是自身微观层面的风险管理，而且是整个经济金融体系的系统性风险管理。只有做到金融与实体部门之间的风险共治，才能打造健康、有序发展的金融生态和经济社会运行环境。

二、实施路径

新时代的新金融以服务人民对美好生活的向往、服务经济社会高质量发展为出发点和落脚点，为全面建成小康社会和建设社会主义现代化强国提供强有力的支撑。新金融实践本身就是全面提升风险管控能力和打赢防范化解重大风险攻坚战的全局性、战略性和根本性安排。同时，在实践过程中，新金融又给风险管理提出了很多新课题和新要求。身处新时代，实践新金融，迫切需要打造与其相适应的风险管理体系，支撑和保障新金融实践行稳致远。

（一）建设全面主动智能的预防预判体系

主动预防和积极应对风险需要攻防两端同时发力，目标在于通过战略主动谋划和战术配套设计，达到“上医治未病”的效果。

战略主动谋划（攻）是指坚持服务国家建设、服务实体经济、服务人民生活，着眼于战略安排，包括结构布局和风险偏好设定。首先，商业银行应坚持全力做强、做长“长板”。传统优势的巩固是战略转型的基础和前提。其次，商业银行应弥补“短板”，培育新的利润增长点，不断扩展风险管理能力边界。通过合理的结构布局和边界设定，从根本上防控风险，赢得主动，夯实风控“底板”。

战术配套设计（防）包括以下注意事项：首先，商业银行要把握风险演变规律并做好先行研究。例如，对于“灰犀牛”和“黑天鹅”等风险的研判，商业银行特别是大型商业银行应有自身独立专业的判断，并且是站在全球视野观察这些风险。其次，商业银行要注重并行管控。商业银行需要打破僵化的“一线”“非一线”风控分工认识，重新构建和完善三道防线的协同机制，让三道防线从不同角度去发现风险隐患，提供解决方案，这会大大提高风险管理的前瞻性、敏感性和针对性。再次，商业银行在防的方面要充分借助新技术、新手段，如充分利用大数据、人工智能、区块链等技术实现用户身份识别、合规管理、交易监控、风险数据收集与建模、预防欺诈。最后，商业银行在防的方面要充分体现风险共治思维，将风险管理能力向客户和同业输出，通过共享和共治促进全社会风险意识、风险管理技能的提升。

（二）建设全面主动智能的监测预警体系

监测预警体系建设的目标在于通过对各类风险、业务的多层次、多维度监测，力求实现精准发现问题，找对症状。

一是宏观层面上，商业银行应加强对宏观经济、金融、系统性风险等方面的监测，最大限度发挥风险管理的前瞻性。商业银行特别是大型商业银行可以建立自己的智库，也可以通过与高等院校合作，采用产学研融合的方式，加强对宏观经济大势、金融市场、热点专题等方面的研究，把握商业银行经营管理活动所根植的大背景、大环境，把握风险演变规律。

二是中观层面上，商业银行应加强对银行业整体风险的监测以及与国际先进商业银行的横向比较，取长补短，持续提升风险管理能力。特别要注意银行同业对标，包括总体情况对标，也包括某一板块业务的对标，进而认清自身优势和劣势，充分借鉴同业先进管理实践经验。

三是微观层面上，商业银行应建立集团风险轮廓以及各类风险、各类业务的多维度监测指标体系，特别是各类结构性分析指标体系，精准掌握业务及风险状况、成因，为及时化解、控制风险提供有力支持。

四是监测预警体系建设上，商业银行应充分整合内外部数据资源，丰富数据库，深度挖掘数据的洞察分析能力和价值创造能力，依托企业级的风险信息系统，实现实时、全面、多维度的监测预警，推动风险管控关口前移，赢得风险化解先机。

（三）建设全面主动智能的管控处置体系

管控处置体系建设的最终目标是不断筑牢风险管理的底板，对经营发展形成持续有效的支撑。底板不厚、不坚固，就无法承载商业银行的稳健经营和创新发展。因此，这一体系的建设不能一蹴而就，也不能“眉毛胡子一把抓”。银行必须坚持问题导向，深挖问题成因，对症下药。有些问题是局部的、个性化的，有些问题可能涉及体制机制或流程改造方面，银行在实践中要注意治标与治本并重。

未来大型商业银行在管控处置体系建设方面可以从两大方向着力：

一是弥补短板，尽快改进薄弱环节。中国大型商业银行特别是中国工商银行、中国农业银行、中国银行、中国建设银行都已成为全球系统重要性银行，关键业务指标也居于国际银行业领先之列，但不能因此就认为在风险管理能力上也跻身领先银行之列。事实上，在很多方面与国际领先水平还有差距。

例如，对境外机构和子公司的管理是目前国内大型商业银行管理的薄弱领域。首先，信息不全、信息收集不及时，无法及时掌握风险敞口和风险状况；其次，信息系统建设滞后，很多业务还需要通过手工来完成，既影响效率也容易出现差错；再次，海外机构普遍合规管理比较薄弱，而国际监管的要求趋严，稍有不慎将给银行带来难以估计的损失；最后，子公司行业差异比较明显，有的子公司层级嵌套多，信息透明度低，管理难度大。境外机构和子公司是商业银行集团的重要组成部分，相对于境内机构的风险管理，对这一领域的管理还比较薄弱，容易积累风险隐患。

又如，在创新领域的运用不充分，风险管理仍定位于“管控”而非“服务”。如何嵌入端对端客户流程，严格筛选长尾客户，为客户提供无界无感的极致体验；如何实现决策从局部优化到全局优化，实现对高风险客户的风险定价和有效管理；如何创新产品，如利用物联网技术实时动态掌控贷款企业的全部运营过程，及时调整贷款进度和额度；等等，都还有大量细致的工作要去做。

二是充分运用金融科技，建设智能风控体系，实现弯道超车。近年来，互联网金融公司、数字银行、直销银行、虚拟银行①等多元化市场主体，都在借助金融科技为实体经济场景提供浸入式、情景式金融服务，金融业态在创新与监管的博弈中加速重构。商业银行进入客户主权时代，获客渠道将逐渐从物理网点转向数字终端和垂直场景，脱离数字终端、垂直场景与金融科技能力的金融服务生存空间将被压缩直至消失。

当前，我们正处于以人工智能技术和基因技术为代表的第四次科技革命机遇期，新兴技术带来的变化与产生的新空间前所未有，正在驱动金融业由电子化、线上化、数字化向智能化转型。数据维度和密度的极大丰富，高阶机器学习算法、实时分布式计算和流计算技术的成熟，使得商业银行有条件

---

① 截至 2018 年年底，国内的直销银行已达 114 家。直销银行不依赖物理网点，通过线上渠道提供银行服务。

突破传统数据分析的技术性能瓶颈，实现实时、前瞻的风险监测与深入广泛的客户风险洞察。风险管理有望在实施《巴塞尔协议Ⅱ》带来的技术红利后，迎来第二个技术上的爆发期。大型商业银行必须要抓住这个重要机遇期，加大智能风控布局，实现风险管理能力的又一次飞跃，为中国经济高质量发展做出更大贡献。

（四）推动风险共治的金融生态建设

银行要坚持风险共治的指导思想，带动全社会共同提升金融风险防控能力。银行要主动输出风控技术，从协助社会建设硬件环境，逐步转型到营造软件环境，为社会搭建综合化金融服务平台。银行要积极与外部高校、科研机构合作，在课题研究、职业培训等领域充分共享资源，开展系统性风险理论与实践研究，为国家和社会提供防范化解重大金融风险的综合解决方案，并助力高校和企业多方共赢，促进产、教、学、研融合。银行要依托自身平台，着力推动金融资源共享、金融生态共建和金融风险共治。

（五）持续推进风险文化建设

银行要坚持文化自信，传承优秀文化基因，持之以恒地推进风险文化建设。银行要坚持风险管理的独立专业判断，克服对当前利益的盲目冲动，以冷静客观的观察、细致入微的工作发现、揭示和管理风险，打造风险管理工匠精神。银行要深植边界意识，坚持底线思维，对一切逾越底线的行为零容忍。银行要在底线之上开展工作，促进风险管理主动向前延伸，为业务发展保驾护航。银行要加强风险管理制度建设，完善激励约束机制，将风险文化融入日常工作，渗透进各项风险管理活动。银行要持续开展文化宣讲，加强案例教育，提升全体员工的责任意识和合规意识。

本章小结

本章是从银行实践角度对未来银行风险管理的展望，更多是为读者提供一个视角和参考，很多分析有不尽完善之处，银行风险管理体系建设的路径也会有不同的理解和做法。正所谓“百家争鸣、百花齐放”，才会形成中国银行业风险管理生动、鲜活、珍贵的实践。经过数代银行人的传承和发扬光大，我们相信这些实践将更好地为风险管理的理论研究、高等教育服务，为中国金融体系的稳定和经济社会的高质量发展服务，这是风险管理的初心和使命。

参考文献

[1] 弗兰克·H. 奈特. 风险、不确定性与利润 [M]. 安佳，译. 北京：商务印书馆，2010.

[2] HRRRY M MARKOWITZ. Portfolio selection [J]. The journal of finance，1952，7 (1)：77-91.

[3] 威廉·F. 夏普，戈登·J. 亚历山大，杰弗里·V. 贝利. 投资学 [M]. 5 版. 赵锡军，等译. 北京：中国人民大学出版社，1998.

[4] 克里斯托弗·R. 托马斯. 管理经济学 [M]. 12 版. 陈章武，杨晓丽，译. 北京：机械工业出版社，2018.

[5] C. 小阿瑟·威廉姆斯，理查德·M. 汉斯. 风险管理与保险 [M]. 陈伟，张清寿，王铁，等，译. 北京：中国商业出版社，1990.

[6] MICHAEL B GORDY. A risk-factor model foundation for ratings-based bank capital rules [J]. Journal of financial intermediation，2003，12 (3)：199-232.

[7] 王胜邦，陈颖. 新资本协议：信用风险的建模、计量和验证 [M]. 上海：上海远东出版社，2008.

[8] 巴曙松，朱元倩. 巴塞尔资本协议 III 研究 [M]. 北京：中国金融出版社，2011.

[9] 中国监察学会建设银行分会. 国有控股商业银行操作风险防范与管理 [M]. 北京：经济科学出版社，2015.

[10] 杜金富. 银行监管统计学 [M]. 北京：中国金融出版社，2014.

[11] 姜建清. 中国大型商业银行股改史 [M]. 北京：中国金融出版社，2018.

[12] 查尔斯·古德哈特. 巴塞尔银行监管委员会早期历史 (1974—1997) [M]. 王松奇，译. 北京：中国金融出版社，2014.

[13] 巴塞尔银行监管委员会. 巴塞尔银行监管委员会文献汇编 (英文版) [M]. 北京：中国金融出版社，2002.

[14] 魏国雄. 信贷风险管理 [M]. 北京：中国金融出版社，2008.

[15] 巴塞尔银行监管委员会. 第三版巴塞尔协议 [M]. 中国银行业监督管理委员会，译. 北京：中国金融出版社，2011.

[16] 中华人民共和国中央人民政府. 中国银监会关于中国银行业实施新监管标准的指导意见（银监发〔2011〕44号）[EB/OL].（2011-05-03）[2020-06-01]. http://www.gov.cn/gzdt/2011-05/03/content_1857048.htm.

[17] 中国银行业监督管理委员会. 商业银行资本管理办法（试行）[EB/OL].（2012-06-07）[2020-06-01]. http://www.fdi.gov.cn/1800000121_23_28336_0_7.html.

[18] 中国银行业监督管理委员会. 中国银监会令：2015年第1号 [EB/OL].（2015-02-12）[2020-06-01]. http://www.cbrc.gov.cn/chinese/home/docDOC_ReadView/D9D9C53E6C184022A4A45ED774C91A8F.html.

[19] 中国银行保险监督管理委员会. 中国银行保险监督管理委员会令：2018年第3号 [EB/OL].（2018-05-25）[2020-06-01]. http://www.cbrc.gov.cn/chinese/newShouDoc/8189EEE949DB48F8993ACCCA638ED24B.html.

[20] 中国银行保险监督管理委员会. 银保监会正式公布《商业银行大额风险暴露管理办法》（附全文）[EB/OL].（2018-05-04）[2020-06-01]. https://www.cebnet.com.cn/20180504/102488318.html.

[21] 中国人民银行. 中国人民银行 中国银行保险监督管理委员会 中国证券监督管理委员会联合发布《关于完善系统重要性金融机构监管的指导意见》[EB/OL].（2018-11-27）[2020-06-01]. http://www.pbc.gov.cn/goutongjiaoliu/113456/113469/3672549/index.html.

[22] 中国银行保险监督管理委员会. 中国银行保险监督管理委员会令：2018年第3号 [EB/OL].（2018-11-27）[2020-06-01]. http://www.fdi.gov.cn/1800000121_23_73367_0_7.html.

[23] 中国人民银行金融稳定分析小组. 中国金融稳定报告2017（英文版）[M]. 北京：中国金融出版社，2017.

[24] 王卫东. 现代银行全面风险管理 [M]. 北京：中国经济出版社，2001.

[25] 3C框架课题组. 全面风险管理理论与实务 [M]. 北京：中国时代经济出版社，2008.

[26] 陈德胜. 商业银行全面风险管理 [M]. 北京：清华大学出版社，2009.

[27] 朱小黄. 远离冰山：打造中国商业银行的百年老店 [M]. 北京：中信出版社，2010.

［28］杨军. 风险管理与巴塞尔协议十八讲［M］. 北京：中国金融出版社，2013.

［29］张守川，任宇宁，邓庭，等. 商业银行风险偏好设置与传导：基于巴塞尔协议视角的研究［J］. 国际金融研究，2012（1）：72-78.

［30］中华人民共和国中央人民政府. 财政部关于印发修订《企业会计准则第22号——金融工具确认和计量》的通知［EB/OL］.（2018-11-27）［2020-06-01］. http://www.gov.cn/xinwen/2017-04/06/content_5183801.htm.

［31］中国人民银行. 中国人民银行制定银行贷款损失准备计提指引［EB/OL］.（2002-04-25）［2020-06-01］. http://www.china.com.cn/zhuanti2005/txt/2002-04/25/content_5138002.htm.

［32］中国银行业监督管理委员会. 商业银行贷款损失准备管理办法［EB/OL］.（2011-07-27）［2020-06-01］. http://www.fdi.gov.cn/1800000121_23_60355_0_7.html.

［33］中国银行业监督管理委员会. 银监会调整商业银行贷款损失准备监管要求［EB/OL］.（2002-04-25）［2020-06-01］. https://loan.cngold.org/c/2018-03-07/c5690286.html.

［34］陈忠阳. 金融机构现代风险管理基本框架［M］. 北京：中国金融出版社，2006.

［35］陈四清. 商业银行风险管理通论［M］. 北京：中国金融出版社，2006.

［36］克里斯·马滕. 资本配置和绩效测评：银行资本管理［M］. 王洪，漆艰明，译. 北京：机械工业出版社，2005.

［37］宋琴. 基于巴塞尔协议的中小商业银行风险偏好和容忍度研究［M］. 北京：经济科学出版社，2017.

［38］陈华蓉. 商业银行企业文化［M］. 北京：中国金融出版社，2009.

［39］梁世栋. 商业银行风险计量理论与实务（修订版）［M］. 北京：中国金融出版社，2011.

［40］张国胜. 金融风险计量及其在我国的应用［M］. 北京：北京交通大学出版社，2010.

［41］中国银行业协会声誉风险管理专业委员会. 中国银行业声誉风险管理理论与实务［M］. 北京：中国金融出版社，2018.

［42］方卫星. 商业银行的战略风险管理［J］. 清华金融评论，2018（1）：65-68.

［43］赵建. 商业银行战略管理的反思和重塑［J］. 中国银行业，2017（1）：67-70.

［44］邵平. 商业银行合规风险管理［M］. 北京：中国金融出版社，2010.

［45］孙天琦. 金融业行为风险行为监管与金融消费者保护［J］. 金融监管研究，2015（3）：64-77.

［46］张亦春，郑振龙. 金融市场学［M］. 5版. 北京：高等教育出版社，2017.

［47］吴晓求. 证券投资学［M］. 4版. 北京：中国人民大学出版社，2014.

［48］弗兰克·J. 法博齐，弗兰科·莫迪利亚尼，弗兰克·J. 琼斯. 金融市场与金融机构基础（原书第4版）［M］. 孔爱国，胡畏，张湄，译. 北京：机械工业出版社，2010.

［49］陈飞鸿，范乐宇，朱文君. 交叉性金融发展现状、风险与监管：基于深圳银行业的调查研究［J］. 中国银行业，2017（6）：32-35.

［50］董瑾杰. 影子银行之同业非标对金融稳定的影响研究［J］. 投资研究，2018（3）：116-134.